GERHARD ROTH

Persönlichkeit, Entscheidung und Verhalten

Warum es so schwierig ist,
sich und andere zu ändern

Klett-Cotta

Klett-Cotta
www.klett-cotta.de
© J. G. Cotta'sche Buchhandlung Nachfolger GmbH, gegr. 1659,
Stuttgart 2007
Alle Rechte vorbehalten
Fotomechanische Wiedergabe nur mit Genehmigung des Verlags
Printed in Germany
Schutzumschlag: Philippa Walz. Stuttgart
Gesetzt aus der Janson von Kösel, Krugzell
Auf säure- und holzfreiem Werkdruckpapier gedruckt und gebunden
von Bercker Graphischer Betrieb GmbH & Co. KG, Kevelaer
ISBN 978-3-608-94490-7

Bibliographische Information der Deutschen Nationalbibliothek
Die Deutsche Nationalbibliothek verzeichnet diese Publikation in
der Deutschen Nationalbibliographie; detaillierte bibliographische
Daten sind im Internet über <http://dnb.d-nb.de> abrufbar.

Inhalt

Vorwort.. 9

1 Persönlichkeit, Anlage und Umwelt 15

Wie erfasst man »Persönlichkeit«?................. 15
Temperament.................................... 19
Die Bedeutung frühkindlicher Einflüsse
und der Bindungserfahrung....................... 22
Intelligenz und Kreativität....................... 27

2 Ein Blick in das menschliche Gehirn 33

Der allgemeine Aufbau 33
Die Großhirnrinde............................... 38
Das limbische System 43
Zwischenhirn und Hirnstamm 49
Die Bausteine des Gehirns....................... 54
Gehirnentwicklung 57

EXKURS 1
Methoden der Hirnforschung.................. 65

3 Ich, Bewusstsein und das Unbewusste 71

Ich-Zustände 71
Bewusstsein 76
Was gehört zum Unbewussten?.................... 78
Das Vorbewusstsein 80
Wie, wann und wo entsteht im Gehirn das
Bewusstsein?.................................... 81
Wie steuert das Unbewusste das Bewusstsein? 84
Wo existiert das Vorbewusste?.................... 87

4 Die Verankerung der Persönlichkeit im Gehirn 88

Die vier Ebenen der Persönlichkeit 90
Wie diese vier Ebenen die Entwicklung unserer
Persönlichkeit bestimmen 95
Grenzen der Erziehung 98
Vier Einflusskräfte formen die Persönlichkeit 103

EXKURS 2
Verstand oder Gefühle – ein kleiner Blick
in die Kulturgeschichte 106

5 Ökonomie und Psychologie der Entscheidungsprozesse 111

Die Theorie rationalen Handelns und ihre Kritik 111
Entscheidungs-Heuristiken 118
Möglichkeiten und Grenzen bewusster
Entscheidungen 122
Der Umgang mit komplexen Geschehnissen 127
Bauchentscheidungen, Kopfentscheidungen –
oder etwas Drittes? 132

6 Psychologie und Neurobiologie von Verstand und Gefühlen 136

Wo im Gehirn sitzen Verstand und Vernunft? 138
Was sind Gefühle und wo im Gehirn sitzen sie? 141
Das limbische System als Entstehungsort der Gefühle . . 144
Das zerebrale Belohnungs- und Belohnungs-
erwartungssystem 149
Das ökonomische Gehirn 154

7 Was uns Handlungspsychologie und Neurobiologie über die Steuerung von Willenshandlungen sagen 161

Das Rubikon-Modell der Handlungspsychologen 165
Was passiert im Gehirn bei Willenshandlungen? 168
Woher weiß das limbische System, was zu tun ist? 176

8 Welches ist die beste Entscheidungsstrategie? 180

Der Nachteil der »Bauchentscheidungen« 183
Die Vor- und Nachteile rationaler Entscheidungen 191
Über die Vor- und Nachteile intuitiven
Entscheidens 195
Persönlichkeit und Entscheidung 198

EXKURS 3
Wie veränderbar ist der Mensch?
Ein zweiter Blick in die Kulturgeschichte 200

Erziehungsoptimismus als »Staatsreligion« 208

9 Persönlichkeit, Stabilität und Veränderbarkeit 212

Lebensläufe – wissenschaftlich untersucht 213
Wie eine gewalttätige Persönlichkeit entsteht 214
Wovon hängt die Zufriedenheit ab, und wie
beständig ist sie? 217
Bereiche der Veränderbarkeit des Menschen 222

10 Veränderbarkeit des Verhaltens aus Sicht der Lernpsychologie 226

Bestrafung 229
Belohnungsentzug 233
Vermeidungslernen 233
Belohnung 235
Weitermachen, wenn die Belohnung ausbleibt......... 238

11 Motivation und Gehirn 243

Motive und Persönlichkeit 249
Kongruenz und Inkongruenz von Motiven
und Zielen 251
Merksätze zur Belohnung 255

12 Einsicht und Verstehen.................... 260

Warum ist es schwierig, andere zu verstehen
und ihnen Einsicht zu vermitteln? 260

8 Inhalt

Jeder lebt in seiner Welt 263
Die Gründe von Nichtverstehen.................... 270

13 Über die grundlegende Schwierigkeit, sich selbst zu verstehen 276

Selbsttäuschung und Selbsterkenntnis 282
Selbsttäuschungen besonderer Art 286

14 Was können wir tun, um andere zu ändern? 290

Erste Strategie: Der Befehl von oben 291
Zweite Strategie: Der Appell an die Einsicht 292
Dritte Strategie: Orientierung an der Persönlichkeit.... 293
Der Vorgesetzte – eine Frage des Vertrauens 296
Der Vorgesetzte als Vorbild....................... 299
Wie gehe ich mit den unterschiedlichen Typen
von Mitarbeitern um? 300

15 Möglichkeiten und Grenzen der Selbstveränderung 303

Tiefgreifende Persönlichkeitsveränderungen
und ihre Ursachen 304
Selbstveränderung in der Partnerbeziehung.......... 307
Selbstmotivation 309

16 Persönlichkeit und Freiheit 314

Worum geht es überhaupt bei der Debatte
um die Willensfreiheit? 315
Die Unzulänglichkeiten des traditionellen
Willensfreiheitsbegriffs 317
Freiheit und Determinismus 319
Willensfreiheit kann nicht auf Zufall aufbauen 325
Willensfreiheit ist ohne Determiniertheit
nicht möglich 328

Literaturzitate und weiterführende Literatur...... 330
Personenregister................................ 340
Sachregister 342

Vorwort

Mit zwei Fragen des Alltags beschäftigen sich die Menschen, seit sie begonnen haben, über sich selbst, ihr Handeln und das ihrer Mitmenschen nachzudenken, nämlich erstens: »Wie soll ich mich entscheiden? Soll ich eher meinem Verstand oder eher meinen Gefühlen folgen?« und zweitens: »Wie schaffe ich es, Menschen so zu verändern, dass sie das tun, was ich von ihnen will? Und wie schaffe ich es, mich selbst zu ändern?«

Für die Mehrheit von uns war und ist die Antwort auf die erste Frage ganz einfach: »Gehe rational vor, wäge also Vor- und Nachteile gut ab und entscheide dann! Lass dich dabei nicht von Gefühlen hinreißen, das ist schädlich!« Dass dies nicht immer funktioniert, weiß jeder von uns, aber das heißt natürlich noch lange nicht, dass wir nicht so verfahren *sollten*. Eine Minderheit jedoch sagt seit jeher: »Es gibt eine höhere Vernunft als Verstand und Intellekt, nämlich die des Herzens«. Oder platter und mit einem anderen Akzent ausgedrückt: »Hör auf deinen Bauch, nicht auf deinen Verstand!« Wir wissen aber alle aus leidvoller Erfahrung, dass beides nicht so recht funktioniert, d. h. weder der kalte Verstand noch das drängende Gefühl für sich allein sind gute Ratgeber. Aber wie sollen wir vorgehen? Was ist das beste Rezept für Entscheidungen?

Bei der zweiten Frage sieht es ähnlich kompliziert aus: Auch hier ging und geht die Mehrheit davon aus, dass bei dem Versuch, das Verhalten von Mitmenschen zu ändern – sei es in der Familie, in der Schule, im Betrieb oder gar in der Gesellschaft –, die beste Strategie lautet: Formuliere deine Argumente klar und begründe sie gut, und niemand wird sich diesen Argumenten widersetzen!« Das wird zwar immer propagiert, gelingt aber leider selten. Die krassen Alternativen sind Drohung und Strafe. Das war lange Zeit verpönt, wird aber inzwischen wieder häufiger propagiert. Diese Alternativen sind genauso selten von Erfolg gekrönt wie der Appell an die Einsicht. Die Menschen tun meist das, was sie wollen, aber manchmal tun sie etwas, das sie gar nicht bewusst gewollt haben. Jedenfalls tun sie häufig *nicht* das, was *wir* von ihnen wollen. Natürlich bezieht sich das nicht auf Dinge des Alltags wie »Könntest du mir bitte den Zucker herüberreichen?«, die vom anderen wenig Aufwand erfordern. Sobald es sich aber um längerfristige Veränderungen der Lebensführung oder von eingeübten und eingeschliffenen Verhaltensmustern handelt, wird es sehr schwierig.

Es ist also schwer, andere zu ändern, am schwersten ist es aber, sich selbst zu ändern. Zwar haben viele von uns die Illusion, das ginge, wenn man nur richtig wolle, aber meist will man offenbar nicht »richtig«. Aber auch wenn man unter bestimmten eigenen Verhaltensweisen leidet oder deswegen von anderen kritisiert wird, so dass man beschließt sich zu ändern, geht es meist nicht. Das ist nicht nur beim heroischen (und statistisch gesehen ziemlich aussichtslosen) Entschluss der Fall, endlich das Rauchen aufzugeben, sondern eben auch bei den Gewohnheiten, die zu unserer ganz speziellen Persönlichkeit gehören, z. B. (zu) spät morgens aufzustehen, nicht rechtzeitig an das Einkaufen, das Mülleimer-Herausstellen oder den Geburtstag der Ehefrau zu denken, Dinge stets »auf den letzten Drücker« zu erledigen, Leute nicht ausreden zu lassen usw.

Warum ist das alles so? Wenn es darauf eine gute Antwort gibt, so ist sie kompliziert und nicht allgemein bekannt. Und so macht man in der Familie, in der Schule, im Betrieb und in der Gesellschaft mit altbewährten Rezepten weiter, auch wenn sie wenig erfolgreich sind. Dramatisch werden die Probleme natürlich, wenn es um schwerwiegende Dinge geht. Man stellt fest, dass eine führende Persönlichkeit des öffentlichen Lebens eine krasse Fehlentscheidung getroffen hat, unter der viele Leute zu leiden

haben (zum Beispiel einen Krieg gegen ein anderes Land anzufangen), und dann fragt man »Wie konnte dieser Mensch nur
eine solche Entscheidung treffen?« Ähnlich schwerwiegend ist
es bei psychischen Erkrankungen oder Drogenabhängigkeit:
Wie kann man es sich erklären, dass es Menschen gibt, die sich
alle paar Minuten die Hände waschen müssen oder unflätige
Beschimpfungen ausstoßen, obwohl sie das gar nicht wollen
bzw. sich mit aller Willenskraft dagegen wehren? Und wie kann
man erklären, dass jemand, der schon mehrere Male wegen
schwerer Körperverletzung verurteilt wurde, eine solche Straftat erneut begeht, sobald er wieder »draußen« ist? Oder noch
schlimmer: Warum begehen manche (keineswegs alle) pädophilen Gewalttäter wieder ihre schrecklichen Taten, sobald sie ent-
lassen wurden? Haben sie alle nichts gelernt, oder haben sie
nicht richtig gewollt?

Irgendetwas an unseren bisherigen Vorstellungen darüber, wie
Menschen ihre Entscheidungen treffen und wie sie ihr Handeln
steuern bzw. wie ihr Handeln gesteuert wird, ist offenbar falsch.
Ganz offensichtlich geben bei beiden Prozessen weder allein der
Verstand noch allein die Gefühle den Ton an, weder allein der
bewusste klare Wille noch allein der unbewusste Antrieb, sondern beides steht jeweils in einer komplizierten Wechselwirkung.
Darüber, wie diese Wechselwirkung aussieht und was man daraus für Entscheidungsprozesse und Versuche lernen kann, andere
in ihrem Verhalten zu ändern und schließlich auch sich selbst,
soll es in diesem Buch gehen.

Die Philosophen befassen sich seit langem mit diesen Fragen,
aber ihre Ratschläge gelten heutzutage als wenig überzeugend,
zumal sie oft in völlig entgegengesetzte Richtungen gehen.
Psychologen untersuchen seit einigen Jahrzehnten mit genauen
Beobachtungen und zunehmend mit empirisch-experimentellen
Methoden die gleichen Fragen, aber die Kontroversen sind dadurch nicht weniger geworden, wie das Sammelsurium von Rat-
gebern im Bereich der Pädagogik und der Personalführung zeigt.
Es gibt inzwischen ausgefeilte und mit Nobelpreisen geehrte

Modelle von Ökonomen und Psychologen über »rationales Entscheiden«, aber diese Modelle sind nach Meinung fast aller Experten weit weg von der Realität. Entsprechend gibt es Bemühungen, diese »Rational Choice-Modelle« durch das Einbeziehen von emotionalen Faktoren realistischer zu machen, aber dazu muss man erst einmal wissen, wie Rationalität und Emotionalität bei Entscheidungen und in der Personalführung überhaupt zusammenwirken.

Von gänzlich anderer Art sind die Erkenntnisse der Entwicklungspsychologie, insbesondere die Beschäftigung mit der Frage, ob die Erlebnisse und Erfahrungen in den ersten Lebensmonaten und -jahren tatsächlich so wichtig und prägend für die spätere Entwicklung der Persönlichkeit sind, wie dies von Vertretern der Entwicklungspsychologie und der modernen (hier über Freud hinausgehenden) Psychoanalyse behauptet wird, warum – wenn ja – dies so ist und in welchem Maße man gegen diese frühen prägenden Einflüsse in späteren Jahren noch etwas tun kann. Hier hat insbesondere die Bindungsforschung eine revolutionäre Rolle gespielt, indem sie aufzeigte, dass in der Tat Merkmale der jugendlichen und erwachsenen Persönlichkeit, insbesondere ihr Bindungsverhalten (d.h. der Umgang mit Partnern) und das Verhältnis zu sich selbst in hohem Maße von der Art und Qualität der frühen Bindungserfahrung abhängen.

Diese Erkenntnis geht einher mit neuen Einsichten in den Prozess der emotionalen Konditionierung, der bereits vor der Geburt einsetzt, seinen Höhepunkt in den ersten Lebensmonaten und -jahren hat und die Grundlage unserer späteren Persönlichkeit legt. Dieser Prozess verläuft *selbst-stabilisierend* und wird entsprechend zunehmend resistent gegen spätere Einflüsse. Das bedeutet nicht, dass man als älterer Jugendlicher und Erwachsener nicht mehr in seiner Persönlichkeit verändert werden kann, es bedeutet aber, dass der *Aufwand*, der hierzu nötig ist, *immer größer* und die Methoden, dies zu erreichen, *immer spezifischer* werden müssen.

Die moderne Hirnforschung hat in den letzten beiden Jahrzehnten Methoden entwickelt, die geeignet sind, die empirischen Aussagen der Psychologen zu fundieren, indem sie fragt, was im Gehirn einer Person abläuft, wenn sie entscheidet, etwas Bestimmtes zu tun, oder noch genereller, wie überhaupt Verhalten gesteuert wird. Zu diesen Methoden gehören zum Beispiel die in jüngerer Vergangenheit enorm verbesserte Elektroenzephalographie (das EEG), die funktionelle Kernspintomographie, die Erhebung vegetativ-physiologischer Reaktionen wie Hautwiderstandsmessungen, Herzschlagrate, Atemfrequenz, Pupillengröße, unwillkürlich-affektive Muskelbewegungen, und neuerdings Untersuchungen über genetische Prädispositionen (so genannte Gen-Polymorphismen) der untersuchten Personen in Bezug auf bestimmte, häufig von der Norm abweichende Verhaltensweisen wie erhöhte Ängstlichkeit, Depression und Neigung zu Gewalt. Schließlich gibt es aus dem tierexperimentellen Bereich, meist an Makakenaffen gewonnen, wertvolle Kenntnisse darüber, wie Prozesse der Entscheidung und der Verhaltenssteuerung auf der Ebene einzelner Nervenzellen und kleiner Zellverbände ablaufen.

Nur auf der Grundlage der Kombination psychologischer, entwicklungspsychologisch-psychotherapeutischer und neurobiologischer Kenntnisse können wir ein vertieftes Verständnis der Vorgänge der Entscheidung und der Handlungssteuerung erlangen. Wir erkennen dabei, dass diese Vorgänge sich zwischen den Polen »rational–emotional«, »bewusst–unbewusst« sowie »egoistisch–sozial« bewegen und dass viele Faktoren dabei eine Rolle spielen, die teils hierarchisch, teils heterarchisch, d. h. auf verschiedenen und unterschiedlich gewichteten Ebenen, teils auf denselben Ebenen des Gehirns miteinander wechselwirken.

Im Zentrum der hier präsentierten Vorstellungen steht ein neurobiologisch fundiertes Modell der Persönlichkeit. Persönlichkeit ist danach von vier großen Determinanten bestimmt, nämlich von der individuellen genetischen Ausrüstung, den Eigenheiten der individuellen (vornehmlich vorgeburtlichen

14 Vorwort

und frühen nachgeburtlichen) Hirnentwicklung, den vorgeburtlichen und frühen nachgeburtlichen Erfahrungen, besonders den frühkindlichen Bindungserfahrungen, und schließlich von den psychosozialen Einflüssen während des Kindes- und Jugendalters. Aus dem Modell der unterschiedlichen Ebenen der Persönlichkeit des Gehirns und ihrer ganz spezifischen Dynamik und Plastizität ergeben sich die Bedingungen für Entscheidungen und auch die Möglichkeiten und Grenzen der Veränderung des Verhaltens anderer und des Individuums selbst.

An dieser Stelle möchte ich einer Reihe von Personen danken, die mich bei der Fertigstellung dieses Buches unterstützt haben. Dank gebührt zuallererst meiner Frau und Kollegin Ursula Dicke (Universität Bremen) für viele Gespräche, fachlichen Rat und Hilfe bei der Herstellung der Abbildungen. Danken möchte ich weiterhin (in alphabetischer Reihenfolge) folgenden Damen und Herren: Heinz Beyer (Klett-Cotta Verlag Stuttgart), Anna Buchheim (Universität Ulm), Manfred Cierpka (Universität Heidelberg), Horst Kächele (Universität Ulm), Marco Lehmann-Waffenschmidt (Universität Dresden), Uwe Opolka (Hanse-Wissenschaftskolleg Delmenhorst), Michael Pauen (Universität Magdeburg), Wiltrud Renter (Regensburg), Beatrice Riewe (Hanse-Wissenschaftskolleg Delmenhorst), Ralph Schumacher (ETH Zürich), Reinhard Selten (Universität Bonn) und Friedrich Thießen (TU Chemnitz). Selbstverständlich bin ich für alle Fehler und Unrichtigkeiten allein verantwortlich.

Brancoli, im April 2007

KAPITEL 1

Persönlichkeit, Anlage und Umwelt

Menschen zeigen in dem, was sie tun, ein zeitlich überdauerndes Muster. Dies nennen wir ihre *Persönlichkeit*. Sie ist eine Kombination von Merkmalen des Temperaments, des Gefühlslebens, des Intellekts und der Art zu handeln, zu kommunizieren und sich zu bewegen. Personen unterscheiden sich gewöhnlich untereinander in der Art dieser Kombination. Zur Persönlichkeit gehören insbesondere die *Gewohnheiten*, d. h. die Art und Weise, wie sich eine Person *normalerweise* verhält.

Wie erfasst man »Persönlichkeit«?

In der Psychologie hat man sich seit langer Zeit intensiv Gedanken darüber gemacht, wie man die Persönlichkeit eines Menschen bestimmt. Menschen unterscheiden sich voneinander, aber gleichzeitig zeigen sie auch wieder Gemeinsamkeiten, die sie zum Beispiel von (nichtmenschlichen) Tieren unterscheiden. Beim Erfassen der Persönlichkeit gibt es mehrere, grundsätzlich unterschiedliche Ansätze. Der eine Ansatz besteht darin, in irgendeiner Weise das »Wesen« des Menschen zu erfassen und daraus bestimmte mögliche Unterscheidungsmerkmale abzuleiten. Das bekannteste Unterfangen dieser Art ist die »Lehre von den Temperamenten«, die seit dem Altertum die Einteilung in vier Grundpersönlichkeiten kennt, nämlich Choleriker, Melancholiker, Phlegmatiker und Sanguiniker (man denke an Dürers Darstellung der vier Temperamente anhand der vier Apostel Markus, Paulus, Johannes und Petrus). Diese Einteilung geht auf den antiken Arzt Galenos zurück, der auch ein bedeutender Hirnforscher war. Interessant dabei ist, dass Galenos seine Ein-

1 Persönlichkeit, Anlage und Umwelt

teilung von Grundpersönlichkeiten »physiologisch« mithilfe der »Vier-Säfte-Lehre« zu begründen versuchte, wonach die vier Temperamente durch die Dominanz einer der vier »Körpersäfte« Blut (sanguis), Schleim (phlegma), schwarzer Galle (melas cholé) und gelber Galle (cholé) in einer Person zustande kommen. Heute hängt man dieser »Vier-Säfte-Lehre« nicht mehr an, aber die entsprechende Charakterisierung in Grundpersönlichkeiten ist so falsch nicht und wird in der Alltagspsychologie noch durchaus verwendet. Man sagt z. B. von einer Person, sie habe eine phlegmatische oder cholerische Natur.

Ein wichtiger Schritt in der Persönlichkeitspsychologie bestand darin, nicht individuelle Persönlichkeitsmerkmale *für sich allein stehend* zu bestimmen oder zu messen, sondern zu fragen, in welchen Persönlichkeitsmerkmalen Menschen sich qualitativ oder quantitativ voneinander unterscheiden – dies nennt man den *differenziellen Ansatz*, und deshalb bezeichnet man die Persönlichkeitspsychologie auch als »differenzielle Psychologie«. Aber welche Merkmale sind geeignet für einen solchen differenziellen Ansatz? Hier hat man seit längerem das so genannte lexikalische Verfahren angewandt, das ganz einfach darin besteht, dass man – von der »Alltagspsychologie« ausgehend – aus gängigen Lexika alle nur erdenklichen Vokabeln übernimmt, mit denen menschliche Eigenschaften beschrieben werden. Dabei handelt es sich um viele Tausende von solchen Wörtern, die natürlich in ihrer Bedeutung auch hochgradig redundant sind. Man kam nun durch wiederholtes Zusammenfassen (»Faktorisierung« heißt dies) auf immer weniger Grundmerkmale der Persönlichkeit, bis sich schließlich eine Klassifizierung von drei bis fünf solcher Grundmerkmale als optimal herausstellte.

Einer der einflussreichsten Forscher, die hieran beteiligt waren, war der deutsch-britische Psychologe Hans Jürgen Eysenck (1916–1997). Er vertrat anfangs die Meinung, dass es zwei Grunddimensionen der Persönlichkeit gebe, nämlich »Neurotizismus«, welcher eine instabil-ängstlich-besorgte Persönlichkeit bezeichnet, und das Gegensatzpaar »Extraversion–

Wie erfasst man »Persönlichkeit«? 17

Introversion«, welches die Spannbreite von einer gesellig-offenen bis hin zu einer zurückgezogen-verschlossenen Persönlichkeit bezeichnet. Später nahm er noch das Merkmal »Psychotizismus« hinzu, das eine aggressive, gefühlskalte, aber auch impulsive und kreative Persönlichkeit bezeichnet. In der Weiterentwicklung dieses Ansatzes kam man dann zu den bekannten fünf Grundfaktoren, »*big five*« genannt, die inzwischen nach Meinung vieler Experten eine Persönlichkeit am ehesten charakterisieren. Diese sind Extraversion, Verträglichkeit, Gewissenhaftigkeit, Neurotizismus und Offenheit.

Diese »großen Fünf« sind jeweils aus positiven oder negativen Einzelmerkmalen zusammengesetzt. So umfasst der Faktor *Extraversion* in seiner positiven Ausprägung die Eigenschaften gesprächig, bestimmt, aktiv, energisch, offen, dominant, enthusiastisch, sozial und abenteuerlustig, und in seiner negativen Ausformung die Eigenschaften still, reserviert, scheu und zurückgezogen. Der Faktor *Verträglichkeit* bezeichnet im positiven Sinne die Eigenschaften mitfühlend, nett, bewundernd, herzlich, weichherzig, warm, großzügig, vertrauensvoll, hilfsbereit, nachsichtig, freundlich, kooperativ und feinfühlig, und im negativen Sinn die Eigenschaften kalt, unfreundlich, streitsüchtig, hartherzig, grausam, undankbar und knickrig. Der Faktor *Gewissenhaftigkeit* bezeichnet in seiner positiven Ausprägung die Eigenschaften organisiert, sorgfältig, planend, effektiv, verantwortlich, zuverlässig, genau, praktisch, vorsichtig, überlegt und gewissenhaft, und im negativen Sinne die Eigenschaften sorglos, unordentlich, leichtsinnig, unverantwortlich, unzuverlässig und vergesslich.

Der Faktor *Neurotizismus* bezieht sich in seiner negativen Ausprägung auf die Eigenschaften gespannt, ängstlich nervös, launisch, besorgt, empfindlich, reizbar, furchtsam, sich selbst bemitleidend, instabil, mutlos und verzagt, und im positiven Sinne auf die Eigenschaften stabil, ruhig und zufrieden. Der Faktor *Offenheit* schließlich umfasst im positiven Sinne die Eigenschaften breit interessiert, einfallsreich, phantasievoll, intelligent, originell, wissbegierig, intellektuell, künstlerisch, gescheit,

erfinderisch, geistreich und weise, und im negativen Sinne gewöhnlich, einseitig interessiert, einfach, ohne Tiefgang und
unintelligent.

Man ist heute der Meinung, dass diese fünf Hauptfaktoren
Personen gut charakterisieren, die sich wiederum in drei Haupt-
persönlichkeitstypen zusammenfassen lassen, nämlich die *resiliente* Person, die »Durchstehvermögen« zeigt, die *überkontrollierte*
Person und die *unterkontrollierte* Person. Nach Asendorpf (2004)
weist die *resiliente* Person eine charakteristische Mischung fol-
gender Eigenschaften auf: aufmerksam, tüchtig, geschickt,
selbstvertrauend, voll bei der Sache und neugierig; sie kann aber
auch deutliche Stimmungswechsel haben, zeigt auch unreifes
Verhalten unter Stress, verliert leicht die Kontrolle, ist schnell
eingeschnappt und fängt leicht zu weinen an. Diese Person hat
wenige Merkmale von Neurotizismus und gewisse Merkmale
von Extraversion und Offenheit. Die *überkontrollierte* Person ist
(eine unterschiedliche Mischung von) verträglich, rücksichtsvoll,
hilfsbereit, gehorsam, gefügig, verständig-vernünftig, hat Selbst-
vertrauen, ist selbstsicher, kennt keine Grenzen, ist aggressiv,
ärgert andere. Diese Person zeigt deutliche Anteile von Neurotizismus, wenige Anteile von Offenheit und Extraversion. Die
unterkontrollierte Person schließlich ist (in unterschiedlichem
Maße) lebhaft, zappelig, hält sich nicht an Grenzen, hat negative
Gefühle, schiebt die Schuld auf andere, ist furchtsam-ängstlich,
gibt nach bei Konflikten, stellt hohe Ansprüche an sich, ist
gehemmt und neigt zum Grübeln. Diese Person zeigt wenig
Verträglichkeit und Gewissenhaftigkeit und viel Neurotizismus.
Wir sehen, dass es bei den *big five* und auch den drei Grundper-
sönlichkeiten durchaus gewisse Überlappungen gibt. Jeder
Mensch ist anders als die anderen und teilt gleichzeitig ähnliche
Eigenschaften mit ihnen – so lautet die triviale Wahrheit.

Interessant ist, dass Hans Eysenck in den sechziger Jahren das
Gegensatzpaar Extraversion–Introversion vs. Neurotizismus
neurophysiologisch zu begründen versuchte. Die Polarität Extraversion–Introversion sah er als unterschiedliche Aktivierung des

Gehirns durch das aufsteigende retikuläre aktivierende System an, während Unterschiede im Merkmal Neurotizismus für ihn auf Unterschiede in der »limbischen Aktivierung« zurückzuführen waren (vgl. nächstes Kapitel). Aus heutiger Sicht (vierzig Jahre später!) ist ein solcher Ansatz ungenügend, aber sicher nicht ganz falsch.

Zusammenfassend können wir feststellen, dass aus persönlichkeitspsychologischer Sicht Menschen sich in ungefähr fünf grundlegenden Persönlichkeitsmerkmalen mit typischen sekundären Merkmalen unterscheiden – eben den big five, und dass man hiermit etwa drei Grundpersönlichkeitstypen feststellen kann. Diese Kategorisierungen sind rein quantitativ-statistisch gewonnen, und ihre (neuro-)biologische Fundierung ist erst einmal eine offene Frage. Diese Frage wird uns noch ausführlich beschäftigen.

Temperament

Alle Eltern mit mehr als einem Kind (zu diesen Eltern gehöre auch ich) wissen, dass ihre Kinder mit sehr verschiedenen Persönlichkeitsmerkmalen auf die Welt kommen und dass diese Unterschiede bei allem Wandel der Persönlichkeit weitgehend bestehen bleiben. Das eine Kind ist relativ ruhig, das andere eher »quengelig« oder gar ein »Schreibaby«, das den Eltern den letzten Nerv raubt; das eine Kind ist offen, freundlich, das andere eher verschlossen, schwer zugänglich usw., und dies ändert sich auch nicht wesentlich, soweit man das alltagspsychologisch beurteilen kann.

Viele Psychologen sind deshalb der Meinung, dass diese als *Temperament* bezeichneten Grundeigenschaften in erheblichem Maße genetisch bedingt sind und nur zu einem kleineren Teil durch Umwelteinflüsse gebildet werden. Aus biologischer Sicht muss man allerdings hier von »angeborenen« Merkmalen im Sinne von »bei der Geburt bereits vorhanden« sprechen, denn – wie noch darzustellen sein wird – es gibt in vielen Bereichen

20 1 Persönlichkeit, Anlage und Umwelt

deutliche Umwelteinflüsse bereits vor der Geburt. »Angeborene«, d.h. bei Geburt bereits vorhandene Merkmale müssen also nicht rein genetisch sein, und viele genetisch bedingte Merkmale sind bei der Geburt noch gar nicht sichtbar, z.B. solche, die die Sprache oder das jugendliche und erwachsene Sexualleben betreffen.

Temperamentforscher wie Thomas und Chess (1980), die große Längsschnittuntersuchungen durchgeführt haben, siedeln das Temperament ähnlich wie Eysenck nahe an den physiologischen, affektiven und kognitiven Grundfunktionen des Gehirns an. Danach wird das Temperament eines Menschen bestimmt von seinem allgemeinen Aktivitätsniveau, seinen biologischen Rhythmen, dem grundlegenden Annäherungs- oder Rückzugsverhalten gegenüber neuen Reizen, der Anpassungsfähigkeit gegenüber neuen Situationen, der Reaktionsschwelle von Verhaltensantworten, deren Intensität, dem Grad der Ablenkbarkeit, der Aufmerksamkeitsspanne (wie lange zum Beispiel jemand konzentriert zuhören oder etwas tun kann) und der Qualität der Grundstimmung (freundlich/unfreundlich, freudig/aggressiv).

All diese Merkmale zeigen sich nach Thomas und Chess bereits sehr früh. Entsprechend gibt es das »leichte Kind«, das ausgeglichen, anpassungsfähig, eher positiv gestimmt und offen ist und ca. 40 % aller Kinder umfasst, das »schwierige Kind«, das unruhig ist, eine geringe Anpassungsfähigkeit zeigt, emotional instabil und oft negativ gestimmt ist (rund 10 % aller Kinder), und das »langsam auftauende Kind«; das nur zögerlich auf neue Reize antwortet und eher zurückhaltend und verschlossen ist (rund 15 % der Kinder). Der Rest der Kinder (35 %) war in der großen Studie der Autoren nicht eindeutig klassifizierbar.

Andere bekannte Temperamentforscher wie Buss und Plomin (1984; vgl. auch Buss, 1989, 1991) gehen davon aus, dass sich Temperament aus den drei Merkmalsgruppen *Emotionalität*, *Aktivität* und *Soziabilität* (EAS-Theorie) zusammensetzt. Buss und Plomin nehmen an, dass diese Merkmalsgruppen hochgradig genetisch bedingt und stabil sind und bereits im 1. Lebens-

Temperament 21

jahr sichtbar werden. Für Rothbart (1989), einer weiteren Autorität in der Temperamentforschung, besteht Temperament aus den Grundmerkmalen *Reaktivität* und *Selbstregulation*, die beide biologisch verankert sind. Reaktivität wird bestimmt durch die Reaktionsschwelle, die Latenz (d. h. Antwortverzögerung) und Intensität von Verhaltensweisen und das allgemeine physiologische Erregungsniveau. Selbstregulation ist die Fähigkeit zur Veränderung des eigenen Erregungsniveaus in Abhängigkeit von äußeren Reizen und das Aufrechterhalten eines physiologisch-psychischen Gleichgewichts (»Homöostase«).

Rothbart weist jedoch darauf hin, dass gerade beim Grad der Selbstregulationsfähigkeit neben vegetativ-physiologischen Faktoren auch die Bindungserfahrung eingeht. Allgemein geht Rothbart von sechs Temperament-Dimensionen aus, nämlich (1) Irritierbarkeit und negative Reaktionen, (2) motorische Aktivität, (3) positive Emotionalität und Sozialisierbarkeit, (4) Beruhigbarkeit und Ablenkbarkeit von negativen Emotionen, (5) Furchttendenz und Verhaltenshemmung und (6) willentliche Kontrolle.

Wie der bekannte deutsche Persönlichkeitsforscher Asendorpf in diesem Zusammenhang bemerkt, ergibt sich bei solchen Klassifizierungen von Temperamentmerkmalen eine deutliche Überlappung mit den oben genannten »big five«-Persönlichkeitsmerkmalen. Es ist in der Tat schwierig, reine, d. h. überwiegend angeborene Temperamentmerkmale von Persönlichkeitsmerkmalen genau zu unterscheiden, da sich beide – darin sind sich alle Forscher einig – sehr früh stabilisieren. Am eindeutigsten gelingt die Unterscheidung noch bei denjenigen Temperamentmerkmalen, die der physiologisch-vegetativen und affektiven Grundausrüstung einer Person entsprechen und deshalb hochgradig genetisch bedingt sind, z. B. allgemeines Erregungsniveau, Reaktionsschnelligkeit, Verhalten und Anpassungsfähigkeit gegenüber neuen Situationen und Schnelligkeit der Informationsverarbeitung. Bei komplexeren Merkmalen wie Offenheit oder Verschlossenheit, positiver oder negativer Emotionalität

22 1 Persönlichkeit, Anlage und Umwelt

und Sozialisierbarkeit ergibt sich eine unauflösliche Vermischung zwischen genetischen und entwicklungsbedingten Merkmalen und vorgeburtlich oder frühkindlich wirksamen Umwelteinflüssen, von denen jetzt die Rede sein soll.

Die Bedeutung frühkindlicher Einflüsse und der Bindungserfahrung

Viel ist darüber gestritten worden, welche Bedeutung die ersten Lebensjahre für die Entwicklung der Persönlichkeit tatsächlich haben (vgl. Eliot, 2001). Während einige Psychologen und Pädagogen den frühkindlichen Erfahrungen keine besondere Bedeutung zuschreiben und von einer gleichmäßigen lebenslangen Verformbarkeit des Menschen ausgehen, sind andere der Überzeugung, dass die ersten drei bis fünf Jahre und in geringerem Maße die Pubertät prägend für das spätere Leben einer Person sind. Solche Prägungsperioden sind im Tierreich weit verbreitet, besonders im Bereich der akustischen Kommunikation und des Sexualverhaltens. Auch beim Menschen sind solche Prägungsprozesse vorhanden, z.B. bei der Sprachentwicklung. Ebenso wird vermutet, dass Mutter und Neugeborenes aufeinander geprägt werden. Schließlich meinen viele Experten, dass auch in Bezug auf die sexuellen Präferenzen eines Menschen neben genetischen Faktoren Prägungsvorgänge im Mutterleib und in der ersten Zeit nach der Geburt eine wichtige Rolle spielen.

Fest steht inzwischen, dass traumatische Ereignisse kurz vor, während und nach der Geburt wie etwa Gewalteinwirkung, starke psychische Belastungen und Drogeneinnahme bzw. massiver Alkohol- und Nikotinmissbrauch der Mutter gegen Ende der Schwangerschaft eine hohe Übereinstimmung mit späterem selbstschädigenden Verhalten einschließlich eines erhöhten Selbstmordrisikos des Individuums aufweisen. Dies erklärt sich dadurch, dass das noch sehr unreife und sich schnell entwickelnde Gehirn des Ungeborenen äußerst empfänglich für Umweltein-

Frühkindliche Einflüsse und Bindungserfahrung   23

flüsse ist, die entweder direkt auf den Fötus oder indirekt über das Gehirn der Mutter, das ja mit dem des Fötus eng zusammenhängt, einwirken. Alles, was die Mutter an Schädigungen sich selbst zufügt oder was ihr zugefügt wird, beeinflusst ihr Gehirn, und dort werden als Reaktion bestimmte Substanzen freigesetzt, die dann über die Blutbahn zum Ungeborenen und seinem Gehirn laufen und dort Schaden anrichten können und gleichzeitig prägend wirken. So werden auch die Fähigkeit, Stress zu ertragen, und die Empfindlichkeit für Schmerz im Erwachsenenalter vorgeburtlich und durch die Ereignisse während der Geburt bestimmt. Untersuchungen haben gezeigt, dass die Stresstoleranz des Erwachsenen deutlich erniedrigt und die Schmerzempfindlichkeit deutlich erhöht sind, wenn die Umstände um die Geburt herum für das Neugeborene stark belastend bzw. schmerzvoll waren (Anand und Scalzo, 2000).

Der frühen Mutter-Kind-Beziehung bzw. der frühkindlichen *Bindungserfahrung* wird seit den bahnbrechenden Untersuchungen des österreichisch-amerikanischen Mediziners und Psychologen René Spitz (1887–1974) eine besondere Bedeutung für die Entwicklung der Persönlichkeit eines Menschen zugeschrieben. Spitz erkannte als erster, dass die Art der emotional-nicht-verbalen Kommunikation zwischen dem Säugling und seiner Bezugsperson, vornehmlich der leiblichen Mutter, entscheidend für die weitere psychisch-kognitive Entwicklung des Säuglings und Kindes ist und dass Defizite in diesem Bereich (der bekannte »Hospitalismus«) schwere und häufig irreparable psychische Schäden hervorrufen können, wie die jüngsten Untersuchungen an russischen und rumänischen Waisenkindern zeigen, die adoptiert wurden.

Diese Erkenntnisse aus der Mitte des vorigen Jahrhunderts stießen anfangs auf Desinteresse und gar Ablehnung, weil sie weder in das herrschende behavioristische Erziehungsparadigma (s. Exkurs 3) noch in die heile Familienwelt-Ideologie der damaligen USA passten. Hinzu kam, dass die Beschäftigung mit Säuglingen und Kleinkindern auch für Sigmund Freud und die Psychoanalytiker kein ernsthaftes Thema war – man interessierte sich für Kindheit und Jugend nur aus der Perspektive des erwachsenen Patienten. Schließlich waren die Erkenntnisse von Spitz auch nicht direkt in der psychologisch-psychotherapeutischen Praxis anwendbar, weil nicht quantifizierbar.

Ein großer Durchbruch in jeder Hinsicht ergab sich durch die Arbeiten zweier bedeutender Personen, John Bowlby und Mary Ainsworth. Der englische Kinderpsychiater John Bowlby (1907–1990) begründete als erster die systematische Erforschung der psychischen Entwicklung des Kleinkindes und thematisierte im Rahmen der *Bindungs-Forschung* die grundlegende Bedeutung der Mutter-Kind-Beziehung. Die amerikanische Psychologin und Mitarbeiterin Bowlbys Mary Ainsworth (1913–1999) entwickelte diesen Ansatz weiter, insbesondere durch die Erstellung von »Bindungstypen« aufgrund einer experimentellen Standardsituation, der so genannten »fremden Situation« (vgl. Strauß et al., 2002): Kinder im Alter zwischen 12 und 18 Monaten betreten zusammen mit ihrer Mutter einen Beobachtungsraum, den sie beide erkunden. Dann betritt eine fremde Frau den Raum und nimmt Kontakt mit beiden auf. Daraufhin verlässt die Mutter den Raum, und die fremde Person bleibt mit dem Kind allein. Schließlich kommt die Mutter zurück (»erste Wiedervereinigung«), und die fremde Person geht hinaus. Die Mutter verlässt nun zum zweiten Mal den Raum und lässt das Kind allein zurück. Die fremde Frau betritt wieder den Raum und nach einiger Zeit auch wieder die Mutter (»zweite Wiedervereinigung«), und die Fremde geht wieder hinaus. Bei diesem ganzen Vorgang wird das Verhalten des Kindes bei Trennung von der Mutter und Wiedervereinigung mit ihr registriert, um festzustellen, wie das Kind den damit verbundenen Stress bewältigt.

Ainsworth hat aufgrund solcher Untersuchungen drei kindliche Bindungstypen ermittelt. Der erste ist der *sicher-gebundene Typ B*: Das Kind zeigt seinen Trennungskummer offen, kann aber schnell getröstet werden. Es zeigt eine gute Balance zwischen Nähe zur Mutter (Bindung) und Erkundungsdrang (Exploration der Umgebung). Der zweite Typ ist der *unsicher-vermeidende Typ A*: Das Kind zeigt wenig Kummer über die Trennung, konzentriert sich auf das Spielen und vermeidet nach Rückkehr der Mutter eher ihre Nähe. Es zeigt weniger eine Tendenz zur Nähe und eher eine Tendenz zur Exploration. Der dritte Typ ist der *unsicher-ambivalente Typ C*: Das Kind weint heftig bei der Trennung und lässt sich bei der Rückkehr der Mutter kaum beruhigen. Es zeigt eher eine Tendenz zur Nähe (Klammern) als zur Exploration. Aufgrund von Untersuchungen anderer Autoren (Main und Solomon, 1986) kam später noch ein vierter Typ hinzu, der *desorganisiert-desorientierte Bindungstyp D*: Diese Kinder können auf die Trennung nicht einheitlich reagieren und zeigen Verhaltensauffälligkeiten wie Bewegungsstereotypien, Erstarren und Angst gegenüber einem Elternteil.

In großen Bindungsstudien zeigte sich, dass ca. 60 % aller untersuchten Kinder dem Typ »sicher-gebunden« angehören, 20 % dem Typ »unsicher-vermeidend«, 12 % dem Typ »ambivalent-unsicher« und der Rest dem Typ »desorganisiert-desorientiert«. Dieser besondere Typ tritt vornehmlich bei Kindern auf, die entweder missbraucht oder misshandelt wurden oder den Verlust eines Elternteils noch nicht verarbeitet haben.

Wichtig für die Frage nach der Persönlichkeit ist der inzwischen vielfach bestätigte Befund, dass der so ermittelte frühkindliche Bindungstyp mit dem erwachsenen Bindungsverhalten eng korreliert ist, d. h. mit der Weise, wie eine Person kognitiv, emotional und motivational mit den Menschen in ihrer engeren familiären oder beruflichen Umgebung umgeht. Dieses erwachsene Bindungsverhalten wird zum Beispiel mit dem »Adult Attachment Interview (AAI)« erfasst (vgl. Strauß et al., 2002). Hierbei werden die Personen mit Fragen konfrontiert, die sich auf die Erinnerung an frühere Bindungsbeziehungen, den Zugang zu bindungsrelevanten Gedanken und Gefühlen und den Einfluss von Bindungserfahrungen auf ihre eigene Entwicklung beziehen. Dabei geht es um den Inhalt, aber auch um die Kohä-

26 1 Persönlichkeit, Anlage und Umwelt

renz, Qualität, Quantität, Relevanz und sonstige Art und Weise der Antworten.

Es ergeben sich dabei folgende Erwachsenen-Bindungstypen: (1) Sicher autonom (*secure*): die Person gibt eine offene, kohärente und konsistente Darstellung ihrer positiven und negativen Bindungserfahrungen. Sie hat leichten Zugang zu diesen Gedächtnisinhalten. (2) Bindungsdistanziert (*dismissing*): die Person liefert nur inkohärente und unvollständige Angaben, zeigt Erinnerungslücken, Abwehr schmerzlicher Erinnerungen und liefert meist positive Erinnerungen ohne Details. (3) Bindungsverstrickt (*preoccupied*): die Person liefert ausufernde, oft von Ärger durchsetzte Darstellungen, so als ob sie einen bestimmten Konflikt und den damit verbundenen Ärger gerade erlebte; sie oszilliert zwischen positiven und negativen Darstellungen und Beurteilungen, ohne sich dessen bewusst zu sein, und zeigt eine allgemeine Verwirrtheit und Vagheit. (4) Unverarbeitetes Trauma (*unresolved trauma*): die Person liefert eine konfuse Darstellung, zeigt häufige Erinnerungsverwechslungen und irrationale Darstellungselemente. Dieser letztere Typ entspricht dem kindlichen Bindungstyp D und tritt entsprechend vornehmlich bei Personen mit unverarbeiteten Verlust- oder Missbrauchserfahrungen auf.

Wie bereits erwähnt, gibt es einen signifikanten Zusammenhang zwischen dem kleinkindlichen und dem erwachsenen Bindungstyp, wobei Letzteres auch die Art und Weise einschließt, wie man sich gegenüber den eigenen Kindern bindungsmäßig verhält. Dies ist besonders wichtig für das in letzter Zeit intensiv diskutierte Phänomen des *trans- oder intergenerationellen Transfers* von Bindungserfahrungen und anderen frühkindlichen Erfahrungen: Eine Person gibt an ihre eigenen Kinder häufig diejenigen Erfahrungen weiter, die sie selbst frühkindlich erfahren hat. Dies ist insbesondere bei Personen mit psychischen Erkrankungen oder schwerer frühkindlicher psychischer Traumatisierung (z. B. bei Überlebenden des Holocaust) der Fall.

Intelligenz und Kreativität

Ein Merkmal, das gewöhnlich – aber zu Unrecht – von Psychologen nicht zur Persönlichkeit gerechnet wird, ist *Intelligenz*. Dass Psychologen dies bisher nicht getan haben, hat historische und disziplinäre Gründe: Es gibt in der Psychologie eine Intelligenzforschung, und diese wurde meist getrennt von der Persönlichkeitsforschung behandelt. Der letztgenannte Faktor der »big five«, nämlich *Offenheit*, richtet sich aber direkt auf die Intelligenz, Kreativität und Neugierde eines Menschen.

Über den Begriff der Intelligenz und der Brauchbarkeit von Intelligenztests ist sehr viel geschrieben und gestritten worden, und beides hat im allgemeinen akademischen Bewusstsein keinen besonders guten Ruf. Dieser Umstand ist aber völlig unbegründet, denn (wie zum Beispiel Jens Asendorpf feststellt) ist in der Persönlichkeitspsychologie nichts so gut untersucht wie das Merkmal »Intelligenz« und mindestens so genau zu messen wie seine individuelle Persönlichkeitsausprägung. Ich möchte hier nicht die ganze Debatte wiederholen, sondern mich auf wenige in Fachkreisen inzwischen allgemein akzeptierte Aussagen beschränken (vgl. das soeben, 2007, erschienene Buch von Neubauer und Stern sowie das Lehrbuch von Asendorpf, 2004).

Die erste Aussage betrifft die auf Spearman zurückgehende Unterscheidung zwischen allgemeiner und bereichsspezifischer (oder nach Cattell »fluider« und »kristalliner«) Intelligenz. Diese Unterscheidung ist, wie wir noch hören werden, auch neurobiologisch sinnvoll: Die allgemeine oder fluide Intelligenz korrespondiert mit der *allgemeinen* Schnelligkeit und Effektivität der »Informationsverarbeitung« im Gehirn, die *bereichsspezifische* oder kristalline Intelligenz mit dem Wissen in den ganz unterschiedlichen Bereichen und seiner Verfügbarkeit. Klar ist: Jemand muss schnell denken und Probleme schnell identifizieren können (das ist die allgemeine oder fluide Intelligenz), aber er muss, um mit den Problemen fertig werden zu können, auch ein-

28   1 Persönlichkeit, Anlage und Umwelt

fach ein bestimmtes Expertenwissen haben. Letzteres – so die bekannte Psychologin Elsbeth Stern – kann Ersteres sogar in beträchtlichem Maße ausgleichen, wobei anzumerken ist, dass eine hohe allgemeine Intelligenz den Wissenserwerb sehr erleichtert! Ein intelligenter Mensch ist jemand, der schnell sieht, was Sache ist, und dem ebenso schnell einfällt, was jetzt zu tun ist – und dabei meist Erfolg hat!

Die heutigen gängigen Intelligenztests prüfen sowohl die allgemeine Intelligenz als auch bereichsspezifische Begabungen, und zwar vornehmlich in Hinblick auf verbale und nichtverbale Fähigkeiten (Operationen mit Zahlen bzw. Rechnen, Wortschatz, Bilderordnen und -ergänzen, Gemeinsamkeiten finden, Figurenlegen usw.). Daraus ergeben sich Erkenntnisse über bestimmte individuelle Begabungen, die für die Berufswahl genutzt werden können. Dies entspricht auch der Alltagserfahrung: Der eine kann gut reden und schreiben, hat aber Probleme mit der räumlichen Orientierung oder dem Rechnen usw., beim anderen ist es genau umgekehrt. Manche sind in beidem gut und andere in beidem schlecht!

Die üblichen Angaben eines »Intelligenz-Quotienten« (IQ) beziehen sich auf einen Durchschnitt solcher unterschiedlicher Begabungen bei einer Person, wobei der IQ auf eine altersabhängige Durchschnittsintelligenz normiert ist. Dies bedeutet, dass es für bestimmte Altersstufen eine durchschnittliche Intelligenz gibt, die per definitionem bei »100« liegt. IQs über 100 zeigen dann eine überdurchschnittliche, unter 100 eine unterdurchschnittliche Intelligenz an. Die Intelligenz einer Altersstufe ist immer *normalverteilt*; dies bedeutet statistisch, dass knapp 70 Prozent aller Menschen einen IQ relativ eng um den Mittelwert aufweisen, genauer innerhalb des Intervalls zwischen 85 und 115 IQ. Menschen mit einem IQ unter 85 machen einen deutlich »minderbemittelten« Eindruck, und solche mit einem IQ über 115 einen deutlich intelligenten Eindruck. *Hochbegabte* haben in der Regel einen IQ von 130 oder mehr und umfassen ca. 2 % ihrer Altersgruppe. Man wird gelegentlich mit Aussagen

Intelligenz und Kreativität 29

wie »unsere Tochter hat einen IQ von 180« oder »ich kenne jemanden mit einem IQ von 220« konfrontiert. Man sollte dies unkommentiert lassen, denn unterhalb eines IQ von 50 und oberhalb eines IQ von 150 sind Intelligenzaussagen nicht mehr sinnvoll, weil nicht mehr statistisch verlässlich bestimmbar.

Zwei interessante Fragen ergeben sich im Zusammenhang mit dem Persönlichkeitsmerkmal »Intelligenz«: In welchem Maße ist Intelligenz ein stabiles Merkmal, und in welchem Maße ist Intelligenz angeboren oder erworben? Die erstere Frage lautet in anderer Formulierung, in welchem Maße man aus den Ergebnissen eines gerade durchgeführten Intelligenztests die Resultate eines Tests in einem Abstand von einem Jahr, von zehn, zwanzig usw. Jahren vorhersagen kann. Bei entsprechenden Untersuchungen stellt sich heraus, dass sich bei einem Individuum die Intelligenz mit zunehmendem Alter stabilisiert und deshalb immer besser voraussagbar wird (vgl. Amelang und Bartussek, 1997). Das kann man über den so genannten Korrelationskoeffizienten ausdrücken, der angibt, in welchem Maße unterschiedliche Größen miteinander übereinstimmen. Ein Korrelationskoeffizient von 1 zeigt eine vollkommene Übereinstimmung an, ein Wert von 0 eine völlige Unabhängigkeit, und ein Wert von minus 1 eine so genannte »Anti-Korrelation«, d. h. zwei Merkmale verhalten sich entgegengesetzt.

Der Korrelationskoeffizient zwischen der Intelligenz im vierten und im vierzehnten Lebensjahr beträgt 0,65 und ist damit schon überraschend hoch; die Korrelation zwischen der Intelligenz im vierzehnten und im neunundzwanzigsten Lebensjahr beträgt trotz des viel längeren Zeitraums 0,85, ist also sehr hoch und zeigt an, dass sich die Intelligenz bereits mit vierzehn Jahren sehr stabilisiert hat. Nach Aussage einiger Autoren korreliert die Intelligenz im Alter von sechs Jahren mit derjenigen im Alter von vierzig Jahren mit einem Koeffizienten von 0,6 bis 0,8 (vgl. Asendorpf, 2004; Neubauer und Stern, 2007). Dies ist ein erstaunlich hoher Wert und bedeutet, dass man aufgrund der Kenntnis der Intelligenz einer sechsjährigen Person deren Intelligenz im Alter von vierzig Jahren mit guter Annäherung vorhersagen kann.

Die zweite Frage, die nach den genetischen Anteilen von Intelligenz, ist schon schwieriger zu beantworten. Die Persönlichkeitspsychologie hat sich in diesem Zusammenhang seit längerem ein Experiment der Natur zu Nutze gemacht, und zwar in Form von Untersuchungen an eineiigen Zwillingen, die kurz nach der Geburt getrennt wurden und in verschiedenen Familien bzw. Umwelten aufwuchsen. Eineiige Zwillinge haben dieselben Gene, und die Grundidee ist, dass man über den Grad der Übereinstimmung und der Unterschiede zwischen ihnen das Ausmaß der genetischen Determiniertheit bzw. der Umweltabhängigkeit etwa der Intelligenz, bestimmter Begabungen oder der genannten Persönlichkeitsmerkmale abschätzen kann. Man vergleicht dann diese Daten mit Forschungsergebnissen an zweieiigen Zwillingen, die genetisch gesehen Geschwister sind, bzw. an »normalen«, d.h. zu unterschiedlichen Zeiten geborenen Geschwistern sowie an adoptierten, genetisch also mit den Eltern nicht verwandten Kindern. Wenn sich eineiige Zwillinge, die von früher Kindheit an in unterschiedlichen familiären Umwelten aufwuchsen, später in ihrer Persönlichkeitsstruktur, ihrer Begabung und Intelligenz stark unterscheiden und stattdessen ihren jeweiligen Adoptiveltern ähneln, dann bedeutet dies ein großes Gewicht der Umwelt- und Erziehungseinflüsse und ein nur geringes Gewicht der genetischen Faktoren. Dagegen zeigt eine hohe Übereinstimmung in der Persönlichkeitsstruktur zwischen eineiigen Zwillingen, die in unterschiedlichen Milieus aufwuchsen, die »Macht der Gene« gegenüber den Einflüssen des Milieus.

Bei derartigen Untersuchungen kam heraus, dass einige Persönlichkeitsmerkmale sehr stark genetisch bedingt sind, andere jedoch schwächer und manche sehr schwach. Zu den ersteren Merkmalen gehört – für viele sicherlich erstaunlich – die *Intelligenz*. Die meisten Zwillingsuntersuchungen ergaben nämlich, dass eineiige Zwillinge – gleichgültig, wie unterschiedlich die

Bedingungen waren, unter denen sie aufwuchsen – sich in ihrer Intelligenz stark ähneln; bei ihnen ergab sich ein Korrelationskoeffizient zwischen 0,67 und 0,78. Diese Werte mag man als gering ansehen, aber dabei muss man berücksichtigen, dass auch bei *gemeinsam aufgewachsenen* eineiigen Zwillingen der Korrelationskoeffizient keineswegs 1 ist, sondern nur 0,86. Selbst wenn man bei ein und derselben Person mehrfach den IQ misst, kommt man meist nicht über einen Wert von 0,9. Insgesamt bedeutet dies, dass Intelligenz *hochgradig*, wenngleich nicht vollkommen, angeboren ist.

Insgesamt gehen viele Persönlichkeitspsychologen von einer Umweltabhängigkeit der Intelligenz aus, die bei 20 IQ-Punkten liegt. Dies scheint niederschmetternd wenig zu sein, ist es aber beim zweiten Hinsehen nicht. Nehmen wir als fiktives Beispiel eine Person, die genetisch eine durchschnittliche Intelligenz besitzt und durchschnittlich gefördert wird. Diese Person wird im Erwachsenenalter definitionsgemäß einen IQ von 100 haben. Wird sie minimal intellektuell gefördert, so erreicht sie später einen IQ von nur 90, bei dem ein Mensch schon etwas dümmlich wirkt. Bei optimaler Förderung kann sie hingegen einen IQ von 110 erreichen, der etwa dem Durchschnitt der deutschen Abiturienten entspricht. Relativ geringe Abweichungen vom Mittelwert ergeben also bereits *deutlich wahrnehmbare* Unterschiede in der Intelligenz, was damit zusammenhängt, dass die Masse der Individuen mit ihrem IQ zwischen 90 und 110 liegt und dasjenige, was wir unter »normaler Intelligenz« verstehen, sich in einem ziemlich engen Bereich bewegt. Dies bedeutet auch, dass Umwelteinflüsse und Erziehung bei der geistigen Entwicklung durchaus eine Chance haben, auch wenn Intelligenz hochgradig angeboren ist.

Wie sieht es im Rahmen der Frage nach »Anlage oder Umwelt« bei anderen Persönlichkeitsmerkmalen wie Aufgeschlossenheit, Kreativität, Zutrauen zu sich selber, Einfühlungs- und Durchhaltevermögen aus? Aus Untersuchungen an getrennt aufgewachsenen eineiigen Zwillingen ergeben sich für diese Merk-

32 1 Persönlichkeit, Anlage und Umwelt

male Korrelationskoeffizienten, die niedriger sind als beim Intelligenzquotienten, aber immer noch um 0,5 liegen, also einen mittelstarken Zusammenhang aufweisen. Wir müssen aufgrund dieser Forschungsergebnisse davon ausgehen, dass die Merkmale Aufgeschlossenheit, Kreativität und Zutrauen zu sich selber ebenfalls nur in geringem Maße von der Umwelt abhängen.

Eine wichtige Einschränkung muss aber gemacht werden, nämlich dass die Aussagen aufgrund der Zwillingsforschung über die genetischen Grundlagen von Persönlichkeitseigenschaften nicht diejenigen Umwelteinflüsse berücksichtigen (und dies auch nicht können), die vor der Geburt stattfinden und wahrscheinlich erheblich sind, wie wir bereits gehört haben. Werden eineiige Zwillinge getrennt, so geschieht dies überdies meist ja nicht unmittelbar nach der Geburt, und die kurze gemeinsame Zeit gibt der Umwelt die Möglichkeit zur Einwirkung.

Zusammenfassend kann man feststellen, dass die Persönlichkeitspsychologie das Temperament als Kern der Persönlichkeit ansieht und für hochgradig genetisch determiniert hält. Um diesen Kern gruppieren sich dann bestimmte, den »big five« zugeordnete Persönlichkeitsmerkmale, die teils genetisch oder hirnentwicklungsmäßig bedingt (darüber im nächsten Kapitel mehr), teils frühkindlich geprägt sind und sich in ihrer individuellen Ausprägung früh stabilisieren. Ein bedeutsamer Faktor ist neben der noch weitgehend unerforschten vorgeburtlichen Erfahrung die Bindungserfahrung zwischen Säugling bzw. Kleinkind und Mutter, die zugleich das spätere partnerschaftliche Bindungsverhalten stark beeinflusst. Es kommt zugleich zu einem »transgenerationellen« Transfer der frühkindlichen Bindungserfahrung auf die Beziehung zu den eigenen Kindern. Erfahrungen im späteren Kindes- und Jugendalter haben einen abnehmenden Einfluss auf die Formung der Persönlichkeit. Ein hochgradig genetisch determiniertes Persönlichkeitsmerkmal ist die Intelligenz, wie Intelligenz-Tests sie messen und durch einen »Intelligenz-Quotienten« ausdrücken. All dies widerspricht eindeutig dem immer noch vorherrschenden allgemeinen Erziehungsoptimismus.

KAPITEL 2

Ein Blick in das menschliche Gehirn

Der allgemeine Aufbau

Die Grundauffassung der modernen Hirnforschung lautet, dass alles, was wir sind und tun, unabtrennbar mit den Strukturen und Funktionen unseres Gehirns zu tun hat, und das gilt natürlich auch für die Persönlichkeit und die aus ihr sich ergebende Entscheidungs- und Handlungsstruktur eines Menschen, und damit auch für die Verankerung der Persönlichkeit im Gehirn. Dies erfordert es, dass wir uns über den Bau und die Funktion des Gehirns kundig machen, und das soll in diesem Kapitel geschehen.

Das menschliche Gehirn – so heißt es häufig – sei das komplizierteste System im Universum. Diese Behauptung ist allerdings nicht nachprüfbar, denn niemand kennt das Universum und was seine Tiefen alles verbergen. Außerdem ist noch nicht einmal klar, ob sie für die irdischen Verhältnisse zutrifft.

Wir Menschen neigen dazu, uns als Krone der Schöpfung und gegenüber dem Rest der Natur als etwas Besonderes zu fühlen. Das soll natürlich einerseits unser Selbstwertgefühl steigern. Tiere – so heißt es – tun das, was ihnen ihre Instinkte und Gefühle vorschreiben, d. h. sie verhalten sich »ohne Sinn und Verstand«. Natürlich können viele Tiere lernen, wenngleich mühsam per Dressur, und manchmal sind sie motorisch sehr geschickt (z. B. die Webervögel oder die Bienen), zuweilen scheinen sie auch ziemlich intelligent zu sein (z. B. Rabenvögel, Pudel oder Affen). Aber zwei Dinge fehlen ihnen angeblich vollkommen, nämlich Verstand und Vernunft, und damit Bewusstsein und Einsicht in ihr Handeln, sowie eine grammatikalisch-syntaktische, dem Menschen zukommende Sprache.

34 2 Ein Blick in das menschliche Gehirn

Dieser Auffassung steht erst einmal die Tatsache gegenüber, dass wir Menschen rein zoologisch gesehen *Tiere* sind und keine Pflanzen, Pilze, Einzeller, Bakterien oder Archaebakterien. Als Tiere sind wir – jeweils zunehmend spezifischer – Wirbeltiere, Säuger, Affen (Primaten), Menschenaffen und schließlich Schimpansenartige. Letzteres ist eine Bezeichnung, die noch ungebräuchlich ist und der uns meist sehr peinlichen Tatsache Rechnung trägt, dass die beiden Schimpansenarten (»gewöhnliche« Schimpansen und Bonobos) genetisch mit den Menschen enger verwandt sind als mit den »nächststehenden« Menschenaffen, den Gorillas. Da es zwei Schimpansenarten gibt, aber nur eine Menschenart, sind wir taxonomisch korrekt ausgedrückt »Schimpansenartige«. Auch stammen wir eindeutig von Tieren ab, die den heutigen Schimpansen sehr ähnlich waren.

Die Verhaltensforschung der vergangenen rund zwei Jahrzehnte hat überdies gezeigt, dass die Verhaltensleistungen und das geistige Vermögen des Menschen nicht so einzigartig sind, wie man immer gedacht hatte (bis auf den auch hier unglaublich hellsichtigen Charles Darwin und sein Buch »Die Abstammung des Menschen«). Es zeigt sich, dass zumindest manche Tiere, und zwar viele Säugetiere und zumindest einige Vögel (z. B. Rabenvögel und Papageien), Bewusstsein haben, denken können und eine Art Ich-Gefühl besitzen. Auch haben viele von ihnen eine Art Sprache, die meist Lautäußerungen und Gebärden oder Geruchssignale miteinander verbindet. Es bleiben nur zwei Dinge, die nach wie vor den Menschen am deutlichsten hervorheben, nämlich erstens die Fähigkeit, Handlungen mittel- und langfristig zu planen – dies können die nichtmenschlichen Tiere schlecht oder gar nicht – und eben die menschliche, syntaktisch-grammatikalische Sprache.

Als Regel können wir uns merken, dass die intelligentesten Tiere, z. B. Schimpansen oder Gorillas, den Stand eines ca. dreijährigen Kindes erreichen können, was das Erinnerungs-, Denk-, Handlungsplanungs- und Sprachvermögen betrifft. Diese Tiere können wegen der Besonderheit ihres Kehlkopfs nicht die

Der allgemeine Aufbau **35**

Laute der menschlichen Sprache hervorbringen. Jedoch können Schimpansen oder Gorillas nach langem Training mithilfe der Gebärdensprache oder des Gebrauchs von Symbolen Zwei- bis Drei-Wort-Sätze ohne Syntax und Grammatik produzieren, wie dies für ein zwei- bis dreijähriges Kind typisch ist. In diesem Alter (meist mit zweieinhalb Jahren) setzt beim Kind die stürmische Entwicklung der syntaktisch-grammatikalischen Sprache ein. Das Vermögen, sich in den anderen hineinzuversetzen, ist allerdings bei diesen Tieren, aber auch bei Elefanten, Walen, Delfinen und wohl vielen anderen Säugern oder Vögeln, entwickelt und entspricht maximal den Fähigkeiten eines vier- bis fünfjährigen Kindes. Wie auch immer man es nimmt, es gibt keinen wirklich fundamentalen, *qualitativen* Unterschied zwischen Mensch und den anderen Tieren, wenngleich es teilweise deutliche *quantitative* Unterschiede gibt, eben im Nachdenken, in der Handlungsplanung, der Kooperativität oder in der Sprache (Tomasello, 2002). Das lehrt uns auch der Vergleich des menschlichen Gehirns mit denen der anderen Tiere. Hier gibt es viele Übereinstimmungen – und zwar umso mehr, je mehr wir genetisch mit ihnen verwandt sind – und ganz wenige Besonderheiten.

Das menschliche Gehirn, wie es in Abbildung 1a und b gezeigt ist, ist ziemlich groß und hat ein Volumen von rund 1300 Kubikzentimetern bzw. ein Gewicht von 1,3 Kilogramm. Allerdings ist es – anders, als man häufig liest – bei weitem nicht das größte Gehirn im Tierreich. Es gibt einige Tiere wie Wale und Delfine sowie Elefanten, deren Gehirne bis zu 10 Kilogramm wiegen. Trotzdem sind diese Tiere auch bei möglichst objektiver Betrachtung nicht so schlau wie wir Menschen, und auf die Frage, warum sie es nicht sind, gibt es keine wirklich überzeugende Antwort. Wahrscheinlich beruht diese »geistige« Überlegenheit auf einer *einzigartigen Kombination* von Merkmalen, die nicht wirklich einzigartig sind (wie zum Beispiel Handgebrauch, ein großes Gehirn, sehr gute Handlungsplanung, Denken, Kooperativität und Sprache).

2 Ein Blick in das menschliche Gehirn

Das menschliche Gehirn zeigt den typischen Aufbau eines Säugetiergehirns und besteht (s. Abbildung 1b) aus sechs Teilen: dem Verlängerten Mark (Medulla oblongata), der Brücke (Pons), dem Kleinhirn (Cerebellum), dem Mittelhirn (Mesencephalon), dem Zwischenhirn (Diencephalon) und dem End- oder Großhirn (Telencephalon). Mittelhirn, Brücke und Verlängertes Mark

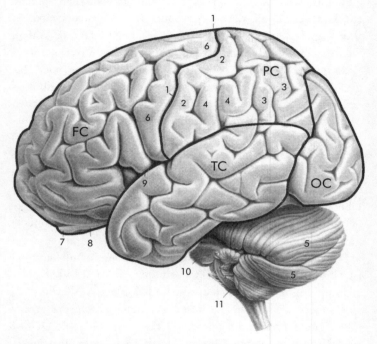

Abbildung 1a: Seitenansicht des menschlichen Gehirns. Sichtbar ist die Großhirnrinde mit ihren Windungen (Gyrus/Gyri) und Furchen (Sulcus/Sulci) und das ebenfalls stark gefurchte Kleinhirn. Abkürzungen: FC Stirnlappen; OC Hinterhauptslappen; PC Scheitellappen; TC Schläfenlappen; 1 Zentralfurche (Sulcus centralis); 2 Gyrus postcentralis; 3 Gyrus angularis; 4 Gyrus supramarginalis; 5 Kleinhirn-Hemisphären; 6 Gyrus praecentralis; 7 Riechkolben; 8 olfaktorischer Trakt; 9 Sulcus lateralis; 10 Brücke; 11 Verlängertes Mark. (Nach Nieuwenhuys et al., 1991, verändert.)

werden zusammen als *Hirnstamm* bezeichnet. Während diese sechs Teile bei kleinen Säugetieren mit entsprechend kleinen Gehirnen mehr oder weniger hintereinander angeordnet sind, haben sich diese Teile bei Tieren mit sehr großen Gehirnen, z. B. Walen einschließlich der Delfine, Elefanten und allen Menschenaffen einschließlich des Menschen, in komplizierter Weise ineinander geschoben, und einige Teile wie das Endhirn und davon wiederum bestimmte Teile wie die Hirnrinde sind sehr groß geworden und haben fast alle anderen Teile überdeckt.

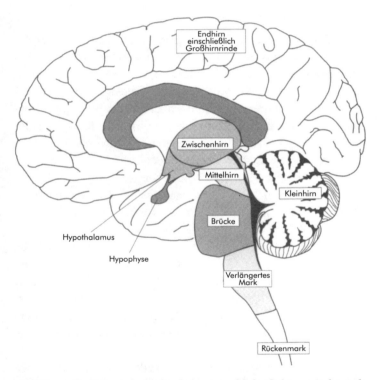

Abbildung 1b: Längsschnitt durch das menschliche Gehirn mit den sechs Haupthirnteilen (plus Rückenmark). Weitere Erläuterungen im Text. (Nach Eliot, 2001, verändert.)

2 Ein Blick in das menschliche Gehirn

Beim Menschen, der wiederum ein ganz typisches Menschen-affen-Gehirn besitzt, ist dies deutlich zu sehen: Was an unserem Gehirn besonders auffällt, ist die vielgewundene Hirnrinde, lateinisch *Cortex cerebri* genannt, die den größten Teil des Gehirns umgibt. Ein weiteres recht großes Gebilde, dessen Oberfläche ebenfalls stark eingefaltet ist, ist das Kleinhirn, lateinisch *Cerebellum* genannt. Vom Rest des Gehirns, so wichtig er ist, sieht man erst einmal kaum etwas außer dem »Stiel« des Hirnstamms bzw. Verlängerten Marks.

Die Großhirnrinde

Die Großhirnrinde, der *Cortex cerebri*, ist beim Menschen tatsächlich groß und umfasst auseinander gefaltet 2200 Quadratzentimeter, also etwa einen Viertel Quadratmeter. Darin sind rund 15 Milliarden Nervenzellen, überwiegend so genannte Pyramidenzellen, untergebracht, die über eine halbe Trillion Kontaktpunkte miteinander verbunden sind. Diese Kontaktpunkte werden *Synapsen* genannt, über deren Eigenschaften noch zu sprechen sein wird. Das Ganze bildet ein Netzwerk von ungeheurer Komplexität – weit komplexer, als wir uns das vorstellen können. Man kann ausrechnen, wie viel unterschiedliche Zustände dieses Netzwerk annehmen kann, und kommt auf eine Zahl von Zehn hoch Hundertfünfzig (zur Veranschaulichung: Die Anzahl von Elementarteilchen im Weltall wird auf Zehn hoch Achtzig geschätzt). Dieses Gesamtnetzwerk ist allerdings in zahllose Unternetzwerke eingeteilt, die jeweils bestimmte Eingänge und Ausgänge haben und untereinander in ganz bestimmter Weise verknüpft sind. Eingang, Verknüpfungsstruktur und Ausgang bestimmen die *Funktion* dieser einzelnen Netzwerke.

Die Großhirnrinde gilt als Sitz von allem, was uns Menschen zu Menschen macht. Deshalb galt ihr seit jeher das besondere Interesse der Hirnforscher. Der Cortex im engeren Sinne, der sechsschichtige Neo- oder Isocortex, wird in vier große Bereiche

Die Großhirnrinde

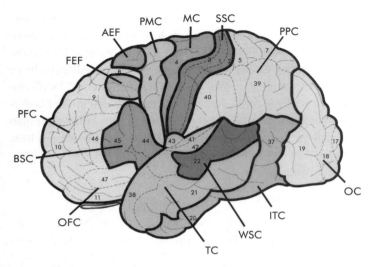

Abbildung 2: Anatomisch-funktionelle Gliederung der Hirnrinde, von der Seite aus gesehen. Die Zahlen geben die Einteilung in cytoarchitektonische Felder nach K. Brodmann an. Abkürzungen: AEF vorderes Augenfeld; BSC Broca-Sprachzentrum; FEF frontales Augenfeld; ITC inferotemporaler Cortex; MC motorischer Cortex; OC occipitaler Cortex (Hinterhauptslappen); OFC orbitofrontaler Cortex; PFC präfrontaler Cortex (Stirnlappen); PMC prämotorischer Cortex; PPC posterior parietaler Cortex; SSC somatosensorischer Cortex; TC temporaler Cortex (Schläfenlappen); WSC Wernicke-Sprachzentrum. (Nach Nieuwenhuys et al., 1991, verändert.)

oder »Lappen« eingeteilt, nämlich einen Stirnlappen (*Frontalcortex* genannt), einen Scheitellappen (*Parietalcortex*), einen Schläfenlappen (*Temporalcortex*) und einen Hinterhauptslappen (*Okzipitalcortex*) (Abbildung 1a, 2 und 3). Die Großhirnrinde wird klassischerweise in anatomische Felder oder Areale (so genannte Brodmann-Areale, benannt nach dem bedeutenden deutschen Neuroanatomen Korbinian Brodmann) eingeteilt. Funktionell gesehen unterscheiden wir erstens *sensorische* Felder, die

2 Ein Blick in das menschliche Gehirn

mit der Verarbeitung von Informationen des Sehens (visuelles System), des Hörens (auditorisches System), der Körperempfindungen (somatosensorisches System) und des Gleichgewichts (Vestibularsystem) zu tun haben. Das visuelle System befindet sich überwiegend im Hinterhauptslappen, das Hörsystem am oberen vorderen Rand des Schläfenlappens, das somatosensorische System und das Vestibularsystem am Vorderrand des Scheitellappens. Geschmacksinformationen (gustatorisches System) werden nicht im Neocortex verarbeitet, sondern in einem

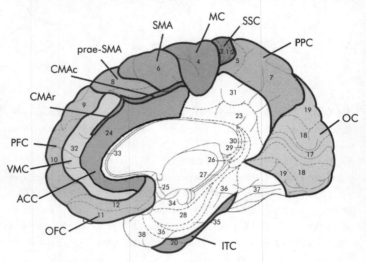

Abbildung 3: Anatomisch-funktionelle Gliederung der Hirnrinde, von der Mittellinie aus gesehen. Die Zahlen geben die Einteilung in cytoarchitektonische Felder nach K. Brodmann an. Abkürzungen: ACC anteriorer cingulärer Cortex (Gyrus cinguli); CMAc caudales cinguläres motorisches Areal; CMAr rostrales cinguläres motorisches Areal; ITC inferotemporaler Cortex; MC motorischer Cortex; OC occipitaler Cortex; OFC orbitofrontaler Cortex; prae-SMA prae-supplementär-motorisches Areal; PFC präfrontaler Cortex; PPC posteriorer parietaler Cortex; SMA supplementär-motorisches Areal; SSC somatosensorischer Cortex; VMC ventromedialer (präfrontaler) Cortex. (Nach Nieuwenhuys et al., 1991, verändert.)

Rindentyp »älterer Bauart«, den man insulären Cortex nennt und der tief eingesenkt zwischen Stirn-, Schläfen- und Scheitellappen liegt (vgl. Abbildung 4). Der insuläre Cortex ist Verarbeitungsort des Körpergefühls einschließlich der affektiven Schmerzempfindung, der Eingeweidewahrnehmung (»Bauchgefühl«) und der Geschmacksempfindungen. Riechinformationen werden ebenfalls nicht im Neocortex, sondern wie der Geschmack in limbischen Rindenarealen, eben der Riechrinde (olfaktorischer Cortex) verarbeitet.

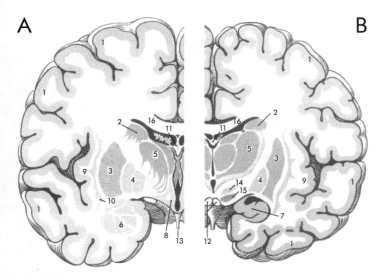

Abbildung 4: Querschnitte durch das menschliche Gehirn: (A) Querschnitt auf Höhe des Hypothalamus, der Amygdala und des Striato-Pallidum; (B) Querschnitt auf Höhe des Thalamus und des Hippocampus. 1 Neocortex; 2 Ncl. caudatus; 3 Putamen; 4 Globus pallidus; 5 Thalamus; 6 Amygdala; 7 Hippocampus; 8 Hypothalamus; 9 Insulärer Cortex; 10 Claustrum; 11 Fornix (Faserbündel); 12 Mammillarkörper (Teil des Hypothalamus); 13 Infundibulum (Hypophysenstiel); 14 Nucleus subthalamicus; 15 Substantia nigra; 16 Balken (Corpus callosum). (Nach Kahle, 1976, verändert.)

42 2 Ein Blick in das menschliche Gehirn

Zum zweiten gibt es *motorische* Hirnrindenfelder, nämlich das primäre motorische, das prämotorische und das supplementärmotorische Feld, die alle am oberen hinteren Rand des Frontallappens liegen (vgl. Abbildung 2 und 3). Das primäre motorische Feld ist vornehmlich mit der Steuerung einzelner Muskeln und hierüber mit der Kontrolle von Feinbewegungen befasst. Das prämotorische Feld ist an der Planung und Steuerung von Bewegungsabläufen beteiligt, und das supplementärmotorische Feld ist immer aktiv, wenn wir etwas planen und bewusst wollen, und interessanterweise auch dann, wenn wir uns nur *vorstellen*, wir würden etwas tun. Darüber werden wir in Kapitel 7 noch Genaueres hören.

Alle anderen Hirnrindenfelder bezeichnet man als *assoziative* Areale, da sie keine primären sensorischen oder motorischen Informationen verarbeiten, sondern solche Informationen miteinander verbinden (»assoziieren«) und in Verbindung mit Gedächtnisinhalten hierdurch komplexere, bedeutungshafte Informationen erzeugen. Der hintere und untere *Scheitellappen* hat linksseitig mit symbolisch-analytischer Informationsverarbeitung zu tun (Mathematik, Sprache, Schrift und allgemein die Bedeutung von Zeichnungen und Symbolen); der rechtsseitige hintere Scheitellappen ist befasst mit realer und vorgestellter räumlicher Orientierung, mit räumlicher Aufmerksamkeit und Perspektivwechsel. Im Scheitellappen sind unser Körperschema und die Verortung unseres Körpers im Raum lokalisiert; auch trägt er zur Planung, Vorbereitung und Steuerung von Greif- und Augenbewegungen bei. Der obere und mittlere *Schläfenlappen* umfasst komplexe auditorische Wahrnehmung einschließlich Sprache. Der untere Schläfenlappen und der Übergang zwischen Scheitel-, Schläfen- und Hinterhauptslappen sind wichtig für komplexe visuelle Informationsverarbeitung nichträumlicher Art, für das Erfassen der Bedeutung und die korrekte Interpretation von Objekten, Gesichtern und Gesten sowie von ganzen Szenen.

Der *präfrontale Cortex* (PFC, Abbildung 2) ist in seinem oberen, *dorsolateralen* Teil vornehmlich ausgerichtet auf das Erfassen von Ereignissen und Problemen in der Außenwelt, insbesondere hinsichtlich deren zeitlicher Reihenfolge und ihrer Bedeutung bzw. Lösung. Dort befindet sich auch das Arbeitsgedächtnis, über das wir noch mehr hören werden. Der *orbitofrontale Cortex* (OFC), der benachbarte *ventromediale präfrontale Cortex* (VMC) und der *vordere* (anteriore) *cinguläre Cortex* (ACC) haben demgegenüber zu tun mit Sozialverhalten, ethischen Überlegungen, divergentem Denken, Fehlererkennen, Risikoabschätzung, Gewinn- und Verlusterwartung, Einschätzung der Konsequenzen eigenen Verhaltens, Gefühlsleben und emotionaler Kontrolle des Verhaltens (Abbildung 3, 5).

Das limbische System

Die genannten Gebiete des Neocortex sind für die konkreten Inhalte des Bewusstseins zuständig, also für die Details dessen, was wir sehen, hören und ertasten, aber auch für das, was wir uns vorstellen, erinnern, denken und planen, sowie für Informationen darüber, wer oder was wir sind und wo wir uns befinden. Ältere »limbische« Rindengebiete fügen Informationen über Geschmack, Geruch und Schmerz hinzu. Schmerz als ein besonderer Bewusstseins- und Erlebniszustand wird zum einen im schon erwähnten insulären Cortex verarbeitet, zum anderen aber auch im vorderen cingulären Cortex, der sich an den OFC und VMC anschließt.

Der vordere cinguläre Cortex ist zugleich ein wichtiges Bindeglied zwischen dem Neocortex und denjenigen Zentren, die zwar am Entstehen von Bewusstsein beteiligt sind, selbst aber völlig unbewusst arbeiten. Letztere Zentren bezeichnet man als »subcortical«, weil sie außerhalb und unterhalb des Cortex liegen. Hierzu gehören Zentren, die im Hirnstamm (Mittelhirn, Brücke und Verlängertes Mark) liegen und den Grad unserer Wachheit und Bewusstheit allgemein steuern; man bezeichnet sie als »retikuläre Formation« (dies bedeutet »netzartiges Gebilde«). Hinzu

2 Ein Blick in das menschliche Gehirn

kommen solche Hirnzentren, die über Botenstoffe (Transmitter) wie Adrenalin und Noradrenalin für »Aufregung« in unserem Gehirn sorgen, wenn wir in bedrohliche oder sonst wie belastende Situationen geraten. Sprichwörtlich zum Glück gibt es als

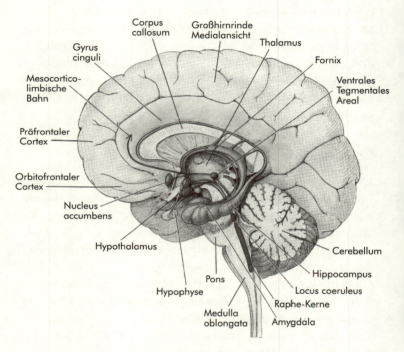

Abbildung 5: Medianansicht (Längsschnitt entlang der Mittellinie) des menschlichen Gehirns mit den wichtigsten limbischen Zentren. Diese Zentren sind Orte der Entstehung von bewussten Gefühlen (orbitofrontaler Cortex, Gyrus cinguli/anteriorer cingulärer Cortex) und unbewussten positiven (Nucleus accumbens, ventrales tegmentales Areal) und negativen Gefühlen (Amygdala), der Gedächtnisorganisation (Hippocampus), der Aufmerksamkeits- und Bewusstseinssteuerung (Gyrus cinguli, basales Vorderhirn, Thalamus, Locus coeruleus, Raphe-Kerne) und der Kontrolle vegetativer Funktionen (Hypothalamus, Hypophyse). (Nach Spektrum/Scientific American, 1994, verändert.)

Das limbische System **45**

Gegenspieler im Hirnstamm ein kleines Zentrum, *Locus coeruleus*, der den Botenstoff Serotonin ausschüttet.

Diese und die im Zwischen- und Endhirn lokalisierten und überwiegend unbewusst arbeitenden Zentren fasst man zum »limbischen System« zusammen (Abbildung 5). Das limbische System hat ganz unterschiedliche Funktionen, die aber alle am *unbewussten* Entstehen und der Regulation von körperlichen Bedürfnissen, Affekten und Gefühlen beteiligt sind (vgl. Roth und Dicke, 2005). Wir wollen hier nur den Hypothalamus, die Amygdala und das mesolimbische System kurz besprechen. Auf die beiden Letzteren werden wir im Zusammenhang mit dem Entstehen von Gefühlen und Motiven noch genauer eingehen. Schließlich gehören im weiteren Sinne auch die Basalganglien hinzu, die uns zusammen mit Prozessen des Entscheidens und der Handlungssteuerung ausführlicher beschäftigen werden.

Der *Hypothalamus* (einschließlich der so genannten präoptischen Region) befindet sich im unteren Teil des Zwischenhirns direkt über der gut erkennbaren Hirnanhangsdrüse (der *Hypophyse*) (vgl. Abbildung 4A, 5). Er ist das wichtigste Kontrollzentrum für biologische Grundfunktionen wie Nahrungs- und Flüssigkeitsaufnahme, Schlaf- und Wachzustand, Temperatur- und Kreislaufregulation, Angriffs- und Verteidigungsverhalten und Sexualverhalten. Deshalb ist er auch der Entstehungsort der damit verbundenen Trieb- und Affektzustände. In Entsprechung dieser lebens- und überlebenswichtigen Funktionen ist der Hypothalamus mit nahezu allen verhaltensrelevanten Teilen des übrigen Gehirns verbunden, besonders mit der Hypophyse, dem *zentralen Höhlengrau* im Mittelhirn und den *vegetativen* Zentren des Hirnstamms, die ihrerseits mit dem so genannten peripheren Nervensystem eng verknüpft sind. Hypophyse und peripheres Nervensystem wiederum innervieren und beeinflussen unsere Organe und deren Funktionen, und sie werden umgekehrt auch von ihnen beeinflusst. Vor allem auf diese Weise kommt die enge Verbindung von Körper und Gehirn zustande, die wir bei star-

46 2 Ein Blick in das menschliche Gehirn

ken Affekten empfinden: Wir erleben große Furcht, das Herz schlägt uns ihm Halse und wir atmen schneller. Umgekehrt können ein krankhaftes schnelleres Schlagen des Herzen oder eine Atemnot in uns Angst und Panik erzeugen. Die Arbeitsweise der Hypophyse und des peripheren Nervensystems spielen bei Stress und Stressbewältigung eine wichtige Rolle – hier ist der Körper elementar beteiligt, auch wenn Stress bekanntlich »im Kopf« entsteht.

Das unbewusste Entstehen von Emotionen im engeren Sinne ist vornehmlich Sache der *Amygdala* und des *mesolimbischen Systems*. Die *Amygdala*, der »Mandelkern«, findet sich am inneren unteren Rand des Temporallappens (vgl. Abbildung 4A). Sie nimmt bei Tieren und beim Menschen eine zentrale Rolle beim Entstehen von überwiegend negativen oder stark bewegenden Emotionen und beim emotionalen Lernen ein; sie wird deshalb als Zentrum der *furcht- und angstgeleiteten Verhaltensbewertung* angesehen. Verletzungen und Erkrankungen der Amygdala führen zum Fortfall der Furcht- oder Angstkomponente von Geschehnissen, d. h. Menschen ohne Amygdala gehen offensichtlichen Gefahrensituationen nicht aus dem Weg, auch wenn sie diese rein kognitiv als solche erkennen. Die Amygdala besteht aus vielen verschiedenen Teilen, zum Beispiel aus der *corticomedialen* Amygdala, die mit der Verarbeitung geruchlicher Informationen einschließlich sozial wirkender Gerüche (*Pheromone* genannt) zu tun hat, der *zentralen* Amygdala, die bei Affekten und Stress eng mit dem Hypothalamus zusammenarbeitet, und dem großen Komplex der *basolateralen* Amygdala, die mit komplexer emotionaler Konditionierung zu tun hat. Davon werden wir in Kapitel 6 mehr hören.

Ein Gegenspieler der Amygdala, zumindest was Furcht, Angst und Stress betrifft, ist das *mesolimbische System*. Dieses System besteht vornehmlich aus dem ventralen tegmentalen Areal (VTA) und der Substantia nigra, die sich beide im Mittelhirnboden befinden, und dem Nucleus accumbens, der einen Teil des Striato-Pallidum im Endhirn bildet (vgl. Abb. 5). Das mesolimbische

System hat drei Funktionen. Zum einen stellt es das *Belohnungssystem* des Gehirns dar, denn hier werden Stoffe (hirneigene Opiate) besonders wirksam, die zu positiven Empfindungen bis hin zu Euphorie und Ekstase führen. Zum zweiten ist es das System, das positive Konsequenzen von Ereignissen oder unseres Handelns *registriert* und dies zur Grundlage der dritten Funktion macht, nämlich uns anzutreiben, zu *motivieren*, damit wir dasjenige wiederholen, das zuvor zu einem positiven Zustand geführt hat. Dies geschieht über die Ausschüttung des Botenstoffs Dopamin. Wie all dies genauer passiert, werden wir im 11. Kapitel erfahren.

Hypothalamus, zentrales Höhlengrau, Amygdala und mesolimbisches System sind die Hauptproduzenten von Affekten und negativen und positiven Gefühlen, von psychischen Antrieben, d. h. Motiven. Diese entstehen unbewusst, und wir erleben sie bewusst dadurch, dass diese Zentren Nervenzellfortsätze in die Großhirnrinde schicken und hierüber hinreichend erregen. Ähnlich wie Wahrnehmungen, die unbewusst bleiben, wenn sie die assoziativen Areale der Großhirnrinde nicht lange und intensiv genug erregen, können auch Gefühle unbewusst bleiben, wenn Hypothalamus, zentrales Höhlengrau, Amygdala und mesolimbisches System die Großhirnrinde nicht genügend aktivieren. Es gibt aber auch den Vorgang der *Verdrängung*, der dafür sorgt, dass bestimmte Affekte und Gefühle – vornehmlich negativ-traumatische, die in Kindheit und Jugend bewusst erlebt wurden – unter normalen Umständen später nicht wieder ins Bewusstsein dringen, sondern aus ihm ferngehalten werden.

Der *Hippocampus* (das griechisch-lateinische Wort für »Seepferdchen«) ist ein wichtiger Träger des Vorbewussten und nimmt entsprechend eine Zwischenstellung zwischen dem Neocortex und dem limbischen System ein (Abbildung 4B). Er ist der »Organisator« des bewusstseinsfähigen und sprachlich formulierbaren *deklarativen* Gedächtnisses in dem Sinne, dass er festlegt, welche bewusst erfahrenen Ereignisse in welcher Weise in welche der vielen Schubladen dieses Gedächtnisses abgelegt

48 2 Ein Blick in das menschliche Gehirn

werden. Dies bestimmt die Möglichkeit des Abrufs und damit des Bewusstwerdens der Ereignisse. Kern des deklarativen Gedächtnisses ist unser *Erlebnisgedächtnis*, das alles enthält, was mit uns und mit den uns nahe stehenden Personen und in unserer Lebenswelt passiert ist, und damit unser *autobiographisches Gedächtnis* formt. Aus dem Erlebnisgedächtnis entsteht meist durch eine Art Datenkompression das, was wir *Wissensgedächtnis* nennen und Fakten *ohne* den Erlebniskontext enthält. Hingegen ist das Aneignen von Wissen ohne vorherige Anbindung an das Erlebnisgedächtnis schwer.

Der Hippocampus ist zwar der Organisator, aber nicht selbst der Ort des deklarativen Gedächtnisses – das ist die Großhirnrinde. Dabei gilt, dass das visuelle Gedächtnis in denjenigen Orten der Hirnrinde lokalisiert ist, in denen auch visuelle Informationen verarbeitet werden (d. h. im Hinterhauptscortex), das auditorische Gedächtnis im auditorischen (temporalen) Cortex usw. Der Hippocampus arbeitet völlig unbewusst, und dies erleben wir tagtäglich anhand der bedauernswerten Tatsache, dass wir keinen willentlichen Einfluss auf das Erlernen und Erinnern von Gedächtnisinhalten haben. Weder können wir per Willensentschluss festlegen »Das will ich behalten!«, noch können wir wirklich verlässlich etwas aus dem Gedächtnis abrufen, auch wenn wir es gut gelernt haben (gemeinerweise fällt uns eine Sache oft erst ein, wenn die Prüfung vorbei ist!). Der Hippocampus ist damit ein wichtiges »Tor zum Bewusstsein«.

Eng verbunden mit dem Hippocampus, der Amygdala, dem Hypothalamus, dem mesolimbischen System und dem gesamten Cortex ist ein relativ kleines, aber ebenfalls wichtiges Gebiet, die *septale Region* (meist einfach »Septum« genannt), die zusammen mit benachbarten Strukturen das *basale Vorderhirn* bildet. Es hat ebenfalls affektiv-vegetative Funktionen, z. B. im Bereich der Fortpflanzung und der Nahrungsaufnahme. In enger Zusammenarbeit mit dem Hippocampus und der Großhirnrinde übt es kognitive und motivationale Funktionen im Zusammenhang mit Lernen, Aufmerksamkeitssteuerung und Gedächtnisbildung aus.

Das basale Vorderhirn unter Einschluss des Septum ist Produktionsort des wichtigen Neurotransmitters bzw. Neuromodulators Acetylcholin.

Neben der Großhirnrinde, der Amygdala, der septalen Region und dem Hippocampus wird das Großhirn von einer großen Struktur ausgefüllt, dem *Striato-Pallidum*, das zu den Basalganglien gehört (vgl. Abbildung 4A). Es setzt sich aus dem »Streifenkörper«, lateinisch *Corpus striatum* oder einfach *Striatum* genannt, und der »bleichen Kugel«, lateinisch *Globus pallidus* oder einfach *Pallidum* genannt, zusammen, die sich im Innern des Endhirns befinden. Das Striatum ist seinerseits aus dem *Putamen* (lateinisch für »Schalenkörper«) und dem *Nucleus caudatus* (lateinisch für »geschweifter Kern«) zusammengesetzt, die aber im Prinzip denselben Aufbau und dieselbe Funktion haben. Das Pallidum besteht aus einem äußeren und einen inneren Teil, *Pallidum externum* und *internum* genannt.

Zwischenhirn und Hirnstamm

Verlassen wir nun das Endhirn und gehen zum Zwischenhirn über, das bei den meisten Säugern tatsächlich zwischen Endhirn und Mittelhirn liegt, sich aber bei den großen Säugern und dem Menschen in die Tiefe des Endhirns hineingeschoben hat (vgl. den Querschnitt in Abbildung 4B). Es besteht von oben nach unten aus Epithalamus, dorsalem Thalamus, ventralem Thalamus (auch Subthalamus genannt) und Hypothalamus, von denen hier der dorsale Thalamus und der bereits erwähnte Hypothalamus interessant sind. Der *dorsale Thalamus* ist ein Komplex aus funktional sehr unterschiedlichen Gebieten eng gepackter Nervenzellen (allgemein Kerne, lateinisch *Nuclei* genannt) und ist mit der Hirnrinde über auf- und absteigende Fasern verbunden, die das *thalamo-corticale System* bilden. In den Kernen des dorsalen Thalamus enden die vom Auge, vom Ohr, vom Gleichgewichtsorgan, von der Haut und den Muskeln kommenden sensorischen Bahnen und werden auf Bahnen zur

50 2 Ein Blick in das menschliche Gehirn

Hirnrinde umgeschaltet. Ebenso enden motorische Bahnen der Hirnrinde, die dann ihren Weg zum Verlängerten Mark und Rückenmark nehmen, welche den Bewegungsapparat steuern. Entsprechend haben Kerne des dorsalen Thalamus teils sensorische, teils motorische Funktionen, sie sind aber auch an kognitiven und limbischen Funktionen beteiligt und spielen bei der Regulation von Wachheits-, Bewusstseins- und Aufmerksamkeitszuständen eine wichtige Rolle. In diesem Sinne ist der dorsale Thalamus das Ein- und Ausgangstor der Großhirnrinde und damit des Bewusstseins (vgl. Roth, 2003). Unter dem dorsalen Thalamus liegt im Subthalamus bzw. ventralen Thalamus ein kleines, aber wichtiges Gebiet, der *Nucleus subthalamicus*, der zu den bereits erwähnten Basalganglien gehört. Darunter wiederum liegt der *Hypothalamus*, der das Regulationszentrum für vegetative Funktionen und Affekte ist und von dem wir schon gehört haben.

Das sich an das Zwischenhirn anschließende und beim Menschen (im Gegensatz zu vielen anderen Wirbeltieren) relativ kleine Mittelhirn (*Mesencephalon*) gliedert sich in einen oberen Teil, das Mittelhirndach (*Tectum* oder *Vierhügelplatte*), und einen unteren Teil, das *Tegmentum*. Die Vierhügelplatte besteht aus den vorderen bzw. oberen Hügeln (*Colliculi superiores*) und den hinteren bzw. unteren Hügeln (*Colliculi inferiores*). Bei Fischen, Amphibien und Reptilien stellen das Tectum bzw. die Colliculi superiores das wichtigste sensorische, insbesondere visuelle Integrationszentrum dar, aber auch bei Vögeln und Säugern und beim Menschen spielt dieses Zentrum – allerdings in unbewusster Weise – eine wichtige Rolle bei visuell ausgelösten Blick- und Kopfbewegungen und bei gerichteten Hand- und Armbewegungen und entsprechenden Orientierungsleistungen. Die Colliculi inferiores sind ein Zentrum für die unbewusste Verarbeitung von Hörinformation. Das *Tegmentum* enthält Anteile der retikulären Formation (s. oben) sowie Zentren, die für Bewegung, Handlungssteuerung und Handlungsbewertung wichtig sind, nämlich den *Nucleus ruber*, die *Substantia nigra* und das

Zwischenhirn und Hirnstamm **51**

ventrale tegmentale Areal. Die Substantia nigra und das ventrale tegmentale Areal sind zudem ein Entstehungsort für den neuronalen Botenstoff bzw. Neuromodulator Dopamin, der bei der Bewegungs-Initiierung und bei der Motivation eine besondere Rolle spielt (vgl. Kapitel 6 und 11). Im Innern des Mittelhirns, um den Hohlraum (Verbindung zwischen drittem und viertem Hirnventrikel, »Aquädukt« genannt) herum liegt das *zentrale Höhlengrau* (englisch peri-aqueductal gray, PAG), das der Sitz von Schaltelementen (Modulen) affektiver Reaktionen und instinktiver Verhaltensweisen ist.

Die *Brücke* (lateinisch Pons; vgl. Abbildung 5) enthält wie das Mittelhirn-Tegmentum eine Reihe wichtiger motorischer und limbischer Kerne und stellt die Verbindung zwischen Großhirnrinde und Kleinhirn her. Das *Kleinhirn* ist auf die Brücke aufgesetzt und gliedert sich anatomisch und von seinen Funktionen her in drei Teile. Der erste Teil hat mit der Steuerung des Gleichgewichts und der Augenfolgebewegung zu tun und wird *Vestibulo-Cerebellum* genannt. Der zweite Teil wird *Spino-Cerebellum* genannt; es erhält über das Rückenmark Eingänge von den Muskeln und hat mit der Koordination des Bewegungsapparates zu tun. Der dritte Teil, *Cerebro-Cerebellum* genannt; es ist eng mit der Großhirnrinde (*Cortex cerebri*) verbunden und mit der Steuerung der feinen Willkürmotorik befasst, mit der auch die Großhirnrinde zu tun hat. Wir benötigen diesen Teil des Kleinhirns, wenn wir zum Beispiel mit den Fingerspitzen etwas anfassen oder einen Faden durch ein dünnes Nadelöhr führen wollen. Das Kleinhirn stellt in diesem Zusammenhang einen wichtigen Ort motorischen Lernens dar, es ist – überraschenderweise – aber auch an vielen kognitiven Leistungen wie Sprache und Denken beteiligt. Inzwischen weiß man, dass seine Aufgaben vornehmlich im zeitlichen Feinabgleich von Ereignissen bestehen, mit denen das Gehirn sich gerade befasst, seien dies Bewegungen, Sprache, Gedanken oder Vorstellungen.

Das *Verlängerte Mark* ist die direkte Fortsetzung des Rückenmarks und der Ort des Ein- und Austritts der fünften bis zwölften

52 2 Ein Blick in das menschliche Gehirn

Hirnnerven (die Hirnnerven eins bis vier enden im End-, Zwischen- und Mittelhirn), die das Gehirn mit dem größten Teil des Körpers eng verbinden. Das Verlängerte Mark enthält die bereits erwähnte retikuläre Formation (lateinisch *Formatio reticularis*). Diese Struktur zieht sich vom Verlängerten Mark über die Brücke bis zum vorderen Mittelhirn und spielt eine entscheidende Rolle bei lebenswichtigen Körperfunktionen wie Schlafen und Wachen, Blutkreislauf und Atmung sowie bei Erregungs-, Aufmerksamkeits- und Bewusstseinszuständen. Entsprechend tritt unwiderruflich der Hirntod ein, wenn Teile dieser Struktur zerstört sind. In der retikulären Formation finden sich u. a. der *Locus coeruleus* als Produktionsort des Neurotransmitters/Neuromodulators Noradrenalin und ganz an der Mittellinie des Gehirns die *Raphe-Kerne* als Produktionsort des Neurotransmitters/Neuromodulators Serotonin (vgl. Abbildung 5). Von beiden wird noch zu sprechen sein.

Auf die verschiedenen Funktionen des Gehirns wird in den späteren Kapiteln ausführlicher eingegangen. Im Augenblick genügt es festzustellen, dass das Gehirn *sechs Hauptfunktionen* hat. Die erste und wichtigste Hauptfunktion des Gehirns besteht darin, den Körper und damit sich selbst (das Gehirn ist ja ein Organ des Körpers) am Leben zu erhalten, d. h. die lebenswichtigen Organe und Funktionen zu steuern (die zum Teil aber auch selbsttätig, »autonom«, ablaufen können), nämlich den Körper zu bewegen und ihn so mit Nahrung zu versorgen und vor Feinden und sonstigen Gefahren zu schützen. Dies wird von Teilen des limbischen Systems (vornehmlich vom Hypothalamus, Teilen der Amygdala, der retikulären Formation und der vegetativen Zentren des Hirnstamms) geleistet. Die beiden mit dieser Lebenserhaltung eng verbundenen weiteren Funktionen sind die Wahrnehmung (Sensorik) und die Bewegungssteuerung (Motorik), die in den sensorischen und motorischen Gebieten des Gehirns einschließlich der entsprechenden Cortex-Areale ablaufen. Eine vierte Funktion ist die emotionale Bewertung und Verhaltenssteuerung, die das limbische System mit seinen sub-

Zwischenhirn und Hirnstamm **53**

corticalen und corticalen Anteilen (Hypothalamus, Amygdala, mesolimbisches System, orbitofrontaler, ventromedialer, anteriorer cingulärer und insulärer Cortex) leistet. Hier wird überprüft, welche Konsequenzen die Sinneswahrnehmungen und Verhaltenweisen hatten, d. h. was davon positiv und was negativ war und entsprechend wiederholt oder vermieden werden soll. Die fünfte Funktion ist die kognitive Bewertung im Denken, Vorstellen und Erinnern, in der entsprechenden Verhaltenssteuerung und in der Kommunikation, d. h. der Sprache. Diese Funktionen laufen überwiegend in der Großhirnrinde und dort wiederum überwiegend in der linken Hemisphäre in Zusammenarbeit mit dem Hippocampus und Teilen des Thalamus ab. Die sechste Funktion besteht in der Handlungsplanung und -vorbereitung, d. h. im so genannten exekutiven System, das Teile des hinteren parietalen, des präfrontalen und prä-supplementärmotorischen Cortex, die Basalganglien und das Kleinhirn umfasst (darüber werden wir in Kapitel 7 mehr erfahren).

Diese sechs Teile sind aufs Engste miteinander verbunden: Prozesse der Wahrnehmung werden parallel vom kognitiven System und vom limbischen System verarbeitet, und zwar unter intensiver Nutzung von Inhalten des kognitiven und des emotionalen Gedächtnisses, und die Resultate dieser Verarbeitung werden zum einen im Gedächtnis neu abgelegt und zum anderen in das exekutive und das motorische System geleitet, das dann die eigentlichen Verhaltensweisen steuert. Dies wiederum führt zu neuen Wahrnehmungen und neuen kognitiven und emotionalen Bewertungen, zu neuen Gedächtnisinhalten und zu neuem Verhalten und so fort. Dies alles hat erst einmal den individuellen Zweck, dass wir am Leben bleiben, und den überindividuellen Zweck, dass wir in die Lage versetzt werden, uns fortzupflanzen, damit Menschen geboren werden, die dann dasselbe tun (über den Sinn hinter diesen Abläufen wollen wir hier nicht sprechen). Welche fantastischen Dinge die Menschen auch immer tun, sie sind alle direkt oder indirekt in diesen Kreislauf eingebettet.

54 2 Ein Blick in das menschliche Gehirn

Die Bausteine des Gehirns

Das Gehirn besteht aus Nervenzellen, *Neurone* genannt (Abbildung 6), 50 bis 100 Milliarden an der Zahl, und mindestens der doppelten Zahl an Stütz-, Hilfs- und Ernährungszellen, *Gliazellen* genannt. Nervenzellen sind umgewandelte Körperzellen, die spezielle Eigenschaften im Dienst der Verarbeitung hirneigener elektrischer und chemischer Signale haben. Diese Signale erhalten die Nervenzellen über Sinnesorgane (Auge, Ohr, Haut usw., aber auch Körperorgane) und geben sie über Muskeln, Haut und Drüsen wieder ab (als Bewegung oder externe Körpersignale, aber auch als Veränderungen von körperinternen Funktionen). Zu diesem Zweck sind die Nervenzellen eine Art von Mini-Batterien und elektrischen Schaltkreisen, die elektrische Signale aufnehmen, verändern und wieder abgeben, sie sind aber auch Produzenten und Verarbeiter von chemischen Kommunikationssignalen, Neurotransmitter, Neuropeptide und Neurohormone genannt. Das Gehirn ist also ein System der miteinander verwobenen elektrischen und chemischen Informationsverarbeitung, wobei die elektrische Informationsverarbeitung die schnelle und einfache, die chemische die langsame und komplexe ist.

Nervenzellen besitzen »Eingangsstrukturen«, *Dendriten* genannt, über die sie im Regelfall Erregungen aufnehmen, und »Ausgangsstrukturen«, die aus meist langen und dünnen Nervenfasern, *Axone* genannt, bestehen. Kontakte zwischen Nervenzellen finden über *Synapsen* statt (vgl. Abbildung 6). Diese sind meist winzig kleine Endverdickungen der *Axone* und setzen an den Dendriten und Zellkörpern, gelegentlich auch an den Axonen anderer Nervenzellen an. Jede Nervenzelle ist über Synapsen mit Tausenden anderer Nervenzellen verbunden – in der Großhirnrinde sind es schätzungsweise zwanzigtausend. Synapsen können entweder rein elektrisch oder kombiniert elektrisch-chemisch funktionieren. Im einfachsten Fall geben sie ein von einer Zelle kommendes Signal unverändert an die nachgeord-

Die Bausteine des Gehirns 55

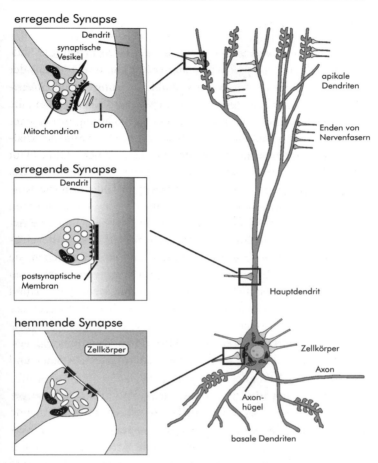

Abbildung 6: Aufbau einer idealisierten Nervenzelle (Pyramidenzelle der Großhirnrinde). Die apikalen und basalen Dendriten dienen der Erregungsaufnahme, das Axon ist mit der Erregungsweitergabe an andere Zellen (Nervenzellen, Muskelzellen usw.) befasst. Links vergrößert drei verschiedene Synapsentypen: oben eine erregende Synapse, die an einem »Dorn« eines Dendriten ansetzt (»Dornsynapse«); in der Mitte eine erregende Synapse, die direkt am Hauptdendriten ansetzt; unten eine hemmende Synapse, die am Zellkörper ansetzt. Aus Roth, 2003.

56   2 Ein Blick in das menschliche Gehirn

neten Zellen weiter. In vielen Fällen ändern die Synapsen dabei aber ihre Übertragungseigenschaften, d. h. sie schwächen die Signale ab oder verstärken sie, lassen die einen durch und blockieren die anderen (sie haben also Verstärker- und Filtereigenschaften). Unter bestimmten Umständen verändert sich die Verknüpfungsstruktur in denjenigen Netzwerken, die Nervenzellen miteinander bilden, und diese Veränderungen verändern ihre Funktion, sei es bei der Wahrnehmung, beim Denken, bei der Gedächtnisbildung, bei Gefühlen oder bei der Handlungs- und Bewegungssteuerung.

Die chemischen Synapsen sind die wesentliche Grundlage der überaus komplizierten Erregungs- bzw. Informationsverarbeitung im Gehirn. An der chemischen Synapse wird ein einlaufendes elektrisches Signal, das *Aktionspotenzial*, oder eine ganze Salve davon in ein chemisches Signal umgewandelt, das dann durch einen winzigen Spalt hin zum nachgeschalteten Neuron wandert. Es erregt auf chemische Weise dieses Neuron, und es entsteht schließlich wieder ein elektrisches Signal, das (falls es erregend ist) über den Zellkörper des Neurons und sein Axon wieder zum nächsten Neuron wandert. Diese chemische Signalübertragung geht sehr schnell, d. h. in weniger als einem Tausendstel einer Sekunde, und wird durch neuronale Botenstoffe, *Transmitter*, bewirkt. Bekannte »schnelle« Transmitter sind Glutamat, Gamma-Amino-Buttersäure (abgekürzt GABA) und Glycin. Daneben gibt es so genannte *neuromodulatorische* Transmitter, die langsamer arbeiten und die Arbeit der schnellen Transmitter beeinflussen, d. h. modulieren. Hierzu gehören Noradrenalin (wird im Locus coeruleus gebildet), Dopamin (wird im ventralen tegmentalen Areal und in der Substantia nigra gebildet), Serotonin (wird in den Raphe-Kernen gebildet) und Acetylcholin (wird im basalen Vorderhirn gebildet). Über diese Transmitter hinaus gibt es weitere wichtige chemische Überträgersubstanzen, Neuropeptide und Neurohormone genannt, auf die ich noch zu sprechen komme.

Gehirnentwicklung

Am Anfang seiner Entwicklung ist das embryonale menschliche Zentralnervensystem (d. h. Gehirn und Rückenmark) wie alle Wirbeltiergehirne ein Rohr, *Neuralrohr* genannt. Sein vorderer Teil bildet sich im Kopfbereich zum Gehirn aus, und sein Hohlraum bildet später die vier Hohlräume des Gehirns (die Hirnventrikel). Das vordere Ende des Gehirns stülpt sich ein und bildet zwei parallele Röhren, die Endhirn-Hemisphären mit zwei Hohlräumen, dem ersten und zweiten Ventrikel, während das dahinter liegende Zwischen- und Mittelhirn, die Brücke und das Verlängerte Mark unpaar bleiben und jeweils nur einen Ventrikel haben, nämlich den Zwischenhirnventrikel als dritten Ventrikel, den Ventrikel des Verlängerten Marks als vierten Ventrikel und einen Verbindungshohlraum zwischen drittem und viertem Ventrikel, der das Mittelhirn durchzieht. Das Gehirn erhält seine jeweilige spätere Gestalt dadurch, dass dieses Rohr sich an bestimmten Stellen zusammenschnürt oder seine Wände sich stark verdicken. Die so entstehenden Gehirnteile verschieben sich gegeneinander, knicken ab, oder ein Teil überwächst den anderen. Die relative Abfolge der Hirnteile bleibt aber dabei streng erhalten (vgl. Abbildung 1b).

Wie wir bereits gehört haben, bestehen Gehirn und Rückenmark aus Nervenzellen und Gliazellen. Beide entstehen an der Wand des Neuralrohres aus gemeinsamen Vorläuferzellen, die dann entweder Nervenzellen oder Gliazellen bilden, und teilen sich dort vielfach. Einige bleiben dort sitzen, aber viele lagern sich außen an oder wandern zu bestimmten entfernteren Orten. Während des Gehirnwachstums ist die Bildungsrate von Nervenzellen extrem hoch und beträgt während der gesamten Schwangerschaft im Durchschnitt 250000 Neurone pro Minute, mit einem Maximum von 500000 pro Minute. Während die Zellteilung im menschlichen Gehirn zum größeren Teil in der zwanzigsten Schwangerschaftswoche abgeschlossen ist, dauert die Zellwanderung noch weit über die Geburt hinaus. Der Pro-

58 2 Ein Blick in das menschliche Gehirn

zess der Zellteilung und Zellwanderung verläuft je nach den einzelnen Hirnregionen und -zentren sehr unterschiedlich.

Wichtig für die Funktion des Gehirns als eines Systems der Informationsverarbeitung ist nicht nur die Bildung von Nervenzellen, die beim Menschen bei der Geburt mit lokalen Ausnahmen im Wesentlichen abgeschlossen ist, sondern auch die Ausbildung von Dendriten und Axonen. Axonale Fortsätze können von den Nervenzellen bereits während der Wanderung gebildet werden, während Dendriten sich in der Regel erst ausbilden, nachdem die Zellen ihren Zielort erreicht haben. Die Bildung von Dendriten und Synapsen als Kontaktpunkten zwischen Axonen und Dendriten oder zwischen Dendriten unterschiedlicher Nervenzellen beginnt in großem Ausmaß ungefähr ab dem fünften Schwangerschaftsmonat, steigt aber zusammen mit der Ausbildung von Dendriten *nach* der Geburt noch einmal massiv an. Dies verläuft jedoch unterschiedlich in unterschiedlichen Teilen des Gehirns. Im visuellen Cortex zum Beispiel findet eine Verdopplung der Synapsendichte zwischen dem zweiten und vierten Monat nach der Geburt statt, die Maximalzahl wird mit etwa einem Jahr erreicht. Anschließend geht die Zahl der Synapsen wieder zurück, und das erwachsene Niveau wird mit ungefähr elf Jahren erreicht. Im Frontalcortex wird die maximale Synapsendichte ebenfalls mit einem Jahr erreicht, allerdings ist dabei die Zahl der Synapsen doppelt so hoch wie im visuellen Cortex; die Synapsenreduktion beginnt hier erst mit fünf bis sieben Jahren und kommt nicht vor einem Alter von fünfzehn bis sechzehn Jahren zu einem gewissen Stillstand.

Das Hauptprinzip der Entwicklung der spezifischen neuronalen Verknüpfungsstruktur im Gehirn besteht darin, dass anfänglich mehr, zum Teil sehr viel mehr Synapsen ausgebildet werden, als später gebraucht werden. Das heißt, es findet zuerst eine Überproduktion von Synapsen und dann eine drastische Reduktion statt. Man nimmt an, dass es unter den Milliarden und Abermilliarden von Synapsen lokal zu einem Konkurrenzkampf kommt, der im Wesentlichen um Nähr- und Wachstums-

Gehirnentwicklung 59

stoffe (so genannte *trophische Faktoren*) geführt wird, aber auch um ein Mindestmaß an neuronaler Erregung. Erhält nämlich eine Synapse zu wenig von all dem, dann stirbt sie ab. Dies führt dazu, dass zuerst diffuse, d. h. unspezifische synaptische Verknüpfungen angelegt werden, die anschließend über den Konkurrenzkampf zwischen Synapsen selektiv und adaptiv reduziert werden. Dadurch wird das jeweilige Netzwerk effizienter gemacht. Bei der Versorgung mit hinreichender neuronaler Erregung spielen sowohl intern generierte als auch aus der Umwelt stammende Reize eine große Rolle.

Ein weiterer wichtiger Faktor der strukturellen und funktionellen Ausreifung des Gehirns ist die *Myelinisierung* der Nervenfasern. Hierbei bildet sich um ein Axon eine so genannte Myelinscheide aus. Die Myelinisierung eines axonalen Fortsatzes ermöglicht eine deutlich (z. T. hundertfach) schnellere Fortleitung von Aktionspotenzialen über die Axone, als es bei unmyelinisierten Fasern der Fall ist. Ohne eine massive Myelinisierung im Gehirn würden die Prozesse der Erregungsverarbeitung sehr viel langsamer ablaufen, insbesondere würde dies die Großhirnrinde mit ihren Billionen an axonalen Verbindungen stark beeinträchtigen und viele komplexe kognitive Leistungen unmöglich machen. Deshalb ist der Prozess der Myelinisierung der Großhirnrinde eine wichtige Komponente in der Entwicklung höherer kognitiver Leistungen.

Die Myelinisierung von Axonen im Gehirn beginnt nach Abschluss der Zellwanderung und findet erst mit Erreichen des Erwachsenenalters allmählich ihr Ende. Dabei gibt es einen deutlichen Gradienten. Vor der Geburt werden die Axone von Zellen im Rückenmark und Verlängerten Mark myelinisiert und unmittelbar nach der Geburt die Axone von Zellen im Mittel- und Kleinhirn. Im ersten und zweiten Jahr folgen Axone im Thalamus, in limbischen Zentren des Endhirns und in den Basalganglien, dann solche in den primären sensorischen und motorischen Arealen der Großhirnrinde. Anschließend werden die sekundären sensorischen und motorischen Areale myelinisiert.

60 2 Ein Blick in das menschliche Gehirn

Noch später erfolgt die Myelinisierung in den assoziativen Arealen. Hier sind es der präfrontale und insbesondere der orbitofrontale Cortex, deren Fasern zuletzt myelinisiert werden; dies kann sich bis zum 20. Lebensjahr hinziehen.

Dendritenwachstum, Synapsentod und Myelinisierung werden begleitet von einer Aufgliederung des Gehirns in strukturelle Einheiten, nämlich in Kerne (Nuclei) außerhalb der Großhirnrinde und später in corticale Areale. Der letzte Schritt der Differenzierung ist die Feinverdrahtung in diesen Strukturen. Dabei entwickelt sich auch die neurochemische Spezifität der Neurone, d. h. die Ausstattung mit bestimmten erregenden, hemmenden und modulierenden Neurotransmittern und Neuropeptiden.

Die genannten Hirnzentren entwickeln sich im Wirbeltiergehirn in einer ganz bestimmten Reihenfolge. Zuerst bilden sich Hypothalamus und Amygdala sowie die mit dem Hirnstamm verbundenen Verbindungsbahnen sehr früh aus, nämlich um die fünfte und sechste Schwangerschaftswoche, gefolgt von Nucleus accumbens, Septum und den wichtigsten limbischen Verbindungswegen in der sechsten und siebten Woche. Bereits im dritten Schwangerschaftsmonat können die verschiedenen Kerne der Amygdala unterschieden werden. Die Basalganglien beginnen mit ihrer Entwicklung in der siebten und achten Woche ebenso wie die tiefen Kleinhirnkerne sowie Teile des Vestibulo- und Spinocerebellum und Teile des limbischen Cortex (z. B. der insuläre Cortex). Über den Prozess der Feinverdrahtung innerhalb dieser Zentren ist allerdings noch wenig bekannt; man kann davon ausgehen, dass er sehr früh einsetzt. Zumindest sind die wichtigsten limbischen Zentren und Verbindungstrakte schon weit vor der Geburt vorhanden. Der Hippocampus beginnt sich im zweiten Drittel der Embryonalentwicklung in charakteristischer »seepferdchenartiger« Weise einzukrümmen, und die Verknüpfungen der drei Teile des Hippocampus (Ammonshorn, Subiculum, Gyrus dentatus) untereinander und mit dem anliegenden entorhinalen Cortex bilden sich ab der zwanzigsten

Woche aus. Die ersten Verknüpfungen der Hippocampus-Formation mit dem Isocortex treten nicht vor der zweiundzwanzigsten Woche auf.

Die eigentliche Ausbildung des Cortex mit seinen Windungen und Furchen, die Anzeichen vermehrter Zellbildung sind, beginnt in nennenswertem Maße in der vierzehnten bis siebzehnten Woche im Bereich des cingulären Cortex und im Hinterhauptscortex sowie im angrenzenden Parietallappen. Dann folgen in der achtzehnten bis einundzwanzigsten Woche der Schwangerschaft die Zentralfurche und die obere Temporalfurche, gefolgt von weiteren Furchen und Windungen im Parietal-, Temporal- und Okzipitallappen. In der sechsundzwanzigsten bis neunundzwanzigsten Woche kommen Furchen und Windungen des Frontalhirns hinzu. Den Abschluss bildet zwischen der 30. und 37. Woche, also kurz vor der Geburt, die Ausbildung sekundärer temporaler, frontaler und orbitaler Furchen und Windungen. Diese Reihenfolge in der Entwicklung entspricht sehr genau dem erstmaligen Auftreten der sensorischen, motorischen, kognitiven und exekutiven Funktionen der Großhirnrinde.

Das Gehirn des Neugeborenen besitzt alle Furchen und Windungen des ausgereiften Gehirns. Es wiegt zwischen 300 und 400 Gramm und enthält bereits die endgültige Zahl von Neuronen (bzw. sogar mehr, denn es sterben nachgeburtlich noch Zellen ab), die allerdings noch relativ unreif sind. Die anschließende gewaltige Massenzunahme des Gehirns auf durchschnittlich 1300 bis 1400 Gramm im Erwachsenenalter geht vornehmlich auf das Längenwachstum der Dendriten und die Myelinisierung der Axone sowie auf die Zunahme an Gliazellen und Hirnblutgefäßen zurück. Die Feinverdrahtung der Großhirnrinde findet also im Wesentlichen erst nach der Geburt statt.

Entsprechend der anatomischen Entwicklung des Gehirns reifen auch die Sinnessysteme zu unterschiedlichen Zeiten aus. Der Gleichgewichtssinn entsteht am frühesten; er ist bis zum

62 2 Ein Blick in das menschliche Gehirn

Ende des 5. Schwangerschaftsmonats ausgebildet, gefolgt vom Geruchs- und Geschmackssinn. Der Gesichtssinn entwickelt sich ebenfalls vorgeburtlich. Ab dem 5. Monat bilden sich die ersten visuellen Synapsen, ein starkes Wachstum findet zwischen der 14. und 28. Schwangerschaftswoche statt. Allerdings liegt der Höhepunkt dieser Entwicklung im ersten nachgeburtlichen Lebensjahr, wie bereits geschildert. Wie das Sehen findet auch das Hören bereits vor der Geburt statt, allerdings geschieht dies offenbar subcortical, denn der auditorische Cortex entwickelt sich erst in den ersten zwei Jahren nach der Geburt. Die Grobmotorik ist zusammen mit dem Gleichgewichtssinn weit vor der Geburt vorhanden, ebenso spezifischere Arm- und Handbewegungen, zum Beispiel das Daumenlutschen. Zielgerichtetes Greifen tritt ab dem 4. nachgeburtlichen Monat auf, die Feinmotorik zwischen dem achten und elften Monat, das Loslassen des ergriffenen Gegenstands ab dem 13. Monat. Das Laufenlernen vollzieht sich zum Ende des ersten Jahres, und zwar dann, wenn die motorischen Rindenfelder für Beinbewegungen ausgereift sind. Dieses relativ späte Ausreifen erklärt sich dadurch, dass die Myelinisierung und Feinverdrahtung dieser Rindenfelder vom Kopf zum Fuß voranschreitet.

Ab der zweiten Hälfte des ersten Lebensjahres werden die Bereiche des Frontallappens langsam funktionsfähig. Es erhöht sich deutlich die Zahl der Synapsen, und dies geht beim Säugling mit differenzierteren Wahrnehmungen und Gefühlen ab dem 10. Monat einher. Mit zweieinhalb Jahren findet ein weiterer Reifesprung des präfrontalen Cortex hinsichtlich des dendritischen Längenwachstums und der synaptischen Feinverknüpfung statt, insbesondere was den präfrontalen Cortex und das Broca-Areal betrifft. Dies wird als Grundlage für die Ausbildung des bewussten Denkens und anderer höherer kognitiver Leistungen, der syntaktisch-grammatikalischen Sprache (s. unten) und des Ich-Bewusstseins angesehen. Es ist sicher kein Zufall, dass zu eben dieser Zeit, d.h. in einem Alter zwischen zwei und drei Jahren, diejenige Entwicklung einsetzt, in der das menschliche Kind deutlich seine nichtmenschlichen Altersgenossen kognitiv und kommunikativ hinter sich lässt (vgl. Tomasello, 2002).

Die *Entwicklung der Sprache* beginnt mit dem Erfassen der affektiven und emotionalen Tönung der Sprache und der Sprachmelodie. Dies geschieht bereits vor der Geburt in der rechten Hemisphäre, die auch in den ersten Monaten nach der Geburt dominiert. Erst dann beginnt die linke Hemisphäre mit der temporalen Region, d. h. mit dem späteren Wernicke-Areal, aktiv zu werden. Das dem Broca-Areal gegenüberliegende rechtsfrontale Areal ist in seiner neuronalen Feinstruktur (z. B. der Dendritenlänge) bis zum zwölften Monat voraus. Zwischen dem zwölften und fünfzehnten Monat nimmt die Dendritenlänge linkshemisphärisch schneller zu, und zwischen dem vierundzwanzigsten und sechsunddreißigsten Monat nach der Geburt entwickeln sich rechte wie linke frontale Areale gleich schnell. Zwischen drei und sechs Jahren hingegen dominiert das linke frontale Areal, d. h. das Broca-Areal. Dies stimmt mit der dann stattfindenden schnellen Entwicklung einer syntaktischen Sprache gut überein.

Zusammengefasst sehen wir also, dass das limbische System und das subcorticale System der Verhaltenssteuerung (d. h. die Basalganglien) sich embryonal sehr früh und weit vor dem hippocampo-corticalen System ausbilden, nämlich bereits ab der fünften Embryonalwoche. Das corticale System als Träger des bewussten Ich reift hingegen nach der Geburt aus, und dieser Reifungsprozess ist erst mit dem Ende der Pubertät abgeschlossen. Bis vor kurzem war über die Entwicklung des Gehirns während der Pubertät nur wenig bekannt. Inzwischen weiß man aber, dass während dieser wichtigen Phase des Lebens in vielen Teilen des Gehirns, unter anderem stimuliert durch die Sexualhormone, neue Verbindungen geknüpft und dann wieder selektiv abgebaut werden. Das Wort von der »Baustelle pubertäres Gehirn« trifft also durchaus zu, und zwar insbesondere für den Stirnlappen und den Schläfenlappen.

Die anatomische Entwicklung des Gehirns und die Dynamik seiner »Verdrahtung« verlaufen also keineswegs gleichmäßig,

64   2 Ein Blick in das menschliche Gehirn

sondern in Schüben ab. Die wichtigsten Schübe sind zum einen die vorgeburtliche Entwicklung des Gehirns, dann im letzten Teil der Schwangerschaftsentwicklung und in den ersten Lebensjahren die massive Überproduktion und anschließende selektive Elimination von Verbindungen, und schließlich findet derselbe Prozess auf etwas niedrigerem Niveau noch einmal während der Pubertät statt. In diesen »Schub-Perioden« ist das Gehirn besonders empfindlich und prägsam gegenüber Umwelteinflüssen, seien sie positiver oder negativer Art. Darüber wird noch ausführlicher zu sprechen sein.

EXKURS 1

Methoden der Hirnforschung

Die gegenwärtig gängigen Methoden der Neurobiologie umfassen die Einzel- und Vielzellableitungen mithilfe von Mikroelektroden, die Elektroenzephalographie (EEG), die Magnetenzephalographie (MEG), die Positronen-Emissions-Tomographie (PET) und die funktionelle Kernspintomographie (fNMR/fMRT/fMRI).

Die Registrierung der Aktivität einzelner Nervenzellen mithilfe der *Mikroelektrodentechnik* setzt das Freilegen von Gehirngewebe voraus und geschieht in der Regel im Tierversuch oder (selten) am offenen Gehirn eines Patienten im Zusammenhang mit Hirnoperationen. Mikroelektrodenableitungen werden entweder *extrazellulär* durchgeführt, wobei das Auftreten von überschwelligen Erregungszuständen in Form von Aktionspotenzialen erfasst wird, oder *intrazellulär*, wobei man auch Hemmungszustände (Inhibitionen) und unterschwellige Erregungszustände registriert, die von extrazellulären Ableitungen nicht erfasst werden. Mithilfe »gröberer« extrazellulärer Mikroelektroden lässt sich auch die Aktivität kleinerer Zellverbände erfassen (so genannte Summen- und Feldpotenziale). Mit der so genannten Patch-Clamp-Technik kann man auch sehr feine Vorgänge an der Membran einer Nervenzelle erfassen.

Beim Elektroenzephalogramm (EEG) wird am Kopf mithilfe von Oberflächenelektroden durch die intakte Schädeldecke hindurch (also »nichtinvasiv«, wie man sagt) die elektrische Aktivität einer großen Zahl von Nervenzellen gemessen, und zwar im Wesentlichen diejenige der vertikal zur Hirnoberfläche angeordneten Pyramidenzellen. Subcorticale Vorgänge werden in der Regel nur über ihre Effekte auf corticale Prozesse erfasst. Die zeitliche Auflösung des EEG liegt im Millisekundenbereich.

66 EXKURS 1 Methoden der Hirnforschung

Mithilfe des EEG können deshalb Erregungsverteilungen in der Großhirnrinde während kognitiver Leistungen zeitlich genau dargestellt werden, jedoch ist die Lokalisation der Herkunftsorte der Erregungen ungenau, auch wenn inzwischen häufig mit über hundert Elektroden gemessen wird. Allerdings können durch aufwändige mathematische Methoden die Erregungsorte (die sog. Dipole) einigermaßen genau lokalisiert werden. Bei der Messung ereigniskorrelierter Potenziale (EKP) wird die Änderung des EEG aufgrund der Wahrnehmung von Sinnesreizen (Lichtblitze, Töne, auch Gesichter, Wörter und Objekte) oder durch rein intern generierte Ereignisse wie Aufmerksamkeit, Vorstellungen und Erinnerungen erfasst. Allerdings sind diese Änderungen mit bloßem Auge nicht zu erfassen und werden deshalb mithilfe von Mittelungsverfahren aus dem EEG extrahiert.

Anders als beim EEG werden bei der Magnetenzephalographie (MEG) mithilfe hochsensitiver Detektoren Veränderungen der parallel zur Cortexoberfläche verlaufenden *magnetischen* Felder gemessen. Das MEG hat bei gleicher sehr guter Zeitauflösung eine etwas bessere Ortsauflösung als das EEG, weil die magnetische Leitfähigkeit des Hirngewebes – und damit die Ausbreitung und das »Verschmieren« des Signals – geringer ist als seine elektrische Leitfähigkeit. Zu beachten ist, dass MEG und EEG unterschiedliche Signalquellen (nämlich solche, die horizontal bzw. vertikal zur Cortexoberfläche angeordnet sind) messen und daher unterschiedliche Aspekte lokaler Erregungszustände darstellen. Computergestützte Auswertungsmethoden können inzwischen die Ortsauflösung von EEG und MEG stark verbessern.

Die Positronen-Emissions-Tomographie (PET) und die Kernspin- (oder Magnetresonanz-)Tomographie messen nicht direkt die elektrische Aktivität des Gehirns (wie Mikroelektroden-Ableitungen, EEG und EKP) oder die magnetische Aktivität (wie das MEG), sondern beruhen auf der Tatsache, dass neuronale Erregungen von einer lokalen Erhöhung der Hirndurchblutung und des Hirnstoffwechsels, vornehmlich des Sauerstoff- und

EXKURS 1 Methoden der Hirnforschung **67**

Zuckerverbrauchs, begleitet sind. Beim PET wird dem Blut eines Patienten oder einer Versuchsperson ein Positronen aussendendes Isotop (z. B. ^{15}O oder ^{18}F) in Verbindung mit einer am Stoffwechsel beteiligten Substanz (z. B. Wasser oder Glucose) zugeführt. Dieser Stoff wird in besonders hoher Konzentration an den Stellen des Gehirns verbraucht, an denen die Hirnaktivität besonders intensiv ist. Das beim Zerfall des Isotops frei werdende Positron vereinigt sich mit einem Elektron, und dies führt zu Gammastrahlung, bei der zwei Photonen in genau entgegengesetzte Richtungen fliegen. Dies wird durch Detektoren registriert, die ringförmig um den Kopf des Patienten angebracht sind. Mithilfe eines Computers lassen sich Zerfallsort und Zerfallsmenge genau berechnen und in ein dreidimensionales Aktivitätsbild umsetzen. Die räumliche Auflösung liegt im Bereich von 5 – 10 mm, das Erstellen eines aussagekräftigen PET-Bildes benötigt 45 bis 90 Sekunden. Hiermit können schnellere neuronale bzw. kognitive Prozesse nicht erfasst werden. Auch liefert PET keine Darstellung der Anatomie des untersuchten Gehirns. Der große Vorteil von PET gegenüber fNMR/fMRI ist allerdings die Möglichkeit, Stoffwechselprozesse quantitativ in absoluten Werten zu erfassen.

Die Kernspintomographie (englisch »nuclear magnetic resonance« – NMR, auch »magnetic resonance imaging«, MRI, genannt) beruht darauf, dass sich in einem starken Magnetfeld Atomkerne mit ihren Magnetachsen parallel zu den Feldlinien ausrichten. Durch einen angelegten kurzen Hochfrequenzimpuls werden sie kurzzeitig aus dieser Position ausgelenkt und senden nach Ende des Impulses ein Signal aus, das Aufschluss über die Art und Position des Kerns sowie die physikalische und chemische Beschaffenheit seiner Umgebung liefert. Hiermit lassen sich z. B. über Wasserstoffkerne – anders als beim EEG, MEG oder bei PET – genaue anatomische Darstellungen von Gehirnen erreichen. Bei der *funktionellen* Kernspintomographie (fNMR, fMRI) wird die Tatsache ausgenutzt, dass sauerstoffreiches und sauerstoffarmes Blut unterschiedliche magnetische

68 EXKURS 1 Methoden der Hirnforschung

Eigenschaften besitzen. Dies nennt man BOLD- (d.h. blood-oxygen-level-dependent) Effekt. Dadurch lassen sich sowohl Schwankungen im Sauerstoffgehalt des Blutes als auch Unterschiede im lokalen Blutfluss in Abhängigkeit von der leistungsbedingten Stoffwechselaktivität des Gehirns erfassen und bildlich darstellen. Der BOLD-Effekt wiederum zeigt an, wo im Gehirn die neuronale Aktivität lokal erhöht ist. Man nimmt an, dass bei erhöhter Aktivität lokaler neuronaler Netzwerke Signale an das Hirngewebe in der näheren Umgebung ausgesendet werden, die mit einer Verzögerung von wenigen Sekunden zu einem erhöhten Blutfluss führen (so genannte *hämodynamische* Reaktion). Welcher Art diese Signale sind, ist noch nicht ganz klar.

Neuere Untersuchungen, bei denen gleichzeitig die elektrische Aktivität kleiner Zellgruppen im visuellen Cortex von Makakenaffen und der BOLD-Effekt gemessen und miteinander verglichen wurden, zeigten, dass die beste Übereinstimmung zwischen dem BOLD-Effekt einerseits und den so genannten lokalen Feldpotenzialen andererseits besteht, die vornehmlich die Aktivität des *synaptischen Eingangs* an den Dendriten der Neurone widerspiegeln, und nicht so sehr zwischen BOLD-Effekt und dem Auftreten von Aktionspotenzialen, die den Ausgang der Aktivität einer Nervenzelle darstellen. Dies stimmt mit der Tatsache überein, dass die Prozesse an den Synapsen, die mit intrazellulären Signalkaskaden und der Re-Synthese des Transmitters Glutamat (dem häufigsten Transmitter in der Großhirnrinde) zu tun haben, auch diejenigen sind, welche den höchsten Sauerstoff- und Glucoseverbrauch haben. Das Auslösen von Aktionspotenzialen hingegen ist energetisch mehr oder weniger kostenlos, da hierbei eine aufgebaute Spannung kurzfristig zusammenbricht. Teuer ist darüber hinaus das Aufrechterhalten des Ruhemembranpotenzials, aber dies stellt sozusagen eine Dauerausgabe dar, die nicht aufgabenspezifisch ist.

Die räumliche Auflösung des fMRI ist besser als die von PET, und seine zeitliche Auflösung ist wesentlich besser. Sie liegt derzeit im Bereich einer Sekunde. Dies ist allerdings immer noch

EXKURS 1 Methoden der Hirnforschung **69**

um bis drei Größenordnungen schlechter als die des EEG und auch technisch nicht wesentlich steigerbar, da sich – wie erwähnt – die Hirndurchblutung gegenüber den neuro-elektrischen und neuro-magnetischen Geschehnissen mit einer Verzögerung von wenigen Sekunden ändert. Man kann allerdings dadurch, dass eine mehrfache kurzzeitige Stimulusdarbietung jeweils von einer kurzen Pause unterbrochen wird, diese Verzögerung »herausrechnen«. Es wird zudem inzwischen erfolgreich versucht, elektrophysiologische Methoden (Mikroelektrodenableitungen, EEG, EKP) oder MEG und fMRI miteinander zu kombinieren bzw. unter möglichst identischen Versuchsbedingungen durchzuführen.

Funktionelle Kernspintomographie hat gegenüber PET den Nachteil, dass eine Veränderung der Sauerstoffsättigung des Blutes bzw. des lokalen Blutflusses nicht absolut, sondern nur im Vergleich zu einem »Ruhewert« (englisch *baseline*) gemessen werden kann. Bei den Versuchen, kognitive, emotionale oder exekutive Prozesse mithilfe des fMRI zu lokalisieren, wird deshalb allgemein die *Subtraktionsmethode* angewandt, bei welcher ein spezifischer kognitiver, emotionaler oder exekutiver Prozess mit einem funktionell ähnlichen, aber kognitiv, emotional oder exekutiv nicht oder nur gering fordernden Prozess verglichen wird. Das kann so vor sich gehen, dass eine Versuchsperson aufgefordert wird, im ersten Durchgang bestimmte Wörter rein mechanisch zu lesen, während sie im zweiten Durchgang gleichzeitig über die Bedeutung dieser Wörter nachdenken soll. Wenn man nun die räumlichen Aktivitätsmuster und deren Intensitäten aus beiden Durchgängen voneinander subtrahiert, erhält man eine »reine« Darstellung der neuronalen Prozesse, die dem Erfassen des Wortsinns zugrunde liegen.

Schließlich sei noch die *transkranielle Magnetstimulation* (TMS) erwähnt. Hierbei wird mittels Magnetspulen über einem begrenzten Teil des Schädels einer Versuchsperson oder eines Patienten ein eng umgrenztes Magnetfeld erzeugt. Nach dem Prinzip der elektromagnetischen Induktion kommt es dann

70 EXKURS 1 Methoden der Hirnforschung

durch die ungeöffnete Schädeldecke hindurch zu einem elektrischen Feld, das in dem darunter liegenden Hirnareal eine Erregung hervorruft. Dabei werden Feldstärken verwendet, die denen beim fMRI entsprechen und für das Hirngewebe unschädlich sind. Man kann hiermit ohne Eingriff in das menschliche Gehirn vorübergehend die Funktion eines interessierenden Hirngebiets (meist eines Areals der Großhirnrinde) »lahm legen« und dann die Auswirkung dieser Störung auf Hirnprozesse studieren.

KAPITEL 3

Ich, Bewusstsein und das Unbewusste

Eine der wichtigsten und meistgestellten Fragen im Zusammenhang mit der Persönlichkeit ist die Frage »Wer bin ich?«. Die Antwort auf diese Frage ist kompliziert, wie wir sehen werden, insbesondere weil dieses Ich uns nur teilweise, nämlich in seinen bewussten Anteilen, direkt zugänglich ist. Von dem größten Teil des Ich oder *Selbst*, nämlich dem unbewussten, merken wir erst einmal gar nichts.

Ich-Zustände

Dasjenige, was wir Menschen in uns und von uns bewusst erfahren, gehört drei grundlegend verschiedenen Erlebnisbereichen an, nämlich Geist-Gefühl, Körper und Umwelt. Wir erfassen die Dinge um uns herum, unsere *Umwelt*, mit unseren Sinnesorganen und wirken durch unser Verhalten auf sie ein. In eigenartig anderer Weise erleben wir den *Körper:* Er ist *unser* Körper, wir empfinden mit ihm Lust und Schmerz, und irgendwie *sind wir* auch unser Körper, und doch fühlen wir uns manchmal von ihm getrennt. Am meisten fühlen wir uns eins mit unseren *geistigen Zuständen* und *Gefühlen*, also den Wünschen, Gedanken, Vorstellungen und Erinnerungen. Gedanken, Vorstellungen und Erinnerungen können sich scheinbar völlig vom Körper lösen, während Gefühle und Wünsche häufig mit ihm zu tun haben oder sogar in ihm zu stecken scheinen: Das Herz hüpft vor Freude, die Furcht schlägt uns auf den Magen, die Angst schnürt uns die Kehle zu, der Schrecken fährt uns in die Glieder. Diese Gefühlswelt ist unglaublich vielfältig, aber dasselbe trifft für die Welt der Gedanken, Wünsche, Vorstellungen und Erin-

72 3 Ich, Bewusstsein und das Unbewusste

nerungen zu. *Wir* sind eine Unmenge verschiedener Erlebniszustände.

Und doch scheint es eine Konstante in diesem Wirrwarr zu geben: Das *Ich*. Ein Blick in den Spiegel oder auf ein vergilbtes Foto sagt mir (in aller Regel!): Das bin ich! Ich wache morgens auf und weiß (in aller Regel!), *wer* ich bin, und meist weiß ich (zuweilen mit einiger Verzögerung), *wo* ich bin. »Ich bin ich – wer sonst!« Denken wir aber darüber nach, wer oder was dieses Ich eigentlich ist, dann werden wir nicht fündig. Es sind Fetzen von Selbsterkenntnis, vermischt mit Aussagen von anderen über uns. Wir reflektieren über unsere Gefühle, Wünsche, Gedanken, Vorstellungen, Erinnerungen und Verhaltensweisen und scheinen uns dabei im Kreise zu drehen, denn diese Bereiche sagen uns jeweils etwas Verschiedenes über uns, aber nichts eigentlich Fassbares. Nach langem Nachdenken und in der Nachfolge des Nachdenkens vieler berühmter Leute über sich selbst kommen wir zu zwei wichtigen Erkenntnissen: Wir sind nicht *ein* Ich, sondern mehrere Ich-Zustände, die sich aufeinander beziehen. Und: *Wir sind uns selber undurchdringlich.* Das Ich kann sich nicht oder nicht gründlich (d. h. auf den Grund) durchschauen!

Schon die erste Erkenntnis, nämlich dass wir viele bewusste Ich-Zustände sind, ist auf den ersten Blick beängstigend, wird aber durch psychologische bzw. neuropsychologische Untersuchungen bestätigt. Es gibt ins uns in der Tat ganz unterschiedliche Bewusstseinszustände, die jeweils mit einer Ich-Vorstellung verbunden sind. Hierzu gehören (1) die Wahrnehmung von Vorgängen in der Umwelt und im eigenen Körper (»ich nehme wahr bzw. empfinde gerade das und das«); (2) mentale Zustände wie Denken, Vorstellen und Erinnern (»ich denke, erinnere mich, stelle mir gerade dies oder jenes vor«); (3) Bedürfniszustände, Affekte, Emotionen (»ich habe Hunger, bin müde, fürchte mich«); (4) das Erleben der eigenen Identität und Kontinuität (»ich bin der, der ich gestern war«); (5) die »Meinigkeit« des eigenen Körpers (»dies ist mein Körper«); (6) die Autorschaft

Ich-Zustände **73**

der eigenen Handlungen und mentalen Akte (»ich will bzw. habe gewollt, was ich gerade tue«); (7) die Verortung des Selbst und des Körpers in Raum und Zeit (»es ist Samstag, der 20. 1. 2007, und ich befinde mich gerade in X.«); (8) die Unterscheidung zwischen Realität und Vorstellung (»was ich sehe, existiert tatsächlich und ist kein Traum oder Wahn«); und schließlich (9) das selbst-reflexive Ich (»wer oder was bin ich eigentlich? Was tue ich da, und warum?«).

Wie kommen Psychologen bzw. Neuropsychologen zu diesen Unterscheidungen? Der Grund hierfür liegt in der Tatsache, dass bei Patienten einzelne solcher bewussten Ich-Zustände *selektiv*, also ohne Beeinträchtigung der anderen Ich-Zustände, ausfallen können. Das heißt, es gibt Patienten, die nicht wissen, wer sie sind, oder die das Gefühl haben, sie steckten im »falschen Körper«, die aber ansonsten keinerlei geistige oder psychische Störungen aufweisen, also nicht irgendwie verrückt sind. Diese verschiedenen Ich-Zustände bilden funktionale Einheiten oder *Module*, und deshalb spricht man von einer *Modularität* der Ich-Zustände. Wie wir sehen werden, ist dies dadurch verursacht, dass unterschiedliche Gehirn-Systeme den unterschiedlichen Ich- und Bewusstseinszuständen zugrunde liegen.

Diese Erkenntnis ist übrigens nicht neu, sondern der berühmte schottische Philosoph und Psychologe David Hume (1711 – 1776) hat bereits in seinem Werk »A Treatise Concerning Human Nature« die Anschauung vertreten, wir seien nur ein »Bündel von Ich-Vorstellungen«. In der Tat: Wenn wir uns ganz genau beobachten, so entdecken wir, dass wir ein Auf und Ab ganz unterschiedlicher ich-bezogener Bewusstseinsinhalte sind. Einmal dominiert die körperliche Empfindung, dann das denkende oder das furchtsame Ich oder das Handlungs-Ich. In der buddhistischen Meditation lernt man, sich von diesen konkreten Ich-Zuständen zu befreien – man ent-individualisiert sich. Heute wissen wir durch Registrierungen der Hirnaktivität, dass diese »ozeanische Entgrenzung« mit einer Senkung der Aktivität des Parietalcortex einhergeht.

74 3 Ich, Bewusstsein und das Unbewusste

Das Ich ist also gar keine einheitliche Instanz, sondern ein Attribut, ein Etikett, das sich an unterschiedliche Bewusstseinsoperationen anheftet: »das bin *ich*, der dies oder jenes gerade denkt, fühlt oder tut«, wobei dieses Ich-Bündel im Wesentlichen durch das autobiographische Gedächtnis erzeugt wird. Dies wiederum geht nach dem bekannten gestaltpsychologischen Prinzip des »gemeinsamen Schicksals« vor: Alles bildet eine »Gestalt«, was unter den verschiedensten Bedingungen eine Einheit, etwas mit einem *gemeinsamen Schicksal* bildet. In der Tat: Was auch immer mit mir passiert, es handelt sich um einen ganz bestimmten – nämlich *meinen* – Körper, der in einer individuellen Weise wahrnimmt, denkt, fühlt und handelt. Schließlich gibt es auch einen wichtigen psychosozialen Grund für das Entstehen des Ich: Wir werden von unserer Mutter, unseren anderen Familienangehörigen, Freunden, Schulkameraden als ein *Individuum*, eine »ungeteilte Einheit« behandelt und angeredet, und zwar mit einem Du, das jeweils mit einem Ich korrespondiert. So lernen wir uns selbst als eine Einheit zu betrachten und zu benennen.

Das Ich ist also eine *Gestalt*, eine *Vielheit mit einem gemeinsamen Schicksal*, und diese Gestalt ist *dynamisch*, nicht statisch. Das Ich wandelt sich und erzeugt zugleich ein Kontinuum, und nur bestimmte Erkrankungen des Gehirns oder der Psyche (die letztlich auch auf Gehirnerkrankungen zurückgehen) können dieses Kontinuum zerstören.

In Abbildung 7 ist dargestellt, wie unterschiedliche bewusste Ich-Zustände mit bestimmten Großhirnarealen zusammenhängen. Das Körper-Ich und das Verortungs-Ich haben vornehmlich mit Aktivität im hinteren bzw. unteren Parietallappen zu tun. Wir erinnern uns, dass dieser Cortex-Teil wesentlich mit Raum- und Körperwahrnehmung zu tun hat. Das Ich als vorstellende Instanz ist eine Funktion ebenfalls von Arealen im Parietallappen und dazu im Temporallappen, je nachdem, ob es sich um räumliche oder bildliche Vorstellungen handelt oder eine Kombination davon. Das Ich als Träger von Emotionen ist gebunden an Aktivitäten im orbitofrontalen, ventromedialen,

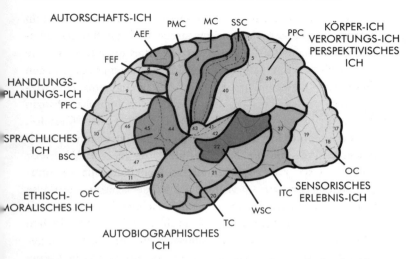

Abbildung 7: Die Zuordnung von Ich-Zuständen und Arealen der Großhirnrinde. Die Zahlen geben die Einteilung in cytoarchitektonische Felder nach K. Brodmann an. Abkürzungen: AEF vorderes Augenfeld; BSC Broca-Sprachzentrum; FEF frontales Augenfeld; ITC inferotemporaler Cortex; MC motorischer Cortex; OC occipitaler Cortex (Hinterhauptslappen); OFC orbitofrontaler Cortex; PFC präfrontaler Cortex (Stirnlappen); PMC dorsolateraler prämotorischer Cortex; PPC posteriorer parietaler Cortex; SSC somatosensorischer Cortex; TC temporaler Cortex (Schläfenlappen); WSC Wernicke-Sprachzentrum. Weitere Erläuterungen im Text.

anterioren cingulären und insulären Cortex und im rechten unteren Temporallappen, und zwar im Zusammenwirken mit der Amygdala und anderen subcorticalen limbischen Zentren. Das Autorschafts- und Zurechnungs-Ich hat mit Aktivitäten im cingulären Cortex und im supplementär-motorischen Areal zu tun. Das autobiographische Ich entsteht aufgrund von Aktivität im vorderen Pol des Temporallappens im Zusammenwirken mit dem Hippocampus. Das reflexive Ich ist eine Funktion des präfrontalen Cortex, und das ethische Ich, das *Gewissen*, ist gebun-

76 3 Ich, Bewusstsein und das Unbewusste

den an Funktionen des orbitofrontalen und ventromedialen präfrontalen Cortex. Allgemein gilt, dass emotionale Ich-Zustände
eher rechtshemisphärisch, kognitive und sprachvermittelte Komponenten eher linkshemisphärisch angesiedelt sind.

Bewusstsein

Bisher ist vom Ich als einem Bewusstseinszustand die Rede
gewesen. Was aber ist Bewusstsein? Über diese Frage haben
Menschen seit Jahrtausenden nachgedacht, ohne dass heutzutage bereits Einvernehmen unter den Wissenschaftlern und Philosophen herrschte. Noch rätselhafter ist das Unbewusste: Sein
Einfluss auf unsere geistigen und psychischen Tätigkeiten wurde
von manchen Psychologen bis vor wenigen Jahrzehnten schlicht
geleugnet. Wie verhält es sich denn überhaupt mit der Beziehung von Bewusstem und Unbewusstem? Warum gibt es Bewusstsein, wenn doch das Meiste unbewusst abläuft? Und *warum*
ist das Unbewusste uns nicht bewusst?

Bewusstsein ist genauso wie das Ich ein Bündel inhaltlich sehr
verschiedener Zustände, die nur das eine gemeinsam haben, dass
sie *bewusst erlebt* und im Prinzip sprachlich berichtet werden
können. Ich selbst bin mir – wie der berühmte französische Philosoph René Descartes es formulierte – in diesem Augenblick
gewiss, *dass ich als bewusstes Wesen existiere*. Diese absolute Gewissheit gibt es in Hinblick auf andere Personen nicht. Heutzutage
kann man allerdings mit verschiedenen Methoden verlässlich
feststellen, ob jemand bewusst oder unbewusst ist (vgl. Exkurs 1).
Das ist natürlich auch von großem klinischen Interesse, zum Beispiel bei der Anwendung und Entwicklung von Narkosemitteln.

Grundsätzlich zu unterscheiden sind Zustände des Aktualbewusstseins und des Hintergrundbewusstseins. Das *Aktualbewusstsein* ist von ständig wechselnden Inhalten gekennzeichnet, die
stets deutlich mit dem Ich-Erleben zusammenhängen. Hierzu
gehört vor allem das sensorische Erlebnis- oder Wahrnehmungs-
bewusstsein, das unsere sinnliche Welt einschließlich des Körper-

erlebens in unendlicher Vielfalt zum Inhalt hat. Hinzu kommt das Erleben der eigenen Affekte, Gefühle, Wünsche, Vorstellungen, Absichten und Erinnerungen. Eine besondere Form des Aktualbewusstseins stellt *Aufmerksamkeit* dar: Wir können nicht auf etwas aufmerksam sein, ohne es zugleich bewusst zu erleben (das Umgekehrte ist freilich durchaus möglich, denn wir können etwas wahrnehmen, ohne uns dessen bewusst zu sein). Zum *Hintergrundbewusstsein* gehört das Erleben einer körperlichen und psychischen Identität in Form von Ich und Selbst, eine Verortung dieses Selbst in Raum und Zeit, die Unterscheidung von Realität (d. h. des tatsächlich Wahrgenommenen) und Vorstellung (Gedanken, Wünschen, Absichten, Erinnerungen), und schließlich das Erleben der Autorschaft der eigenen Wahrnehmungen, Gefühle, Gedanken und Handlungen, wie wir dies gerade im Zusammenhang mit den Ich-Zuständen geschildert haben. Man spricht von Hintergrundbewusstsein, weil wir uns dieser Bewusstseinszustände normalerweise nicht explizit gewahr sind und uns auf die Inhalte des Aktualbewusstseins konzentrieren – außer wenn Teile des Hintergrundbewusstseins gestört sind, ich zum Beispiel nicht mehr weiß, wer und wo ich bin.

Psychologie und Hirnforschung haben seit längerem untersucht, was wir nur *mit Bewusstsein* und entsprechend *nicht unbewusst* tun oder haben können. Hierzu gehört alle detaillierte Wahrnehmung, Vorstellung und Erinnerung. Es gibt zwar durchaus auch unbewusste Wahrnehmung und Erinnerung, aber diese sind immer undifferenziert. Wir können nur bewusst komplexe Probleme lösen und im Detail planen, und wir können nur dann einigermaßen komplexe Dinge aussprechen. Schlicht und einfach gesagt: Immer wenn wir mit etwas Neuem bzw. Ungewohntem konfrontiert werden, bei dem es um die komplexe Verarbeitung von Details geht, brauchen wir Bewusstsein. Wir konzentrieren uns dann auf die anstehende Situation oder das anstehende Problem, und je mehr wir uns konzentrieren, desto höher wird die Intensität der bewussten Wahrnehmung des entsprechenden Vorgangs.

Was gehört zum Unbewussten?

Aus Sicht der Hirnforschung und der experimentellen Psychologie umfasst das Unbewusste eine ganze Reihe sehr unterschiedlicher Inhalte. Erstens sind dies alle vorbewussten Inhalte von Wahrnehmungsvorgängen. Bevor wir nämlich etwas bewusst wahrnehmen, wird die sensorische Information auf vielen Ebenen unseres Gehirns von den Sinnesorganen bis hin zum so genannten assoziativen Cortex eine Drittel- bis eine halbe Sekunde lang unbewusst vorverarbeitet. Dabei wird auch entschieden, ob etwas überhaupt ins Bewusstsein gelangen soll – und in diesem Zusammenhang wird das Allermeiste »herausgefiltert«. Zweitens handelt es sich um alle *unterschwelligen* Wahrnehmungen, d.h. solche, die zwar viele Wahrnehmungszentren in unserem Gehirn einschließlich der Großhirnrinde erregen, aber aus bestimmten Gründen nicht die Schwelle zum Bewusstsein überschreiten. Dies sind alle Inhalte, die so unwichtig sind, dass das Gehirn sich gar nicht weiter mit ihnen befasst, oder alle wichtigen Inhalte, die das Gehirn ohne Bewusstsein abarbeiten kann, weil es dafür Routineprogramme besitzt. Diese unterschwelligen und unbewussten Wahrnehmungen umfassen den allergrößten Teil unserer laufenden Wahrnehmungsprozesse.

Drittens gehören zum Unbewussten alle Wahrnehmungsinhalte, die sich außerhalb des »Scheinwerfers« unserer Aufmerksamkeit befinden. Wir sind in aller Regel für solche Inhalte blind und übersehen oft in dramatischer Weise Dinge, die vor unserer Nase liegen, sofern wir nicht unsere Aufmerksamkeit auf sie richten. Wir können sogar automatisiert darauf reagieren und werden uns dessen entweder gar nicht oder verspätet gewahr. Viertens gehören alle Vorgänge der Wahrnehmung, der kognitiven Verarbeitung und der Gefühle dazu, die im Gehirn des Ungeborenen, des Säuglings und des Kleinkindes ablaufen, bevor der bewusstseinsfähige assoziative Cortex ausgereift ist. Das ist in der Regel im dritten bis vierten Lebensjahr der Fall. Hier mag es allerdings sein, dass einiges oder gar vieles davon bewusst erlebt, aber später nicht mehr erinnert wird. Sigmund Freud nannte dies »infantile Amnesie«, d.h. »frühkindlichen Gedächtnisverlust«.

Fünftens gehören zum Unbewussten alle Inhalte des Fertigkeitsgedächtnisses, also des *prozeduralen* Gedächtnisses, welches alles enthält, was wir beherrschen, ohne dass wir berichten könnten, wie wir es machen, z.B. Fahrradfahren, Klavierspielen, eine Krawatte oder die Schnürsenkel zubinden. Zumindest brauchen wir, sofern dies alles richtig eingeübt ist, kein Bewusstsein mehr von den Details. Sechstens gehören dazu alle Inhalte des Erfahrungsgedächtnisses, die zusammen die Grundstruktur unseres Charakters und unserer Persönlichkeit bestimmen und die in Bereichen des Gehirns angesiedelt sind, die unserem Bewusstsein nicht zugänglich sind. Auch diejenigen Mechanismen, die festlegen, was in welcher Weise in diesem Gedächtnis abgelegt wird, laufen völlig unbewusst ab und können nicht willentlich beeinflusst werden.

Wir können aufgrund dieser Informationen die Frage gut beantworten, was wir alles *ohne* Bewusstsein tun können: Wir können neue Dinge und Vorgänge wahrnehmen, sofern diese nicht zu kompliziert sind; zudem sortiert unser Wahrnehmungssystem die Inhalte vor. Wir können komplizierte Dinge tun, sofern sie stark eingeübt sind. Wir können sogar Dinge unbewusst lernen, indem wir sie immer und immer wieder erfahren. Wir wissen dann gar nicht, wieso wir können, was wir können. Wir haben Gefühle, Wünsche und Motive, die aus dem Unbewussten kommen und uns antreiben, und meist wissen wir gar nicht, warum. Insbesondere ist unserem Bewusstsein alles verschlossen, was vor der Geburt und in der ersten Zeit nach der Geburt auf uns einwirkte – so wichtig es auch gewesen sein mag. Wir sehen, dass das Unbewusste viel umfassender ist als das Bewusstsein und uns in unserem Handeln, insbesondere in den alltäglichen, aber auch in den ganz entscheidenden Dingen unseres Lebens stärker bestimmt als das Bewusstsein.

80 3 Ich, Bewusstsein und das Unbewusste

Das Vorbewusstsein

Einen interessanten Übergang zwischen Bewusstsein und dem Unbewussten bildet das *Vorbewusste*. Dieses Vorbewusste umfasst alle Inhalte, die einmal bewusst waren und *aktuell* zwar unbewusst sind, aber schnell und zum Teil gezielt ins Bewusstsein geholt werden können, zum Beispiel durch aktives Erinnern oder aufgrund bestimmter Hinweisreize. Ich will am Automaten Geld von meinem Konto abheben und erinnere mich in diesem Augenblick (hoffentlich) an die Geheimnummer; ich werde in einer Prüfung oder in einem Gespräch nach etwas gefragt, und es fällt mir (hoffentlich) sofort ein. Ich lese einen bestimmten Namen, und da fällt mir ein, dass ich einer Person gleichen oder ähnlichen Namens unbedingt eine Nachricht schicken muss. Kurz zuvor waren diese Inhalte nicht in meinem Bewusstsein, manche Dinge fallen spontan ein, und manche Dinge kann ich auch gar nicht aus meinem Bewusstsein verdrängen (z. B. bestimmte Dinge, die mir Sorge machen).

Das Vorbewusstsein stellt also einen riesigen Vorrat an *möglichen* Bewusstseinsinhalten dar und ist in diesem Sinne identisch mit meinem sprachlich zugänglichen, d. h. deklarativen Gedächtnis. Ob und wie leicht etwas vom Vorbewussten ins Bewusstsein dringt, hängt zum einen von der Art ab, wie dieser Inhalt über den Hippocampus im vorbewussten deklarativen Gedächtnis gespeichert ist, aber auch von bisher wenig verstandenen Kräften, die als »Zensoren« wirken und den Aufruf von Bewusstseinsinhalten kontrollieren wie auch das Gegenteil, nämlich das Verhindern eines solchen Aufrufs, das Sigmund Freud »Verdrängung« genannt hat.

Zusammengefasst können wir insgesamt drei Zustände geistig-psychischer Inhalte unterscheiden, nämlich solche, die aktuell bewusst sind, dann solche, die unter bestimmten Umständen bewusst oder willentlich bewusst gemacht werden können (die Inhalte des Vorbewussten), und schließlich solche, die niemals bewusst oder bewusst gemacht werden können.

Wie, wann und wo entsteht im Gehirn das Bewusstsein?

Bewusstsein ist nach traditioneller philosophischer Auffassung etwas »rein Geistiges«, und das kann mit dem materiellen Gehirn nicht direkt etwas zu tun haben (wobei der Geist doch irgendwie auf das Gehirn einwirken kann!). Diese *dualistische* Auffassung hat in den letzten beiden Jahrzehnten durch Untersuchungen von Psychologen und Neurobiologen dramatisch an Anerkennung verloren. Auf die komplizierten Einzelheiten dieser Bewusstseinsforschung kann ich hier nicht eingehen, sondern will nur die wesentlichen Erkenntnisse schildern. Weiterführende Literatur zu diesem Thema habe ich am Ende dieses Buches aufgeführt.

Bewusstsein ist nach heutiger neurowissenschaftlicher Kenntnis unabdingbar an eine hinreichende Aktivierung der Großhirnrinde gebunden. Die Großhirnrinde ist daher – wie seit langem vermutet wurde – der »Sitz des Bewusstseins«, wenngleich nicht der ausschließliche Produzent. Bewusstsein entsteht in der Großhirnrinde, wenn bestimmte unbewusst arbeitende Bewertungsmechanismen, z. B. der Hippocampus, thalamische und limbische Kerne sowie die retikuläre Formation, einen bestimmten Wahrnehmungsinhalt oder auch unbewusste Wünsche oder Motive als »wichtig« und »neu« beurteilen. Das bedeutet nämlich, dass sich das Gehirn damit befassen sollte (»wichtig«) und dass es noch kein Routineverfahren besitzt, um dieses Problem zu erledigen (»neu«). Wenn bestimmte Vorgänge dagegen *unwichtig* sind, dann werden sie erst gar nicht weiterverarbeitet und verschwinden. Wenn sie *wichtig* und *bekannt* sind und es im Gehirn irgendwo ein entsprechendes Bearbeitungsprogramm gibt, dann wird dieses Programm angestoßen, ohne dass das Bewusstsein überhaupt eingeschaltet werden muss, oder wir merken nur, *dass* wir etwas tun, aber nicht *wie* (es handelt sich also um ein nur begleitendes Bewusstsein).

Im Fall von *wichtig und neu* gelangen die entsprechenden Inhalte zuerst in die unbewusst arbeitenden sensorischen Areale,

82 3 Ich, Bewusstsein und das Unbewusste

wo sie nach einfachen Details sortiert werden, und anschließend in die assoziativen Areale der Großhirnrinde, wo sie mit den unterschiedlichsten Inhalten des Gedächtnisses und dadurch mit *Bedeutungen* verbunden werden. Anschließend werden diese beiden Verarbeitungsprozesse zusammengefügt, und dies ist nach gegenwärtiger Auffassung der Augenblick, in dem die Inhalte in Details und Bedeutung bewusst werden. Dies alles dauert im Normalfall rund eine drittel Sekunde, von der wir selbstverständlich nichts merken. Wenn wir etwa vor der Aufgabe stehen, ein uns im ersten Augenblick fremd vorkommendes Gesicht zu identifizieren, so werden die vom Gesicht ausgehenden Seheindrücke mit Inhalten unseres Gesichtergedächtnisses verglichen, und dies führt dann etwa zur bewussten Erkenntnis, dass dies der frühere Bundeskanzler Konrad Adenauer sein müsse. Entsprechendes passiert, wenn wir einen Gegenstand oder ein Bauwerk *als* X oder Y erkennen, über die Bedeutung eines Satzes nachdenken oder uns überlegen, wie wir eine bestimmte Handlung ausführen: Immer muss unser Gehirn vorhandene Bruchstücke von Wahrnehmungen, Vorstellungen und Gedächtnisinhalten schnell neu zusammensetzen und damit neue Inhalte schaffen.

Die Großhirnrinde besteht, wie dargestellt, aus ungefähr 15 Milliarden Nervenzellen (überwiegend so genannte Pyramidenzellen), die untereinander über schätzungsweise eine halbe Trillion Synapsen verbunden sind. Sie bildet einen gigantischen »assoziativen Speicher«, der hervorragend geeignet ist, vorhandene »Bruchstücke« der Wahrnehmung und des Gedächtnisses schnell zu neuen bedeutungshaften Inhalten zusammenzufügen, z. B. bestimmte Abfolgen von Sprachlauten zu Wörtern und Sätzen, und diesen dann auch noch einen bestimmten Sinn zu geben. Dies gilt auch, wenn wir bei einem Sinneseindruck durch unsere Aufmerksamkeit »genauer hinschauen«. Dann werden im Cortex besondere Mechanismen der Detailverarbeitung nach Art einer kognitiven Lupe angeschaltet, und wir sehen plötzlich Dinge, die uns vorher entgangen sind. Die corticalen Synapsen können schneller als Synapsen im übrigen Gehirn ihre Leitfähigkeit und damit die dynamische Verknüpfungsstruktur der corticalen Netzwerke ändern; diese Änderung geschieht im Sekundentakt. Dies ist der *Takt des Bewusstseins* und damit der Sinneseindrücke und der Gedanken.

Diese wunderbare Leistung der Großhirnrinde ist allerdings teuer, was bedeutet, dass sie viel Stoffwechselenergie, genauer Sauerstoff und Zucker als Energielieferanten, erfordert. Dies ist für den Körper und seinen Stoffwechsel eine wichtige Tatsache, denn das Gehirn insgesamt verbraucht sehr viel Energie, und zwar bereits im Zustand der Ruheaktivität mindestens zehnmal mehr, als ihm von seiner Körpermasse her zukäme. Bei anstrengender geistiger Arbeit steigert sich dieser Verbrauch weiter, und man kann dabei richtig ins Schwitzen kommen. Deshalb ist es von der Energiebilanz her nicht verwunderlich, dass unser Gehirn stets danach trachtet, Dinge zu erledigen, die möglichst wenig oder gar kein Bewusstsein brauchen. Das erfordert das Ausbilden von Routineprogrammen in allen Bereichen der Gehirnaktivität. Solche Routineprogramme haben auch den großen Vorteil, dass sie schnell ablaufen und wenig fehleranfällig sind. Ihr Nachteil liegt allerdings darin, dass sie immer nur für bestimmte Aufgaben zugeschnitten sind und nicht unmittelbar übertragen werden können. Sie sind wie ein Haufen von Spezialisten, die nebeneinander herarbeiten. Bewusstseinsvorgänge sind dagegen immer *langsam* und *fehleranfällig*, aber sie können sehr *flexibel* mit neuen Geschehnissen und Informationen umgehen. Eine solche kreative Zusammenarbeit von Personen ist auch im Betrieb und in der Behörde teuer, langwierig und fehleranfällig – aber man kann auf sie nicht verzichten, wenn es um neue Lösungen geht.

Bewusstsein ist aus Sicht der Hirnforschung eine *besondere Art von Informationsverarbeitung*, die dann eingeschaltet wird, wenn das Gehirn mit neuen und wichtigen Dingen, mit großen heterogenen Datenmengen und vielen Details konfrontiert wird, die auf ihre Bedeutung und ihre Zusammenhänge hin überprüft werden

84 3 Ich, Bewusstsein und das Unbewusste

müssen, und ganz allgemein dann, wenn es um komplexen Sinn und komplexe Bedeutung geht. Bewusstsein ist vom »Betrieb« her teuer, weshalb das Gehirn immer danach trachtet, Dinge ins Vor- und Unbewusste zu verlagern.

Aufgrund neuester neurobiologischer Erkenntnisse vermutet man, dass Bewusstsein dann entsteht, wenn eine bestimmte Anzahl von corticalen Pyramidenzellen hinreichend stark aktiv ist. Dies geschieht zum einen dadurch, dass sie von Eingängen außerhalb der Großhirnrinde erregt werden (z. B. durch sensorische Umschaltkerne des dorsalen Thalamus), zum anderen dadurch, dass sie sich gegenseitig erregen und beginnen, im selben »Takt« zu feuern (sich zu »synchronisieren«). Diese Synchronisationsvorgänge sind an besondere Typen von Synapsen gebunden, die zum Teil rein elektrisch, zum Teil chemisch funktionieren. Ob das Entstehen von Bewusstseinszuständen abrupt geschieht, d. h. ein Schwellenphänomen ist, oder ob es einen gleitenden Übergang zwischen unbewusst und bewusst gibt, ist unklar (ich halte Letzteres für wahrscheinlich).

Wie steuert das Unbewusste das Bewusstsein?

Wie geschildert, bleibt all das unbewusst, was nicht in der Großhirnrinde stattfindet, gleichgültig wie kompliziert es ist. Komplexität allein ist also keineswegs, wie man meinen könnte, eine Voraussetzung für Bewusstsein. Ganz im Gegenteil: Das Allermeiste im Gehirn ist ungeheuer komplex und läuft unbewusst ab, während viele Bewusstseinszustände vergleichsweise einfach strukturiert sind. Bewusst werden die Vorgänge außerhalb der Großhirnrinde nur dann, wenn Erregungen von den extra-corticalen Hirnbereichen in die Großhirnrinde dringen. Allerdings ist auch vieles von dem, was in der Großhirnrinde abläuft, unbewusst. Dazu gehören erst einmal alle Abläufe in den primären und sekundären sensorischen und motorischen Arealen – nur das, was den assoziativen Cortex erregt, ist überhaupt bewusstseinsfähig. Aber auch das, was in diesem assoziativen Cortex

Wie steuert das Unbewusste das Bewusstsein? **85**

abläuft und nicht die Schwelle des Bewusstseins überschreitet, bleibt unbewusst.

Dies alles bedeutet, dass das Bewusstsein sich grundsätzlich auf den assoziativen Cortex beschränkt und dort auch noch an besondere Aktivitätsbedingungen gebunden ist. Bewusstsein ist damit ein sehr begrenzter Vorgang, auch wenn er unsere ganze Erlebniswelt umfasst. Gleichzeitig dürfen wir nicht vergessen, dass das Bewusstsein im assoziativen Cortex nur entsteht, wenn viele grundsätzlich unbewusst arbeitende Prozesse in anderen Teilen des Cortex und des extra-corticalen Gehirns ablaufen. Hierzu gehören zum einen die sensorischen Erregungen, die überwiegend über den dorsalen Thalamus einlaufen. Weiterhin gehören hierzu die Erregungen aus der retikulären Formation des Hirnstamms, welche die Großhirnrinde über andere Teile des dorsalen Thalamus »wachmachen« und unsere Aufmerksamkeit steuern. Drittens handelt es sich um die großen neuromodulatorischen Systeme, welche die Aktivitäten der Großhirnrinde und anderer Teile des Gehirns beeinflussen (modulieren).

Zu diesen neuromodulatorischen Systemen zählen das Noradrenalin-, das Serotonin-, das Dopamin- und das Acetylcholin-System. Noradrenalin erzeugt eine unspezifische Erregung über die Aktivierung des so genannten sympathischen Nervensystems, eine generelle Signalverstärkung und die Registrierung von Veränderungen in der Umwelt und im Körper, die irgendwie wichtig sein können und zum Auslösen entsprechender Verhaltensanpassungen führen. Ein Mangel an Noradrenalin führt zu undifferenzierten Reaktionen, zu mangelnder Verhaltensanpassung und gelegentlich zu Depression, eine Erhöhung zu starkem Stressgefühl, zu Angst und Aggression. Ein Gegenspieler des Noradrenalin ist das Serotonin (5-Hydroxy-Tryptamin). Serotonin ist wichtig für die Regulation der Nahrungsaufnahme, des Schlafes und der Temperatur; psychisch führt es zur Dämpfung von Erregung und zu einem Gefühl der Beruhigung und des Wohlbefindens. Hierdurch reduziert es Furcht- und Angstzustände. Ein Mangel an Serotonin ruft Schlaflosigkeit, Furcht

86 3 Ich, Bewusstsein und das Unbewusste

und Angst hervor bis hin zu Depression, bei Männern auch häufig eine Tendenz zu reaktiver Aggression, während bei Frauen eine Neigung zur Selbstverletzung zu beobachten ist. Praktisch alle Anti-Depressiva wirken direkt oder indirekt auf den Serotonin-Haushalt ein.

Das Dopamin-System (auch dopaminerges System genannt) bildet die Grundlage unseres Antriebs- und Motivationssystems. Dopamin wird vornehmlich im »kompakten« Teil der Substantia nigra und im ventralen tegmentalen Areal produziert. Im Bereich des motorischen Systems – nigro-striatales System genannt, weil es die Verbindung der Substantia nigra mit dem Striatum betrifft – sorgt es für motorischen Antrieb; ein Mangel an Dopamin führt zu einer Verlangsamung der Bewegungen bis hin zu völliger Bewegungsunfähigkeit, wie dies für Parkinson-Patienten typisch ist; ein Überangebot führt zu starker motorischer Unruhe. Im Bereich der psychischen Funktionen – mesolimbisches und mesocorticales System genannt, weil es die Verbindung zwischen dem ventralen tegmentalen Areal im Mittelhirn (Mesencephalon) mit anderen limbischen Zentren und dem Cortex betrifft – aktiviert und motiviert Dopamin. Es erzeugt Belohnungserwartung, Kreativität und Neugierde. Ein Mangel an Dopamin in diesem System führt zu Ideen- und Phantasielosigkeit und Antriebsarmut, eine Erhöhung zu Sensations- und Abwechslungslust (»sensation seeking«), psychischer Unruhe, Impulsivität, Aggressivität, Ideenflucht und zu Wahnideen, wie sie für Schizophrene typisch sind.

Das Acetylcholin produzierende System (auch cholinerges System genannt) schließlich umfasst zum einen das »nicotinische« Acetylcholin, das in den Motorneuronen des Gehirns und Rückenmarks produziert wird und als Übertragungsstoff zwischen Nervensystem und Muskeln wirkt (das bekannte Nervengift Curare lähmt diesen Prozess). Zum anderen umfasst es das »muscarinische« Acetylcholin, das vornehmlich im basalen Vorderhirn produziert wird, welches vornehmlich mit der Großhirnrinde und dem Hippocampus in Verbindung steht. Dieses

»muscarinische« Acetylcholin bewirkt im Gehirn eine Erhöhung der Aufmerksamkeit und eine Steigerung des Lernens und der Gedächtnisbildung. Ein Mangel des muscarinischen Acetylcholin ruft Aufmerksamkeits-, Lern- und Gedächtnisstörungen bis hin zur Demenz hervor, wie dies bei Patienten mit Alzheimerscher Erkrankung typisch ist.

Diese Systeme befinden sich alle außerhalb der Großhirnrinde, d. h. im basalen Vorderhirn und im Hirnstamm, sie leiten aber über Nervenfasern die genannten Substanzen neben allen Zentren des limbischen Systems in große Bereiche des Cortex weiter und beeinflussen die dort stattfindenden Aktivitäten, d. h. sie verstärken sie oder schwächen sie ab, weiten sie aus oder verengen sie. Dieser Einfluss ist eine wichtige Grundlage des Psychischen, und deshalb beruhen alle psychischen Erkrankungen wesentlich auf Fehlfunktionen der neuromodulatorischen Systeme.

Wo existiert das Vorbewusste?

Das Vorbewusste ist – nach allem, was wir wissen – wie das Bewusstsein in der Großhirnrinde angesiedelt. Es umfasst all die Informationen, die in einem Moment nicht bewusst sind, im Prinzip aber bewusst werden können. *Ob* sie dies werden, hängt von den Vorgängen im Cortex selbst, aber auch von Einflüssen von außerhalb des Cortex ab, z. B. den soeben beschriebenen neuromodulatorischen Systemen (vornehmlich dem cholinergen und noradrenergen System), von Teilen des dorsalen Thalamus (Pulvinar und thalamischer retikulärer Kern) und der retikulären Formation sowie von der Arbeit des Hippocampus. Der Hippocampus ist, wie gehört, der Organisator des deklarativen, bewusstseinsfähigen Gedächtnisses. Damit ist er auch der Ort der Verdrängung: Unter dem Einfluss des limbischen Systems werden bestimmte unerwünschte Informationen beständig im Vorbewussten gehalten und von dort wieder nur durch geduldige Arbeit eines Psychotherapeuten (falls diese erfolgreich ist) hervorgeholt.

KAPITEL 4

Die Verankerung der Persönlichkeit im Gehirn

Im ersten Kapitel ging es um die Bestimmung von Persönlichkeits- und Temperament-Typen und der sie charakterisierenden Merkmale sowie um Intelligenz und Kreativität, die man auch zur Persönlichkeit rechnet. Offen geblieben ist hierbei die Frage nach der neurobiologischen Verankerung dieser Merkmale.

Die Hirnforschung geht – gemeinsam mit dem überwiegenden Teil der Persönlichkeitspsychologie – davon aus, dass die Persönlichkeit im Gehirn und im weiteren Sinne im peripheren Nervensystem verankert ist, das wiederum mit dem Körper und seinen Funktionen eng zusammenhängt. Die Idee einer solchen Verankerung ist nicht neu – man denke nur an die Versuche der Phrenologen, bestimmte Persönlichkeitsmerkmale auf der Hirn- bzw. Schädeloberfläche zu verorten. Man nahm an, dass sich bestimmte Auswölbungen des Gehirns an den Stellen, an denen die einzelnen Persönlichkeitsmerkmale sitzen, in die Schädeldecke eindrücken und man so durch Ertasten der Schädeloberfläche diese Merkmale identifizieren kann. Heute weiß man, dass dies Unsinn ist: Weder die Schädeloberfläche noch die Hirnoberfläche verraten uns die Anwesenheit funktioneller Zentren; diese kann man nur mithilfe mikroskopisch-neuroanatomischer sowie funktioneller Methoden wie der Elektro-Enzephalographie (EEG), der Magnet-Enzephalographie (MEG) und insbesondere der funktionellen Kernspintomographie (fMRI) und des Studiums der Folgen von Hirnschädigungen untersuchen (siehe Exkurs 1).

In der Hirnforschung ist viel und erbittert über die Frage gestritten worden, ob es Sinn macht, bei Suche nach der Ver-

4 Die Verankerung der Persönlichkeit im Gehirn   89

ortung geistig-psychischer Funktionen im Gehirn nach eng um-
schriebenen Zentren zu suchen. Es gab die »Lokalisationisten«,
die an die Existenz solcher Zentren glaubten, und die »Holisten«, die davon ausgingen, dass alle geistig-psychischen Funktionen eine Leistung des gesamten Gehirns und damit eine
ganzheitliche, »holistische« Leistung darstellen. Heute ist dieser
Streit – ähnlich wie der ebenso erbittert geführte Streit über
Anlage und Umwelt – weitestgehend beendet. Es gibt keinen
Zweifel mehr daran, dass es im Gehirn anatomisch eng umgrenzte
Gebiete (etwa Areale der Großhirnrinde oder Kerne im subcorticalen Bereich des Gehirns) gibt, die eng umgrenzte Funktionen
haben. Man spricht deshalb allgemein von strukturell-anato-
mischen »Modulen« und entsprechend vom »modularen Aufbau« des Gehirns und seiner Funktionen. Davon haben wir
bereits im Zusammenhang mit den »Ich-Modulen« gehört. Das
gibt den »Lokalisationisten« Recht.

Allerdings – und das spricht ein wenig für die »Holisten« –
handelt es sich dabei meist nur um *Teil*funktionen. Komplexere
Abläufe wie Sehen, Hören, Handlungsplanen, Furcht oder Gedächtnis beruhen immer auf der gleichzeitigen oder aufeinander
folgenden Aktivität vieler Zentren mit solchen Teilfunktionen,
die zusammen ein *Netzwerk von Zentren* bilden. Man spricht deshalb von der *funktionellen Multi-Zentralität* des Gehirns. Hinzu
kommt, dass Areale und Kerne häufig *funktionelle Überlappungen*
mit anderen Arealen und Kernen aufweisen. Bestimmte subcorticale und corticale Zentren können sich deshalb bei einer komplexen Funktion (z. B. bei der Steuerung der Aufmerksamkeit,
bei Gedächtnisfunktionen oder dem Entstehen von Gefühlen)
unterstützen und zum Teil sogar ersetzen. Das Gehirn ist also in
vieler Hinsicht funktional redundant, d. h. eine bestimmte Funktion kann auf verschiedene Weise ausgeübt werden. Das ist die
Grundlage der großen *funktionalen Plastizität*, d. h. der Veränderbarkeit des Gehirns.

4 Die Verankerung der Persönlichkeit im Gehirn

Die vier Ebenen der Persönlichkeit

Eine Multi-Zentralität ist insbesondere bei einem hochkomplexen Phänomen wie der Persönlichkeit zu erwarten. Wir haben hier Phänomenbereiche entlang der drei Dimensionen bewusst–unbewusst, rational–emotional und egoistisch–sozial vor uns. Es verwundert deshalb nicht, dass praktisch das gesamte Gehirn an der Bildung der Persönlichkeit beteiligt ist. Mit einer gewissen Vereinfachung können wir, wie in Abbildung 8 schematisch dargestellt (vgl. auch Abbildung 5, S. 44), vier funktionelle Gehirnebenen unterscheiden, auf denen die unterschiedlichen Komponenten der Persönlichkeit angesiedelt sind.

Die unterste Ebene ist die *vegetativ-affektive Ebene*. Sie entsteht von allen Ebenen am frühesten, denn sie entwickelt sich ab der 7. Schwangerschaftswoche, d.h. weit vor der Geburt. Sie wird von der *limbischen Grundachse* des Gehirns repräsentiert, die vornehmlich vom Hypothalamus einschließlich der präoptischen Region und der Hirnanhangsdrüse (Hypophyse), der zentralen Amygdala, Teilen des basalen Vorderhirns (bzw. der septalen Region), dem zentralen Höhlengrau und den vegetativen Zentren des Hirnstamms gebildet wird (vgl. Kapitel 2). Die Vorgänge auf dieser Ebene sichern unsere biologische Existenz über die Kontrolle des Stoffwechselhaushalts, des Kreislauf-, Temperatur-, Verdauungs- und Hormonsystems, der Nahrungs- und Flüssigkeitsaufnahme, des Wachens und Schlafens und der damit verbundenen Bewusstheitszustände. Ebenso werden durch diese Ebene unsere spontanen affektiven Verhaltensweisen und Empfindungen wie Angriffs- und Verteidigungsverhalten, Dominanz- und Paarungsverhalten, Flucht und Erstarren, Aggressivität, Wut usw. gesteuert.

Die von dieser Ebene ausgehenden Antriebe und Affektzustände bilden unser stammesgeschichtliches Erbe. Wir teilen diese Antriebe und Affektzustände nämlich mit allen Primaten und darüber hinaus mit allen Säugetieren und zum Teil sogar mit allen Wirbeltieren. Vergleichende Untersuchungen zeigen, dass das basale Vorderhirn, die präoptische Region, der Hypothalamus, die zentrale Amygdala und das zentrale Höhlengrau bei diesen Tieren und beim Menschen sehr ähnlich sind. Hiermit stimmt auch überein, dass ihre Funktionen weitgehend genetisch vorgegeben sind. Entsprechend kann man bei Mensch und Tier die affektiven Grundzustände mit einer Hirnstimulationselek-

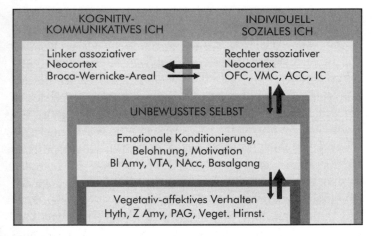

Abbildung 8: Vier-Ebenen-Modell der Persönlichkeit. Die untere limbische Ebene des vegetativ-affektiven Verhaltens und die mittlere limbische Ebene der emotionalen Konditionierung, Bewertung und Motivation bilden zusammen das »unbewusste Selbst«. Auf bewusster Ebene bildet die obere limbische Ebene in der rechten Hemisphäre das »individuell-soziale Ich«, dem das »kognitiv-kommunikative Ich« in der linken Hemisphäre gegenübergestellt wird. Die Dicke der Pfeile gibt die Stärke der Beeinflussung der Ebenen untereinander an. Abkürzungen: ACC = Anteriorer cingulärer Cortex; Basalgang = Basalganglien; Bl Amy = Basolaterale Amygdala; Hyth = Hypothalamus; IC = Insulärer Cortex; NAcc = Nucleus accumbens; PAG = Zentrales Höhlengrau; OFC = Orbitofrontaler Cortex; Veget. Hirnst. = Vegetative Hirnstammzentren; VMC = Ventromedialer (präfrontaler) Cortex; VTA = ventrales tegmentales Areal; Z Amy = Zentrale Amygdala.

92   4 Die Verankerung der Persönlichkeit im Gehirn

trode sozusagen »auf Knopfdruck« auslösen. Die genannten
Zentren machen in ihrer individuellen genetischen Ausformung
das *Temperament* eines Menschen und seine grundlegende Trieb-
struktur aus (vgl. Kapitel 1).

Die zweite, darüber angeordnete Ebene ist die *Ebene der emotionalen Konditionierung*. An dieser Ebene sind vornehmlich die
Amygdala und das mesolimbische System beteiligt. Die Amygdala, insbesondere der basolaterale Kernbereich, ist mit der
erfahrungsabhängigen Verknüpfung negativer oder neuartiger
Ereignisse mit Gefühlen der Furcht, Angst und Überraschung
befasst. Hier lernen wir meist unbewusst, wovor wir uns fürchten
und in Acht nehmen müssen. Grundlage dieses Konditionie-
rungsvorgangs ist einerseits die Tatsache, dass die Amygdala von
den Sinnesorganen über den Thalamus Informationen über die
Umwelt und den Körper erhält und diese nach »gut« und
»schlecht«, »positiv« und »negativ« bewertet und mit entsprechenden Gefühlen fest verbindet. Von diesem Vorgang wird im
sechsten Kapitel noch ausführlicher die Rede sein. Interaktions-
partner und gleichzeitig Gegenspieler der Amygdala ist das
mesolimbische System mit dem ventralen tegmentalen Areal
(VTA) und dem Nucleus accumbens als Hauptbestandteil. Dieses mesolimbische System erzeugt einerseits Lustgefühle und
sagt uns, was mit Spaß, Freude und Lust verbunden ist und entsprechend angestrebt werden sollte. Es stellt damit das *Belohnungssystem* in unserem Gehirn dar. Zum anderen ist es Teil des
Motivationssystems, und zwar über die Funktionen der Beloh-
nungseinschätzung und Belohnungserwartung. Auch davon wird
später noch die Rede sein.

Diese zweite Ebene repräsentiert zusammen mit der ersten
Ebene die *unbewusste Grundlage der Persönlichkeit* und des *Selbst*,
d. h. der Grundweisen der Interaktion mit uns selbst und unserer
unmittelbaren, persönlichen Umwelt, wobei diese vornehmlich
aus der Bindungserfahrung, von der im ersten Kapitel die Rede
war, und den anderen frühkindlichen psychosozialen Erfahrungen stammen. Diese Ebene bleibt ein Leben lang egoistisch-

Die vier Ebenen der Persönlichkeit 93

egozentrisch und stellt immer die Frage »Was habe *ich* davon?«
Sie ist das *Kleinkind in* uns.

Die dritte, wiederum darüber angeordnete Ebene umfasst die
limbischen Areale der Großhirnrinde. Hierzu gehören die stammesgeschichtlich älteren limbischen Anteile der Großhirnrinde,
nämlich der orbitofrontale, ventromediale, anteriore cinguläre
und der insuläre Cortex. In diesen Arealen treffen Faserbahnen
aus allen limbischen Zentren außerhalb der Großhirnrinde
zusammen, insbesondere von der Amygdala und dem mesolimbischen System, und die hierüber weitergeleiteten Informationen können somit bewusst werden. Umgekehrt ziehen massive Faserbahnen von hier aus zu diesen subcorticalen limbischen Zentren zurück, die überwiegend hemmende und zügelnde
Funktionen haben.

Es geht bei den Funktionen des limbischen Cortex generell um
soziales Lernen, Sozialverhalten, Einschätzung der Konsequenzen eigenen Verhaltens, ethische Überlegungen (orbitofrontaler
und ventromedialer Cortex), um Aufmerksamkeitssteuerung,
divergentes Denken, Risikoabschätzung, Belohnungserwartung
(anteriorer cingulärer Cortex), um affektive Schmerz- und Ver-
lustbewertung (insulärer Cortex) und allgemein um das bewusste Gefühlsleben. Die limbischen Cortexareale, besonders
die rechtshemisphärischen, sind auch der Ort der emotionalen
Gesichtererkennung (speziell der rechte superiore temporale
Sulcus, STS) und in diesem Zusammenhang die Grundlage von
Empathie. Nach Ansicht einiger Hirnforscher werden positive
Gefühle überwiegend in der linken, negative Gefühle vermehrt
in der rechten Hemisphäre verarbeitet.

Diese dritte limbische Ebene entsteht zum Teil sehr spät, was
den ventromedialen und orbitofrontalen Cortex angeht: Deren
Entwicklung zieht sich von der Kindheit bis ins Erwachsenenalter hin. Sie ist die Grundlage unserer *bewussten individuellen* und
sozial vermittelten »*Ich-Existenz*«. Damit ist diese Ebene auch der
entscheidende Einflussort der *Erziehung*. Auf ihr lernen wir, uns
den Bedingungen der natürlichen und gesellschaftlichen Umwelt

94 4 Die Verankerung der Persönlichkeit im Gehirn

anzupassen. Wir lernen, dass kurzfristige Belohnungen nicht immer auch langfristig positiv sind, dass Anstrengungen, Opfer und Durststrecken sich manchmal auszahlen, dass Kompromisse geschlossen und Rangfolgen von Handlungszielen erarbeitet werden müssen.

Diesen drei limbischen Ebenen steht als vierte Ebene die *kognitiv-kommunikative Ebene* der assoziativen Areale des Neocortex gegenüber, insbesondere derjenigen der linken Hemisphäre. Diese Ebene entsteht von den späten Phasen der vorgeburtlichen Entwicklung an bis weit in das Jugendalter und bis ins Erwachsenenalter hinein, und zwar parallel zur Entwicklung der oberen limbischen Ebene. Sie umfasst zum einen den präfrontalen Cortex als Sitz des Arbeitsgedächtnisses, des Verstandes und der Intelligenz. Ebenso gehören zu dieser Ebene die Sprachzentren, nämlich das Wernicke-Areal im linken oberen Temporallappen und das Broca-Areal im linken mittleren Frontallappen. Das Wernicke-Areal ist für einfache Wortbedeutung (das »Lexikon«), einfache Sätze und Satzstrukturen zuständig, das Broca-Areal für alle Wort- und Satzbedeutungen, die sich aus Grammatik und Satzstellung (Syntax) ergeben. Das Wernicke-Areal beginnt schon im ersten Jahr nach der Geburt seine Arbeit und ermöglicht es dem Kind bald, einfache Sätze ohne Grammatik und Syntax zu äußern.

Interessanterweise haben alle Säugetiere in ihrem linken Temporallappen ein Areal, das dem menschlichen Wernicke-Areal entspricht und für innerartliche Kommunikation zuständig ist. Deshalb können zum Beispiel Säugetiere wie Menschenaffen mit dem Menschen und auch untereinander in einer Sprache kommunizieren, die derjenigen des Kleinkindes entspricht. Das Broca-Areal ist nach gegenwärtiger Anschauung bei nichtmenschlichen Tieren nicht oder nicht vollständig vorhanden. Seine Feinverdrahtung bildet sich beim Menschen im Laufe des dritten Lebensjahres aus, und das ist dann der Zeitpunkt, an dem die Kinder beginnen, kompliziertere Sätze zu bilden.

In der linken Hemisphäre sind auch alle Areale der Großhirn-

... die Entwicklung unserer Persönlichkeit bestimmen **95**

rinde angesiedelt, die das verstandesgeleitete Umgehen mit sich selbst und der Umwelt betreffen, also z. B. die Fähigkeit zum Problemlösen, zum Erkennen von Symbolen einschließlich der Schriftzeichen, zum logischen Denken sowie zu Geometrie und Mathematik. Dies betrifft neben dem dorsolateralen präfrontalen Cortex vornehmlich den linken hinteren parietalen Cortex.

Die kognitiv-kommunikative Ebene ist am weitesten von der Persönlichkeit und von der Handlungssteuerung entfernt (»Reden ist etwas anderes als Fühlen und Handeln«). Dies gilt insbesondere für das Stirnhirn. Hier gibt es überraschend wenige funktionale Verbindungen zwischen dem dorsolateralen präfrontalen und dem orbitofrontalen Cortex, obwohl beide eng benachbart sind.

Wie diese vier Ebenen die Entwicklung unserer Persönlichkeit bestimmen

Diese vier Ebenen entstehen während der Entwicklung des Gehirns teils parallel, teils nacheinander. Zuerst entsteht die untere limbische Ebene mit dem Hypothalamus, dem zentralen Höhlengrau, den vegetativen Zentren des Hirnstamms und der zentralen Amygdala, die eng mit dem Hypothalamus verbunden ist und bei der Stressverarbeitung eine große Rolle spielt. Dieser Teil hält unseren Körper am Leben, auch wenn alle anderen Kontrollzentren des Gehirns ausfallen. Er ist weitgehend genetisch bedingt – wenngleich in der genetischen Vielfalt, die wir alle in uns tragen – und ist durch Erfahrung und willentliche Kontrolle nicht oder nur wenig beeinflussbar. Ein von seinem Temperament her aufbrausendes oder jähzorniges Kind wird in seinem späteren Leben kaum lammfromm werden, sondern bestenfalls mit Mühe lernen, seine Impulsivität etwas zu zügeln. Umgekehrt wird ein antriebsarmes Kind nie ein Energiebündel werden, sondern bestenfalls durch äußeren Zwang oder Versuch und Irrtum dazu kommen, etwas mehr Initiative zu zeigen. Dasselbe gilt für eher rational-planende bzw. eher emotional-spon-

96   4 Die Verankerung der Persönlichkeit im Gehirn

tane, für eher offene oder eher verschlossene und für eher ordentliche oder eher unordentliche Kinder.

Die mittlere limbische Ebene der emotionalen Konditionierung entwickelt sich ebenfalls relativ früh, jedenfalls beginnt ihre Entwicklung schon vor der Geburt, und sie ist im Gegensatz zur unteren durch Erfahrung beeinflussbar. Dieser Einfluss findet entweder durch plötzliche starke emotionale Einflüsse statt, meist in Form einer *Traumatisierung*, oder durch langsame, aber stetige Einwirkungen. In jedem Fall kann die emotionale Konditionierung völlig unbewusst ablaufen und tut dies in den ersten ein bis zwei Lebensjahren auch. Selbst später noch können wir emotional konditioniert werden, ohne dass wir dies merken, aber das erfordert einen größeren Aufwand.

Emotionale Konditionierung hat viele Ähnlichkeiten mit dem prozeduralen Lernen von Fertigkeiten, und deshalb rechnen viele Psychologen und Neurobiologen sie auch hierzu. Dies ist in meinen Augen aber falsch, denn die Hirnzentren, die für die emotionale Konditionierung und für das prozedurale Lernen zuständig sind, sind sehr verschieden, nämlich Amygdala und mesolimbisches System auf der einen Seite und die Basalganglien auf der anderen. Außerdem gibt es, wie gerade erwähnt, bei der emotionalen Konditionierung ein schockartiges Lernen: Es passieren extrem schlimme oder – seltener – extrem freudige Ereignisse, und wir werden diese Ereignisse nie vergessen. So etwas gibt es beim prozeduralen Lernen nicht; es wurde noch nie davon berichtet, dass eine Person schlagartig, d. h. ohne Anleitung und Üben Klavier spielen oder Schlittschuh laufen konnte.

Emotionale Konditionierung kann also schnell aufgrund einer starken emotionalen Einwirkung bis hin zur Traumatisierung geschehen oder aber langsam und stetig durch sich wiederholende Einwirkungen, aber die genannten Zentren »vergessen« nicht – oder nur sehr langsam (»die Amygdala vergisst nichts«, heißt es unter Emotionsforschern). Diese Zentren sind wieder nur durch emotionale Konditionierung veränderbar, nicht etwa durch Belehrung oder Einsicht. Gleichzeitig nimmt diese Verän-

... die Entwicklung unserer Persönlichkeit bestimmen 97

derbarkeit mit zunehmendem Alter schnell ab: Als Kleinkinder sind wir emotional noch schnell und nachhaltig konditionierbar, als Jugendliche schon weniger und als Erwachsene kaum noch, es sei denn durch sehr schockartige oder wiederholte starke Einwirkungen bis hin zur so genannten Hirnwäsche. Personen mit Schäden in der Amygdala oder im mesolimbischen System können entsprechend keine emotionale Konditionierung erfahren. Bei einer Schädigung der Amygdala (zum Beispiel als Folge der »Urbach-Wiethe«-Erkrankung) können sie prinzipiell nicht lernen, was Furcht und Angst ist; sie sind blind für Gefahren und Risiken und damit die geborenen »Helden«. Ebenso erfahren sie bei einer Schädigung des mesolimbischen Systems nicht, was Lust und Freude ist. Allerdings sind solche Schädigungen der Amygdala und des mesolimbischen Systems sehr selten, und diejenigen Personen, die daran leiden, haben stark verringerte Überlebenschancen.

Die emotionale Konditionierung erfolgt im Rahmen unseres Temperaments und kann an diesem Temperament wenig ändern, aber sie hat gleichzeitig einen großen Spielraum durch die Zufälligkeiten unseres Lebens. Was vor, während und nach der Geburt an positiven oder negativen Dingen passiert und das Gehirn beeinflusst, ist so vielfältig wie die Welt selbst, und auf diese Weise stellt im Rahmen des Temperaments in beträchtlichem Maße der *Zufall* die Weichen für unsere Persönlichkeit.

Die obere limbische Ebene beginnt mit ihrer Entwicklung erst nach der Geburt zusammen mit der Entwicklung des Bewusstseins. Dies ist verständlich, denn auf dieser Ebene werden wir sozialisiert, und das erfordert eine zunehmend differenzierte Wahrnehmung und Verarbeitung komplexer sozialer Signale und Geschehnisse, wozu Amygdala und mesolimbisches System nicht fähig sind. Dies beginnt in der Mutter-Kind-Bindungsbeziehung, später dann auch in der Beziehung zum Vater, zu den Geschwistern (sofern vorhanden) und den frühen Spielkameraden. Hier erlernen wir die sozialen Spielregeln, das Prinzip von Geben und Nehmen, die Impulshemmung, das Sich-Hi-

98 4 Die Verankerung der Persönlichkeit im Gehirn

neinversetzen-Können in den anderen (Empathie). Dieses soziale Lernen setzt sich stufenlos fort bis zum Erwachsenenalter, allerdings mit den typischen, meist hormonal bedingten Turbulenzen während der Pubertät.

Diese obere limbische Ebene wirkt, wie erwähnt, hemmend und mildernd auf die mittlere Ebene ein. Die – zumindest teilweise – Überwindung des krassen Egoismus der unteren und mittleren limbischen Ebene ist ein Kernstück unserer Sozialisation und bildet die Basis von Moral und Ethik. Diese Einflussnahme von »oben nach unten« ist aber schwächer als die von »unten nach oben«. Unser überwiegend genetisch bedingtes Temperament und die individuelle Art unserer emotionalen Konditionierung geben den groben Rahmen für unsere Sozialisation vor. Ein aufgeschlossenes Temperament und eine positive emotionale Konditionierung machen es den gesellschaftlich-erzieherischen Einflüssen leicht einzuwirken, und die Person wird privat wie gesellschaftlich umgänglich und anpassungsfähig sein. Umgekehrt kann eine positive soziale Umgebung wenig bewirken, wenn Temperament und emotionale Konditionierung negativ ausgerichtet sind. Eine temperamentmäßig verschlossene oder misstrauische Person, die zudem traumatisierende Erfahrungen machte, wird sich auch in der besten sozialen Umgebung kaum zu einem offenen und anpassungsfähigen Menschen entwickeln.

Grenzen der Erziehung

Es gibt direkte genetische und entwicklungsbedingte Hemmnisse der Sozialisierung und Erziehung. Dramatisch wird es, wenn sich diejenigen oberen limbischen Zentren, die für die Sozialisierung zuständig sind, nicht oder nicht genügend entwickeln, vor allem der orbitofrontale und ventromediale präfrontale Cortex. Viele solcher Personen, meist Jungen bzw. Männer, fallen schon in früher Jugend durch impulsives, egozentrisches und gefühlloses Verhalten auf (z. B. ständiges Prügeln, Schikanieren der Umgebung und Tierquälerei) und sind durch keine der üblichen erzieherischen Maßnahmen zu bessern. Oft stellen Neuropsychologen bei ihnen auch die Unfähigkeit fest, sich in die Gefühle und Motive der anderen hineinzudenken; sie zeigen also Empathie-Defizite.

Solche Persönlichkeitsstörungen findet man besonders bei den so genannten »Psychopathen«, die ohne jedes Mitleid die größten Grausamkeiten begehen können und anschließend keinerlei Reue zeigen. Etwas ganz Ähnliches tritt auch bei Personen auf, deren limbisches Frontalhirn durch einen Unfall, Erkrankung oder einen Schlaganfall verletzt wurde. In ungünstigen Fällen kann dadurch eine friedliche, offene und liebenswürdige Person zu einem egozentrischen und rücksichtslosen Menschen werden, wie dies der amerikanische Hirnforscher Antonio Damasio bei dem amerikanischen Ingenieur Phineas Gage anschaulich beschrieben hat (Damasio, 1994). Dies nennt man in der Neuropsychologie eine »erworbene Soziopathie«.

Die Sache wird dadurch verwickelt, dass man auch »Psychopathen« findet, die keinerlei grob-anatomische Fehlentwicklungen oder Schädigungen aufweisen, deren Hirndefizite also auf feineren Ursachen beruhen müssen. Dies betrifft interessanterweise überwiegend solche Kriminelle, die sich nicht haben »erwischen lassen« und auf die man natürlich nur per Zufall oder privater Suche trifft, wie dies der amerikanische Forscher Adrian Raine kürzlich getan hat. Diejenigen kriminellen Psychopathen hingegen, die erwischt wurden, hatten laut Raine durchweg angeborene oder erworbene Schädigungen im limbischen Frontalhirn (sie waren entsprechend so »dumm«, sich erwischen zu lassen!). Andererseits gibt es auch Personen, die solche Schäden haben, aber *nicht* zu Psychopathen geworden sind. Wir müssen in solchen Fällen annehmen, dass andere Hirnteile die Funktionen der geschädigten Hirngebiete übernommen haben.

Dies ist zum Beispiel der Fall, wenn vorgeburtlich oder während der Geburt (etwa durch Sauerstoffmangel oder mecha-

4 Die Verankerung der Persönlichkeit im Gehirn

nischen Druck hervorgerufen) die Ausbildung der linksseitigen Sprachzentren beeinträchtigt wurde; dann können rechtsseitig entsprechende Großhirnareale »umdeterminiert« werden. Bekanntlich hängen die Händigkeit und die Hemisphärenseitigkeit der Sprachzentren miteinander zusammen (wenngleich nicht strikt). Deshalb findet man bei den Rechtshändern fast ausnahmslos die Sprachzentren linkshemisphärisch, während etwa bei der Hälfte der Linkshänder die Sprachzentren auf beiden Seiten oder auf der rechten Seite zu finden sind. Man nimmt an, dass dies eine Folge von Entwicklungsstörungen der für die linke Hemisphäre genetisch vorgesehenen Sprachzentren ist. Es gehört offenbar zu unserem genetischen Schicksal, ob und in welchem Maße Fehlentwicklungen und Schädigungen unseres Gehirns ausgeglichen werden.

Die dritte Ebene ist dynamischer als die zweite und damit in höherem Maße veränderbar. Wir können in früher Kindheit in der einen Weise sozialisiert werden und in unserer Jugend in einer anderen. Auch im späteren Leben sind wir begrenzt in der Lage, uns in unserem sozialen Verhalten an neue Umgebungen anzupassen, während unser Temperament und unsere emotionale Konditioniertheit weitgehend unbeeinträchtigt bleiben. Die zweite und die dritte limbische Ebene können sich durchaus auch gegeneinander entwickeln und uns emotional spalten. Manchmal fühlen wir, wie unser Egoismus uns in die eine Richtung drängt, unser soziales Gewissen aber in eine andere. Es kommt dann zu erheblichen innerpsychischen und motivationalen Konflikten.

Die vierte, rational-kommunikative Ebene entwickelt sich parallel zur oberen limbischen Ebene, aber in etwas schnellerem Tempo. Kinder können schon mit sechs Jahren, also mit Schulbeginn, ziemlich intelligent sein, während ihr Gefühlsleben noch sehr »infantil« und ihre Sozialisation noch gering ausgebildet ist. Das macht sie zu wahren Tyrannen ihrer Umgebung. Auch später, besonders während der Pubertät, hinken die emotionalen und sozialen Kompetenzen typischerweise der intellektuellen

Grenzen der Erziehung 101

Kompetenz hinterher. Glaubt man den Intelligenz- und Bega-
bungspsychologen, so ist das Gehirn eines Fünfzehnjährigen am
intelligentesten, aber zur Vernunft kommt er erst viel später, d. h.
mit fünfundzwanzig bis dreißig Jahren – oder noch später, wenn
überhaupt.

Wir stoßen hier auf eines der merkwürdigsten Dinge der
menschlichen Persönlichkeit, nämlich das mögliche Auseinan-
derfallen (»Dissoziieren«) von Verstand und Vernunft. Diejenigen Hirnzentren, die für Verstand und Intelligenz zuständig
sind, haben mit denjenigen Zentren, die unsere soziale Vernunft
steuern, wenig Kontakt. Ein intelligenter Mensch muss nicht
vernünftig sein; vielmehr kann er – wie ein erfolgreicher Krimineller – seinen ganzen Verstand darauf verwenden, raffiniert
vorzugehen und sich nicht erwischen zu lassen. Die krassesten
Fälle des Auseinanderfallens von Verstand und Vernunft finden
wir wiederum bei den Psychopathen. Diese sind oft nicht nur
ziemlich intelligent, sondern sie gehen auch kommunikativ sehr
geschickt vor und erzählen dem Gerichtspsychiater genau das,
was dieser hören will bzw. muss, damit er sich für eine Haftent-
lassung ausspricht. Es scheint manchmal, als seien diese Psychopathen besonders einfühlsam – wobei ihnen doch paradoxerweise
die Fähigkeit zur Einfühlung in andere, also Empathie, abge-
sprochen wird.

Die Erklärung liegt wohl darin, dass diese Menschen früh ihre
emotionalen und empathischen Defizite erkennen oder zumindest erahnen und kompensatorisch rein rational-kogni-
tive Ersatzstrategien entwickeln. Sie können die eigene Gefühle
(sofern sie diese überhaupt erleben) und solche der anderen nicht
deuten, aber sie lernen es, diese für sie im Grunde rätselhaften
Faktoren in Rechnung zu stellen. So etwas gibt es bei Patienten
mit emotionalen Defiziten häufiger: Sie haben zwar ein verarm-
tes Gefühlsleben, aber sie wissen, wie man über Gefühle *redet*,
und deshalb fallen ihre Defizite häufig gar nicht auf.

Aber nicht nur bei solchen Patienten oder bei Psychopathen
gibt es eine Trennung von Verstand bzw. Intelligenz und Ver-

102 4 Die Verankerung der Persönlichkeit im Gehirn

nunft bzw. sozialen Gefühlen, sondern auch bei uns allen im Alltagsleben. Dies macht es uns möglich, Mitleid und Anteilnahme auszudrücken – sei es heuchlerisch oder nur aus Anstand –, ohne dass etwas dahinter steckt. Wir können auf diese Weise unsere wirklichen Gefühle taktisch verbergen, und wir können uns den anderen gegenüber so darstellen, wie wir von ihnen gesehen werden *wollen*. Wir können lügen und schwindeln oder diplomatisch und scheinbar rücksichtsvoll sein. Bevor man diese Fähigkeit pauschal als unmoralisch abtut, muss man sich klarmachen, dass es ohne die Möglichkeit, unsere wahren Gefühle hinter unseren Worten zu verbergen, kein gesellschaftliches Zusammenleben gäbe.

Ein weiterer großer Vorteil dieser Trennungsmöglichkeit von Verstand und Vernunft ist die Tatsache, dass wir »kühl« über Absichten und Pläne nachdenken können, ohne sie auch tatsächlich zu verwirklichen. Wir können uns vorstellen, was wir täten, wenn wir plötzlich große Macht hätten (von erotisch-sexuellen Vorstellungen ganz zu schweigen), ohne dass wir je tatsächlich in eine solche Lage kämen – oder dies auch nur konkret wollten. Nichts von dem, was wir an Plänen machen, führt *automatisch* zum Tun. Genau dies ist die Grundlage kreativer Handlungsplanung, die neben der Sprache den Menschen vor allen anderen Tieren auszeichnet.

Die vierte, rational-kommunikative Ebene ist natürlich die am meisten dynamische und veränderbare Ebene. Wir eignen uns schnell bestimmte Wissensinhalte an und wir können uns in der Art unserer Kommunikation schnell an gegebene Situation anpassen. Wir können in einem Gespräch den einen Standpunkt vertreten und im nächsten Gespräch den anderen. Das macht uns sehr flexibel, aber es hat den großen Nachteil, dass damit auch unsere Einwirkungen auf andere auf rational-kommunikativer Ebene sehr begrenzt sind, denn den anderen geht es in dieser Hinsicht genauso wie uns. Das eine ist, was sie sagen, und das andere, was sie fühlen und tatsächlich auch tun.

Vier Einflusskräfte formen die Persönlichkeit

Psychologische und neurobiologische Persönlichkeitsforscher gehen inzwischen davon aus, dass unsere Persönlichkeit durch *vier Einflusskräfte* bestimmt wird: Die erste sind genetische Prädispositionen. Hierbei handelt es sich teils um Gene und Gen-Komponenten, die innerhalb des Normalbereichs unterschiedlich ausfallen, teils um solche, die für ein Verhalten verantwortlich sind, das als »abweichend« oder »abnorm« angesehen wird. Diese genetischen Faktoren unterscheiden sich in ihrer individuellen Zusammensetzung und weichen insbesondere in Details voneinander ab (so genannte »Gen-Polymorphismen«). Die neuere Forschung hat gezeigt, dass diese Polymorphismen um vieles zahlreicher sind, als man bisher geglaubt hat. Menschen sind also von ihrem Erbgut her gesehen viel unterschiedlicher, als gedacht. Zudem hängt die Wirkung (»Expression«) der Gene sehr stark von so genannten epi-genetischen Prozessen ab. Das Erbgut (das *Genom*) bleibt zwar in einem Individuum gleich, aber die einzelnen Gene müssen von Prozessen innerhalb der Zelle, aber außerhalb des Genoms aktiviert und abgelesen werden, um überhaupt wirksam zu werden. Diese Aktivierungsprozesse bestimmen dann den Zeitpunkt, den Ort und die Dauer der Wirkung bestimmter Gene, und sie können selbstverständlich von Umwelteinflüssen verändert werden.

Die zweite Einflusskraft sind Eigentümlichkeiten der Hirnentwicklung, d. h. der Art, in der sich die für das Psychische zuständigen Hirngebiete ausbilden bzw. fehlentwickeln. Häufig sind dies Fehlentwicklungen der Großhirnrinde, insbesondere des Frontalhirns, oder des Hippocampus, seltener Defizite im Wachstum der anderen subcorticalen limbischen Zentren, zumal diese sehr schwere Beeinträchtigungen mit sich bringen würden. Zu den entwicklungsbedingten Faktoren gehört auch die Stärke der Bahnen zwischen den limbischen Zentren untereinander, z. B. zwischen Frontalhirn und Amygdala oder zwischen limbischen und kognitiven Zentren, die neuronale Verknüpfung

4 Die Verankerung der Persönlichkeit im Gehirn

innerhalb der einzelnen limbischen Zentren, sofern diese nicht erfahrungsbedingt geschehen, und schließlich die Ausbildung der neuromodulatorischen Systeme, von denen wir gehört haben. Die beiden Einflusskräfte *Gene* und *Hirnentwicklung* legen nach groben Schätzungen etwa 50 Prozent unserer Persönlichkeit fest (sie variieren je nach Merkmal zwischen 20 und 80 Prozent). Insbesondere bestimmen sie das *Temperament* einer Person ebenso wie in hohem Maße seine spezifischen *Begabungen* einschließlich seines *Intelligenzgrades*.

Eine dritte Einflusskraft sind die vorgeburtlichen und frühen nachgeburtlichen affektiv-emotionalen Erlebnisse. Es ist, wie bereits erwähnt, inzwischen empirisch gut belegt, dass vorgeburtliche Erlebnisse, direkt oder über den Körper und das Gehirn der Mutter, einen Einfluss auf das limbische System des Ungeborenen ausüben. Das gilt insbesondere für Erlebnisse, die starke Stress-Zustände hervorrufen, etwa im Zusammenhang mit Alkohol-, Nikotin- und Drogenmissbrauch der Mutter, mit schweren körperlichen Misshandlungen oder schweren psychischen Belastungen. Von besonderer Bedeutung sind hier die Bindungserfahrung zwischen Säugling bzw. Kleinkind und Mutter (oder einer anderen primären Bezugsperson) und die ersten Erfahrungen mit dem sonstigen engeren sozialen Umfeld (Vater, Geschwister, Großeltern usw.). Der Säugling und das Kleinkind müssen die schwierige Balance zwischen Unabhängigkeit und Aufgehen im anderen, zwischen Trennung und Eins-Sein bewältigen. Fehlentwicklungen münden entweder im Narzissmus, d. h. einer krankhaften Übersteigerung des Ich, die in Selbstüberschätzung, ständiger Sucht nach Wunschbefriedigung bis hin zum Größenwahn enden kann, oder in einer Verkümmerung des Ich, die in einen völligen Rückzug, in Hilflosigkeit und Abhängigkeit von den anderen einmündet. Diese prägenden frühen Einflüsse der ersten Lebensjahre machen rund 30 Prozent unserer Persönlichkeit aus.

Im späteren Kindesalter und in der Jugend kommen dann als *vierte Einflusskraft* die sozialisierenden Vorgänge im weiteren Sinne hinzu, und zwar über weitere Verwandte, Freunde, Schulkameraden, Lehrer und Kollegen. Hier lernen wir dasjenige zu tun, was wir im sozialen Kontext für richtig halten bzw. halten sollen. Unsere *bewusste Persönlichkeit* ist immer eine soziale bzw. sozialisierte Persönlichkeit; sie entwickelt sich vornehmlich im späteren Kindesalter, während der Pubertät und in den frühen Erwachsenenjahren teils im Rahmen der Vorgaben der zuvor genannten Faktoren, teils übernimmt sie – wenngleich in beschränktem Maße – Korrektur- und Zügelungsfunktionen und mildert die egoistischen Triebe der subcorticalen limbischen Zentren ab. Es wird allgemein angenommen, dass diese Art von Sozialisation weniger stark ist und ungefähr 20 Prozent unserer Persönlichkeit ausmacht. Dies vollzieht sich im Wesentlichen in dem Rahmen, den die ersten drei Einflusskräfte vorgeben.

Wir sehen also, dass die Persönlichkeit eines Menschen sich nicht nur aus vielen verschiedenen Merkmalen zusammensetzt, welche die »big five« ausmachen, sondern dass alle diese Merkmale – wenngleich in ganz unterschiedlicher Weise – von den Einflüssen der Gene, der Gehirnentwicklung, der frühen Bindungserfahrung und der frühen Sozialisation geformt werden. Bemerkenswert ist die geringe Rolle, welche unsere kognitiv-intellektuellen Fähigkeiten hierbei spielen. Wir können eine klare und vernünftige Einsicht in bestimmte Sachverhalte haben und uns dennoch unter dem Einfluss der drei limbischen Ebenen ganz anders verhalten.

Das hier vorgestellte Modell beendet endgültig die alte Kontroverse zwischen »Anlage« und »Umwelt« ebenso wie diejenige zwischen »Individualität« und »Sozialität« des Menschen. Unsere Persönlichkeit ergibt sich aus einer Wechselwirkung der vier genannten Faktoren. Diese Faktoren durchdringen sich gegenseitig und sind, wenn überhaupt, nur mit einem erheblichen methodischen Aufwand voneinander zu trennen. Ihre Wechselwirkung ist allerdings auf den einzelnen Ebenen höchst individuell: Wir sind genetisch, entwicklungsmäßig, in unserer frühkindlichen Prägung und unserer Sozialisierung einmalig.

EXKURS 2

Verstand oder Gefühle – ein kleiner Blick in die Kulturgeschichte

Der Gegensatz von Verstand und Gefühl ist so klassisch wie der von Liebe und Hass, von Lust und Schmerz, von Sieg und Niederlage, von Glück und Unglück. Diese Gegensätze bestimmen unser Leben und machen es so unendlich vielfältig und zugleich so schwierig. Wie bereits erwähnt, gibt es in Hinblick auf Verstand und Gefühle die unterschiedlichsten, sich zum Teil krass widersprechenden Ratschläge. Das war immer schon so, wie uns ein Blick in die Ideen- und Kulturgeschichte lehrt.

Die antike griechische Philosophie ist gekennzeichnet durch die Entdeckung des Verstandes bzw. der Vernunft, griechisch »Logos«. Ursprünglich verstand man darunter eine Art göttliches Prinzip, die (vernünftige) Weltordnung, die aus unveränderlichen Gesetzen bestand. Der Mensch war durch Verstand und Vernunft, zusammen Intellekt genannt, befähigt, diese Ordnung und ihre Gesetze zu entdecken, und dies geschah, wie zum Beispiel Platon meinte, durch das reine philosophische Nachdenken (die »Ideenschau«), oder, wie sein Schüler Aristoteles glaubte, (auch) durch empirische Untersuchungen der Welt, woraus sich später die modernen Naturwissenschaften entwickelten. Der Intellekt war das Edelste, was der Mensch besaß und wodurch er sich von allen Tieren unterschied, so gewitzt diese manchmal auch erscheinen mochten – er war die Teilhabe des Menschen am göttlichen Prinzip der Vernunft. Die Entwicklung von Logik, Geometrie und Mathematik durch die Griechen war eine Leistung, ohne die unser abendländisches Denken gar nicht möglich ist, und bis ins 19. Jahrhundert hinein glaubte man, dass die Gesetze der Logik, Geometrie und

EXKURS 2 Verstand oder Gefühle 107

Mathematik die Gesetze der objektiven göttlichen Ordnung widerspiegelten.

Deshalb lag und liegt es nahe, sich nicht nur in Philosophie und Wissenschaft, sondern auch im öffentlichen und privaten Leben dem Prinzip von Verstand und Vernunft unterzuordnen. Gefühle hatten hierbei wenig bis gar nichts zu suchen, denn sie trübten in aller Regel das verständige und vernünftige Denken und Handeln. Natürlich gab es auch für Platon und Aristoteles unterschiedliche Gefühle, und man unterschied »edle« und »unedle« Gefühle. Zu den edlen Gefühlen gehörten natürlich der Mut, die Liebe zu den Eltern und Kindern, zu den Freunden und zum Vaterland und vor allem zur Wahrheit, die unedlen Gefühle waren vornehmlich die Leidenschaften wie Sexualtrieb, Wut, Hass, Neid und Eifersucht. In plastischer Weise ordnete Platon diese unterschiedlichen »Seelenzustände« verschiedenen Teilen des Körpers zu: Verstand und Vernunft residierten im Kopf, genauer im Gehirn, Mut und andere edle Gefühle befanden sich im Herzen, und die Leidenschaften hausten im Unterleib – wo denn sonst! Man tat gut daran, diese Seelenzustände voneinander fern zu halten, und das war gar nicht so schwierig, denn der Kopf und damit Verstand und Vernunft sind vom Herzen als Sitz der edlen Gefühle durch den Nacken getrennt, und diese vom Unterleib und damit von den Leidenschaften durch das Zwerchfell.

In jedem Fall tat man gut daran, immer und überall Verstand und Vernunft walten zu lassen und sich höchstens den edlen Gefühlen hinzugeben, niemals aber den Leidenschaften. In der Spätantike bildete sich in der Folge dieser platonischen Philosophie die Richtung der »Stoiker« oder »Stoa« aus, deren Lebensziel es war, die Ordnung der Welt zu erkennen und zu akzeptieren. Jedem Individuum war die Aufgabe übertragen, seinen eigenen Platz in dieser Welt zu erkennen und durch Selbstbeherrschung sein Schicksal so zu akzeptieren, wie es nun einmal ist. Das Höchste, was man im Leben erreichen konnte, war eben eine »stoische Ruhe« – nichts sollte einen mehr aufregen oder auch nur wundern!

108 EXKURS 2 Verstand oder Gefühle

Das christlich genannte Mittelalter hatte meist andere Probleme, als über das Verhältnis von Vernunft, Gefühlen und Leidenschaften nachzudenken, auch wenn man in der Nachfolge der bruchstückhaft bekannten griechischen Philosophie den christlichen Gott gegebenenfalls als Verkörperung des »Logos« sah (man denke an den Beginn des Johannes-Evangeliums). Der große Auftritt des Verstandes kam mit der Neuzeit und der rasanten Entwicklung von Technik, Mathematik und Naturwissenschaft, und der ebenso große Auftritt der Vernunft mit dem Zeitalter der Aufklärung, die in der Philosophie Immanuel Kants ihren Höhepunkt erreichte. Für Kant wie für die antiken griechischen Philosophen waren Verstand und Vernunft die höchsten, ja göttlichen Gaben, für Gefühle hatte er wenig und für Leidenschaften überhaupt nichts übrig. Leidenschaften vergiften nach Kant die Seele, und über die Gefühle sagte er, man vermisse nichts, wenn diese im Menschen ganz abstürben. Kant war ein Stoiker in höchster Ausprägung, und diese in unseren Augen krasse Haltung mag ihre psychopathologischen Wurzeln gehabt haben (obgleich er von manchen Zeitgenossen als »warmherzig« geschildert wurde). Diese »Diktatur des Verstandes und der Vernunft« hat bis in unsere Zeit hinein ihre pädagogischen Auswirkungen gehabt, insbesondere in der Vorstellung, dass Selbstbeherrschung, Tugend und Unterdrückung der Gefühle der Kern jeglicher Erziehung seien.

Die zweite große spätantike Strömung, die Epikureer (benannt nach dem Philosophen Epikur), behaupteten zwar nicht das genaue Gegenteil der stoischen Lebenshaltung, aber sie sahen das Streben nach körperlicher und geistiger Lust nicht als verwerflich, sondern als höchstes Lebensziel an. Allerdings meinten sie, anders, als man häufig meint, wenn man heute von »Epikureertum« redet, nicht hemmungslose Bedürfnisbefriedigung (genauer »Hedonismus« genannt), sondern das Streben nach *möglichst langfristiger* Lust. Diese – so erkannten sie zu Recht – ist mit rein körperlicher Bedürfnisbefriedigung nicht zu erreichen, denn sie führt nur zu sehr flüchtiger Lust. Längerfristige Lust

EXKURS 2 Verstand oder Gefühle 109

ist nur durch geistige Genüsse wie Einsicht, Kunst und Wissenschaft zu erreichen, genauer durch eine heitere Ruhe, die dem Leben die besten Seiten abgewinnt, so wechselhaft es auch sein möge. Man sieht hier durchaus gewisse Übereinstimmungen zwischen Stoikern und Epikureern, der eine nimmt das Leben eher stoisch, der andere heiter gelassen.

Richtig emotional im »Abendland« wurde es dann zweimal: In der Epoche von »Sturm und Drang«, die der Klassik vorherging und deren Höhepunkt Goethes Roman »Die Leiden des jungen Werther« als ein einziger Triumph des Weltschmerzes ist, und in der Romantik, die neben den Gefühlen und Leidenschaften besonders auch die »dunklen Seiten der Seele« bis hin zum Dämonischen schilderte – man denke nur an die Erzählungen und Romane von E. T. A. Hoffmann, Balzac und Poe. Gar nicht zufällig begann man in der Philosophie, der Psychologie und der Medizin die Welt der Gefühle und des Unbewussten zu entdecken, vom Philosophen Schleiermacher über den Arzt Carus bis hin zur Psychoanalyse Freuds als großem Höhepunkt dieser Entwicklung. In dieser Weltanschauung des »Gefühl ist alles« sind Verstand und Vernunft nur der Wurmfortsatz des (überwiegend unbewussten) Emotionalen und dienen höchstens zur nachträglichen Rationalisierung der unbewussten Vorgänge und Entscheidungen der Seele. Es ist eine Ironie der Kultur- und Wissenschaftsgeschichte, dass es eines der scharfsinnigsten und aufgeklärtesten Geister, nämlich Sigmund Freuds, bedurfte, um der Emotionalität und dem Unbewussten zu ihrem Recht zu verhelfen.

Diese anti-rationale romantische Bewegung ging allerdings lange Zeit an der Wissenschaft völlig vorbei, und zwar auch an denjenigen Wissenschaftsdisziplinen, die sich mit dem Geistig-Psychischen beschäftigten. Psychologie und Neurowissenschaften studierten mit großer Geduld die Funktion der Sinnesorgane und die Wahrnehmungsprozesse, sehr viel später – d. h. beginnend mit den sechziger Jahren des vorigen Jahrhunderts – interessierte man sich für die kognitiv-geistigen Prozesse wie

110 EXKURS 2 Verstand oder Gefühle

Denken, Verstehen, Erinnern, Vorstellen und Handlungsplanungen, und erst ab Mitte der achtziger Jahre begann man sich ganz allmählich mit den Gefühlen zu beschäftigen, und die Ergebnisse dieser »Emotionsforschung« werden erst in unserer Gegenwart allgemeiner bekannt.

Natürlich hat es immer Leute – in der Wissenschaft wie im Alltag – gegeben, die rieten, man solle eher seinen Gefühlen bzw. seinem Herzen folgen als nur seinem Verstand. Die Film- und Fernsehindustrie lebt davon ebenso wie die Trivialliteratur und Teile der »hohen« Literatur). Ein »Herzensmensch« ist in aller Regel höher angesehen als ein »Verstandesmensch«, insbesondere wenn der eine als »warm« und der andere als »kalt« angesehen wird. Geht es aber um komplexe Entscheidungen, insbesondere von großer Tragweite, dann appelliert man weiterhin intensiv an Verstand, Vernunft und Einsicht. Es würde merkwürdig klingen, wenn ein Kanzler oder eine Kanzlerin eingestünde, dass er/sie bei einer schwerwiegenden Entscheidung nicht seinem/ihrem Verstand, sondern seinem/ihrem Herzen gefolgt sei – das sagt man nur bei der Erklärung des eigenen Rücktritts.

KAPITEL 5

Ökonomie und Psychologie der Entscheidungsprozesse

Die Theorie rationalen Handelns und ihre Kritik

Seit dem Altertum heißt es, der Mensch solle sich in seinen Entscheidungen und seinen Handlungen von Verstand und Vernunft leiten lassen (s. Exkurs 2). Die moderne Variante dieser Maxime ist die Lehre vom »rationalen Handeln«, englisch »Rational Choice Theory« genannt. Nach dieser Lehre geht der Mensch bei seinen Entscheidungen und Handlungen möglichst ökonomisch vor (er wird deshalb auch *Homo oeconomicus* genannt), indem er eine gründliche Kosten-Nutzen-Rechnung anstellt und sich dabei vom Prinzip der Gewinn-Maximierung leiten lässt. Anders ausgedrückt, versucht er, mit einem Minimum an Aufwand ein Maximum an Erfolg, Nutzen oder Lust zu erreichen. Hierzu setzt er geeignete Berechnungen, einen so genannten *Nutzenkalkül* ein, der ihm zeigt, wie er bei der Verwirklichung seiner Ziele optimal vorgeht. Ein solches Vorgehen wird als rational angesehen; irrational ist demnach ein Verhalten, das ein bestehendes Ziel mit falschen oder unzulänglichen Mitteln, am falschen Ort oder zur falschen Zeit zu verwirklichen sucht und deshalb ein *suboptimales* Ergebnis erzielt.

Das hört sich plausibel an, und wer wollte das gegenteilige Verhalten anpreisen? Wenn ich ein möglichst zuverlässiges Auto möglichst günstig erwerben will, dann werde ich nicht zum nächstbesten Händler gehen und das nächstbeste Auto kaufen oder mir eines von meinem Nachbarn andrehen lassen, sondern mich z. B. über das Internet sorgfältig informieren, Freunde und Experten fragen, die Höhe der laufenden Kosten, der Versicherung und Steuer ermitteln usw. Das tue ich natürlich, nachdem

112 5 Ökonomie u. Psychologie der Entscheidungsprozesse

ich überhaupt meine Vorstellungen über das zu erwerbende Auto eingegrenzt habe.

Voraussetzung ist allerdings, dass ich (1) genau weiß, was ich vorrangig haben will oder tun werde, und auch weiß, was ich haben will oder tun werde, wenn das erste Ziel nicht zu verwirklichen oder bereits erreicht ist (wenn ich also eine *Präferenzordnung* besitze); dass ich (2) überhaupt Handlungsalternativen habe (wenn ich keine Wahl habe, brauche ich nichts optimieren); und dass ich (3) die Wahrscheinlichkeiten der Ereignisse kenne, die ich in Rechnung stellen muss. Zum Beispiel muss ich den Verbrauch meines zukünftigen Autos, sein Unfall- und Verschleißrisiko, die Höhe der Reparaturkosten und des Kraftstoffes, die Intensität der Nutzung bzw. Anzahl zu fahrender Kilometer kennen.

Die Rational-Choice-Theorie sagt etwas über die zweckmäßigste *Vorgehensweise* aus, aber nichts über die Rationalität der Ziele, d.h. sie sagt, *wie* ich am besten entscheide oder vorgehe, um bestimmte Ziele zu erreichen, nicht aber, ob die *Ziele selbst* rational (oder begründet) sind. Im vorliegenden Beispiel könnte das Anschaffen eines Autos höchst irrational sein (ich besitze nämlich schon zwei Autos, oder ich habe gar keinen Führerschein), aber *falls* ich dennoch ein möglichst zuverlässiges Dritt-Auto möglichst günstig erwerben will, dann muss ich in einer bestimmten, maximal rationalen Weise vorgehen. Das gilt im Prinzip auch, wenn ich Papst werden will, einen Staatsstreich plane oder möglichst schnell bzw. kostengünstig von A nach B reisen will.

Der deutsche Soziologe Max Weber hat den Begriff »Zweckrationalität« geprägt und meinte damit ein nüchtern-rationales Streben nach Verwirklichung eines Ziels, das nicht durch Irrtum oder starke Gefühle getrübt wird. Er hat diese Zweckrationalität von der »Wertrationalität« unterschieden. In den Worten eines anderen deutschen Soziologen, Hartmut Esser, heißt dies: Jeder Handelnde ist konfrontiert mit einer klar definierten Menge von Handlungsalternativen. Er verfügt zugleich über eine klar

Die Theorie rationalen Handelns und ihre Kritik   113

definierte, konsistente und vollständige Präferenzordnung für alle denkbaren Situationen, die durch sein Handeln eintreten könnten. Außerdem wird unterstellt, dass jeder Handelnde allen künftigen Ereignissen eine gemeinsame und konsistente Verteilung von Wahrscheinlichkeiten zuweisen kann. Der Handelnde wählt dann diejenige Alternative aus (falls es eine solche gibt), die den aus den Präferenzen und Wahrscheinlichkeiten gebildeten erwarteten Nutzen maximiert (Esser, 1999).

Nach kurzem Nachdenken wird klar, dass dieser Rational-Choice-Ansatz eine Reihe von Nachteilen hat und mit dem »wirklichen Leben« nicht übereinstimmt. Der grundlegendste Nachteil ist, dass nur der liebe Gott oder der berühmte Laplace'sche Dämon alles wissen, ideale mathematische Methoden besitzen und deshalb nur sie optimal entscheiden können. Menschen hingegen können grundsätzlich nicht alles wissen, und selbst wenn sie alles wüssten, könnten sie nicht alles exakt berechnen, denn die herkömmlichen mathematischen Methoden lassen bei komplexen Entscheidungssituationen keine exakten Berechnungen, sondern nur Wahrscheinlichkeitsaussagen zu. Und selbst wenn eine ideale Mathematik vorhanden und exakte Berechnungen komplexer Entscheidungsprobleme möglich wären, würde das Rechnen zu lange dauern, oder es wäre zu teuer. Im Zweifelsfalle würde man hinter der Entscheidungssituation »hinterherrechnen«, d. h. die Anfangs- und Randbedingungen für die Entscheidung hätten sich schon längst geändert, ehe man mit der mathematischen Entscheidungsfindung fertig wäre.

Aber der Laplace'sche Dämon hat eine grundlegende Schwierigkeit, die auch aus der Quantenphysik bekannt ist: Entweder ist er Teil der Welt, dann greift seine Erkundung der Welt in diese ein und verändert sie gleichzeitig (in der Quantenphysik beeinflusst der Messprozess fundamental den Ablauf des zu messenden Vorgangs), und auch wenn dieser Einfluss nur minimal wäre, so könnte sich daraus ein »Schmetterlingseffekt« ergeben (winzige Anfangsabweichungen können große Folgen haben!).

114   5 Ökonomie u. Psychologie der Entscheidungsprozesse

Der Dämon müsste also den Effekt seines Eingriffs vorauseilend in Rechnung stellen, aber auch sein Rechnen selbst würde die Welt verändern. Zudem dürfte er seine Voraussagen niemandem erzählen, denn dadurch würde er die vorausgesagten Ereignisse eventuell gerade vereiteln (das Grundproblem von Wahlvoraussagen!). Oder er ist *nicht* Teil der Welt, dann kann er aber auch nichts über sie in Erfahrung bringen, denn Wissenserwerb setzt Interaktion voraus.

Der Laplace'sche Dämon mag sich jedoch damit trösten, dass der liebe Gott auch Probleme hat, allerdings aus ganz anderen, natürlich theologischen Gründen. Wenn Gott alles weiß und alles kann, dann weiß er, wie die Geschichte mit seiner Schöpfung ausgeht. Geht sie trotz aller Schwierigkeiten und Katastrophen letztendlich gut aus, dann war dies sein Verdienst, denn er hat die Schöpfung so angelegt. Warum aber hat er zwischendurch so viel Elend erzeugt? Vielleicht ging es nicht anders – wie der Philosoph Leibniz vermutete. Das aber widerspräche der Allmacht Gottes. Geht sie hingegen schlecht aus, warum hat er sie dann überhaupt geschaffen, da er ja den negativen Ausgang kannte? Das widerspräche zusätzlich der Allgüte Gottes. Dieses ist das in der christlichen Theologie ungelöste »Theodizee-Problem«, nämlich die Frage, warum Gott das Böse zulässt, obwohl er doch alles weiß und alles kann. Das hat auch mit dem Problem der Willensfreiheit zu tun, das uns am Schluss des Buches noch beschäftigen wird: Entweder ist der Mensch wirklich entscheidungsfrei, dann kann Gott auch nicht wissen, was der Mensch tun wird (dies aber widerspräche der Allwissenheit Gottes), oder er weiß, was der Mensch tun wird, dann ist dieser nicht wirklich willensfrei, und Gott ließe ihn absichtlich ins Elend rennen. Theologen diskutieren seit dem Kirchenvater Augustinus darüber, inwieweit die Allwissenheit Gottes und die menschliche Willensfreiheit logisch überhaupt miteinander vereinbar sind, und ebenso darüber. wie das Böse in der Welt mit der Allgüte, Allwissenheit und Allmacht Gottes vereinbar ist.

Kehren wir aber zum irdischen Alltag zurück und stellen fest:

Die Theorie rationalen Handelns und ihre Kritik 115

Kein Mensch kann alle Wissensdetails, die für eine optimale Entscheidung eines komplexen Problems nötig sind, genau kennen. So kann ich nicht genau herausbekommen, wann der Motor meines zukünftigen Autos »hin« ist oder die Karosserie durchrostet – ich kann hier nur von Erfahrungswerten ausgehen, die mich aber nicht völlig vor einem Reinfall bewahren. Ich kann die Intensität der Nutzung meines Autos nicht genau kennen und auch nicht die Entwicklung des Kraftstoffpreises einschätzen, weil dieser neben den nicht abschätzbaren weltweiten Energiereserven und dem technischen Fortschritt wesentlich auch von der Politik (besonders der Steuerpolitik) bestimmt wird, usw. Ich kann eben Glück oder Pech haben. Ich kann auch nicht beliebig viele Informationen einholen – so könnte mir eine wenig beachtete Studie entgehen, die nachweist, dass unter bestimmten Umständen (die für mich zufällig zutreffen) genau das von mir ins Auge gefasste Modell besonders anfällig ist (z. B. in einer feuchtwarmen oder sehr staubigen oder steinigen Umgebung). Schließlich gibt es rein mathematische Beschränkungen: Wenn mehr als zwei Faktoren nichtlinear miteinander wechselwirken (und das ist bei Entscheidungen meist der Fall), so ist das Problem nicht mehr mathematisch-analytisch lösbar, sondern höchstens durch Simulationen oder Näherungslösungen in den Griff zu bekommen. Es sind also erst einmal nicht behebbare Wissensdefizite, Beschränkungen an Zeit und materiellem Aufwand sowie Rechenbegrenzungen, die dem Rational-Choice-Vorgehen Grenzen setzen.

Wir gelangen somit zum Begriff der »begrenzten Rationalität« (*bounded rationality*), wie er vom amerikanischen Entscheidungstheoretiker Herbert Simon (Nobelpreis 1978) geprägt wurde. Simon geht davon aus, dass die an sich optimale Rationalität durch eine Reihe von Faktoren eingeschränkt wird. Von einer wichtigen Einschränkung, nämlich der faktischen oder prinzipiellen Begrenzung der Kenntnisse von Neben- und Randbedingungen und der Berechenbarkeit unserer Entscheidung, haben wir schon gesprochen. Es gibt nach Simon aber weitere

116   5 Ökonomie u. Psychologie der Entscheidungsprozesse

und psychologisch interessantere Begrenzungen. Hierzu gehören zum Beispiel (1) der »Besitztumseffekt«: Menschen tendieren dahin, dasjenige, was sie besitzen, in seinem Wert höher einzuschätzen als das, was sie durch Änderung ihres Handelns erreichen könnten, auch wenn der ökonomische Wert beider Güter objektiv gleich ist; (2) die Furcht vor dem Risiko bzw. das Beharrungsvermögen: Menschen tendieren dazu, ihr bisheriges Verhalten auch unter erheblichen Kosten fortzusetzen, wenn Verhaltensalternativen mit unkalkulierbaren Risiken verbunden sind; (3) Kurzsichtigkeit: Zeitlich nahe liegende Ereignisse haben subjektiv ein höheres Gewicht als zeitlich ferner liegende, und entsprechend werden nahe liegende Ziele eher verfolgt als ferner liegende – gleichgültig was eine abstrakte Rationalität dazu sagt; (4) »Satisficing«: Menschen betrachten in der Regel nur wenige Alternativen, meist nur zwei, und keineswegs alle, deren Erwägung vernünftig wäre. Sie hören mit dem Abwägen auf, wenn sie auf eine *halbwegs befriedigende* Lösung gestoßen sind, auch wenn durchaus die Chance besteht, dass es noch wesentlich günstigere Lösungen gibt.

Auf einen weiteren interessanten Aspekt hat Hartmut Esser aufmerksam gemacht und ihn »Elias-Effekt« genannt, weil er auf Aussagen des deutschen Soziologen Norbert Elias zurückgeht: »Wenn die Konsequenzen des Tuns« – so Esser – »unübersichtlicher und teurer werden, dann werden die Menschen vorsichtiger und ›berechnender‹. Gibt es dagegen klare Fronten und ist mit Vorsicht, Nachdenken und ›rationaler‹ Kalkulation nicht viel zu gewinnen, dann kann man ungestraft seinen Affekten folgen. Mehr noch: Dann wird es oft buchstäblich lebenswichtig, nicht lange zu überlegen, was man tut«. *Begrenzte Rationalität* versteht Esser so: Menschliches Handeln geschieht nach einer Kosten-Nutzen-Rechnung unter Einschluss einer Abwägung des Nutzens von Rationalität und Affektivität. Der Einsatz von Verstand und Vernunft ist an einen ausreichenden Zugang zu Informationen gebunden, der begrenzt sein kann und Zeit und Aufwand erfordert. Die Kosten des Einsatzes von Verstand

Die Theorie rationalen Handelns und ihre Kritik **117**

und Vernunft müssen also ebenfalls in Anschlag gebracht werden; manchmal ist es eben günstiger, spontan zu reagieren und nicht lange rational zu analysieren.

Einen ganz ähnlichen Standpunkt vertritt der amerikanische Ökonom Gary S. Becker (Nobelpreis 1992): »Alles menschliche Verhalten kann ... so betrachtet werden, als habe man es mit Akteuren zu tun, die ihren Nutzen, bezogen auf ein stabiles Präferenzsystem, maximieren und sich in verschiedenen Märkten eine optimale Ausstattung an Information und anderen Faktoren verschaffen.« Und Becker fährt fort: »Trifft dieses Argument zu, dann bietet der ökonomische Ansatz einen einheitlichen Bezugsrahmen für die Analyse menschlichen Handelns, wie ihn Bentham, Comte, Marx und andere seit langem gesucht, aber verfehlt haben«. Becker betont aber – und dass ist für das Folgende sehr wichtig –, dass es bei seinem Ansatz nicht um eine bewusstdenkende Rationalität geht, sondern um eine tiefere Rationalität des Handelns, wie sie auch die Verhaltensökologie vertritt (s. weiter unten in diesem Kapitel). So heißt es bei ihm: »Der ökonomische Ansatz ist daher vereinbar mit der Betonung des Unbewußten in der modernen Psychologie oder mit der Unterscheidung von manifesten und latenten Funktionen in der Soziologie...«.

Ein weiterer prominenter Kritiker der Rational-Choice-Theorie ist der Bonner Mathematiker und Wirtschaftswissenschaftler Reinhard Selten (Nobelpreis 1994). Er kritisiert ähnlich wie Herbert Simon im Sinne einer »Bounded Rationality« die klassische Rational-Choice-Theorie. Für Selten ist die »eingeschränkte Rationalität« nicht einfach eine schwächere Version der »starken Rationalität«, sondern von ihr »strukturell verschieden«. Eines seiner Hauptargumente lautet, dass Menschen nicht in der Lage sind, alle ihre Handlungen auf der Grundlage eines Nutzenmaximierungskalküls durchzuführen. Häufig wissen Entscheider gar nicht genau, was sie eigentlich wollen. Ihre kognitiven Fähigkeiten reichen zudem bei weitem nicht aus, Risiken genau einzuschätzen oder Wahrscheinlichkeiten genau

118 5 Ökonomie u. Psychologie der Entscheidungsprozesse

zu bestimmen, vielmehr lassen sie sich bei der Suche nach Entscheidungsmöglichkeiten von groben qualitativen Kriterien leiten und suchen möglichst einfache Lösungen.

Emotionen – so vermutet Selten – spielen eine große Rolle im Entscheidungsverhalten, indem sie zum Beispiel die Aufmerksamkeit gegenüber möglichen Risiken stark einschränken oder zumindest verändern. In die emotional-soziale Richtung geht auch die Suche nach einer sozial vertretbaren oder ausgewogenen Lösung oder nach Kooperationen, selbst wenn eindeutig optimale Lösungen ohne Kooperation zu erreichen wären. Menschen sammeln aufgrund ihrer bisherigen Entscheidungen bestimmte Erfahrungen, mithilfe derer sie für zukünftige Entscheidungen und Handlungen ein bestimmtes »Anspruchsniveau« entwickeln, das sie jeweils an den Erfolg oder Misserfolg anpassen. D. h. Lösungen werden in realen Entscheidungssituationen meist nicht streng rational, sondern anhand von Erfahrungen in vergleichbaren Situationen gesucht, und es wird intuitiv entschieden. Schließlich kann zwischen konkurrierenden Handlungszielen gar nicht rational entschieden werden, weil diese Ziele nicht quantitativ verglichen werden können. Auch hier kann der Entscheider nur emotional vorgehen – zum Beispiel prüfen, mit welcher Lösung er besser leben kann.

Entscheidungs-Heuristiken

Wichtig sind in diesem Zusammenhang Untersuchungen zu der Frage, wie Menschen denn tatsächlich in einfachen oder komplexen Situationen entscheiden und mit Unsicherheiten – Risiken – umgehen. Hierzu führten und führen Reinhard Selten und der Berliner Psychologe Gerd Gigerenzer jeweils umfangreiche teils theoretische, teils empirische Studien durch, aber auch aus anderen Forschergruppen gibt es dazu inzwischen eine Reihe hochinteressanter Ergebnisse.

Gigerenzer und seine Kollegen gehen von der Feststellung aus, dass es in komplexen Entscheidungssituationen aus den

Entscheidungs-Heuristiken 119

oben genannten Gründen nicht nur unmöglich ist, alle relevanten Erkenntnisse und Faktoren zu berücksichtigen, sondern dass auch eine solche umfassende Berücksichtigung häufig gar keinen Vorteil bringt. Gigerenzer umschreibt dies mit dem Prinzip »Weniger ist mehr«, d. h. ein immer umfassenderes Wissen stört eher, als dass es nutzen würde. Diese auf den ersten Blick überraschende Feststellung ist auf den zweiten Blick einleuchtend. Stellen wir uns vor, wir seien ein wichtiger Entscheidungsträger und müssten entsprechend eine Entscheidung von großer Tragweite treffen, z. B. ob die Mehrwertsteuer nochmals erhöht werden sollte, oder ob man ein bestimmtes Konkurrenzunternehmen aufkauft. Da wir das niemals allein entscheiden können oder wollen, lassen wir uns beraten. Experten-Gutachten werden angefertigt, Anhörungen durchgeführt, mit unterschiedlichen Interessengruppen wird geredet, und es breitet sich in aller Regel umso mehr Ratlosigkeit aus, je länger dieser Abwägungsprozess dauert. Am Anfang war die Richtung, in die die Sache gehen soll, noch relativ klar, aber je mehr Gesichtspunkte hinzukommen, desto unübersichtlicher wird das Ganze. In vielen Fällen wird dann aufgrund von Kriterien entschieden, die mit dem sachlichen Problem gar nichts zu tun haben, oder auch nur ein Schlussstrich gezogen, um den Findungsprozess zu beenden. Mehr Information verwirrt also häufig nur. Aber auch im täglichen Leben ist dies so: Der Kauf eines neuen Autos kann zur absoluten Qual werden, wenn ich mich immer weiter kundig mache. Schließlich raucht mir der Kopf vor aller Fachlektüre und vor Ratschlägen von Freunden und »Experten«. Besser, man hält sich dann an die Entscheidung der Ehefrau, die bekanntlich wiederum auf ihre beste Freundin hört.

Gigerenzer und Kollegen haben herausgefunden, dass in vielen Fällen eine »heuristische Entscheidungsfindung«, die auf einer sehr schmalen Informationsbasis beruht und ganz simple Regeln anwendet, genauso oder fast genauso effizient ist wie die komplexesten Rechenoperationen, aber zugleich viel schneller und billiger. Man würde hier auch von einer »Pi-mal-Daumen«-

120 5 Ökonomie u. Psychologie der Entscheidungsprozesse

Regel sprechen. Die wichtigste Regel lautet: Beschränke dich auf ganz wenige hervorstechende Merkmale, anhand derer du eine Entscheidung zwischen Alternativen triffst. Die einfachste Regel ist dabei diejenige, sich nur auf *ein* einziges Merkmal zu beschränken. Dies ist nach Gigerenzer und Todd das »minimalistische« Entscheidungsprogramm.

Eines der bedeutsamsten Merkmale ist »Bekanntheit«: Wenn ich in den Laden gehe, um ein Waschmittel zu kaufen, dann nehme ich in aller Regel das bekannteste Produkt (es sei denn, ich habe dezidierte Gegeninformationen). Die Annahme, das Produkt, wovon alle reden und meist auch behaupten, es sei das beste Waschmittel, müsse auch gut sein, ist zumindest nicht ganz falsch. Es muss nicht das beste Waschmittel sein, aber ganz schlecht kann es nicht sein, sonst würde man dies bereits erfahren haben. Im schlimmsten Fall ist es so gut (oder schlecht) wie jedes andere. Demgegenüber sind »Geheimtipps« immer mit großen Risiken behaftet. Ein Auto von einer völlig unbekannten Marke zu kaufen ist ein großes Risiko, eine gängige Marke zu wählen ist dagegen vielleicht nicht das Optimum, aber bestimmt kein gravierender Fehler. Bekanntheit ist nicht identisch mit Qualität, aber ein vernünftiges Indiz, wenn man sonst nichts Vernünftiges weiß. Der Preis ist dagegen schon ein viel weniger verlässlicher Indikator für Qualität. Weitere einfache Merkmale sind zum Beispiel, *wer* sich die Ware X kauft (meist gibt es typische Vertrauenspersonen unter den Bekannten, oder es sind bestimmte Prominente, die uns die Werbung vermittelt).

Wenn ein einziges Merkmal nicht ausreicht, so empfiehlt Gigerenzer die Regel »take the last« d. h. »entscheide aufgrund desjenigen Merkmals, das beim letzten Mal in einer entsprechenden Situation am brauchbarsten war!«. Die vergangene Erfahrung ist überhaupt das beste einfache Kriterium. Eine weitere simple Strategie ist »take the best« oder: »Fang bei einer Liste möglicher Unterscheidungsmerkmale oben an und hör auf, sobald du in der Lage bist, eine klare Entscheidung zu treffen!«. D. h. man soll keine weiteren Kriterien mehr zu Rate zie-

Entscheidungs-Heuristiken   **121**

hen. Schließlich gibt es auch die Strategie der »Elimination«: Wenn man viele Alternativen hat, so soll man nacheinander diejenigen durchstreichen, die am wenigsten in Frage kommen, bis nur noch eine Alternative übrig bleibt.

Schließlich bleibt noch die Strategie des »Satisficing«, die Herbert Simon besonders hervorgehoben hat (s. oben): Man gibt das Streben nach der optimalen Lösung auf und sucht nur so lange, bis man eine zufrieden stellende Lösung gefunden hat. Dann hört man mit der Suche auf. Rein mathematisch gesehen landet man damit mit größter Wahrscheinlichkeit in einem »Nebenoptimum«, denn man weiß ja nicht, wo das Optimum liegt und wann und wie man es erreicht. Es ist das bekannte »Die nächste Biegung noch!«-Problem bzw. das Problem der Optimal-Stopp-Regel: Man sucht nach einem schönen Rastplatz an einer Straße, man findet eine passable Stelle, aber es könnte sein, dass hinter der nächsten Biegung ein noch viel schönerer Rastplatz liegt, denn die Wahrscheinlichkeit, dass man den allerschönsten Rastplatz auf Anhieb gefunden hat, ist gering. In der Tat stellt man beim späteren Weitergehen oder Weiterfahren fest: Hinter der zweitnächsten Biegung gab es einen wirklich wunderbaren Rastplatz! Das wusste man aber vorher nicht, und der Hunger und die Müdigkeit waren eben groß. Ein ähnliches Problem ist »der günstigste Preis«: Man trifft immer Leute, die die Kamera oder das Auto, das ich gerade günstig erworben habe, noch günstiger gekriegt haben! Die Lebensweisheit sagt uns, sich nicht zu ärgern, sondern mit dem relativen Optimum zufrieden zu sein (wäre ich nicht weitergegangen oder hätte nicht zufällig Herrn X von seinem Kauf reden hören, wäre ich sehr zufrieden geblieben).

Es ist beeindruckend zu sehen, wie erfolgreich zuweilen diese »frugalen« Strategien oder Heuristiken sind. Leute gehen in der Tat auch ohne großes Nachdenken so vor: Empirische Untersuchungen zeigen, dass sie in den allermeisten Fällen nur aufgrund eines Kriteriums oder maximal zweier Kriterien entscheiden, und sie erzielen damit häufig auch gute, wenngleich nicht

122   5 Ökonomie u. Psychologie der Entscheidungsprozesse

optimale Ergebnisse, die aber eventuell auch bei aufwändigen Entscheidungsfindungen nicht zu realisieren sind. Freilich handelt es sich um *Heuristiken* und demnach einfache und schnelle Vorgehensweisen, die sich bewährt haben. Das heißt aber nicht, dass es nicht doch Fälle gibt, in denen eine sehr aufwändige Analyse der Entscheidungssituation und ihrer Randbedingungen geboten ist. Dies ist insbesondere dann der Fall, wenn Dinge sich ganz anders verhalten, als man gemeinhin meint. Dies ist, wie Gigerenzer kürzlich in seinem Buch »Das Einmaleins der Skepsis« sehr schön gezeigt hat, zum Beispiel mit Wahrscheinlichkeitsaussagen über zukünftige Ereignisse (Wettervoraussagen, Diagnose-, Krankheits- und Unfallrisiken, Gewinnwahrscheinlichkeiten usw.) der Fall. Allerdings hilft es – wie der Autor zeigt – auch hier, sich durch kurzes Nachdenken die Wahrscheinlichkeiten erst einmal klar zu machen und dann vernünftig abzuschätzen.

Möglichkeiten und Grenzen bewusster Entscheidungen

Neben der Frage, wie aufwändig oder wie sparsam man bei Entscheidungen vorgeht, stellt sich die Frage, welche Rolle das *Bewusstsein* in Form rationalen Vorgehens spielt. In der Regel gehen wir alltagspsychologisch von der Annahme aus, dass Entscheidungen umso besser sind, je bewusster sie getroffen werden. Ständig werden wir gewarnt: Entscheide nicht zu spontan, sondern warte und wäge ab! In der Tat kann man zeigen, dass spontane Entscheidungen »aus dem Bauch heraus« ein hohes Risiko in sich tragen, besonders wenn die Entscheidungen unter Stress oder sonstigem starkem affektiv-emotionalem Druck stehen. Das Gegenteil ist aber nicht unbedingt das sorgfältige bewusst-rationale Abwägen, sondern oft werden komplexe Entscheidungen ohne großes Zutun der bewussten Ratio getroffen.

Dies kann man besonders eindrucksvoll in all den Fällen erkennen, in denen Tiere komplexe Entscheidungssituationen meistern. Zwar können wir davon ausgehen, dass zumindest

Möglichkeiten und Grenzen bewusster Entscheidungen 123

einige Tiere bestimmte Formen von Bewusstsein besitzen, die wir beim Menschen finden, wie bewusste Wahrnehmung, Aufmerksamkeit oder Selbsterkennen, aber kein Tier verfügt über höhere mathematische Methoden und leistungsfähige Computer. Dennoch zeigen viele Tiere etwa im Bereich der Nahrungssuche, des Sozialverhaltens und der Revierverteidigung, des Schutzes vor Feinden, im Fortpflanzungsverhalten, bei der Brutfürsorge und der Kommunikation ein Verhalten, das Verhaltensökologen »quasi-rational« nennen. Dies bedeutet, dass Tiere sich in vielen Situationen so verhalten, »als ob« sie eine mathematisch aufwändige Kosten-Nutzen-Analyse ausführten. Dies gilt insbesondere für solche Verhaltensstrategien, die nur langfristig optimal sind und kurzfristige Nachteile in Kauf nehmen. Langfristig optimale Verhaltensweisen sind immer *Kompromisse* aus bestimmten vorteilhaften Verhaltensweisen und vorliegenden Beschränkungen und Zwängen und sind deshalb auch den mit Verstand und Vernunft begabten Menschen meist nur schwer vermittelbar.

Ein Beispiel für einen solchen Ansatz ist die Theorie der optimalen Nahrungsbeschaffung (*Optimal Foraging Theory*, vgl. dazu das vorzügliche Lehrbuch von John Alcock »Das Verhalten der Tiere aus evolutionsbiologischer Sicht« von 1996). Man nimmt dabei an, dass Tiere primär darauf aus sind, ihren Energiegewinn aus dem Futter zu maximieren. Daher sollte zu beobachten sein, dass Tiere immer die kalorienreichste Nahrung in schnellster Zeit und größter Menge zu sich nehmen. Dies wird in aller Regel aber nicht beobachtet, sondern die Tiere verhalten sich scheinbar »suboptimal«, und erst komplizierte Modellierungen zeigen, dass dies auf lange Sicht unter Berücksichtigung der Nachteile (Energieaufwand beim Sammeln, Schutz vor Feinden, Konkurrenz, Ausbeutung der Nahrungsressourcen) durchaus als optimales Entscheidungsverhalten zu sehen ist. Ein Beispiel hierfür ist die Nahrungssuche bei Vögeln. Bestimmte Vögel nisten in einem Gebiet, das gut gegen Feinde geschützt ist, in dessen Nähe es aber nur wenig oder nur kalorienarme oder schwer zu hand-

124 5 Ökonomie u. Psychologie der Entscheidungsprozesse

habende Nahrung gibt. Es gibt aber einen Platz, an dem sehr schmackhafte bzw. kalorienreiche Nahrung zu finden ist. Dies ist sehr vorteilhaft, denn besonders bei Weibchen hängt die Frage, ob sie sich im laufenden Jahr reproduzieren können, von intensiver Nahrungsaufnahme ab. Dieser Platz liegt aber weiter entfernt, und der Vogel muss sich durch ungeschütztes Gelände bewegen, wo er mit einer bestimmten Wahrscheinlichkeit das Opfer von Fressfeinden wird.

Soll nun das Tier es riskieren, den entfernteren Futterplatz aufzusuchen, weil der Nutzen, nahrhafte Beute schnell zu sich nehmen zu können (oder für die Nachkommen zu sammeln), das Risiko aufwiegt, gefressen zu werden? Oder soll es sich lieber mit der weniger wertvollen Nahrung in der Nähe begnügen? Schließlich kann der vorteilhafte Futterplatz so weit entfernt sein, dass sich der energetische Aufwand, der nötig ist, um dorthin zu fliegen, kaum mehr lohnt. Auch muss sich das Tier an diesem Platz eventuell mit Nahrungskonkurrenten auseinandersetzen, was ebenfalls energiezehrend ist. Solche Kosten-Nutzen-Rechnungen können also ziemlich kompliziert sein, aber man kann, wenn man viele empirische Daten hat, diese in eine Kosten-Nutzen-Gleichung einsetzen und dann eine Optimalitätsberechnung anstellen. Es stellt sich dann eine ganz bestimmte Strategie als optimal (d.h. als *bester Kompromiss*) heraus, z.B. einen Futterplatz dann anzufliegen, wenn er nicht zu weit entfernt ist, wenn der Feinddruck nicht zu hoch ist und der Kampf um das begehrte Futter nicht zu kräftezehrend. Andernfalls begnügt man sich mit dem Futter in der Nähe, auch wenn es mühsamer zu gewinnen oder weniger kalorienhaltig ist.

Eine andere sehr aufschlussreiche Untersuchung befasste sich ebenfalls mit komplexem Entscheidungsverhalten von Vögeln (Davis und Todd, in Gigerenzer et al., 1999). Diesmal ging es um ein Problem, vor das Vogeleltern viele Male täglich gestellt sind, wenn sie eine Reihe von Jungen (»Nestlingen«) aufziehen müssen, nämlich in welcher Reihenfolge sie die hungrigen und bettelnden Jungen füttern sollen. Folgende Strategien bieten sich

Möglichkeiten und Grenzen bewusster Entscheidungen 125

rein theoretisch an: (1) Man fängt beim kleinsten Jungen an und hört beim größten auf; (2) man macht es genau umgekehrt; (3) man fängt beim Jüngsten an und hört beim Ältesten auf; (4) man macht es genau umgekehrt; (5) man fängt bei dem an, der am stärksten bettelt und vermutlich am hungrigsten ist; (6) man legt irgendeine Reihenfolge fest (z. B. im Uhrzeigersinn oder gegen den Uhrzeigersinn, falls eine solche Anordnung anwendbar ist), und hält an dieser unter allen Umständen fest; (7) man füttert in zufälliger Reihenfolge. Man kann nun mithilfe von Verhaltensmodellen ausrechnen, welche dieser Strategien bei unterschiedlichen Graden der Verfügbarkeit von Futter die beste ist, und dann überprüfen, ob die Vogeleltern sich »modell-konform« verhalten oder nicht. Gemessen wird der Erfolg der Fütterungsstrategie am Überlebenserfolg der Jungen, d.h. deren Erreichen des Fortpflanzungsalters.

Wie man sich leicht überlegen kann, ist jede dieser Strategien gleich gut, wenn Futter ausreichend da ist. Ist Futter aber sehr knapp, so erweist es sich als beste Strategie, entweder den jüngsten oder den größten zuerst zu füttern. Ist das Futter weder besonders knapp noch besonders reichlich, dann ist es am besten, den kleinsten Nestling zu füttern. Den Hungrigsten zu füttern ist hingegen fast immer eine schlechte Strategie. Die Überprüfung an der Realität ergab, dass sich die Vogeleltern weitestgehend an diese Strategie halten; anhand welcher Prinzipien sie dies tun, ist aber nach wie vor unklar.

Ähnliche empirische Untersuchungen bestätigen, dass sich in vielen untersuchten Fällen Tiere tatsächlich im Sinne des Modells optimal verhalten und sogar in voraussagbarer Weise ihr Verhalten ändern, wenn sich einige Variablen in der Gleichung ändern (z. B. Entfernung, Feinddruck). Die Tiere werden also so betrachtet, *als ob* sie komplizierte Berechnungen anstellten. Gleichzeitig weiß man natürlich, dass dies nicht der Fall ist, sondern dass sich die zum Teil komplizierten Verhaltensweisen oder gar Mischstrategien evolutiv herausgebildet haben. Wie kann man sich dies erklären?

126 5 Ökonomie u. Psychologie der Entscheidungsprozesse

Die Erklärung der Verhaltensökologen lautet: Tiere tun dasjenige angeborenermaßen, was sich im Laufe einer langen Evolution und damit *langfristig* als die optimale Strategie erwiesen hat. Dies ergibt sich einfach dadurch, dass alle Tiergruppen, die sich anders und damit suboptimal verhielten, ausgestorben sind. Nimmt man eine schnelle Generationenfolge, einen hohen Selektionsdruck und eine genügend lange Zeit an, so kann auf diese Weise ein sehr komplexes Verhaltensmuster entstehen, das – wie bereits erwähnt – optimal im Sinne der Rational-Choice-Theorie ist.

Dabei können manche dieser optimalen Verhaltensweisen auf den ersten Blick sogar irrational erscheinen. Dies gilt für viele Formen des »Altruismus« bei Tieren, also für Verhaltensweisen, bei denen Individuen Nachteile wie den Verzicht auf eigene Nachkommenschaft oder gar den eigenen Tod in Kauf nehmen, während die Gruppe insgesamt besser überleben und sich fortpflanzen kann. Diese Tatsache ist nicht mehr so verwunderlich, wenn man weiß, dass es sich dabei immer um Verwandte handelt (es handelt sich also um einen gemeinsamen »Gen-Pool« und damit um ein »gen-egoistisches« Verhalten), und dass Tiergruppen, die regelmäßig derart »altruistische« Individuen hervorbringen, eine höhere Überlebenschance haben und sich dadurch automatisch in der Gesamtpopulation ihres Lebensraums durchsetzen. Das heißt, nicht die altruistischen Individuen selbst, aber ihre Gene, die sie mit den Verwandten teilen, haben einen Vorteil. »Wahren« Altruismus unter nicht verwandten oder nicht gemeinsam aufgewachsenen (quasi-verwandten) Tieren scheint es im Tierreich nicht zu geben.

Sorgfältige ethnologische Untersuchungen von Gesellschaften und Bevölkerungsgruppen auf dieser Erde, welche die Segnungen der modernen Zivilisation und Wissenschaft noch nicht erfahren haben, enthüllen übrigens ähnliche Verhältnisse: Gebräuche im Zusammenhang mit Heiratssitten, Aufzucht der Nachkommenschaft, Beschaffung von Nahrung usw., die uns manchmal merkwürdig vorkommen, erweisen sich nach komplizierten Modellrechnungen als (relativ) optimal im Sinne der Überlebenschancen einschließlich der Schonung der natürlichen Ressourcen. Interessant ist, dass solche Gebräuche oft in Form »heiliger« Vorschriften auftreten (die Götter oder Ahnen wollen es so!) und kein Beteiligter in der Lage ist, deren eigentliche Zweckmäßigkeit zu benennen. Eine solche optimale Verhaltensweise setzt relativ konstante oder rhythmisch sich verändernde Umwelten voraus. Verhängnisvoll wird es dann, wenn sich die Umweltbedingungen unvorhersehbar schnell ändern, z. B. aufgrund des Einflusses der modernen Zivilisation. Dann lachen wir gern über das irrationale Verhalten der Betroffenen, aber wir vergessen dabei, dass es auch in unseren Ländern viele Gebräuche und Denkweisen gibt, die irgendwann einmal einen Sinn hatten, heute aber sinnlos geworden sind (die Silvesterknallerei ist ein harmloses Beispiel dafür, das Gewalt- und Dominanzverhalten junger Männer ein weniger harmloses).

Der Umgang mit komplexen Geschehnissen

Wir haben soeben gehört, dass Tiere, die vielleicht Bewusstsein, aber bestimmt keine aufwändigen mathematischen Methoden und leistungsfähigen Computer besitzen, in ihrem Verhalten Probleme lösen, die auch einem gewieften Entscheidungstheoretiker einiges abverlangen. Menschen haben aber gerade wegen ihrer Mathematik und insbesondere durch leistungsfähige Computer eine Möglichkeit, welche die Tiere nicht haben: Sie können komplexe Probleme simulieren und damit nach der besten Lösung suchen. Wenn die Simulationsmodelle gut sind, kann man heutzutage in wenigen Stunden oder maximal Tagen äußerst komplexe Szenarios durchrechnen, z. B. die Wirtschaftsentwicklung der nächsten drei Jahre oder die Zukunft des Klimas einschließlich des Meeresspiegels in den nächsten hundert Jahren. Mühsam ist dabei im Wesentlichen das Sammeln verlässlicher aktueller und historischer Daten – das kann Monate oder Jahre dauern.

5 Ökonomie u. Psychologie der Entscheidungsprozesse

Wenn man bei solchen »Groß-Simulationen« feststellt, dass sich bestimmte Dinge zum Schlechten hin entwickeln (etwa erhebliche Engpässe bei der Energieversorgung oder ein drastischer Anstieg des Meeresspiegels), dann erhebt sich automatisch die Frage, was man dagegen tun kann, wenn man überhaupt noch etwas tun kann. Manche Experten und viele Laien rufen dann nach »Radikallösungen«, aber viele andere warnen davor, weil dadurch alles noch viel schlimmer werde. Wieder andere sind zwar für »Radikallösungen«, sehen sie aber »unter den gegebenen politisch-gesellschaftlichen Bedingungen« als nicht machbar an. Was aber würde passieren, wenn solche Lösungen plötzlich doch möglich wären?

Einer der originellsten deutschen Psychologen, Dietrich Dörner von der Universität Bamberg, hat sich dieser Frage schon vor längerer Zeit angenommen und zusammen mit seinen Mitarbeitern Fantasieländer wie »Tanaland« oder Fantasieorte wie »Lohhausen« erfunden, und sie als Computerspiele etabliert (und dies zu einer Zeit, als so etwas noch gar nicht in Mode war!). Die hiermit gewonnenen Forschungsergebnisse hat er in seinem Buch »Die Logik des Misslingens« von 1989 zusammengefasst.

> »Tanaland ist ein Gebiet irgendwo in Ostafrika. Mitten durch Tanaland fließt der Owanga-Fluss, der sich zum Mugwa-See verbreitert. Am Mugwa-See liegt Lamu, umgeben von Obstplantagen und Gärten und von einer Waldregion. In und um Lamu wohnen die Tupi, ein Stamm, der von Ackerbau und Gartenwirtschaft lebt. Im Norden und im Süden gibt es Steppengebiete. Im Norden, in der Gegend um den kleinen Ort Kiwa, leben die Moros. Die Moros sind Hirtennomaden, die von Rinder- und Schafzucht und von der Jagd leben.«

Das Simulationsmodell enthält Daten über die Landesnatur, die Tiere und die Menschen und ihre Beziehungen untereinander. Das Leben in Tanaland ist kärglich, die Kindersterblichkeit hoch, ebenso die Stechmückenplage und die Gefährdung der

Der Umgang mit komplexen Geschehnissen **129**

Rinder. Nun haben 12 Versuchspersonen die Möglichkeit, diesen Ausgangszustand zu verbessern, und zwar für einen Zeitraum von zehn Jahren. Sie haben innerhalb dieses Zeitraums sechsmal zu frei gewählten Zeitpunkten (nahezu) unbeschränkte Eingriffsmöglichkeiten in Form der Veränderung der Infrastruktur, des Gesundheitssystems, der Natur und der Geburtenkontrolle und können bestimmte negativ verlaufende Entwicklungen beim nächsten Eingriff wieder rückgängig machen.

Die Ergebnisse der virtuellen Regierungstätigkeit der Versuchspersonen waren höchst unterschiedlich, endeten aber in der Mehrzahl in irgendeiner Art von humanitärer, ökonomischer oder ökologischer Katastrophe. Ein Vorteil der Simulation ist, dass man das Fehlverhalten der Versuchspersonen genau analysieren kann. Dieses Fehlverhalten war von sehr genereller Natur, so dass man es durchaus als exemplarisch für den Umgang von Menschen mit komplexen Systemen nehmen kann. Die gröbsten Fehler lauteten: (1) Loslegen mit »Reform-Maßnahmen« ohne ausreichende vorherige Situationsanalyse; (2) Nichtberücksichtigen der gegenseitigen positiven oder negativen Beeinflussung der meisten Faktoren und Maßnahmen; (3) Konzentration auf das unmittelbare Geschehen und Nichtberücksichtigen von Fern- und Nebenwirkungen der ergriffenen Maßnahmen; (4) der starre Glaube, die richtige Methode zu besitzen; (5) Flucht in neue Projekte, wenn etwas schief zu gehen droht; (6) Ergreifen immer radikalerer Maßnahmen, wenn Dinge aus dem Ruder laufen.

Ähnliche Ergebnisse erzielte die Simulation von Lohhausen.

»Lohhausen ist eine kleine Stadt mit etwa 3700 Einwohnern, die irgendwo in einem deutschen Mittelgebirge liegt. Die wirtschaftliche Situation von Lohhausen ist durch die städtische Uhrenfabrik bestimmt. Diese gibt den meisten Bewohnern von Lohhausen Arbeit und Brot. Darüber hinaus aber finden sich in Lohhausen noch andere Institutionen, natürlich gibt es Einzelhandelsgeschäfte verschiedener Art, es gibt eine Bank, Arztpraxen, Gasthäuser usw.«

130   5 Ökonomie u. Psychologie der Entscheidungsprozesse

In diesem Computerspiel durften insgesamt 48 Versuchspersonen »Bürgermeister« spielen und waren dabei mit großer Machtfülle ausgestattet, weit mehr, als einem realen Bürgermeister in der Regel zukommt. Zum Beispiel konnten die »Bürgermeister« Steuern erhöhen oder senken, in das Freizeitverhalten, den Wohnungsmarkt, den Arbeitsmarkt usw. eingreifen – und das alles »zum Besten von Lohhausen«! Dies konnten sie in 8 »Eingreifsitzungen« während virtueller 10 Jahre tun.

Es zeigte sich, dass wiederum nur ein Teil (ca. die Hälfte) der Personen mit dem hohen ökonomisch-ökologisch-politischen Vernetzungsgrad der nur scheinbar kleinen Stadt einigermaßen zurechtkamen, die anderen aber Lohhausen schnell herunterwirtschafteten, obwohl sie doch das Beste wollten! Dabei wurden im Prinzip dieselben Fehler gemacht wie im Tanaland: (1) Man fing mit einzelnen Maßnahmen an, die einem gerade ins Auge stachen, z. B. dem Freizeitverhalten der Leute, und analysierte nicht sorgfältig vorher, wo die strukturellen Probleme des Ortes lagen; (2) man bedachte nicht die mittel- und langfristigen Folgen der einzelnen Maßnahmen und die Auswirkungen auf andere Bereiche (das Anheben der Steuerbelastungen einer bestimmten Bevölkerungsgruppe führt z. B. zu deren Wegzug und damit zu mehr Steuerausfällen als Einnahmen); (3) mangelnde Überprüfung der Arbeitshypothesen an der Realität; (4) sprunghaftes Starten neuer Projekte bei ersten Misserfolgen statt kontinuierlichen und realitätsüberwachten Verfolgens einer Strategie auch gegen Widerstände; (5) Sich-Drücken vor der Eigenverantwortung und Suche nach Sündenböcken.

Dörner belegt in seinem Buch anhand vieler Beispiele wie dem Schicksal realer afrikanischer Entwicklungsländer, Tschernobyl und der Ausbreitung von Aids, dass seine Befunde zu »Tanaland« und »Lohhausen« durchaus sehr real sind und die geringe Fähigkeit des Menschen widerspiegeln, komplexe Systemzusammenhänge zu verstehen und zu steuern. Dabei bildet die Missachtung der Vernetzung der Systemkomponenten und des Vorliegens positiver Rückkopplungen die größte Gefahr.

Der Umgang mit komplexen Geschehnissen 131

Dies führt zum Beispiel dazu, dass Dinge sich in dramatischer Weise aufschaukeln, und zwar meist mit einer tückischen Zeitverzögerung – man spricht hier von »Tot- oder Verzögerungszeiten«, in denen das System auf einen Eingriff scheinbar nicht reagiert und man den Eingriff deshalb verstärkt (in einer Dusche älterer Bauart, bei der das Wasser erst mit einer gewissen Verzögerung heißer oder kälter wird, haben sich viele schon gehörig verbrüht!), um ihn dann abrupt zurückzufahren. Das System wird dann extrem instabil und kann kollabieren (genau das war in Tschernobyl der Fall). Ebenso führt es dazu, dass beim Ansteigen einer einzelnen Systemkomponente eine andere, die man gar nicht verändern wollte bzw. gar nicht beachtet hatte, ebenfalls mit ansteigt oder steil abfällt.

Was braucht man, um mit solchen komplexen Systemen fertig zu werden? Das Wichtigste ist wohl, sich einen Eindruck von den Hauptfaktoren (oder -komponenten) des Systems und ihrer positiven oder negativen Kopplung zu machen und sich klare langfristige Ziele zu setzen, statt in einen blinden Aktionismus zu verfallen (so populär er sein mag). Ein komplexes System ist nie vollkommen durchschaubar und beherrschbar, und so wird man bei begrenztem Wissen Maßnahmen zuerst immer wohldosiert und mit Geduld treffen, um die gefährlichen positiven und negativen Kopplungen und die ebenso gefährlichen Verzögerungszeiten erkennen zu können. Das Schwierigste ist wohl der Kompromiss zwischen dem Warten auf den Erfolg und dem Treffen neuer Maßnahmen; panische (oder durch die öffentliche Meinung erzwungene) Ad-hoc-Maßnahmen führen in jedem Fall in die Katastrophe. Dörners Untersuchungen zeigen nachdrücklich die starken Beschränkungen unseres Verstandes, wenn es um komplexe Entscheidungen geht.

132 5 Ökonomie u. Psychologie der Entscheidungsprozesse

Bauchentscheidungen, Kopfentscheidungen – oder etwas Drittes?

Sollen wir uns also gleich auf »Bauchentscheidungen« zurück-
ziehen, wenn doch der Verstand oft überfordert ist? Neueste
Untersuchungen zeigen, dass dies ein Fehlschluss ist. Rationale
Entscheidungen sind in der Regel besser als »Bauchentscheidungen«, d. h. Entscheidungen unter hoch affektiven bzw. hoch
emotionalen Bedingungen (»Dem wird ich's zeigen! Jetzt haue
ich auf den Tisch! Jetzt sag' ich endlich dem Chef die Meinung!«). Es empfiehlt sich immer zu fragen: Hast du dir die
Konsequenzen deines Verhaltens gut überlegt? Machst du dir
den Kollegen nicht zum Todfeind? Hast du bereits eine neue
Stellung sicher, wenn du dem Chef jetzt die Meinung sagst?

Das rationale Vorgehen stößt jedoch (siehe oben) an seine
Grenzen, wenn die Situation sehr komplex ist und damit die
Anfangs- und Randbedingungen unklar, die Zahl relevanter Faktoren unbekannt, die Risiken nicht abschätzbar sind usw. Hier
gibt es eine Strategie, die von vielen erfahrenen Entscheidern
seit langem intuitiv angewandt wird, aber wissenschaftlich nicht
in Ehren stand, insbesondere weil man sie nicht gut erklären
konnte. Es ist die Strategie des »unbewussten Entscheidens«.
Eine holländische Arbeitsgruppe hat kürzlich Aufsehen erregende Untersuchungen hierzu veröffentlicht (Dijksterhuis et al.,
2006).

Diese Arbeitsgruppe führte eine Serie von vier Untersuchungen durch. In der ersten Untersuchung sollten sich Versuchspersonen zwischen vier (hypothetischen) Autos entscheiden,
wobei die Autos entweder durch vier oder durch zwölf positive
oder negative Merkmale bestimmt waren (einfache vs. komplexe
Entscheidungssituation). Die Versuchspersonen sollten die Informationen (Merkmale) lesen und konnten dann entweder für
vier Minuten darüber nachdenken, ehe sie sich für ein Auto entschieden, oder sie wurden für vier Minuten durch eine andere
Aufgabe vom Nachdenken abgelenkt, ehe sie sich ebenfalls ent-

Bauchentscheidungen, Kopfentscheidungen...? **133**

schieden. Das Resultat war sehr überraschend: In der einfachen Entscheidungssituation (vier Merkmale) entschieden sich diejenigen für das tatsächlich beste Auto, die bewusst über die Entscheidung nachdachten, während in der komplexen Entscheidungssituation diejenigen besser abschnitten, die keine bewusste Entscheidung treffen konnten, weil sie abgelenkt waren.

In der zweiten Untersuchung wurden Versuchspersonen nicht nach der Wahlentscheidung, sondern nach der Attraktivität der Autos gefragt. Auch hier schnitten die Versuchspersonen mit bewusstem Abwägen bei einfacher Merkmalssituation besser ab und die Versuchspersonen mit unbewusstem Abwägen bei komplexer Merkmalssituation.

In der dritten Untersuchung wurden Versuchspersonen befragt, die 40 verschiedene Produkte unterschiedlicher Komplexität (von der Zahnpasta bis zur teuren Kamera) gekauft hatten. Überprüft wurden die Zeit, die sie mit Überlegungen vor dem Kauf verbracht hatten, sowie die Zufriedenheit mit dem Produkt nach dem Kauf. Auch hier zeigte sich, dass die Versuchspersonen bei einfachen Produkten am zufriedensten waren, wenn sie sich den Kauf gut überlegt hatten, aber bei komplexen Produkten waren sie umso unzufriedener, je länger sie sich den Kauf überlegt hatten.

In der vierten Untersuchung wurden Personen befragt, die gerade in einem üblichen Kaufhaus Alltagsprodukte oder bei IKEA Möbel gekauft hatten, was meist eine komplexere Angelegenheit ist. Die Leute wurden nach dem Produkt, seinem Preis und der Vertrautheit damit und nach der Zeit des Überlegens vor dem Kauf gefragt. Ein paar Wochen danach wurden dieselben Personen angerufen und gefragt, wie zufrieden sie mit dem Kauf waren. Heraus kam wiederum, dass die Leute, die nach reiflichem Überlegen einfache Produkte gekauft hatten, ebenso zufrieden waren wie diejenigen Leute, die ohne großes Überlegen komplexe Produkte gekauft hatten, während dies beim jeweiligen Gegenteil nicht der Fall war.

Bei der Beurteilung dieser Ergebnisse ist es wichtig zu beach-

134 5 Ökonomie u. Psychologie der Entscheidungsprozesse

ten, dass es *nicht* um den Gegensatz zwischen schneller Entscheidung ging – d. h. unter Zeitdruck bzw. aus dem Bauch heraus, oder aber aus wohlüberlegter Entscheidung –, sondern um bewusste oder unbewusste Entscheidung im selben Zeitrahmen. Während die einen nachdachten, ließen die anderen die Frage »ruhen«. Ebenso ging es um die Kaufentscheidung, mit der die Leute anschließend am zufriedensten waren, und nicht um eine abstrakt »optimale« Entscheidung. Letzteres ist sofort einsichtig: Die beste Entscheidung ist die, die man auch lange Zeit später noch für die richtige hält. Ersteres ist hingegen nicht so leicht einzusehen. Man hätte erwarten können, dass bei komplexen Entscheidungssituationen ein Nachdenken nicht mehr bringt als ein »Ruhen-Lassen«, aber nicht, dass das Nachdenken an sich schlechter ist.

Genauere Analysen des Ablaufs von Denk- und Entscheidungsprozessen geben jedoch Hinweise auf eine Antwort. Wie schon weiter oben festgestellt, ist unser Denken schnell überfordert, wenn eine Situation auch nur mäßig komplex wird. Dies hängt mit der äußerst beschränkten Verarbeitungskapazität unseres Arbeitsgedächtnisses und der damit eng verbundenen Konzentrationsfähigkeit zusammen. Man kann bekanntlich nur ungefähr fünf einfache Dinge im Kopf behalten und nicht mehr als zwei Vorgänge gleichzeitig intensiv verfolgen (auch das ist schon schwer) – bei dreien nimmt die allgemeine Aufmerksamkeit drastisch ab, und man muss mit seiner Aufmerksamkeit dann hin und her springen. Dasselbe gilt für mehr als zwei Faktoren, mit denen man gleichzeitig gedanklich hantieren soll. Am leistungsfähigsten ist unser Aufmerksamkeitsbewusstsein dann, wenn es sich voll und ganz in eine Sache vertiefen kann.

Unser Gehirn verfügt aber neben dem Aufmerksamkeitsbewusstsein über eine ganz andere Möglichkeit, Probleme zu lösen, nämlich das Vorbewusstsein, über das wir bereits im dritten Kapitel einiges gehört haben. Es ist der Ort des intuitiven Problemlösens, und seine Fähigkeit zur Verarbeitung komplexer Informationen ist ungleich größer als die des bewussten Arbeits-

Bauchentscheidungen, Kopfentscheidungen...? 135

gedächtnisses. Es ist nur nicht dem aktuellen Bewusstsein zugänglich. Die Berichte über große Entdeckungen und Erfindungen sind voll von solchen »Einfällen«: Menschen grübeln und grübeln, geben dann vorübergehend oder endgültig die Suche auf – und plötzlich fällt ihnen die Lösung ein. Natürlich ist dies nicht zwingend (das Aufgeben führt nicht notwendig zur intuitiven Lösung), aber gerade die Großartigkeit mancher Lösungen ist eng verbunden mit dem Grad an Intuition. Wie dieses intuitive Netzwerk im Gehirn genau funktioniert, ist nicht klar, aber einige Vorstellungen dazu werden wir noch kennen lernen.

KAPITEL 6

Psychologie und Neurobiologie von Verstand und Gefühlen

Wir haben gehört, dass Verstand und Vernunft einen schweren Stand haben, wenn es um komplexe Entscheidungen geht. Dies hören nicht alle gern, gelten doch Verstand und Vernunft als die herausragendsten Merkmale des Menschen. Gefühle dagegen gelten gemeinhin als Feinde von Verstand und Vernunft. Wir haben aber auch gehört, dass menschliche Entscheidungen, so rational sie meist sein wollen, durch Gefühle stark beeinflusst werden. Wie dies jedoch geschieht, und ob dies wirklich schlecht ist, haben wir noch nicht untersucht. Deshalb müssen wir uns über das Verhältnis von Verstand bzw. Vernunft und Gefühlen Gedanken machen und uns zuerst über die Begrifflichkeiten klar werden.

Unter *Verstand* kann man am besten die Fähigkeit zum Problemlösen mithilfe erfahrungsgeleiteten und logischen Denkens verstehen. Verstand beinhaltet die Fähigkeit, Aufgaben in einer vorgegebenen Zeit zu identifizieren und vorhandenes Wissen richtig anzuwenden, z. B. um Probleme zu lösen oder einen persönlichen Vorteil zu gewinnen. Diese Fähigkeit ist mehr oder weniger identisch mit *Intelligenz*, also mit dem, was ein Intelligenztest misst. Über Intelligenz haben wir bereits im ersten Kapitel gehört. Wie erinnerlich, unterscheidet man eine *allgemeine Intelligenz*, allgemein »g-Faktor« genannt, die aus der Grundfertigkeit, schnell Informationen zu verarbeiten, besteht, und eine *Bereichs-Intelligenz*, die ganz unterschiedliche Wissensbereiche bzw. Expertenwissen umfasst. Ein intelligenter Mensch muss entsprechend nicht nur in der Lage sein, schnell Probleme zu erkennen, sondern er muss auch über Wissen verfügen, wie

6 Psychologie und Neurobiologie **137**

das Problem gelöst werden kann, und er muss natürlich auch in der Lage sein, dieses Wissen schnell und effektiv anzuwenden. Psychologen sagen uns, dass dies drei unabhängig voneinander bestehende Fähigkeiten sind (vgl. hierzu Asendorpf, 2004; Neubauer und Stern, 2007).

Unter *Vernunft* versteht man hingegen meist die Fähigkeit zum Erfassen übergeordneter Zusammenhänge, Gesetzmäßigkeiten und Prinzipien. Vernünftig handle ich, wenn ich gewohnt bin, die mittel- und langfristigen Konsequenzen meines Handelns abzuwägen. Dabei kommt es nicht nur auf meinen privaten Vorteil an, sondern auch auf die soziale Akzeptanz meines Handelns. Wir Menschen können biologisch und psychisch allein nicht überleben, und deshalb ist das, was unsere Mitmenschen denken, fühlen und tun, von größter Bedeutung für unsere eigene Existenz. Aus diesem Grunde ist die Frage »Was werden die anderen dazu sagen?« so wichtig. Vernünftiges Handeln berücksichtigt diese soziale Dimension und verzichtet manchmal auf den schnellen Gewinn, auf den unmittelbaren Vorteil, schlägt Umwege ein und schließt Kompromisse, ohne das große Ziel aus den Augen zu verlieren. Vernunft ist mit Klugheit gepaart und führt zusammen mit Lebenserfahrung zu Weisheit.

Aus dem Gesagten folgt, dass ein intelligenter Mensch nicht unbedingt vernünftig oder gar weise sein muss und ein intelligentes Handeln nicht unbedingt ein vernünftiges Handeln. Umgekehrt muss ein weiser Mensch nicht unbedingt besonders intelligent im Sinne schnellen Problemlösens sein; manche weise Menschen denken eher langsam, dafür aber tief. Ein weiser Mensch muss auch nicht unbedingt über ein bestimmtes Expertenwissen verfügen, aber eine große Lebenserfahrung ist wohl notwendig.

138 6 Psychologie und Neurobiologie

Wo im Gehirn sitzen Verstand und Vernunft?

In der Psychologie war lange Zeit umstritten, was unter der
»allgemeinen Intelligenz« zu verstehen sei. Entweder handelte
es sich um eine bestimmte Fähigkeit des Gehirns, auf die alle
Wissensbereiche zurückgreifen müssen, oder es war einfach die
durchschnittliche Qualität aller Wissensbereiche, die mehr oder
weniger unabhängig voneinander arbeiteten. Diese Frage konnte
vor einigen Jahren von britischen und deutschen Neurowissen-
schaftlern mithilfe der funktionellen Bildgebung, hier der Positronen-Emissions-Tomographie (PET; s. Exkurs 1), weiter ge-
klärt werden (Duncan et al., 2000). Im ersteren Fall sollte bei
ganz unterschiedlichen Teilaufgaben eines Intelligenz-Tests eine
bestimmte Hirnregion immer beteiligt sein, im letzteren Fall
sollten hierbei jeweils unterschiedliche Hirnregionen aktiviert
sein. Die Untersuchungen ergaben eine eindeutige Antwort: Bei
allen unterschiedlichen Teilaufgaben war immer diejenige Hirnregion beteiligt, die man schon lange in Verdacht hatte, »Sitz«
der Intelligenz zu sein, nämlich der dorsolaterale präfrontale
Cortex (Abbildung 2, S. 39). Allerdings kamen der ventromediale präfrontale Cortex und der angrenzende anteriore cinguläre
Cortex hinzu (vgl. Abbildung 3, S. 40).

Man kann also aufgrund dieser und anderer neurowissenschaftlicher Untersuchungen sagen, dass *Verstand* und *Intelligenz*
(zumindest was die generelle oder »fluide« Intelligenz betrifft)
im dorsolateralen präfrontalen Cortex angesiedelt sind. Das ist
nicht verwunderlich, denn dieser Hirnteil hat mit dem Erfassen
der handlungsrelevanten Sachlage, mit zeitlich-räumlicher
Strukturierung von Wahrnehmungsinhalten zu tun, mit plan-
vollem und kontextgerechtem Handeln und Sprechen und mit
der Entwicklung von Zielvorstellungen. Verletzungen in diesem
Bereich der Großhirnrinde machen einen Patienten typisch *unintelligent*: Er erkennt nicht mehr, was Sache ist, kann keine Probleme mehr lösen, kapiert nichts und tendiert dazu, stereotyp
vorzugehen, auch wenn sich Dinge und Situationen stark ändern.

Im dorsolateralen präfrontalen Cortex findet sich auch das *Arbeitsgedächtnis*. Es ist die Grundlage dessen, was wir gerade in unserem Bewusstsein haben und womit wir uns gerade aufmerksam beschäftigen, z. B. einen Vorgang oder ein Ding genau betrachten, über ein Problem nachdenken oder uns etwas ganz Bestimmtes merken.

Nachdenken und Problemlösen sind häufig ein schwieriges Geschäft. Wir müssen dabei die richtigen Gedanken und Erinnerungen zusammenfügen und damit geistig »hantieren«. Das Arbeitsgedächtnis stellt ein Netzwerk dar, das auf das schnelle Zusammenfügen wichtiger Inhalte spezialisiert ist, und diese Inhalte müssen aus den verschiedenen Wahrnehmungsarealen und den vielen entsprechenden Gedächtnisschubladen in den hinteren Teilen der Großhirnrinde (also im temporalen, parietalen und okzipitalen Cortex) abgerufen und auf sehr variable Weise zusammengefügt werden. Die neurobiologisch-psychologische Intelligenzforschung zeigt, dass dieses Arbeitsgedächtnis der eigentliche Flaschenhals beim Problemlösen ist und dass intelligente Leute bewusst und unbewusst Tricks auf Lager haben, wie sie diesen Flaschenhals schneller passieren (Eselsbrücken und sonstige Merkhilfen).

Intelligente Menschen verarbeiten Informationen nicht nur physiologisch schneller und fügen deshalb Inhalte effektiver zusammen, wie Untersuchungen zur Geschwindigkeit der Reizfortleitung in der Großhirnrinde gezeigt haben, sondern sie machen dies auch mit weniger Aufwand und beanspruchen die Energiereserven des Gehirns weniger (vgl. Neubauer und Stern, 2007). Dies ist intuitiv einsichtig: Während der weniger Intelligente bei einem bestimmten Problem ins Schwitzen kommt (das ist ein klares Anzeichen dafür, dass das Gehirn sich anstrengen muss!), erledigt der Intelligente die Sache mit dem kleinen Finger. Er sieht schneller, wo das Problem liegt, und kann schneller das nötige Fachwissen für den Lösungsweg zusammenfügen.

Die britisch-deutschen Forscher fanden bei ihren PET-Unter-

140 6 Psychologie und Neurobiologie

suchungen neben dem dorsolateralen Cortex immer eine Beteiligung des ventromedialen präfrontalen und anterioren cingulären Cortex. Auch dies ist nicht verwunderlich, denn wie wir im 2. Kapitel erfahren haben, haben beide mit Aufmerksamkeit und Fehlererkennung zu tun, also Funktionen, die unbedingt zu intelligenten Leistungen gebraucht werden.

Die *Vernunft* hat überwiegend im orbitofrontalen und angrenzenden Teilen des ventromedialen präfrontalen Cortex ihren Sitz. Dieser Cortexteil überprüft, wie bereits erwähnt, zusammen mit anderen Hirnteilen die längerfristigen Folgen unseres Handelns und lenkt entsprechend dessen Einpassung in soziale Regeln und Erwartungen. Eine wesentliche Funktion besteht im Aufstellen von Handlungszielen aufgrund früherer Erfahrung (vgl. Roberts, 2006). Eine andere wesentliche Funktion besteht in der Kontrolle impulsiven, individuell-egoistischen Verhaltens, das von den subcorticalen limbischen Zentren vermittelt wird. Schädigungen im orbitofrontalen Cortex führen zum Verlust der Fähigkeit, den sozial-kommunikativen Kontext, z. B. die Bedeutung von Szenendarstellungen oder die Mimik von Gesichtern, zu erfassen. Solche Patienten gehen trotz besseren Wissens große Risiken ein und wirken daher unvernünftig. Insgesamt kann man den orbitofrontalen Cortex als »Sitz« von Moral, Ethik und Gewissen ansehen (Damasio, 1994; Bechara et al., 1995, 1997; Anderson et al., 1999).

Ich habe bereits erwähnt, dass der dorsolaterale präfrontale und der orbitofrontale Cortex zu unterschiedlichen Zeiten der Hirnentwicklung ausreifen. Beide werden im Vergleich zu den sensorischen und motorischen Gebieten der Hirnrinde relativ spät voll funktionsfähig, aber der dorsolaterale präfrontale Cortex beginnt um das sechste Lebensjahr herum gut zu arbeiten (dies bedingt u. a. die Schulreife), und in diesem Alter können Kinder schon »ganz schön schlau« sein. Der orbitofrontale Cortex reift wesentlich später aus, d. h. nach dem 10. Lebensjahr, während der Pubertät und bis zum 20. Lebensjahr, eben wenn junge Menschen (hoffentlich) zu einiger Vernunft kommen. Die individuelle Intelligenz entwickelt sich also früher als die soziale Intelligenz, und das schafft im Jugendalter häufig große Probleme (Jugendstreiche).

Was sind Gefühle und wo im Gehirn sitzen sie?

Gefühle im weiteren Sinne umfassen zum einen *körperliche Bedürfnisse* wie Müdigkeit, Durst, Hunger, Geschlechtstrieb und den Drang nach dem Zusammensein mit anderen Menschen. Diese Bedürfnisse gehören zu unserer Grundausstattung, und wir können gegen sie entweder überhaupt nichts oder nur in sehr begrenztem Maße etwas tun. Ihre Befriedigung erzeugt Lust und Wohlbefinden, die allerdings nicht lange anhalten. Zum zweiten gehören dazu die *Affekte* wie Wut, Zorn, Hass, Panik und Aggressivität, die uns mitreißen, die wir genauso wenig lernen müssen wie die körperlichen Bedürfnisse, und die beinahe ebenso schwer zu kontrollieren sind. Auch sie sind mit einer merkwürdigen Lust verbunden, insbesondere im Zusammenhang mit Zerstörung und körperlicher Gewalt (zumindest im männlichen Geschlecht).

Von diesen grundlegenden körperlichen Bedürfnissen und Affekten sind die *Emotionen* oder Gefühle im engeren Sinne wie Furcht, Angst, Freude, Glück, Verachtung, Ekel, Neugierde, Hoffnung, Enttäuschung, Erwartung, Hochgefühl und Niedergeschlagenheit zu unterscheiden – dies sind nach Aussage von Psychologen unsere Grundgefühle, die sich unendlich mischen können und unsere Gefühlswelt ausmachen. Soweit wir wissen, sind zumindest diese Grundgefühle angeboren, denn ausgedehnte Untersuchungen des amerikanischen Psychologen und Anthropologen Paul Ekman zeigen, dass alle Menschen auf der Welt solche Grundgefühle haben, gleichgültig, wie sie diese sprachlich benennen.

Zwischen Affekten und Emotionen gibt es einen wichtigen Unterschied. Während die Affekte meist durch bestimmte Anlässe oder Standardsituationen vorgegeben sind und dann los-

142   6 Psychologie und Neurobiologie

brechen, ordnen sich die Gefühle bestimmten Geschehnissen in uns und in der Welt in sehr variabler Weise zu. Starke Bedrohung führt zu Aggression oder Panik, eine tief enttäuschte Liebe zu Hass, starker Stress oder Frust zu Wut und Zorn. *Was* mir aber im einzelnen Freude und Glück bereitet, kann so unterschiedlich sein wie die individuellen Lebensverhältnisse, und dies ist für Ekel, Hoffnung und Verachtung genauso. Was der eine mit Hochgenuss tut oder verspeist, mag den anderen ekeln, des einen Freude ist möglicherweise des anderen Schmerz, des einen Hoffnung des anderen Enttäuschung. Natürlich gibt es einige wenige Dinge, die nahezu allen Menschen Freude und Glück oder Furcht und Angst bereiten, aber damit hört es auch schon auf.

Der Grund hierfür liegt im Prozess der *emotionalen Konditionierung*: Wir tun oder erleben etwas, und dies hat für uns entweder positive, negative oder neutrale Konsequenzen. Diese unterschiedlichen Konsequenzen werden von unserem Gehirn bewusst oder unbewusst registriert und fest verbunden mit den Ereignissen oder Handlungen in unserem Erfahrungsgedächtnis abgespeichert. Dieser Prozess beginnt schon vor der Geburt und setzt sich das ganze Leben hindurch fort. Um den sich dabei anhäufenden ungeheuren Vorrat an Erfahrung schnell zugänglich zu machen, versieht das Gehirn die unterschiedlichen Konsequenzen und Erfahrungen mit emotionalen »Etiketten« oder »Markern«, wie dies der amerikanische Hirnforscher Antonio Damasio ausgedrückt hat (Damasio, 1994). Wann immer wir in eine Situation kommen, die das Gehirn als »bekannt« oder zumindest als »ähnlich« einstuft, werden bestimmte Gefühle aufgerufen, die uns als eine Art von Kurzbotschaften des Erfahrungsgedächtnisses raten, was wir zu tun und zu lassen bzw. wovor wir uns in Acht zu nehmen haben.

Der Anblick einer runden, rot glühenden Scheibe auf dem Herd ist für ein kleines Kind erst einmal ein interessanter Gegenstand. Nachdem das Kind sie aber angefasst und sich gehörig die Finger verbrannt hat, wird dieser Gegenstand mit der Schmerz-

Was sind Gefühle und wo im Gehirn sitzen sie? **143**

empfindung verbunden, und die heiße Herdplatte erhält das Etikett »schmerzhaft«. Immer wenn das Kind die glühende Herdplatte wieder sieht, wird diese Bewertung aufgerufen, und es hat bewusst oder unbewusst Furcht davor, mit der Herdplatte in Berührung zu kommen. Entsprechend geht es uns mit einem Menschen, mit dem wir ein- oder zweimal sehr schlechte Erfahrungen gemacht haben – beim Wiedersehen haben wir sofort Furcht vor diesem Menschen oder zumindest unangenehme Gefühle, und oft fühlen wir im Voraus den Kummer. Die entsprechende Botschaft lautet: »Nimm dich in Acht« oder besser »verkrümele dich, ehe er dich sieht«. Umgekehrt wird der Anblick bestimmter Nahrungsmittel für uns sehr erfreulich, nachdem wir die Erfahrung gemacht haben, dass sie gut schmecken. Unser Gefühl sagt uns »Greif zu!«. Bestimmte Erfahrungen führen zu tiefer Niedergeschlagenheit, weil sie eine bestimmte negative Erfahrung noch weiter verstärken, oder sie führen zu Begeisterung. Emotionen leiten und bewegen uns – sie werden damit, wie wir hören werden, zur Grundlage von *Motivation*.

Lernen in Form von emotionaler Konditionierung gehört zu unserem täglichen Leben. Viele Dinge und Geschehnisse sind nicht unter allen Umständen und für alle Personen gleichermaßen positiv oder negativ, sondern das müssen wir durch individuelle lust- oder leidvolle Erfahrungen herausfinden. Nicht immer erzeugt eine Herdplatte schmerzhafte Verbrennungen (z.B. wenn sie kalt ist), nicht jeder unfreundlich aussehende Mensch ist tatsächlich unfreundlich, und nicht jeder freundlich aussehende Mensch meint es gut mit uns. Emotionale Konditionierungen bilden sich meist nicht aufgrund eines einmaligen Erlebnisses aus, sondern bestimmte negative oder positive Erfahrungen müssen wiederholt gemacht werden, um sich fest in unserem emotionalen Erfahrungsgedächtnis zu verankern. Allerdings geht diese Verankerung umso schneller vor sich, je stärker die emotionalen Begleitzustände oder Folgen von Ereignissen waren. Passiert etwas, das große Freude, große Lust, starken

144 6 Psychologie und Neurobiologie

Schmerz oder große Furcht in uns auslöst, dann kann sich diese Kopplung schon beim ersten Mal unauslöschlich in uns einprägen. Bei negativen Erlebnissen wie grässlichen Unfällen, Vergewaltigung oder Todesangst nennt man dies *psychische Traumatisierung*.

Das limbische System als Entstehungsort der Gefühle

Wo entstehen und sitzen nun die Affekte und Gefühle? Erst einmal scheinen sie nichts mit dem Gehirn zu tun zu haben, sondern mit unserem *Körper*. Uns hüpft das Herz vor Freude, wir haben vor einer unangenehmen Situation Magendrücken, uns zittern die Hände und schlottern die Knie vor Angst, uns platzt vor Wut der Kragen. Es ist schwer, diese körperlichen Zustände zu verbergen, wenn wir starke Gefühle haben. Natürlich können wir durch langes Training halbwegs einen Zustand des »Sich-in-der-Gewalt-Habens« erreichen, aber ganz wird uns dies wohl nicht gelingen. Vielmehr ist es so, dass mit den verminderten körperlichen Reaktionen auch die Gefühle schwinden. Der enge Zusammenhang zwischen Affekten bzw. Gefühlen und körperlichen Zuständen ist leicht einzusehen. Affekte und Gefühle sollen uns zu einem bestimmten Verhalten veranlassen, und zwar umso mehr, je stärker sie sind. Wir sollen von unserem Erfahrungsgedächtnis gezwungen werden, etwas Bestimmtes zu tun oder zu lassen, zu kämpfen oder zu fliehen, Dinge anzupacken oder sie möglichst zu meiden.

Entsprechend haben nahezu alle Religionen und Kulturen die Gefühle im Körper angesiedelt, meist im Herzen oder im Bauch, denn dort ist bei Affekten und starken Gefühlen am meisten los. Im Exkurs 2 haben wir im Zusammenhang mit der Lehre des griechischen Philosophen Platon schon davon gehört. Das alles ist jedoch ein Irrtum, wenngleich ein verständlicher, denn wir werden dabei von unserem Gehirn fundamental getäuscht. Gefühle entstehen ausschließlich im Gehirn, allerdings erst einmal unbewusst in Zentren des limbischen Systems. Sie werden

Das limbische System als Entstehungsort der Gefühle **145**

uns dann bewusst, wenn Signale von diesen limbischen Zentren in die Großhirnrinde dringen. Die Großhirnrinde ist wie dargestellt der Sitz des Bewusstseins, und alles, was nicht in der Großhirnrinde geschieht, ist prinzipiell unbewusst. Allerdings »projiziert« das Gehirn sozusagen die Empfindungen in den Körper »zurück«: Wir erleben dann unangenehme Gefühle im Bauch, aber dies geschieht im *Bauch des Körperschemas im Gehirn*, nicht im richtigen Körper. Es ist der vom Gehirn konstruierte und im Gehirn befindliche »Körper«, der weh tut – Schmerz ist immer ein Gehirnkonstrukt!

Die Amygdala und das mesolimbische System sind die Hauptorte der unbewussten emotionalen Konditionierung (vgl. LeDoux, 1998). Beide erhalten »auf kurzem Wege« Mitteilungen von den Sinnesorganen und den ihnen nachgeschalteten Verarbeitungszentren im Mittel- und Zwischenhirn. Vom Zwischenhirn (genauer vom dorsalen Thalamus) aus trennen sich die sensorischen Bahnen, von denen einige zur Amygdala und zum mesolimbischen System gehen (und zu anderen limbischen Zentren) und die anderen zu den sensorischen und anschließend zu den assoziativen Arealen der Großhirnrinde. Die ersteren Bahnen sind schneller, aber die dabei mitgeteilte Information ist gröber in der Auflösung. Als Folge davon nehmen Amygdala und mesolimbisches System die Ereignisse früher, aber schemenhafter wahr, während die Großhirnrinde langsamer, aber mit feinerer Auflösung arbeitet. Dies erleben wir etwa, wenn wir die Finger von der Herdplatte schon weggezogen haben (eine unbewusste Reaktion), ehe es weh tut (eine bewusste Empfindung), oder wenn wir bei einem lauten Knall oder hellen Blitz zusammenzucken oder in Deckung gehen, ehe wir (über die Aktivität der Großhirnrinde) bewusst erleben, was eigentlich passiert ist.

Diese Konditionierung stellt man sich so vor, dass die neuronale Repräsentation des Erlebnisses oder Objekts und eines bestimmten emotionalen Zustands (Furcht, Freude bzw. Lust) über spezielle synaptische Kontakte so eng miteinander verbun-

146 6 Psychologie und Neurobiologie

den werden, dass sie regelmäßig zusammen auftreten. Manchmal, wenn ein Objekt oder ein Ereignis mit einem sehr starken emotionalen Erleben verbunden ist, kann eine feste »Assoziation« von Reiz und Emotion sofort erfolgen, aber in aller Regel bedarf es mehrerer solcher Erfahrungen, bis diese synaptische Paarung stabil wird. Diese Stabilität kann so groß werden, dass spätere gegenteilige Erfahrungen daran gar nichts oder nur über sehr lange Zeit hinweg etwas korrigieren.

Dies kennen wir nur zu gut: Wenn wir mit einem Menschen oder einem Hund erst einmal schlechte Erfahrungen gemacht haben, dann ist es sehr schwer, durch eine Reihe von positiven Erfahrungen davon loszukommen. Auch wenn wir auf der Bewusstseinsebene gar keine Angst mehr vor dem Nachbarhund haben, der uns einmal gebissen hat, so wird uns ein genau beobachtender Psychologe nachweisen können, dass wir zögern, wenn wir auf ihn zugehen – jedenfalls zögern wir länger als *vor* der negativen Erfahrung. Im Alltag spielen solche Konditionierungen eine große Rolle und bringen uns oft dazu, Dinge zu tun oder zu lassen, ohne dass wir eigentlich wissen, warum. Ein wichtiger Grund hierfür ist, dass frühe oder mehrfach wiederholte positive und insbesondere negative Erfahrungen sich unbewusst auf der Ebene des mesolimbischen Systems und der Amygdala auf synaptischer Ebene so hartnäckig miteinander verbinden, dass es schwer oder gar unmöglich wird, diese Verbindungen später wieder zu lösen (»die Amygdala vergisst nicht!«, hatten wir gehört).

Viele dieser emotionalen Konditionierungen passieren also in einer Weise, die uns nicht ganz oder erst nachträglich bewusst ist. Zum Teil finden sie in einer Zeit statt, in der wir noch gar kein oder kein erinnerungsfähiges Bewusstsein haben, nämlich im Mutterleib oder in den ersten Tagen, Wochen und Monaten nach unserer Geburt. Während unser deklaratives, zu bewusster Erinnerung fähiges Gedächtnis (Cortex und Hippocampus) noch gar nicht ausgebildet ist, lernt unser limbisches, emotionales Gedächtnis aufgrund der Aktivität der Amygdala und des meso-

Das limbische System als Entstehungsort der Gefühle **147**

limbischen Systems bereits, was in unserer Umgebung und an eigenen Handlungen gut oder schlecht, lustvoll oder schmerzhaft, angenehm oder unangenehm ist. Indem bestimmte Geschehnisse einschließlich unserer eigenen Handlungen im limbischen Gedächtnis mit positiven oder negativen Gefühlen fest verbunden werden, erhalten sie eine *Bewertung*, und diese Bewertung trägt zu der Entscheidung bei, ob irgendetwas noch einmal getan oder gelassen werden soll. Dies erleben wir, sobald wir etwas älter geworden sind, als *Gefühle*, die uns raten, etwas zu tun oder zu lassen.

Da diese emotionale Bewertung seit dem Mutterleib ständig vorgenommen wird, häuft sich im Laufe des Lebens ein ungeheurer Schatz von Erfahrungen an, deren Details uns bewusstseinsmäßig gar nicht mehr gegenwärtig sind und von ihrer Fülle her es auch gar nicht sein können. Die meisten Dinge in unserem täglichen Leben tun wir entsprechend intuitiv, aufgrund mehr oder weniger automatisierter Entscheidungen. Dabei wird das aktuell Wahrgenommene (ein Gegenstand, eine Person, eine Entscheidungssituation) zuerst unbewusst und dann gegebenenfalls bewusst identifiziert, und es wird das emotionale Gedächtnis nach eventuell vorliegenden emotionalen Bewertungen durchsucht. Ist die emotionale Bewertung eindeutig, so entscheiden wir uns ohne größeren bewussten emotionalen Aufwand in einer bestimmten Weise. Andernfalls erleben wir den Widerstreit der Motive buchstäblich am eigenen Leibe, bis wir uns – manchmal für uns selbst gar nicht nachvollziehbar – zu einer Entscheidung durchringen.

Gefühle sind in diesem Sinne *Kurzberichte aus dem emotionalen Gedächtnis*, und zwar entweder als spontane Affekte oder aufgrund der *Erfahrungen* der positiven oder negativen Folgen unseres Handelns, also der emotionalen Konditionierung. Im Prinzip ist dies die vernünftigste Art, Verhalten zu steuern, und es ist kein Wunder, dass alle Tiere, die in einigermaßen komplexen Umwelten leben, über ein limbisches System und über emotionale Konditionierung verfügen.

148 6 Psychologie und Neurobiologie

Es wurde bereits erwähnt, dass Amygdala und mesolimbisches System Ereignisse und Objekte nur in relativ grober Auflösung wahrnehmen: ein vorbeihuschender Schatten, ein schnell sich annäherndes Objekt, die Brust der Mutter, ihr liebevolles Gesicht, der Klang ihrer Stimme, die Zärtlichkeit des Vaters, die Süße des Saftes usw. Die Details und die konkreten Umstände – der *Kontext* – dieser Objekte und Geschehnisse werden von der Großhirnrinde und vom Hippocampus geliefert, meist etwas zeitverzögert. Der Hippocampus ruft in der Großhirnrinde bestimmte Gedächtnisinhalte auf, die zu der unbewusst-limbischen Wahrnehmung passen und ihren Kontext bilden.

Hippocampus, Amygdala und mesolimbisches System arbeiten im Bereich des deklarativen und emotionalen Gedächtnisses und ganz allgemein bei Gefühlszuständen arbeitsteilig. Dies konnte vor einigen Jahren in einem eindrucksvollen Experiment der Forschergruppe um Antonio Damasio gezeigt werden (Bechara et al., 1995). Im Rahmen eines Experimentes mit klassischer Konditionierung, in dem ein Nebelhorn zur Auslösung einer Schreckreaktion verwendet wurde, konnten bestimmte Patienten genau angeben, welcher sensorische Stimulus mit einem Schreckreiz gepaart worden war, sie zeigten aber keine vegetative Angstreaktion, die über die Erhöhung des Hautwiderstands gemessen wurde. Sie entwickelten also keine Angst- oder Schreckempfindungen und nahmen das Ereignis »emotionslos« hin. Der Grund hierfür war, dass sie auf beiden Seiten ihres Gehirns keine Amygdala hatten – diese war aufgrund der Urbach-Wiethe-Krankheit abgebaut worden. Während ihr *deklaratives* Gedächtnis funktionierte, versagte ihr *emotionales*. Eine andere Gruppe von Patienten hatte hingegen keine bewusste Information über die Paarung von sensorischem Reiz und Schreckreiz, zeigte aber eine deutliche vegetative Furchtreaktion. Bei diesen Patienten fehlte aufgrund von Verletzungen oder einer operativen Entfernung auf beiden Seiten der Hippocampus. Während ihr *emotionales* Gedächtnis funktionierte, versagte ihr *deklaratives*. Die Patienten mit Amygdala und ohne Hippocampus erlebten also Angst und Schrecken, ohne zu wissen, warum.

Die Frage, ob Gefühle irgendeine Funktion haben und warum wir sie überhaupt bewusst erleben müssen, da sie ja auch unbewusst wirken können, hat Psychologen lange beschäftigt. Der bedeutende amerikanische Psychologe William James behauptete, Gefühle seien die Konsequenz und nicht die Ursache unseres Handelns, und argumentierte: Wir haben Angst vor einem Bären, weil wir vor ihm fortrennen, und wir rennen nicht etwa fort, weil wir Angst vor ihm haben. In der Tat gibt es die Situation, dass wir vor etwas reflexhaft zurückschrecken und uns dann erst der Gefahrensituation bewusst werden. Es zeigt sich aber bei genauerem Hinsehen, dass unbewusste Gefühle anders wirken als bewusste Gefühle. Wir können zwar völlig unbewusst furchtkonditioniert werden, wir haben dann aber eine »namenlose« Furcht vor einem bestimmten Geschehen und können nicht adäquat damit umgehen. Gefühle – so zeigt sich – müssen bewusst werden, damit wir dies können, z. B. bei Entscheidungsprozessen. Ich muss bei meinen Planungen und Entscheidungen genau wissen, *wovor* ich mich fürchte oder *was* mir lohnenswert erscheint. In Experimenten mit funktioneller Kernspintomographie zeigt sich, dass eine vorgehaltene Pistole, die entweder bewusst wahrgenommen oder aktiv erinnert wird, zu einer viel stärkeren Aktivierung der Amygdala führt, als wenn sie unbewusst wahrgenommen oder »passiv« erinnert wird (Schaefer et al., 2002).

Das zerebrale Belohnungs- und Belohnungserwartungssystem

In Kapitel 5 haben wir von den verschiedenen Modellen und Vorstellungen gehört, die menschliche Entscheidungsprozesse (und auch die von Tieren) zu erklären versuchen. So unterschiedlich sie auch sein mögen, sie gehen alle von der Annahme aus, dass es das Grundstreben der Individuen ist, Lust zu suchen

150 6 Psychologie und Neurobiologie

bzw. zu maximieren und Unlust zu vermeiden bzw. zu minimieren. Allerdings fallen einem sofort zwei Einschränkungen ein: Erstens ist manches Luststreben mit Unlust verbunden (man »erkauft« sich also den Lustgewinn, zum Beispiel wenn man Hindernisse überwinden oder Aufschub erleiden muss), und die Schlussabrechnung über Lust und Unlust kann ziemlich kompliziert werden. Ein zweites und noch nicht gänzlich gelöstes Problem ist altruistisches (»selbstloses«) Verhalten, also ein Verhalten, bei dem ein Individuum Unlust, Schaden oder gar den eigenen Tod auf sich nimmt, damit es anderen Individuen besser geht bzw. Schaden von ihnen abgewendet wird. Wie erwähnt, nimmt man heute an, dass altruistisches Verhalten nicht so selbstlos ist, wie es scheint. Es mag zwar dem Individuum selbst Nachteile oder gar den Tod bringen (z. B. einem Wächter, der sich den Raubfeinden aussetzt), aber immerhin tut das Individuum etwas für seinen Gen-Pool.

Es geht also im Gehirn darum, Lust und Unlust, Gewinn und Verlust, Erfolg und Misserfolg zu registrieren und hieran zukünftiges Verhalten auszurichten. Wie dies abläuft, wurde in den vergangenen zehn Jahren intensiv untersucht – mit zunehmender Tendenz. Wie nicht anders zu erwarten, geht es dabei um das Zusammenwirken zahlreicher unbewusster und bewusster corticaler und subcorticaler Zentren. Diese Zentren führen dabei drei Aufgaben aus: Erstens machen sie bei einem anstehenden Entscheidungsproblem eine Abschätzung der Gewinn- und Verlustaussichten, also der Risiken und nötigen Investitionen, zweitens wird der Erfolg der Handlung, für die man sich entschieden hat, bewertet, und drittens führt dies zu einer Bestätigung oder Korrektur der Risikobewertung ähnlicher Entscheidungen.

Kernstück dieses Gesamtvorgangs ist das Erkennen und Abspeichern des Positiven und des Negativen. Für das Negative, auch in Form starker Überraschung und Stress, ist – so wurde bereits gesagt – auf unbewusster Ebene die Amygdala zuständig. Sie erkennt schnell, unbewusst und eher schematisch das Schädliche und Bedrohliche, aber auch Überraschende einer Situation

Belohnungs- und Belohnungserwartungssystem **151**

und aktiviert in Zusammenarbeit mit dem Hypothalamus schnell die vegetativen Zentren im Hirnstamm (Mittelhirn, Brücke, Verlängertes Mark) und die Hypophyse, die uns zu Verteidigung oder Flucht und zur damit zusammenhängenden Stress-Bewältigung bereit machen. Dabei veranlassen Hypothalamus und Amygdala auch die Ausschüttung bestimmter Stoffe wie das Noradrenalin, das uns zusammen mit dem Adrenalin aus dem Nebennierenmark in Sekundenschnelle alarmiert und reaktionsbereit macht, oder die Ausschüttung von Cholecystokinin, Substanz-P oder das Vasoaktive Intestinale Peptid, die Unwohlsein, Schmerz, Furcht oder gar Panik und damit stark aversive Gefühle erzeugen (vgl. Kapitel 11). Die nachhaltige Kopplung der Ausschüttung dieser »negativen« Stoffe mit bestimmten Ereignissen ist es, was uns emotional konditioniert. In dem Maße, in dem diese Informationen und die genannten Stoffe in die Großhirnrinde gelangen, erleben wir all dies bewusst. Sie werden dadurch zu warnenden Ausrufungszeichen für unsere Entscheidungen und Handlungen. Eine wichtige Rolle negativer, schmerzhafter Erfahrungen – seien diese körperlich oder rein psychisch – spielen auch der insuläre, der anteriore cinguläre und der ventromediale Cortex. Sie fügen dem, was die Amygdala meldet, die Erlebniskomponente und über die Interaktion mit dem Hippocampus die Details und den Kontext hinzu.

Das Positive, Freud- und Lustvolle in unserem Leben wird von anderen Hirnzentren und dort produzierten Stoffen erzeugt. Zum einen handelt es sich um den Neurotransmitter bzw. Neuromodulator Serotonin, der im Locus coeruleus in der Brücke produziert wird und uns vornehmlich beruhigt (»alles ist gut – niemand bedroht dich!«) und uns auf diese Weise das ruhige Glück und die stille Zufriedenheit bringt. Ein höheres Maß an Lust und Freude bis hin zu Euphorie und Rausch bereiten uns die endogenen Opiate und andere Stoffe, von denen wir noch hören werden. Sie werden in limbischen Zentren produziert und wirken überall dort ein, wo es entsprechende »Andockstellen« (so genannte Rezeptoren) gibt. Dies sind vor allem die limbi-

152 6 Psychologie und Neurobiologie

schen Zentren selbst, zum Beispiel der Nucleus accumbens, aber auch der limbische Cortex.

Die Ausschüttung dieser »Belohnungsstoffe« ist es, was Tiere (zumindest Säugetiere) und der Mensch (bekanntlich auch ein Säugetier) anstreben. Alles, was in unserem Leben Spaß macht, Freude und Lust bereitet, belohnend wirkt, muss mit der Ausschüttung dieser Stoffe verbunden sein. Dies ist bei Sex und Alkohol so, die ziemlich direkt auf die genannten limbischen Zentren wirken, aber auch bei den feineren Genüssen, seien dies der Anblick eines schönen Menschen, das Wiedersehen mit einer geliebten Person, ein großer Kunstgenuss, das Gewinnen eines Wettbewerbs, die Verleihung einer Auszeichnung, ein großer Wahlsieg oder – wie bei Mutter Teresa – einfach das Gefühl, etwas *Gutes* getan zu haben. Dass dies so ist, sehen wir an Patienten, bei denen die Ausschüttung dieser Belohnungsstoffe vermindert ist oder gar nicht mehr stattfindet. Sie haben keinen Spaß mehr am Leben und können keine Ziele mehr erkennen, für die es sich abzurackern lohnt. Dies nennt man »Anhedonie«, was so viel heißt wie anhaltende Unlust.

Im Gehirn sind zahlreiche Zentren am Registrieren von Belohnung beteiligt, vornehmlich das ventrale tegmentale Areal und damit eng verbundene Zentren, nämlich das dorsale und ventrale Striatum bzw. der Nucleus accumbens, aber auch der anteriore cinguläre und der orbitofrontale Cortex, dessen ursprüngliche Funktion offenbar die Bewertung des Geschmacks und Geruchs von Nahrung war. In diesen Zentren können, wie dies die Forschergruppe um den deutsch-schweizerischen Neurophysiologen Wolfram Schultz in jahrelangen Untersuchungen nachgewiesen hat (Schultz, 1998; Fiorillo et al., 2003; Tobler et al., 2005) beim Makakenaffen Neurone registriert werden, die »feuern«, wenn es irgendeine Art von Belohnung für eine Tätigkeit gibt (z. B. einen kleinen Schluck Orangensaft für das Betätigen eines Hebels). Solche Neurone feuern umso stärker, je größer die Belohnung ist, und deshalb spricht man auch von »Belohnungs-Neuronen«. Untersuchungen mithilfe der funk-

Belohnungs- und Belohnungserwartungssystem   153

tionellen Kernspintomographie zeigen, dass dies im menschlichen Gehirn genauso ist. Ebenso gibt es in den genannten Zentren Neurone, die reagieren, wenn eine Tätigkeit, für die der Affe (und Mensch) eine Belohnung erwartete, *nicht* belohnt wurde, und deshalb wurden sie »Enttäuschungs-Neurone« genannt. Einige Forscher haben gefunden, dass bei ausbleibender Belohnung und damit verbundener Enttäuschung auch die Amygdala und der insuläre Cortex aktiviert werden, die u. a. mit Schmerzwahrnehmung befasst sind, während andere Forscher dies nicht bestätigen konnten. Wie dem auch sei, die Aktivität der Belohnungsneurone ebenso wie der Enttäuschungs-Neurone bildet die Grundlage des *Belohnungsgedächtnisses*.

Dieses Belohnungsgedächtnis bildet wiederum die Grundlage der *Belohnungserwartung*. Entsprechend findet man im ventralen tegmentalen Areal, im Nucleus accumbens/ventralen Striatum, aber auch im dorsalen Striatum, im anterioren cingulären Cortex und im ventromedialen präfrontalen Cortex Neurone, die umso stärker feuern, je höher die Belohnungserwartung ist. Dabei handelt es sich durchweg um Neurone, die durch den Neuromodulator Dopamin charakterisiert sind und deshalb »dopaminerg« genannt werden. Gleichzeitig werden über die phasische (d. h. impulsartige) oder tonische (d. h. anhaltende) Aktivität solcher dopaminergen Neurone die Höhe der erwarteten Belohnung und die Einschätzungen der Belohnungswahrscheinlichkeit bzw. -unsicherheit codiert. Interessanterweise geht die Aktivität dieser Neurone in dem Maße zurück, in dem die Belohnung immer wahrscheinlicher oder sicherer wird, sie feuern also überhaupt nicht mehr, wenn Affe oder Mensch regelmäßig für eine bestimmte Leistung belohnt wurden. Dies stimmt mit unserer Alltagserfahrung gut überein: Eine Belohnung, die ziemlich sicher eintritt, wird schließlich gar nicht mehr als Belohnung empfunden.

Eine wesentliche Leistung des gesamten Belohnungssystems besteht darin, festzustellen, *in welchem Maße* die Belohnung in Qualität und Quantität den Erwartungen entspricht bzw. ent-

154 6 Psychologie und Neurobiologie

sprochen hat, und dies drückt sich in einem »Abweichungssignal« (häufig und etwas irreführend auch »Fehlersignal« genannt) aus. Im Prinzip sind hierbei drei Situationen möglich: (1) Die Erwartungen werden voll und ganz erfüllt, dann ist das Abweichungssignal null und es gibt keine oder eine nur geringe Veränderung in der Ruheaktivität der dopaminergen Neurone bzw. der von ihnen getriebenen Neurone im limbischen Cortex. Oder (2) die Abweichungen ist positiv, d. h. die Belohnung fällt überraschenderweise höher aus, als erwartet, dann gibt es eine starke phasische (impulsartige) Aktivierung der Neurone. Oder (3) die Belohnung fällt geringer aus, als erwartet, oder bleibt ganz aus. Dann ist das Abweichungssignal negativ, die Neurone in den genannten Arealen werden in ihrer Aktivität zusätzlich gehemmt und es tritt unter Umständen noch eine Meldung aus der Amygdala auf.

Diese Antworteigenschaften dopaminerger Neurone im Gehirn bilden damit eine wichtige Grundlage der *Motivation*, die ja nichts anderes ist als eine Belohnungserwartung. Die Belohnung selber sättigt uns und stellt uns zufrieden (»jetzt ist es erst einmal gut!«), aber das Nachlassen des Belohnungseffekts und das dadurch hervorgerufene Streben nach neuer Belohnung treibt uns voran, *motiviert* uns. Wir wollen uns wieder so toll fühlen wie beim letzten Mal, als uns vor Glück und Lust ganz schwindlig wurde! Von diesen Zusammenhängen werden wir noch mehr hören.

Das ökonomische Gehirn

In den vergangenen Jahren wurden im Zusammenhang mit dem, was man »Neuro-Ökonomie« nennt, zahlreiche Untersuchungen mithilfe bildgebender Verfahren, vornehmlich der funktionellen Kernspintomographie, durchgeführt. Man will dabei herauskriegen, was im Gehirn einer Versuchsperson passiert, wenn sie im Kernspintomographen liegend einer Entscheidungssituation ausgesetzt wird. Derzeitig gibt es einen richtigen

Boom bei solchen Untersuchungen. Man belohnt hier die Versuchspersonen, die ins Kernspingerät gelegt werden, nicht wie die Makaken mit Orangensaft, sondern lässt sie um Spielgeld oder sogar um richtiges Geld spielen. Dabei geht es für die Versuchspersonen u. a. darum, hohe oder geringe Einsätze bei unterschiedlichen Risiken des Gewinnens und Verlierens zu machen und dabei unterschiedliche Strategien einzuschlagen.

Die Voraussetzung ist natürlich, dass auch für das Gehirn Geld als Stimulus überhaupt wirksam ist, denn es handelt sich bei Geld schließlich um ein *Symbol* für Belohnungen. Man fand aber schon relativ früh heraus, dass Geld auf das oben genannte zerebrale Belohnungssystem außerordentlich stimulierend wirkt, und zwar wirkt nicht nur der bloße Anblick des Scheins oder der Münzen, sondern auch der durch die Scheine oder Münzen repräsentierte *Wert*. Die Neurone feuern also stärker bei einem Fünfzig-Euro-Schein als bei einem Fünf-Euro-Schein (vgl. Vohs et al., 2006). Geld ist ein so genannter »sekundärer Verstärker«, d. h. das Stück Metall oder Papier hat nicht an sich einen hohen Wert, sondern wird mit Dingen in Verbindung gebracht, die ihrerseits direkt positiv sind oder mit denen man negative Zustände abwehren kann. Für Geld kann man sich – fast – alles kaufen, und dazu noch jeweils ganz unterschiedliche Dinge. Dies ist es offenbar, was Geld so besonders attraktiv macht.

Allerdings ist auch hier die Aktivierung des Gehirns abhängig von der *Belohnungserwartung*, die sich aus der Höhe der in Aussicht gestellten Summe, der Gewinnwahrscheinlichkeit bzw. des Risikos, des Zeitpunkts der Belohnung und einer Reihe anderer psychologisch wichtiger Faktoren zusammensetzt. Natürlich sind in aller Regel die entsprechenden Zentren (ventrales tegmentales Areal, Nucleus accumbens/ventrales Striatum, dorsales Striatum, anteriorer cingulärer, ventromedialer und orbitofrontaler Cortex, gelegentlich auch insulärer Cortex) um so aktiver, je höher und je risikoreicher der in Aussicht gestellte finanzielle Gewinn ist. Jedoch gibt es dabei Überraschungen, die aber aus der Motivationspsychologie bekannt sind und den Vorhersagen

156 6 Psychologie und Neurobiologie

der »Rational-Choice«-Theorie widersprechen. Dies ist besonders unter Bedingungen des so genannten »Ultimate Game« der Fall, das ein bei Neuro-Ökonomen beliebtes Untersuchungsparadigma ist.

Hierbei geht es darum, dass die Versuchsperson, im Kernspingerät liegend, gegen einen tatsächlichen oder virtuellen zweiten Spieler spielt. Beide erhalten zusammen eine Summe von – sagen wir – 20 Euro, die in einem ersten Schritt vom Gegenspieler nach dessen Gutdünken zwischen beiden Partnern aufgeteilt wird. Die Versuchsperson muss nun entscheiden, ob sie die angebotene Aufteilung akzeptiert oder ablehnt. In letzterem Fall kriegen beide nichts. Natürlich ist die Sache bei einer Halbierung der Summe unproblematisch, und auch eine etwas unfaire 8:12-Aufteilung zu Ungunsten der Versuchsperson wird im Allgemeinen hingenommen. Eine krass unfaire 4:16-Aufteilung lehnen hingegen bis zu 80 % der Versuchspersonen ab, obwohl dann beide Seiten leer ausgehen. Das ist aus Sicht der »Rational-Choice«-Theorie natürlich völlig irrational, denn die Versuchsperson verzichtet freiwillig auf 4 Euro, nur weil sie sich unfair behandelt fühlt, anstatt sich ganz kühl und berechnend zu sagen, dass 4 Euro besser sind als nichts!

Die Gehirne der unfair behandelten Versuchspersonen zeigten eine bilaterale, besonders aber rechtshemisphärische Aktivierung des vorderen insulären Cortex (zuständig für Enttäuschungen und psychische Schmerzen!), des anterioren cingulären Cortex (ebenfalls zuständig für Enttäuschungen und psychischen Schmerz, aber auch für Aufmerksamkeit) und des dorsolateralen präfrontalen Cortex. Dieser ist, wie wir bereits gehört haben, zwar nicht emotional erregbar, aber an der kognitiven Bewältigung und Planung komplexer Handlungssituationen (»was soll ich jetzt tun?«) beteiligt (Sanfey et al., 2003). Dies ist natürlich bei einer Entscheidung darüber, ob man das unfaire Angebot akzeptiert oder besser verzichtet, besonders gefordert. Eine andere Untersuchung zeigte eine höhere Aktivierung des dorsalen Striatum (Nucleus caudatus) bei der Versuchsperson, wenn der Gegenspieler großzügig war, und eine Aktivitätsreduktion, wenn er sich unfair verhielt (King-Casas et al., 2005). Besonders interessant ist die Tatsache, dass die Aktivierung der genannten Zentren besonders deutlich ausfiel, wenn es sich beim unfairen Gegenspieler um einen echten Menschen und nicht um einen Computer handelte!

Weitere Untersuchungen mittels so genannter ereigniskorrelierter Signale (ERPs), die aus dem EEG herausgefiltert werden (s. Exkurs 1), und der funktionellen Kernspintomographie zeigen deutlich die Beteiligung des Frontalhirns beim Feststellen von Gewinn und Verlust und entsprechenden Erwartungen. So fällt eine »Negativierung« in der elektrischen Aktivität des medialen frontalen Cortex desto stärker aus, je schmerzlicher die Verluste beim Spielen sind, und Kernspin-Untersuchungen bestätigen die von anderen Forschern gefundene Beteiligung des medialen Frontalhirns an der emotionalen Reaktion auf Gewinn und Verlust, während der dorsolaterale präfrontale Cortex mit dem dort lokalisierten Arbeitsgedächtnis eher die Sache kognitiv-kühl »im Auge behält« (Gehring und Willoughby, 2002; Richmond et al., 2003). Nach neueren Untersuchungen liegt hier eine Arbeitsteilung zwischen medialem und lateralem Frontalhirn vor: Der ventromediale und der anteriore cinguläre Cortex stellen die Abweichungen von der Belohnungserwartung fest, und der dorsolaterale präfrontale Cortex gibt die Befehle, was zu tun sei, um diese Abweichungen zu beheben (Kerns et al., 2004; Brown und Braver, 2005).

Ein interessanter Aspekt ist der Unterschied zwischen Risiko und Ungewissheit beim Gewinn-Verlust-Spiel. Man kann nämlich einerseits sagen »ich weiß, dass ich ein hohes Risiko eingehe, aber ich tue es trotzdem«, oder aber man sagt »ich habe keine Ahnung, welches Risiko damit verbunden ist«. Aus Verhaltensuntersuchungen ist bekannt, dass Versuchspersonen durchaus bereit sind, ein relativ hohes Risiko einzugehen, wenn die Gewinnerwartung entsprechend hoch ist; eine völlige Ungewissheit über das Risiko wird hingegen oft vermieden. Dies spiegelte

158 6 Psychologie und Neurobiologie

sich auch im Gehirn der Versuchspersonen wider, die mit unterschiedlichen Stufen von Risiko und Ungewissheit konfrontiert waren. Bei steigender Ungewissheit stieg die Aktivität von Amygdala und orbitofrontalem Cortex an, und gleichzeitig nahm die Aktivität des Striatum ab, während eine Erhöhung der Belohnungserwartung das Striatum zunehmend aktivierte (Hsu et al., 2005). Auch konnte kürzlich durch Kernspinuntersuchungen die aus der Alltagspsychologie bekannte Tatsache bestätigt werden, dass Verluste mehr weh tun, als Gewinne erfreuen: Tom und Mitarbeiter (2007) fanden, dass das dorsale und ventrale Striatum, der anteriore cinguläre, ventromediale und orbitofrontale Cortex durch Verluste mehr gehemmt als durch Belohnungen aktiviert wurden. Diese Forscher fanden im Gegensatz zu Kollegen bei Verlusten keine Beteiligung der Amygdala oder des insulären Cortex – vielleicht waren die Verluste nicht real oder schmerzlich genug!

Wie sieht es mit zeitlichen Unterschieden in der Belohnungserwartung aus? Das klassische Rational-Choice-Modell sagt voraus, dass eine bald eintretende Belohnung bevorzugt wird gegenüber einer späteren Belohnung mit gleichem oder sogar etwas höherem Betrag (10 Euro heute sind besser als 11 Euro morgen; dies nennt man den »Diskontierungs-Effekt« der Belohnung). Dies wurde auch bei Kernspinuntersuchungen gefunden: Sofortige Belohnungen aktivieren im Vergleich zu aufgeschobenen Belohnungen stärker das ventrale Striatum sowie den ventromedialen, orbitofrontalen und dorsolateralen präfrontalen Cortex (McClure et al., 2004). Anders sieht dies aus, wenn beide Belohnungsalternativen weiter in der Zukunft liegen. Wenn man 10 Euro in einem Jahr oder 11 Euro in einem Jahr plus einem Tag erhalten kann, dann entscheidet man sich für letztere Alternative, obwohl die Zeitdifferenz – zumindest absolut gesehen – dieselbe ist.

Wir sehen also, dass es bereits auf der Ebene des subcorticalen limbischen Systems (ventrales tegmentales Areal, Nucleus accumbens, Amygdala) ein ausgefeiltes neuronales System gibt,

Das ökonomische Gehirn **159**

das Belohnungen, deren Eintreffen oder Ausbleiben, ihre Höhe und die Wahrscheinlichkeit ihres Eintretens verarbeitet, und das alles funktioniert völlig unbewusst. Allerdings sind, wenn es komplizierter wird, Areale der Großhirnrinde bei Belohnung und Belohnungserwartung mit von der Partie. Dies betrifft zum einen den ventromedialen und anterioren cingulären Cortex, der für bewusste Risikoeinschätzung zuständig ist, und den insulären Cortex für das schmerzhafte Empfinden von Verlust und Unsicherheit, den dorsolateralen präfrontalen Cortex, der das »im Auge behalten« und rationale Abwägen der Belohnung bzw. des Belohnungsverhaltens vornimmt, und schließlich den orbitofrontalen Cortex, welcher der Ort des emotional-sozialen Abwägens der Belohnung bzw. des Belohnungsverhaltens ist.

Dass Emotionen in Form des Erlebens von Fairness, Enttäuschungen oder Unsicherheitsvermeidung das menschliche Entscheidungsverhalten beeinflussen können, ist allen bekannt. Allerdings geht es dabei auch um »hoch moralische« Gesichtspunkte. Kürzlich veröffentlichte Kernspin-Untersuchungen konnten dies eindrucksvoll neurowissenschaftlich belegen. Eine schweizerisch-amerikanische Forschergruppe setzte an dem bereits erwähnten und aus Sicht der Rational-Choice-Theorie erstaunlichen Faktum an, dass im Ultimatum-Spiel viele Versuchspersonen bei einer Verteilungsquote von 4:16 eher auf das Geld ganz verzichteten, als das »unfaire« Angebot zu akzeptieren und auf diese Weise zumindest etwas zu kriegen. Die Arbeitsgruppe konnte nun zeigen, dass der rechte dorsolaterale präfrontale Cortex (dlPFC) bei dieser »moralischen« Entscheidung eine wichtige Rolle spielt. Wenn nämlich die Forscher mithilfe der so genannten transkranialen Magnetstimulation den rechten dlPFC vorübergehend außer Kraft setzten (vgl. Exkurs 1), dann waren die Versuchspersonen deutlich eher bereit, eine unfaire Aufteilung zu akzeptieren, als wenn der dlPFC normal arbeitete. Bemerkenswerterweise war dies wiederum stärker ausgeprägt, wenn es sich beim Bieter um einen realen Menschen und nicht um einen Computer handelte (Knoch et al., 2006).

160 6 Psychologie und Neurobiologie

Die Forscher interpretieren ihre Befunde dahingehend, dass der rechte dlPFC über die moralischen Regeln wacht und einen direkten oder indirekten Einfluss auf »niedere Triebe« wie Geldgier ausübt. Dieser zügelnde Einfluss fiel bei der Hemmung des rechten dlPFC fort, insbesondere wenn es sich um einen Menschen handelte, der sich unfair verhielt, und man wurde »geldgieriger«. Einem Computer hingegen nahm das Gehirn der Versuchspersonen offenbar nicht so übel, wenn er sich »unfair« verhielt. Interessanterweise trat der Effekt bei einer Hemmung des *linken* dlPFC nicht auf. Umgekehrt konnten die Versuchspersonen mithilfe dieses linken dlPFC durchaus die mangelnde Fairness der Aufteilung registrieren, aber sie handelten nicht danach, wenn der rechte dlPFC gehemmt war. Der linke dorsolaterale präfrontale Cortex ist – wie im »Vier-Schichten-Modell« (Kapitel 4, S. 90) dargestellt – mit der »nüchternen Bestandsaufnahme« einer Situation befasst, hat aber keinen direkten Einfluss auf die Verhaltenssteuerung.

Vernünftige Risikoabschätzungen führen nicht immer zu höheren Gewinnen! Zu diesem Ergebnis, das ebenfalls dem Rational-Choice-Modell widerspricht, gelangten kürzlich Forscher (Shiv et al., 2005), indem sie zeigen konnten, dass Patienten mit Schädigungen in der Amygdala, im orbitofrontalen Cortex und im rechten insulären Cortex eher bereit waren, bei Spielen mit Investitionsentscheidungen höhere Risiken einzugehen und gegebenenfalls auch mehr zu gewinnen als Patienten mit Schäden in nichtlimbischen Arealen oder gesunde Versuchspersonen. Die Warnung dieser limbischen Areale vor zu hohen Risiken oder vor zu großem Bedürfnis nach Fairness fällt weg, und ein solches »krankes Hirn« kann sich offenbar recht gewinnbringend verhalten.

KAPITEL 7

Was uns Handlungspsychologie und Neurobiologie über die Steuerung von Willenshandlungen sagen

Wir haben uns im vorletzten Kapitel damit beschäftigt, welche Aussagen Entscheidungstheoretiker und Psychologen über die Frage machen, nach welchen Prinzipien Entscheidungen getroffen werden oder zumindest getroffen werden sollten, nämlich bewusst-rational, nach einfachen Heuristiken oder intuitiv. Wir haben gehört, welche Teile des Gehirns bei solchen Entscheidungen aktiv sind. Diese Hirnaktivitäten sollen eine Person in die Lage versetzen, möglichst angemessen auf ein bestimmtes Problem oder eine bestimmte Problemlage zu reagieren, also *richtig zu handeln*. Im Folgenden geht es um die Steuerung von Handlungen, genauer um Willens- oder Willkürhandlungen. Solche Handlungen können die Ausbildung eines expliziten Willens und eines »Willensrucks« beinhalten, müssen dies aber nicht. Vielmehr werden sie definiert als Handlungen, für die *Alternativen* bestehen. Beim Menschen sind sie immer mit dem Gefühl der *Selbstverursachung* verbunden.

Nicht in allen Fällen handelt es sich bei dem, was ich tue, um Willenshandlungen. Unser Körper kann mithilfe des Nervensystems *reflexartig* reagieren, zum Beispiel wenn wir bei einem lauten Knall zusammenzucken oder bei einem großen, sich schnell nähernden Objekt Abwehrbewegungen machen. Die Reflexe treten auf, bevor uns die Situation überhaupt bewusst wird, und deshalb können wir sie willentlich nicht unterdrücken. Im zweiten Fall handelt es sich um *äußeren Zwang*, beispielsweise, wenn wir stolpern oder von einer Sturmböe plötzlich fortgefegt werden. Diese Ereignisse sind »stärker als wir«. Man wird

162 7 Handlungspsychologie und Neurobiologie

in diesen Fällen meist gar nicht von Handlungen, sondern von Reaktionen sprechen. Im dritten Fall schließlich handelt es sich um *innere Zwänge*. Diese können in natürlichen körperlichen Zwängen bestehen, z. B. in großem Hunger oder großem Durst, in überwältigender Müdigkeit oder einfach im Nachlassen unserer Kräfte beim Sport. Es kann sich aber auch um psychische Zwänge handeln, z. B. um den Zwang, sich alle fünf Minuten die Hände zu waschen, alle möglichen Dinge zu zählen, nicht auf Linien zu treten, um zwanghafte Gedanken und Antriebe oder um Tics wie ständig mit den Augen zwinkern oder sich unaufhörlich am Ohr kratzen, aber auch um Alkohol-, Nikotin- oder Drogensucht. Unser Wille, diesem Zwang zu widerstehen, kann noch so stark sein, wir haben keine andere Möglichkeit, als ihm nachzugeben.

Bei Willenshandlungen hingegen haben wir prinzipiell die Möglichkeit, etwas so zu tun oder auch anders, oder noch einfacher: eine Sache zu tun oder zu lassen. Ich kann dieses oder jenes Buch oder Auto kaufen, ich kann Ferien in Italien oder in Marokko machen, ich kann mit dem Auto zur Dienststätte fahren, mit dem Bus oder Fahrrad, oder auch zu Fuß gehen. Noch viel einfacher: Ich kann jetzt aufstehen oder einfach sitzen bleiben, ich kann nach der Tasse Kaffee vor mir greifen oder es lassen, ich kann (im Prinzip) mit der linken oder der rechten Hand greifen usw. Aber auch jeder Schritt vorwärts und jede noch so kleine Handbewegung beruhen auf einer Handlungsentscheidung. Nur merken wir von diesen Entscheidungen meist nichts, weil sie in der Regel nicht bewusst getroffen werden. Es handelt sich dennoch um echte Entscheidungen, denn es gibt Alternativen. Das merkt man nur, wenn aus Krankheitsgründen diese Entscheidungen nicht mehr getroffen werden können, wie es zum Beispiel bei Menschen der Fall ist, die unter der Parkinson-Krankheit leiden. Im Endstadium dieser Krankheit *wollen* die Patienten sich zwar bewegen, z. B. aufstehen oder nach einer Tasse greifen, aber sie *können* es nicht. Bei ihnen wird aus Gründen, die wir noch kennen lernen werden, die

7 Handlungspsychologie und Neurobiologie **163**

Entscheidung, sich in einer bestimmten Weise zu bewegen, verhindert.

Von den meisten Entscheidungen, die mit Bewegungen zu tun haben, merken wir nichts, weil diese Entscheidungen und die damit zusammenhängenden Bewegungen *automatisiert* sind. Zwar benötigt – wie gerade gesagt – jeder Schritt eine Entscheidung, denn wir könnten ja auch einfach stehen bleiben, aber wenn wir einmal gehen, weil wir ein bestimmtes Ziel erreichen wollen, dann benötigen wir dazu keine willentlich-bewusste Entscheidung mehr. Jeder Fuß scheint sich von selbst vor den anderen zu setzen wie in einer Reflexkette. Wir können uns dabei die Gegend anschauen, uns mit einem Begleiter unterhalten oder tief nachdenken, und trotzdem marschieren wir weiter. Dass wir dies können, beruht auf einer Meisterleistung unseres Gehirns und unseres Körpers. Es ist nämlich nicht so, dass wir überhaupt nicht hinzuschauen brauchen, wohin wir den nächsten Schritt setzen, wie dies der Fall wäre, wenn es sich um wirkliche Reflexe handelte, sondern wir weichen durchaus kleineren Hindernissen aus und gleichen Unebenheiten aus, ohne dies zu merken. Unser Sehsystem lenkt unsere Bewegungen dabei unbewusst oder mit sehr flachem Bewusstsein, d. h. ohne dass wir uns auf das Vorwärtsgehen konzentrieren müssten. Dennoch entscheiden Gehirnzentren, von denen wir noch hören werden, ständig darüber, ob sie überhaupt den nächsten Schritt befehlen und wie dieser ausgeführt werden soll.

Dinge, die für uns hinreichend wichtig sind, damit wir uns mit ihnen überhaupt befassen, und gleichzeitig neu und ungewohnt sind, erfordern unsere gezielte Aufmerksamkeit, aber diese gezielte Aufmerksamkeit wird umso mehr überflüssig, je mehr der ganze Ablauf gewohnt und automatisiert wird. Wir tun dann Dinge »wie im Schlaf« und meinen, es gebe hierbei gar nichts mehr zu entscheiden. Das ist aber nicht richtig, denn was schwindet, ist nur die *bewusste* Entscheidung. Nehmen wir an, wir sind in eine andere Stadt umgezogen und fahren zum ersten Mal zu unserer neuen Arbeitsstätte. Dann müssen wir uns genau auf die

164   7 Handlungspsychologie und Neurobiologie

Verkehrssituation konzentrieren und ständig Entscheidungen treffen, welche Straße wir nun fahren und so weiter. Nach einiger Zeit fahren wir eine bestimmte Strecke ohne jeden geistig-willentlichen Aufwand und bewältigen dabei sogar ziemlich komplizierte Verkehrssituationen wie einen Kreisverkehr, und manchmal fahren wir ganz automatisch diese Strecke, obwohl wir eigentlich woanders hin wollten. Dies passiert uns besonders dann, wenn wir mit den Gedanken ganz woanders sind.

Dass es sich trotz aller Automatisierung unserer Handlungen immer noch um Entscheidungen handelt, sehen wir an der simplen Tatsache, dass wir die besagte Strecke keineswegs zwanghaft fahren, sondern eine andere Strecke fahren können, *wenn wir nur wollen*. Unser bewusster Wille kann solche Automatismen also unterbrechen und eine andere Handlungsentscheidung herbeiführen. Entscheidungen können hoch bewusste Abwägungsprozesse erfordern (»soll ich das Stellenangebot in Berlin annehmen oder in Bremen bleiben?«), oder sie laufen in eine bestimmte Richtung ab, wenn wir nicht bewusst etwas anderes wollen, weil sie automatisiert sind. Natürlich gibt es zwischen beiden Extremen beliebige Übergänge: Bestimmte Handlungen sind bereits hoch automatisiert und wir müssen nur entscheiden, *wann* wir sie beginnen und beenden wollen.

Unsere Handlungen gehen, sofern sie nicht äußeren oder inneren Zwängen unterliegen oder reine Reflexe darstellen, immer aus Entscheidungen hervor, denn jede Handlung hat ihre Alternativen, und sei es auch die Entscheidung zwischen Tun und Nichttun. Diese Entscheidungen können bewusst oder unbewusst getroffen werden, sie können eher von Gefühlen oder eher von Überlegungen geleitet sein, und sie können schnell und spontan oder nach einer gewissen Zeit des Abwägens oder Abwartens erfolgen. Zwischen den jeweiligen Polen gibt es fließende Übergänge von schnellen und ohne jedes Nachdenken erfolgenden Entscheidungen bis hin zu Entscheidungen, zu denen man sich qualvoll durchringen muss.

Das Rubikon-Modell der Handlungspsychologen

Das vielleicht bekannteste psychologische Modell der Entscheidung und Steuerung von Willenshandlungen stammt von den Psychologen Heckhausen und Gollwitzer (1986). Es geht von vier Ablaufphasen aus: einer Phase des Abwägens, des Planens, des Handelns und des Bewertens, die jeweils durch deutliche Übergänge voneinander getrennt sind. In der Phase des *Abwägens* erlebt die Person bestimmte Wünsche (»Zielintentionen«) und setzt sich mit ihnen und ihrer Realisierung auseinander. Einige Wünsche sind vollkommen unerfüllbar wie »Ich möchte der Kaiser von China sein!« oder »Ich möchte in die Zukunft sehen können«; andere sind im Prinzip erfüllbar, aber nicht unter den gegebenen Umständen (»Ich möchte jetzt auf den Bahamas sein!«), und wieder andere sind jetzt erfüllbar, aber befinden sich in Konkurrenz mit anderen Wünschen (»Ich möchte jetzt Klavier spielen, muss aber ein Gutachten fertig stellen!«). Ich muss mir also über die prinzipielle oder faktische Erfüllbarkeit meiner Wünsche in Abhängigkeit von meinen Möglichkeiten klar werden und mich dann unter den faktisch erfüllbaren Wünschen für die Realisierung eines (oder keines) Wunsches entscheiden.

Eine solche Entscheidung leitet die *Planungsphase* ein und ist der »Schritt über den Rubikon« (Cäsar entschied sich, den Marsch auf Rom und damit den Staatsstreich zu wagen, und überschritt dabei mit seinen Truppen das Flüsschen Rubikon, welches die »Sperrzone« für das Militär markierte). Nachdem nämlich entschieden ist, *was* getan werden soll, geht es nun darum, *wie* man die Tat verwirklicht. Das mag einfach sein (»Ich will jetzt das Glas Wasser vor mir trinken!«) oder kompliziert (»Ich will Bundeskanzler werden!«). Wichtig ist dabei die Konzentration auf das Ziel und die damit verbundene Abschirmung der Handlungsintention von konkurrierenden Wünschen und Motiven. Diese müssen konsequent beiseite gedrängt werden (»Bei der Sache bleiben!«), und auf keinen Fall darf man in die Abwägephase zurückkehren – oder doch?

166 7 Handlungspsychologie und Neurobiologie

Hier hat der Wille seinen großen Auftritt: Der Wille ist der psychische Aufwand, der betrieben werden muss, um alternative Wünsche und Ziele zu verdrängen. Ich *muss unbedingt* noch vor dem Abendessen einen Artikel fertig schreiben, aber gleichzeitig bin ich sehr hungrig. Ich bin vom schwierigen Aufstieg erschöpft, aber ich *muss* den Gipfel noch schaffen! *Willensstarke* Menschen zeichnen sich durch die Fähigkeit dieses Abschirmens aus bis hin zum fanatischen Verfolgen eines bestimmten Zieles. Willensschwache Menschen sind hingegen unter anderem dadurch gekennzeichnet, dass sie sich leicht ablenken lassen und das Ziel aus dem Auge verlieren. Nachdem nun klar ist, wann, wo und wie der Plan realisiert werden soll, muss man auch zur Tat schreiten. Jetzt gibt es den berühmten *Willensruck*, das »fiat!« (lateinisch »es geschehe!«), welcher dem Handlungsbeginn unmittelbar vorhergeht.

Mit dem Beginn der *Handlungsphase* ist die Sache aber noch nicht gelaufen, sondern es geht jetzt darum, dass das Ziel nicht aus dem Auge verloren wird. Außerdem läuft nicht immer alles genau nach Plan, sondern man muss das Handeln wechselnden Umständen anpassen, Umwege gehen, kleine Änderungen vornehmen usw. Und man muss sich gegen Schwierigkeiten wappnen, darf nicht die Geduld und die Lust verlieren. Allerdings: Je größer die Schwierigkeiten werden, desto lauter wird die Frage, ob man nicht doch besser aufhören sollte. Willensstarke Personen halten länger durch, auch wenn die Schwierigkeiten sehr groß werden, aber ab einem gewissen Punkt kann das Weitermachen unsinnig werden. Nur gibt es meist keine Gewissheit darüber, wann dieser Punkt erreicht ist! Viele der größten Taten der Menschheit sind erst im Nachhinein groß und erschienen den Beteiligten als Wahnsinnstaten (man denke an Kolumbus' oder Magellans Durchhalten gegen jeden Widerstand von Mensch und Natur und auch gegen jede Vernunft). In der *Bewertungsphase* schließlich wird beurteilt, ob und in welchem Maße man das erreicht hat, was man wollte, und worauf der Erfolg bzw. Misserfolg zurückzuführen ist – ob auf die eigenen

Das Rubikon-Modell der Handlungspsychologen **167**

Kräfte bzw. deren Versagen, auf fremdes Zutun oder auf puren Zufall.

Selbstverständlich beschreibt das Rubikon-Modell nur den idealtypischen Ablauf einer Willenshandlung. In den meisten Fällen von Willenshandlungen gibt es, wie wir eingangs festgestellt haben, keine explizite Phase des Abwägens oder des Planens. Ich bin durstig und greife nach dem Glas Wasser vor mir, und dabei gehen das Realisieren des Wunsches (Trinken!), das Konkretwerden des Plans (Nach dem Glas Wasser greifen!) und das Ausführen unmittelbar ineinander über. Nichtsdestoweniger habe ich das Gefühl, eine Willenshandlung ausgeführt zu haben, denn auf die Frage, ob ich das, was ich getan habe, auch wollte, werde ich »ja« sagen! Es gibt also Willenshandlungen ohne expliziten Willensakt, und es gibt natürlich auch das Steckenbleiben des Willenshandlungs-Ablaufs vor der Realisierung. Aus irgendeinem Grund tue ich doch nicht, was ich tun *wollte*. Dies wiederum heißt, dass der konkrete Willensentschluss nicht automatisch zu einer Realisierung führt.

Das Rubikon-Modell hat neben der soeben genannten eingeschränkten Gültigkeit auch noch einen anderen Nachteil, indem es suggeriert, das Ganze sei eine klare Abfolge von vier Phasen mit charakteristischen Übergängen. Dem entspricht die traditionelle Vorstellung eines bewusst wünschenden, planenden, handelnden und reflektierenden Ich als *Träger* der Willenshandlung. Zwei grundsätzliche Bedenken stehen dieser Sicht aber entgegen. Erstens ist das Ich – anders, als es uns scheint – *kein* Akteur, sondern ein bestimmter Bewusstseinszustand. Es gibt unterschiedliche Bewusstseinsinhalte, und einige davon, zum Beispiel Handlungsziele, verbinden sich mit dem Bewusstseinsinhalt »Ich tue gerade das und das«. Das Ich ist hierbei eine – allerdings wichtige – »Markierung« für das autobiographische Gedächtnis, aber keine kontrollierende oder handelnde Instanz, auch wenn wir dies ganz deutlich so empfinden. Vielmehr markiert dieses Empfinden, dass der bewusstseinsfähige Cortex wesentlich an dem Vorgang beteiligt war, und zwar im Gegen-

168 7 Handlungspsychologie und Neurobiologie

satz zu rein subcortical gesteuerten Prozessen. Zweitens kommen in dem Rubikon-Modell die *unbewussten* Anteile der Willenshandlung gar nicht vor. Wie wir gleich sehen werden, spielen sie eine ganz wesentliche Rolle beim Auslösen und Ausführen von Willenshandlungen. Wir merken nur nichts davon direkt.

Was passiert im Gehirn bei Willenshandlungen?

Wenn es um bewusste willentliche Handlungen geht, bei denen wir uns als Verursacher empfinden, sind erst einmal Bereiche unserer Großhirnrinde aktiv (allerdings nicht nur diese, wie wir sehen werden), und zwar eine ganze Anzahl von Bereichen. Wenn wir uns überlegen, was wir überhaupt tun wollen, wenn wir Alternativen abwägen und dann darüber nachdenken, wie wir das Geplante ausführen wollen, dann geht es vornehmlich um den dorsolateralen präfrontalen Cortex. Hier befindet sich das Arbeitsgedächtnis, und hier finden das Abwägen der Alternativen und das genaue Nachdenken über die Realisierungsmöglichkeiten des Plans statt. Dieses Arbeitsgedächtnis ist in seiner Kapazität notorisch beschränkt; wir erfahren ständig, dass wir nur wenige Dinge gleichzeitig im Bewusstsein bewegen können, und wir geraten sprichwörtlich ins Schwitzen, wenn wichtige Dinge komplex und auch noch eilig sind. Deshalb ist es gut, wenn wir auf Automatismen zurückgreifen können, die das Arbeitsgedächtnis als »Planungskommission« entlasten.

Die genauere Planung des Ablaufs der Handlung und ihre Einordnung in unsere räumliche Umgebung erfordern neben dem dorsolateralen präfrontalen Cortex auch die Mitwirkung des hinteren Scheitellappens, des *posterioren parietalen Cortex*, der wie berichtet für die räumliche Orientierung zielgerichteter Bewegungen zuständig ist (vgl. Abbildung 2, S. 39). Diese beiden Cortexbereiche aktivieren ihrerseits einen relativ kleinen Teil des hinteren Stirnhirns mit dem komplizierten Namen *prä-supplementärmotorisches Areal*, kurz prä-SMA genannt (vgl. Abbildung 3, S. 40). Dieses Areal ist immer beteiligt, wenn wir etwas

Was passiert im Gehirn bei Willenshandlungen? **169**

bewusst wollen, und es ist interessanterweise auch dann aktiv, wenn wir uns nur *vorstellen*, wir würden etwas tun, und sogar wenn wir jemandem bei bestimmten anstrengenden Handlungen *zusehen*. Nicht zufällig haben einige Forscher und Philosophen wie der bekannte Neurophysiologe und Neurophilosoph John Eccles das prä-SMA für den Sitz des freien Willens gehalten (Eccles, 1994).

Ist eine Handlungsabsicht zum konkreten Willensentschluss gereift, dann werden die entsprechenden Informationen zu den motorischen Arealen der Großhirnrinde im hinteren Stirnhirn geschickt, die nun genauer bestimmen, welche einzelnen Bewegungen für die Handlung nötig sind und wie unser Bewegungsapparat in Gang gesetzt werden muss. Dabei handelt es sich um den *primären* und den *sekundären motorischen Cortex* (vgl. Abbildung 2, S. 39). Im letzteren Areal werden die gröberen Bewegungsabläufe festgelegt, im ersteren die dafür notwendigen Aktivitäten einzelner Muskeln und kleiner Muskelgruppen. Diese Umsetzung des Handlungswillens in konkrete Bewegungsabläufe entzieht sich schon weitgehend unserem Bewusstsein, und wir erleben nur, dass wir dasjenige *tun*, was wir soeben konkret gewollt haben. Es kommt uns dabei vor, als triebe unser Wille unseren Körper, z. B. unsere Hand *direkt* an, während wir die extrem komplexe Umsetzung des Willens in Bewegung, an dem in der Regel Hunderte von Muskeln und Muskelgruppen beteiligt sind, nicht bewusst wahrnehmen. Die genannten *motorischen Areale* der Großhirnrinde aktivieren zum einen direkt über große Nervenfaserbündel, die zusammen die so genannte Pyramidenbahn bilden, Abschnitte in unserem Rückenmark, die ihrerseits die Muskeln ansteuern.

Gleichzeitig müssen sie sich mit vielen anderen Hirnzentren außerhalb der Großhirnrinde koordinieren, die zwar völlig unbewusst arbeiten, ohne die wir aber nicht einmal einen Finger krümmen könnten. Von diesen vielen beteiligten Zentren will ich hier nur zwei nennen, nämlich das Kleinhirn und die Basalganglien. Das *Kleinhirn (Cerebellum)* ist – anders als sein Name

170 7 Handlungspsychologie und Neurobiologie

erwarten lässt – beim Menschen ziemlich groß und enthält etwa ebenso viele Nervenzellen wie das übrige Gehirn, nämlich rund 30 Milliarden. Das Kleinhirn greift feinregulierend in die Handlungs- und Bewegungsabläufe ein, die von den *Basalganglien* im Zusammenwirken mit der Großhirnrinde gesteuert werden.

Wie in Kapitel 2 geschildert, setzen sich die Basalganglien aus sehr unterschiedlichen Hirnzentren zusammen, nämlich aus dem *Striatum* (bestehend aus *Putamen* und *Nucleus caudatus*), dem *Pallidum internum* und *externum*, dem *Nucleus subthalamicus* und der *Substantia nigra*. Letztere besteht aus einem dichtgepackten (*pars compacta*) und einem lose gepackten Teil (*pars reticulata*). Über die Funktion der Basalganglien ist lange Zeit gerätselt worden. Man nahm an, dass dort Reflexe, Instinkthandlungen und andere Automatismen gespeichert sind, was auch nicht ganz falsch ist. Heute weiß man jedoch, dass die Basalganglien generell an allen Handlungen und Bewegungen beteiligt sind, insbesondere auch an denjenigen, die mit bewusster Planung und bewusstem Willen zu tun haben, also »von innen heraus« angetrieben werden. Man schließt dies vornehmlich aus der Tatsache, dass bei Patienten, die unter der Parkinsonschen Erkrankung leiden, gerade diejenigen Handlungen beeinträchtigt sind, die noch nicht automatisiert sind und deshalb eine Willensanstrengung benötigen. Bei diesen Patienten ist ein bestimmter Mechanismus der Basalganglien betroffen, über den noch zu reden sein wird.

Die Basalganglien sind nach inzwischen verbreiteter Anschauung eine Art *Handlungsgedächtnis*, in dem alle Bewegungsmuster niedergelegt sind, die sich irgendwann einmal als erfolgreich erwiesen haben. Dieses Erfahrungssammeln beginnt bereits vor der Geburt, denn die Basalganglien gehören zu den Hirnstrukturen, die sich weit vor der Geburt entwickeln, und dieses Sammeln erfolgt ein Leben lang. Alles, was wir an Bewegungen ausführen, insbesondere wenn es neu und ungewohnt ist, muss mit diesem Handlungsgedächtnis abgeglichen werden. Das ist am Anfang schwierig, und deshalb laufen viele neue Bewegungsweisen holprig ab, und zugleich müssen wir uns auf den Ablauf kon-

Was passiert im Gehirn bei Willenshandlungen? 171

zentrieren. Je häufiger wir aber diese Bewegung ausführen oder intensiv üben, desto flüssiger geht es und – das ist ganz wichtig – desto weniger müssen wir darauf achten, und schließlich machen wir die Bewegung oder Handlung wie im Schlaf. Zu Beginn, wenn es noch holprig geht, müssen sich die geschilderten prämotorischen und motorischen Areale der Großhirnrinde intensiv mit den Basalganglien und dem Kleinhirn abgleichen, aber später können die Basalganglien und das Kleinhirn diese Funktion weitgehend allein ausführen, und das Bewusstsein kann sich völlig aus der ganzen Sache herausziehen oder nur noch als »begleitendes Bewusstsein« vorhanden sein. Typischerweise können wir dann auch nichts mehr über die Details des Vorgangs berichten, z. B. wie wir Fahrrad fahren, Klavier spielen oder die Krawatte binden.

Die Basalganglien sind über mächtige Verbindungsbahnen mit allen genannten Cortexarealen verbunden, die für die Planung, konkrete Vorbereitung und Ausführung von Willenshandlungen zuständig sind (d. h. der präfrontale, posteriore parietale, prä-supplementärmotorische, prämotorische und motorische Cortex), wobei es sich um teilweise getrennte Bahnen handelt (Abbildung 9). Alle Informationen, die im Cortex entweder die Planung oder die konkrete Vorbereitung oder die detaillierte Ausführung einer Bewegung bzw. Handlung betreffen, werden somit zu unterschiedlichen Teilen des Striatum gesendet. Hier geraten sie in ein kompliziertes Netzwerk neuronaler Informationsverarbeitung, zu dem neben dem Striatum auch der innere und äußere Teil des Pallidum, der Nucleus subthalamicus und die beiden Teile der Substantia nigra, nämlich die Substantia nigra pars compacta und die Substantia nigra pars reticulata gehören (Abbildung 10).

Diese Teile der Basalganglien sind auf merkwürdige Weise miteinander verknüpft und zeigen überwiegend hintereinander geschaltete Hemm-Mechanismen, die durch erregende Einflüsse unterbrochen sind. So wirkt das Striatum hemmend auf die retikuläre und die kompakte Substantia nigra und das innere und

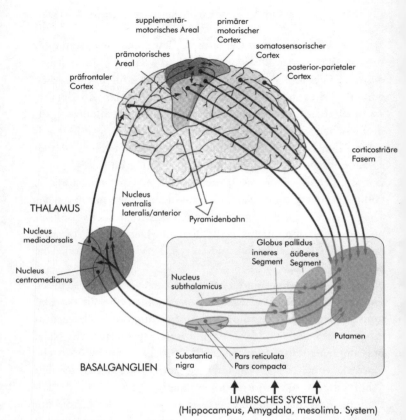

Abbildung 9: Steuerung der Willkürhandlungen. Nervenbahnen (corticostriäre Fasern) ziehen von verschiedenen Teilen der Großhirnrinde zu den Basalganglien (umrandet), von dort aus zum Thalamus und schließlich zurück zum präfrontalen, motorischen, prämotorischen und supplementärmotorischen Cortex. Vom motorischen und prämotorischen Cortex aus zieht die Pyramidenbahn zu Motorzentren im Rückenmark, die unsere Muskeln steuern. Bewusst (im Stirnhirn) geplante Handlungen gelangen über die Pyramidenbahn nur dann zur Ausführung, wenn sie vorher die »Schleife« zwischen Cortex, Basalganglien und Thalamus durchlaufen und hierbei die Basalganglien der beabsichtigten Handlung »zugestimmt« haben. Die Basalganglien ihrerseits werden von Zentren des limbischen Systems (Hippocampus, Amygdala, mesolimbisches System) kontrolliert. (Aus Roth, in Roth und Prinz, 1996, verändert.)

Was passiert im Gehirn bei Willenshandlungen?

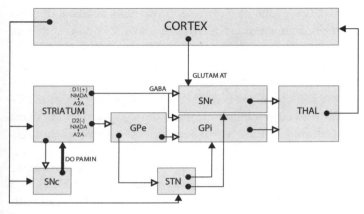

Abbildung 10: Verschaltung zwischen Cortex und Basalganglien bzw. innerhalb der Basalganglien. Exzitatorisch wirkende glutamaterge Einflüsse sind mit schwarzen Pfeilköpfen dargestellt, inhibitorische GABAerge Einflüsse mit offenen Pfeilköpfen. Dicker schwarzer Pfeil: dopaminerge Projektion von der Substantia nigra zum Striatum. Abkürzungen: A2A = Adenosin-Rezeptoren; D1/D2 = dopaminerge Rezeptortypen; GPe = Globus pallidus, äußerer Teil; GPi = Globus pallidus, innerer Teil; NMDA = glutamaterger Rezeptorentyp; SNc = Substantia nigra, pars compacta; SNr = Substantia nigra, pars reticulata; STN = subthalamischer Nucleus; THAL = Thalamus. Weitere Erläuterungen im Text.

äußere Pallidum ein, wird aber seinerseits durch die kompakte Substantia nigra teils erregt und teils gehemmt (darüber gleich mehr). Der Nucleus subthalamicus wird vom äußeren Pallidum gehemmt und erregt sowohl das innere Pallidum als auch die retikuläre Substantia nigra. Diese letzteren Strukturen bilden den Ausgang des Systems der Basalganglien zurück zur Großhirnrinde. Dies geschieht aber nicht direkt wie beim Eingang, sondern inneres Pallidum und »retikuläre« Substantia nigra wirken hemmend auf Umschaltzentren im *Thalamus* des Zwischenhirns ein, die ihrerseits Bahnen zu genau denjenigen Teilen der Großhirnrinde zurückschicken, welche Bahnen zum Striatum aussenden.

174 7 Handlungspsychologie und Neurobiologie

Das Ganze kann man als eine Vorrichtung ansehen, die über hemmende und erregende Mechanismen sehr abgestuft teils Gas geben und teils bremsen kann. Wenn nämlich ein Hemm-Mechanismus *erregt* wird, dann wird die Hemmung stärker. Wird dieser Hemm-Mechanismus aber selbst *gehemmt*, so reduziert sich die von ihm bewirkte Hemmung oder fällt ganz fort. Damit wird ein Grundproblem der Bewegungssteuerung durch das Gehirn gelöst, das darin besteht, dass man zu einem gegebenen Zeitpunkt mit denselben Gliedmaßen immer nur eine Art von Bewegung ausführen kann: Man kann nicht gleichzeitig hüpfen und gehen, nicht gleichzeitig mit derselben Hand nach der linken und der rechten Tasse greifen und nicht gleichzeitig zwei Melodien singen oder zwei Sätze sprechen. Übrigens kann man auch nicht zur selben Zeit zwei Gedanken haben. Das alles geht nur nacheinander. Es muss in einem bestimmten Handlungszusammenhang also jeweils genau eine Handlung freigeschaltet werden, und alle überhaupt möglichen anderen Handlungen müssen völlig unterdrückt werden. Gelegentlich, wenn wir unentschieden sind, machen wir Bewegungen in die eine oder andere Richtung, aber im Normalfall führen wir eine Bewegung aus und unterdrücken alle anderen. Genau dies machen die Basalganglien: Sie geben gezielt eine Bewegung frei und sorgen dafür, dass alle anderen gehemmt werden. Bei bestimmten Erkrankungen der Basalganglien geschieht genau dies nicht, und der Körper windet sich in Krämpfen, weil miteinander unvereinbare Motorprogramme gleichzeitig gestartet werden.

Bemerkenswert ist bei diesem Mechanismus ein besonderer Umstand. Wie geschildert, wirkt die »kompakte« Substantia nigra teils hemmend und teils erregend auf das Striatum ein. Dies geschieht dadurch, dass Dopamin ausgeschüttet wird und auf das Striatum auf zwei verschiedene Weisen einwirkt. Auf einen Typ von hemmenden Ausgangsbahnen des Striatum wirkt Dopamin nämlich über bestimmte »Andockstellen« (D1-Rezeptoren genannt) *erregend* und verstärkt so die Hemmungsfunktion der Bahnen, und es wirkt auf einen zweiten Typ von hemmenden

Was passiert im Gehirn bei Willenshandlungen?

Ausgangsbahnen (über so genannte D2-Rezeptoren) *hemmend*, reduziert also deren Hemmungsfunktion oder hebt sie ganz auf (vgl. Abbildung 10 S. 173). Damit kann genau das erreicht werden, was nötig ist, nämlich eine bestimmte Bewegung frei zu schalten, d. h. die Hemmung aufzuheben, und alle Alternativerregungen zu unterdrücken (deren Hemmung zu verstärken).

Die Bewegungslosigkeit von Parkinson-Patienten ist von der Tatsache verursacht, dass zu wenig Dopamin in der kompakten Substantia nigra hergestellt und ins Striatum ausgeschüttet wird, weil die Dopamin produzierenden Nervenzellen in der Substantia nigra überwiegend abgestorben sind. Bei den Patienten stehen also alle Bewegungen unter krankhafter Hemmung – es ist so, als seien in einem Auto das Gaspedal blockiert und die Bremse fest angezogen. Der Patient kann etwas noch so stark wollen, z. B. aufstehen oder nach der Kaffeetasse greifen – es geschieht nichts, weil ein kleiner, aber wichtiger Teil der Steuerungskette nicht funktioniert. Nimmt der Patient aber ein Medikament (L-Dopa genannt), das in seinem Gehirn vorübergehend diesen Dopaminmangel ausgleicht, so kann er sich plötzlich für einige Zeit mehr oder weniger normal bewegen (mit den Jahren nimmt leider die Wirksamkeit solcher Medikamente ab). Die Ausschüttung von Dopamin von der kompakten Substantia nigra in das Striatum ist also ein *Freischaltungssignal*, d. h. das Lockern der Bremse und das Gasgeben. Dies sorgt gleichzeitig dafür, dass alle Alternativbewegungen unterdrückt werden.

In diesem Sinne sind die Basalganglien nicht nur ein Handlungsgedächtnis, sondern auch eine wichtige *Entscheidungsstation* im Gehirn (vgl. Bogacz, 2007). Wir werden allerdings gleich sehen, dass bei diesen Entscheidungen noch weitere Zentren mitwirken.

176 7 Handlungspsychologie und Neurobiologie

Woher weiß das limbische System, was zu tun ist?

Es stellt sich nun die wichtige Frage, woher die kompakte Substantia nigra weiß, welche Bewegung oder Handlung sie durch ihr Dopamin-Signal im Striatum freischalten soll. Immerhin handelt es sich um ein vergleichsweise kleines Hirnzentrum, und dieses kann schließlich nicht allein wichtige Entscheidungen treffen – wenn man dies überhaupt so bezeichnen will. Hier hilft die Überlegung, dass es im Gehirn kein Zentrum gibt, das etwas tut, ohne wiederum von anderen Zentren beeinflusst zu sein. Im Gehirn beeinflussen sich letztendlich alle Zentren gegenseitig, wenngleich nicht in jeder Richtung in derselben Stärke. Wir dürfen also annehmen, dass die Dopamin produzierende Substantia nigra von anderen Zentren beeinflusst wird, die festlegen, wann das Dopamin-Signal erfolgt und wann nicht.

Diese Zentren kennen wir bereits, denn es sind diejenigen, die zum limbischen System gehören. Im Wesentlichen handelt es sich um den Hippocampus, die Amygdala und das mesolimbische System. Wie wir im vorigen Kapitel gehört haben, bilden Amygdala und mesolimbisches System zusammen das *unbewusste Erfahrungsgedächtnis*, wobei die Amygdala eher die negativen und stark bewegenden Erlebnisse vermittelt, und das mesolimbische System eher die positiven und motivierenden Erlebnisse. Der Hippocampus liefert die Details der Geschehnisse und den räumlich-zeitlichen Kontext – den autobiographischen Rahmen. Diese Zentren bestimmen, was aus Sicht des Unbewussten bzw. Vorbewussten wünschbar bzw. anzustreben und was zu vermeiden ist. Diese Informationen gelangen dann in den orbitofrontalen und ventromedialen Cortex, die mit dem bewussten rationalen und emotionalen Abwägen der individuellen und sozialen Folgen und Aspekte möglicher Handlungen befasst sind. Falls die Handlung nicht hoch automatisiert ist, folgt entsprechend meist eine kürzere oder längere Periode bewussten Abwägens der Wünsche und Absichten, bis schließlich klar ist, was davon realisiert werden soll.

Woher weiß das limbische System, was zu tun ist? **177**

Nehmen wir an, ich sitze in einem Saal und muss mir einen ebenso langen wie langweiligen Vortrag einer bedeutenden Persönlichkeit des öffentlichen Lebens anhören. Mein limbisches System – egoistisch, wie es ist – sagt mir, es sei doch das Beste, aufzustehen und hinauszugehen, und erzeugt entsprechend in mir den starken Wunsch, genau dies zu tun. Mein präfrontaler Cortex sagt mir jedoch, dass dies schwierig zu realisieren ist, denn ich sitze in der Mitte einer langen Sitzreihe, und mein orbitofrontaler Cortex gibt zu bedenken, dass nicht nur mein Chef, sondern auch andere wichtige Persönlichkeiten, die im Saal sitzen, mein Verhalten in hohem Maße missbilligen würden. Diese Einsprüche gelangen zurück zum limbischen System, und nun findet ein Wettkampf statt zwischen dem Drang, den Saal zu verlassen, und den Nachteilen, die mir eventuell aus dieser Handlung erwachsen. Wahrscheinlich bleibe ich sitzen, ärgere und langweile mich. In diesem Fall geht ein Befehl an die Basalganglien, genauer an die Substantia nigra, jeden Impuls zum Aufstehen zu unterdrücken, und es findet keine entsprechende Freischaltung statt. Allerdings könnte es sein, dass mein Chef bereits gegangen ist und mein orbitofrontaler Cortex dann nicht mehr so stark protestiert, und ich gehe ebenfalls.

In Entsprechung des psychologischen Rubikon-Modells erkennen wir also unterschiedliche Phasen der Handlungsvorbereitung und -ausführung. Die erste Phase besteht im Auftauchen von Wünschen aus dem limbischen System im Bewusstsein als Folge der Erregung der Großhirnrinde durch Amygdala und mesolimbisches System. Diese Wünsche sind natürlich bereits »zensiert«, sie bewegen sich im Rahmen dessen, was mein emotionales Erfahrungsgedächtnis gestattet. Ebenso zensiert sind alle Assoziationen, die diese Wünsche in meinem Gedächtnis hervorrufen (die bekannten »Wunschphantasien«). Es kommen andere Wünsche auf, die eventuell in Konkurrenz zu den ersten Wünschen stehen oder sich einfach daneben stellen (man kann in dieser Phase durchaus einander sich widersprechende Wünsche haben).

178 7 Handlungspsychologie und Neurobiologie

Die zweite Phase besteht dann im teils rationalen, teils emotionalen Abwägen dieser Wünsche. Es stellt sich dabei die Frage: »Was willst du denn wirklich? Welche Konsequenzen haben die einen und die anderen Wünsche? Und willst du diese Konsequenzen?« Die Vorstellungen dieser Konsequenzen rufen entsprechende Gefühle wach: »Ja, das wäre schön!« Oder »Oh Gott, das wäre ja furchtbar!« oder einfach »Ich weiß nicht...«. Dies bedeutet, dass in dieser Phase ein kürzerer oder längerer Kreisprozess zwischen Großhirnrinde und subcorticalem limbischem System abläuft, in dem jede dieser Vorstellungen bewertet wird. Dies erleben wir als Gefühle, die den Entscheidungsprozess begleiten. Irgendwann und irgendwie setzt sich ein Wunsch durch, alle anderen werden (vielleicht nur vorläufig) unterdrückt.

Dadurch wird die dritte Phase eingeleitet, nämlich die der konkreten Planung; der Wunsch wird zur konkreten Handlungsabsicht. Jetzt ist wieder der dorsolaterale präfrontale Cortex dran und muss möglichst genau festlegen, was wann und wie zur Realisierung des Planes nötig ist. Falls es sich nicht um stark automatisierte Abläufe handelt, tritt der *Wille* auf den Plan. Er sorgt zum einen durch *Fokussierung* dafür, dass eine klare Zielvorstellung herrscht und konkurrierende Pläne und Realisierungsmöglichkeiten ausgeblendet werden. Ebenso sorgt er durch *Energetisierung* dafür, dass bestehende Hindernisse beurteilt und als bewältigbar eingestuft werden, sonst erlahmt der Wille, man wird *entmutigt*. Diese dritte Phase endet im *Willensruck*, der das Startsignal für den Handlungsbeginn gibt. Dieser Willensruck (sofern er auftritt) fällt mit dem Augenblick zusammen, in dem die Basalganglien über das Dopaminsignal eine bestimmte Handlung frei schalten und dieses Ereignis über den Thalamus in den Cortex gelangt und dort bewusst wird.

Das limbische System hat bei dem ganzen Ablauf das »erste und das letzte Wort«: Das erste Wort beim Entstehen der Wünsche und Pläne, und das letzte bei der Entscheidung darüber, ob das, was an Handlungsabsichten gereift ist, tatsächlich *jetzt und so und nicht anders* getan werden soll. Natürlich redet das limbische System auch zwischendurch mit, aber hier kommt ebenfalls der rationale Verstand zu Wort, der vorher und nachher schweigt und dann erst wieder bei der Bewertung der Konsequenzen des Handelns spricht.

Zusammengefasst erkennen wir, dass es viele bewusste und unbewusste Instanzen sind, die bei der handlungsvorbereitenden Entscheidung mitwirken. Auf der Ebene des Bewusstseins sind dies die zahlreichen Ich-Zustände (das rationale, das emotionale, das egoistische, das soziale Ich) und auf unbewusster Ebene die Amygdala, das mesolimbische System und die Basalganglien mit ihren vielen Untereinheiten. Es liegt also ein *multi-zentrisches Netzwerk* vor, in dem niemand allein das Kommando hat, sondern in dem die Instanzen mit ihren jeweiligen Argumenten in einen Wettbewerb mit teilweise ungewissem Ausgang treten. Das Bemerkenswerte daran ist die Tatsache, dass unser Bewusstsein – wenn erst einmal eine Entscheidung gefallen ist – sich diese Entscheidung *selbst* zuschreibt, so als gäbe es nur diese eine Instanz. Das ist eine sehr praktische Illusion, denn wahrscheinlich würden wir psychisch die Wahrheit gar nicht ertragen, dass wir eigentlich aus vielen Instanzen bestehen.

Eine Grundbedingung muss beachtet werden, nämlich dass dasjenige, was schließlich getan wird, im Einklang mit dem emotionalen Erfahrungsgedächtnis steht. Dies ist der Grund dafür, dass diese Instanz das erste und das letzte Wort hat. Wir müssen nämlich mit unseren Handlungsentscheidungen *leben können*. Was wir tun, muss im Lichte unserer bewussten und insbesondere unbewussten Lebenserfahrung plausibel und gerechtfertigt erscheinen. Dies entspricht der Übereinstimmung unbewusster Motive und bewusster Ziele. Können wir dies auf Dauer nicht, so werden wir psychisch krank.

KAPITEL 8

Welches ist die beste
Entscheidungsstrategie?

Wir haben im fünften Kapitel von dem in der Ökonomie und in den Sozialwissenschaften seit langer Zeit dominierenden Modell des »rationalen Entscheidens« (»rational choice«) und seinen Unzulänglichkeiten gehört. Diese Unzulänglichkeiten betreffen folgenden Punkte: Erstens kann der menschliche Verstand komplizierte Entscheidungssituationen allein schon aus Gründen der Komplexität, der mangelnden Kenntnis von Anfangs- und Randbedingungen und wegen der Begrenztheit der Berechenbarkeit gar nicht bewältigen. So viel man auch zu berechnen versucht, es bleiben unvermeidlich weite Bereiche, in denen Abschätzungen und Vermutungen abgestellt werden müssen. Damit wird auch Vorurteilen Tür und Tor geöffnet, obwohl man das Gegenteil, nämlich Objektivität beabsichtigte und meist auch noch vorgibt.

Dies ist besonders deutlich bei den rituellen Veröffentlichungen von Prognosen zur Wirtschaftsentwicklung und bei deren anschließenden und höchst peinlichen mehrfachen Korrekturen. Das Peinliche daran ist nicht das Versagen der Modelle, denn die Komplexität des Geschehens ist tatsächlich außerordentlich groß, sondern die Tatsache, dass man mit dem hohen Anspruch an Wissenschaftlichkeit um Zehntel von Prozenten der Wachstumsrate streitet, wo es in der Realität um Abweichungen in ganzen Prozentpunkten geht. Dies kann zu durchaus folgenschweren wirtschaftspolitischen Fehlmaßnahmen führen – oder auch nur zu einer selbstverstärkenden negativen Entwicklung aufgrund der Veröffentlichung der Prognose (der »Self-fulfilling prophecy«-Effekt). Man denke nur an eine »wis-

8 Welches ist die beste Entscheidungsstrategie? 181

senschaftlich untermauerte« Prognose während einer abwärts-
gerichteten Konjunkturphase in einer Volkswirtschaft, die bereits
vorhandene Konjunkturschwäche werde weiter zunehmen. Auch
wenn dies von der Sache her gar nicht notwendig einzutreten
braucht, kann sich eine solche Prognose allein aufgrund der
pessimistischen Erwartungswirkung bei den verantwortlichen
Entscheidungsträgern bewahrheiten. Anders verhält es sich mit
Prognosen zur Entwicklung von Börsenkursen, da es sich hier im
Prinzip um einen sich selbst zerstörenden Prozess handelt. Niemand würde mehr an der Börse spekulieren, wenn Kursentwick-
lungen tatsächlich exakt vorausberechenbar wären. Dasselbe gilt
bekanntlich für den »todsicheren« Lottotip. Dennoch halten
viele Leute an der Fiktion der Berechenbarkeit solcher Geschehnisse fest.

Zweitens weicht das »Rational-Choice«-Modell dramatisch
von der Art ab, wie Menschen wirklich Entscheidungen treffen.
Menschliches Denken ist sehr begrenzt, das individuell vor-
liegende Wissen ebenso, hinzu kommen Beschränktheiten in
der Zeit (Entscheidungen unter Zeitdruck) oder in den Rech-
ner-Ressourcen. Menschen weichen deshalb auf Heuristiken
aus, auf »Pi-mal-Daumen«-Entscheidungen, die überraschend
wirksam sind, wie sich gezeigt hat. Sie nehmen dabei Unge-
nauigkeiten und Risiken in Kauf und begnügen sich mit subopti-
malen Lösungen (das Satisficing-Prinzip), sei es aus Bequem-
lichkeit oder weil irgendwann mit dem Suchen und Grübeln ein
Ende sein muss!

Der Umgang mit komplexen Systemen ist – wie die Untersuchungen von Dietrich Dörner gezeigt haben – eine besondere
Herausforderung an den menschlichen Verstand, und zwar auch
dann, wenn eine Person eine meist unrealistische Machtfülle
besitzt und die üblichen Beschränkungen an Ressourcen und
Zeit keine Rolle spielen (die Dörner'schen Entscheider hatten
10 Jahre Zeit zum »Machen« – also mehr, als die meisten wirklichen Politiker oder Bürgermeister zur Verfügung haben). Auch
hier geht es um die Notwendigkeit von Komplexitätsreduktion

182 8 Welches ist die beste Entscheidungsstrategie?

in Form eines Grundverständnisses der Systemzusammenhänge, um feine Dosierung der Eingriffe (gerade wenn alles nach einschneidenden Maßnahmen schreit) und Geduld (wenn jeder alles sofort angepackt sehen will).

Die wichtigste Schwachstelle der Theorie des rationalen Entscheidens ist allerdings die Tatsache, dass Rationalität bei den meisten menschlichen Entscheidungsprozessen eine begrenzte Rolle spielt. Die in Kapitel 5 dargestellten Untersuchungen der holländischen Forschergruppe (Dijksterhuis et al., 2006) unterstellen, dass Rationalität in Form bewussten Nachdenkens nur für Probleme geringer Komplexität die optimale Vorgehensweise sei und dass sich bei komplexeren Problemen das »Ruhenlassen«, d. h. das vorbewusste Problemlösen, eher bewähre. Entscheidungen sind schließlich häufig von Faktoren bedingt, die überhaupt nichts mit Rationalität im üblichen Sinne zu tun haben, sondern mit Emotionen, die traditionell als der Gegner der Rationalität angesehen werden. Wie soll ich also bei Entscheidungen am besten vorgehen? Soll ich immer auf »meinen Bauch« hören?

Seit einiger Zeit werden in deutschen Boulevard-Zeitschriften und Fernseh-Illustrierten die »Bauchentscheidungen« propagiert. »Höre auf deinen Bauch!« heißt es, »Vertraue deinen Gefühlen!«. Es werden dabei viele Beispiele zitiert, die in Richtungen gehen, die ich soeben noch einmal genannt habe, nämlich dem ersten Eindruck und der ersten Idee zu vertrauen, da längeres Nachdenken die Entscheidung nur noch schlechter mache. Man solle die »inneren Regungen bewusst registrieren«, »auf die Körpersignale achten«, der Intuition folgen usw. Auch beruft man sich auf die Empfehlung von Gerd Gigerenzer und seinen Kollegen, viele Informationen einfach zu ignorieren und simplen Entscheidungsstrategien zu vertrauen. Gleichzeitig wird man aber auch vor »zuviel Bauchgefühl« gewarnt, denn dieses sei schließlich manipulierbar, zum Beispiel durch die Werbung (»je häufiger man eine Aussage hört, desto mehr Wahrheit schreibt man ihr zu« – was übrigens richtig ist). Man solle also doch manchmal dem »kalten Verstand« trauen, eigene Entscheidungen kritisch überprüfen und daraus lernen! Was nun?

Der Gipfel der Trivialität wird erreicht, wenn einige der von den Zeitschriften zu Rate gezogenen Psychologen feststellen, die richtige Entscheidungsstrategie hänge davon ab, welcher Entscheidungstyp man sei. Es gebe eben Bauchmenschen und Kopfmenschen, und die Ersteren würden besser damit fahren, spontan zu entscheiden, die Letzteren damit, nachzudenken. Dies ist ein klassischer Zirkelschluss, denn schließlich nennt man diejenigen Personen, die üblicherweise spontan entscheiden, »Bauchmenschen«, und diejenigen, die vor Entscheidungen lange nachdenken, »Kopfmenschen«. Anders formuliert lautet der Rat, Bauchmenschen sollten weiter aus dem Bauch heraus entscheiden, Kopfmenschen weiter mit dem Kopf!

Hier wird im Übrigen die Tatsache, dass Menschen unterschiedlichen Entscheidungstypen angehören können, mit der Frage verwechselt, wie man am besten entscheiden *solle*. Aus dem Umstand, dass etwas so ist, wie es ist, folgt bekanntlich nicht, dass dies auch gut so ist. Was Entscheidungen betrifft, sollte man wohl eher das Gegenteil des gerade zitierten Rates tun, nämlich Bauchmenschen sollten sich etwas rationaler verhalten und Kopfmenschen etwas intuitiver. Aber darauf werde ich noch zurückkommen. Erst einmal wollen wir die unterschiedlichen Entscheidungsstrategien systematisch durchgehen.

Der Nachteil der »Bauchentscheidungen«

Der Begriff der »Bauchentscheidung« leidet unter dem Umstand, dass in der öffentlichen Diskussion hierunter zwei ganz verschiedene Entscheidungstypen verstanden werden, nämlich die spontan-affektive Entscheidung und die intuitive Entscheidung.

Der erstere Typ von »Bauchentscheidungen« tritt meist unter Zeitdruck oder starkem psychischen Druck, insbesondere unter Stress auf. Es besteht irgendeine Gefahr (Feuer, Erdbeben, sonstige Katastrophen, Überfall und sonstige Bedrohung durch Menschen und Tiere, Verkehrsunfall usw.), und wir müssen sofort und ohne großes Nachdenken reagieren. Hierbei wird in aller Regel unsere unterste limbische Ebene, diejenige des Hypothalamus, der zentralen Amygdala und des zentralen Höhlengrau, aktiviert, und es werden Verhaltenstendenzen freigesetzt, die stammesgeschichtlich tief in uns verwurzelt sind, nämlich Flucht, Abwehr/Verteidigung, Angriff, Erstarren (Totstellen) oder Unterwerfung (Resignation). Bei Flucht, Abwehr/Verteidigung und Angriff werden zugleich oft »übermenschliche« Kräfte freigesetzt.

Die hierbei freigesetzten Verhaltensweisen sind ebenso oft richtig wie falsch. Es kann sein, dass Flucht das Beste ist, aber sie könnte auch genau die falsche Reaktion darstellen, da wir nicht schnell genug oder nicht in die richtige Richtung fliehen (z. B. ist dies bei Katastrophen in Tunneln ein großes Problem), und Verteidigung oder gar Angriff könnten besser sein. Aber das muss in Sekundenschnelle entschieden werden, und dies geschieht auf der Grundlage einer sehr eingeschränkten, schemenhaften Wahrnehmung durch die subcorticalen limbischen Zentren. Ist der große und schnell sich nahende Schatten wirklich eine Bedrohung? Ist der herannahende Gegner wirklich viel stärker als ich? Soll ich nach links oder rechts fliehen? Soll ich mich nicht lieber tot stellen?

Hochgradig reaktive bzw. reflexartige Entscheidungen sind ein unvermeidbares Risiko. Man hat eben keine Zeit zum Nachdenken – oder glaubt zumindest keine Zeit dazu zu haben, und selbst wenn man Zeit haben sollte, so wird das Nachdenken durch den starken Stress in typischer Weise eingeengt. Bei starkem Stress werden hohe Dosen von Adrenalin und Noradrenalin ausgeschüttet, die uns wie ein Blitz durchzucken, uns höchst reaktionsbereit und aufmerksam machen, aber zugleich den präfrontalen Cortex lahm legen: Es ist jetzt keine Zeit zum langen Grübeln! Bei ganz starker Bedrohung geraten wir sogar in Panik, d. h. kopf-loses Reagieren.

Der Nachteil der »Bauchentscheidungen« 185

Panikverhalten ist immer falsch, hochgradig affektive Entscheidungen sind es oft. Was können wir also tun? Gegen plötzliche Katastrophen und Gefahrensituationen können wir uns niemals schützen, aber wir können dennoch zwei Dinge tun. Erstens können wir es durch Training zumindest in gewissem Umfang lernen, Panikgefühle zu unterdrücken. Dazu muss man sich versuchsweise mehrfach Katastrophen- und Gefahrensituationen ausgesetzt und gelernt haben, mit ihnen umzugehen. Das ist natürlich schwierig. Zweitens müssen wir lernen, in solchen Situationen *automatisiert* die richtigen Dinge zu tun. Ein Feuer bricht im Hotel aus, in dem wir uns gerade befinden, und wir haben im Kopf, was wir in einem solchen Fall tun müssen (z.B. Alarm geben, Fenster und Türen schließen) und auf keinen Fall tun dürfen (z.B. schreiend ins Treppenhaus laufen, die Zimmertür auflassen, den Fahrstuhl benutzen). Katastrophenhelfer werden darin trainiert, hoch automatisiert die richtigen Dinge zu tun. Passiert hingegen etwas Unvorhergesehenes, dann reagieren auch sie leider häufig falsch (man denke an Tschernobyl, wo dies im entscheidenden Augenblick passierte!). Hochgradiger Stress kann also nur mit Routine-Entscheidungen bekämpft werden, aber diese sind prinzipiell situationsabhängig.

Nun muss es bei den Bauchentscheidungen nicht immer um Großkatastrophen gehen, sondern es kann sich auch um alltägliche Dinge handeln, zum Beispiel um Einkaufen, den Umgang mit den Mitmenschen oder – besonders eindrucksvoll – den Straßenverkehr. Nachteilig ist die Tatsache, dass man sich *unter Zeitdruck* entscheiden muss. Ich stehe im Geschäft, ich sehe auf meine Uhr, weil ein wichtiger Termin ansteht. Soll ich diese Schuhe wirklich kaufen oder doch lieber den Kauf verschieben? Oder: Ich habe es eilig und fahre auf eine Ampel zu, die auf Gelb schaltet. Soll ich Gas geben und versuchen, noch bei »tiefem Gelb« über die Kreuzung zu kommen?

Auf einer Straße durch ein Naturschutzgebiet zwischen Bremen und dem Vorort, in dem ich wohne, gibt es vor einer Brücke einen einspurigen Engpass von ca. 50 Metern, der eingerichtet wurde, um die Leute zum Langsamfahren (30 km/h) anzuhalten. Diese Straße wird leider von vielen Fahrern als Schleichweg benutzt, und so kommt es häufiger vor, dass man entscheiden muss, ob man entgegenkommenden Fahrern die Vorfahrt lässt oder selbst als Erster in den Engpass hineinfährt. Eigentlich ist die Regel ganz einfach: Wer zuerst am Engpass ankommt, der fährt als Erster durch. Allerdings ist diese Regel beim Kolonnenfahren schon etwas schwieriger zu handhaben, und meist lässt man als Wartender einen zweiten, dicht hinter dem ersten Fahrer ankommenden noch durch, obwohl man jetzt dran wäre. Ärgerlich wird die Sache, wenn drei oder vier Fahrer hintereinander schnell noch »durchzuwitschen« versuchen und ich deshalb länger warten muss. Meist schauen diese Fahrer beim Vorbeifahren demonstrativ weg. Am Allerärgerlichsten ist es, wenn ich langsam (mit 30 km/h) auf den Engpass zufahre und aus beträchtlicher Entfernung ein entgegenkommender Fahrer richtig Gas gibt, um noch vor mir durch den Engpass zu schlüpfen. Einmal passierte es mir, dass mir ein solcher Fahrer mit der Faust auch noch drohte. Ein andermal kam ich beim Joggen am Engpass vorbei, und mitten drin standen sich zwei Autofahrer drohend gegenüber, und keiner wollte nachgeben und zurückfahren. Leider musste ich abbiegen und konnte nicht beobachten, wie die Sache ausging (zumindest standen sie nach einer Stunde nicht mehr da!).

Was ist hieran bemerkenswert? Es ist die Tatsache, dass im Straßenverkehr oft in sehr kurzer Zeit Entscheidungen getroffen werden müssen, die zwar nicht notwendigerweise unter echtem Zeitdruck (bei welchem Termin kommt es auf Sekunden an?), aber in der Regel unter hohem emotionalem Druck stehen. In der Tat sind das Auto und das Autofahren hoch emotionale Dinge. Hier geht es nicht nur um den bloßen Transport und die Anschaffungs- und Betriebskosten, sondern um Status und Selbstgefühl, insbesondere natürlich bei Männern. Kaum etwas spiegelt den Wunsch, wie man von den anderen gesehen werden möchte, so exakt wider wie das Auto, das man fährt.

Der Nachteil der »Bauchentscheidungen« 187

Auch das Verkehrsverhalten selbst unterliegt hoch emotionalen Bedingungen: Soll ich dem entgegenkommenden Marke-X-Fahrer den Vortritt lassen, wo ich doch die viel angesehenere Marke Y fahre? Aber auch bei vergleichbaren Autotypen stellt sich die Frage: Soll ich überhaupt jemandem den Vortritt lassen, wo ich doch im Recht bin? Dasselbe gilt für das schnellere Fahren: Ich signalisiere den anderen, die ich überhole, dass ich besser und mächtiger bin als sie. Den Vortritt zu lassen ist für viele Menschen gleichbedeutend mit Machtverlust, und den kann sich nur derjenige leisten, der über viel Macht verfügt, oder dem Macht gleichgültig ist. Diese Angst vor dem Macht- und Gesichtsverlust kann dramatisch sein, und nur so kann man erklären, warum die oben genannte Person aus größerer Entfernung Gas gab und sicher 80 km/h auf einer Strecke mit 30 km/h Geschwindigkeitsbeschränkung fuhr, nur um mir bei dem Engpass zuvorzukommen.

Ein solches Verhalten wird kaum bewusst entschieden, sondern es sind hierbei vornehmlich die unbewussten egoistischen Motive in uns. Zur Rede gestellt würden die betreffenden Personen gar nicht recht ihr Verhalten begründen können, und auch uns anderen geht es vor einer gelben Ampel, bei der auch wir manchmal Gas geben, genauso. Während wir noch auf der Kreuzung sind, ärgern wir uns schon über unser »reflexhaftes« Verhalten. Noch dramatischer wird es bei riskanten Überholmanövern meist jugendlicher Männer auf der Landstraße, bei denen Imponiergehabe, Geltungssucht und wohl auch der Nervenkitzel eine reale Todesgefahr für sich und andere Personen verdrängen. Das Tragische hieran ist, dass jedes Mal, wenn es »gut gegangen« ist, das riskante Fahrverhalten verstärkt wird. Das »Es ist bisher immer gut gegangen und wird auch weiter gut gehen« kann schließlich zum festen Glauben (Skinner würde sagen »Aberglauben«) werden.

Ein weiterer problematischer Bereich spontaner Entscheidungen ist der tägliche emotional-kommunikative Umgang mit den Mitmenschen. Auch hier müssen wir in Sekundenschnelle

188   8 Welches ist die beste Entscheidungsstrategie?

entscheiden, wie wir uns verhalten sollen, nämlich neutral, freundlich, abweisend oder aggressiv, ob wir zuerst das Wort ergreifen oder geduldig zuhören, ob wir eine unhöfliche Bemerkung in gleicher Weise zurückgeben oder sie ignorieren, ob wir zuerst durch die Tür gehen oder dem anderen den Vortritt lassen. Hier herrscht neben der unteren limbischen Ebene die mittlere Ebene der emotionalen Konditionierung vor. Wie ich mich *spontan* meinen Mitmenschen gegenüber verhalte, wird neben meinem Temperament ganz wesentlich von meinem Selbstwertgefühl bestimmt, welches das Resultat meiner frühen Bindungserfahrungen und sonstiger früher psychosozialen Prägung ist, und erst in zweiter Linie wird meine Erziehung wirksam.

Aber auch ohne Zeitdruck sind rein affektive Entscheidungen riskant, zum Beispiel beim Kaufverhalten oder bei Einstellungsgesprächen, bei denen ich der Vorgesetzte oder der Personalchef bin. Das Kaufverhalten der Menschen wird inzwischen intensiv wissenschaftlich untersucht, ohne dass die Wissenschaft hierzu schon irgendetwas anderes dazu sagen könnte, als dass es komplex ist und bei unterschiedlichen Menschen unterschiedlich ausfällt. Beim Einkaufen kann man nur raten (selbstverständlich in Abhängigkeit vom Wert der zu erwerbenden Ware): Kaufe nicht unter zeitlichem oder psychologischem Druck (etwa weil der Verkäufer drängelt), misstraue dem ersten begeisterten Eindruck, denn er führt meist dazu, dass die offensichtlichen Fehler der Ware übersehen werden (es sei denn, wir kaufen das, was wir immer kaufen!). Schau dir die Sache genau an, zehn Minuten genügen meist dazu, es sei denn, es geht um eine wirklich teure Anschaffung. Es ist richtig, dass längeres Grübeln nichts bewirkt, aber die Begeisterung der ersten Sekunden oder Minuten muss man aussitzen – sie lässt in der Regel spätestens nach einer halben Stunde nach. Gute Käufer verlassen das Geschäft und kehren nach einer Stunde wieder und denken in der Zwischenzeit nicht über den Kauf nach. Wenn ihnen bei der Rückkehr immer noch die Ware zusagt, sollten sie sie kaufen.

Im Einstellungsgespräch ist dies nicht anders, wenngleich mit

Der Nachteil der »Bauchentscheidungen« 189

einer leicht verlängerten Zeitdimension. Die größte Gefahr heißt hier »erster Eindruck«, und der größte, aber leider weit verbreitete Irrtum lautet, dass dieser erste Eindruck hinsichtlich der Eignung des Bewerbers der richtige sei. Wir erleben im Alltag wie auch bei der Personalauswahl, dass Menschen uns spontan sympathisch oder unsympathisch sind. Die Forschung zeigt, dass dieser erste Sympathie-Antipathie-Eindruck in ca. 70 Prozent der Fälle Bestand hat, d. h. wir werden in sieben von zehn Fällen auch noch nach einem Jahr diese bestimmte Person sympathisch oder unsympathisch finden.

Der Grund für diese hohe Verlässlichkeit des ersten Eindrucks liegt darin, dass Gefühle der Sympathie und Antipathie durch sehr einfache Merkmale der Mimik (z. B. Augenbrauen-, Stirnmuskel- und Mundwinkelstellung), der Gestik, des Blickkontakts, der Körperhaltung, des Körpergeruchs und des emotionalen Gehalts der Sprache (der Stimmlage, des Tonfalls und der Verwendung bestimmter emotionaler »Reizwörter«) bestimmt werden. Diese Merkmale werden schnell und überwiegend unbewusst von Zentren der Großhirnrinde und des subcorticalen limbischen Systems, insbesondere der Amygdala registriert, und entsprechend reagieren wir relativ stereotyp und ebenso überwiegend unbewusst. So kann uns ein freundlicher Blick unmittelbar erwärmen, ein Lächeln verzaubern und eine einfache Geste überzeugen.

Diesem ersten Eindruck sollte man zumindest im Einstellungsgespräch *niemals* nachgeben, und man sollte sich dagegen bewusst wappnen. Er sagt nämlich nur eines aus, nämlich dass die entsprechende Person uns auch später noch mit einer relativ hohen Wahrscheinlichkeit sympathisch ist. Mit gewissen Einschränkungen sagt er uns auch etwas über die Vertrauenswürdigkeit der Person aus, die auch – und ebenfalls überwiegend unbewusst – an ganz bestimmten emotional-affektiven Signalen ablesbar ist und über dieselben Hirnzentren verarbeitet wird. Ob und in welchem Maße jedoch diese Person für den vorgesehenen Job *geeignet* ist, darüber sagt der erste Eindruck nichts aus. Dies

190 8 Welches ist die beste Entscheidungsstrategie?

kann man nur über das genaue Studium der Bewerbungsunterlagen, durch entsprechende sachliche Fragen, durch ehrliche
Auskünfte dritter Personen oder durch aufwändige Tests herausbekommen. Experten wie der Osnabrücker Persönlichkeitspsy-
chologe Julius Kuhl warnen ebenfalls inständig vor der Gefahr
des »ersten Eindrucks« und betonen, dass man die fachliche Eignung eines Bewerbers nur über ausführliche Testuntersuchungen
herausbekommen kann.

Verzichtet man auf die relativ aufwändigen Verfahren des
»zweiten Blicks«, dann stellt man unter Umständen jemanden
ein, der einem zwar sympathisch und vertrauenswürdig erscheint,
aber für den Job, um den es geht, relativ ungeeignet ist. Natürlich fällt es schwerer, jemanden einzustellen, der offensichtlich
qualifiziert, aber irgendwie unsympathisch wirkt. Noch schwerer
ist es, jemand Hochqualifizierten einzustellen, der einem wenig
vertrauenswürdig erscheint. Hier kommt man um den verlässlichen Rat Dritter nicht herum.

Das zweite große Problem besteht darin, dass man einem
Bewerber, den man aus Sympathiegründen eingestellt hat, später
aus diesem Gefühl der Sympathie heraus viele Fehler durchgehen lässt und ihm eine weitere Chance zu geben bereit ist,
während man dem Bewerber, der einem unsympathisch ist und
den man nur wegen seiner offensichtlichen Qualifikation eingestellt hat, bei jeder Gelegenheit kritisch auf die Finger schaut
und ihn unbewusst trotz seiner Leistungen loswerden möchte.

Alles in allem heißt hier der Rat, der leider zu wenig befolgt
wird: Lass diejenigen Bewerber, die in die engere Wahl kommen, noch einmal kommen, nachdem du dich gründlich mit
anderen Personen und Psychologen beraten hast. Dieser »zweite
Eindruck« hat auch den sehr vorteilhaften Effekt, dass die mögliche Charme-Offensive eines Bewerbers nicht wieder in derselben überrumpelnden Weise auftritt wie beim ersten Mal. Die
nach dem zweiten Mal getroffene Wahl ist meist die richtige – es
sei denn, man hat die falsche Vorauswahl getroffen.

Es gibt einen Lebensbereich, in dem all dies mit uns geschieht, in dem wir aber nicht unbedingt die Möglichkeit des »zweiten Eindrucks« haben (zumindest nicht bei derselben Person), nämlich beim Sich-Verlieben. Das Sich-Verlieben wird von denselben einfachen und überwiegend unbewusst wirkenden Merkmalen bestimmt, allerdings kommen noch mächtigere Faktoren in Form von Geschlechtshormonen hinzu. Auch hier wird buchstäblich der Verstand außer Kraft gesetzt, und das ist aus nahe liegenden Gründen natürlich gut so, denn das Sich-Verlieben soll – rein biologisch gesehen! – zum möglichst umgehenden Erzeugen von Nachkommenschaft führen. Hingegen ist in dem entsprechenden limbischen Verhaltensrepertoire die Frage, ob denn die Person, in die man sich verliebt, auch für eine längere Partnerbeziehung geeignet sei, primär nicht vorgesehen. Dieser Verhaltenskomplex wird durch ganz andere physiologische Faktoren gesteuert, z. B. den Oxytocin-Komplex, der sich offensichtlich aus der Mutter-Kind-Beziehung entwickelt hat. Wie man es schafft, bei aller Verliebtheit einen kühlen Kopf zu bewahren und längerfristig zu denken, ist eine Frage, die so alt ist, wie es Menschen gibt.

Die Vor- und Nachteile rationaler Entscheidungen

Lassen wir also, der Ermahnung kluger Menschen folgend, bei Entscheidungen den Verstand walten! Über die Begrenztheit der Rationalität haben wir inzwischen zur Genüge gehört, aber heißt dies, dass wir auf Rationalität und Nachdenken verzichten müssen?

Natürlich gibt es, wie geschildert, Situationen, in denen wir gar keine Zeit oder Möglichkeit zum Nachdenken haben, aber in allen anderen Fällen heißt nach dem, was ich soeben gesagt habe, die Antwort eindeutig »nein!«. Im Fall des Einstellungsgespräches wäre es töricht, die Rationalität außen vorzulassen. Es ist gerade die Rationalität, die mich vor der Gefahr des »ersten Eindrucks« warnt, mich zum nochmaligen Studium der Bewerbungsunterlagen und zu weiteren Diskussionen mit Kollegen

192 8 Welches ist die beste Entscheidungsstrategie?

ermahnt. Sie lässt mich zum Telefonhörer greifen, um den früheren Arbeitgeber des Bewerbers anzurufen, und sie veranlasst mich insbesondere, die in die engste Wahl gelangten Bewerber noch einmal einzuladen und um die Unterstützung durch Psychologen nachzusuchen. Ebenso unsinnig wäre es, sich vor dem Kauf eines Autos oder gar eines Hauses nicht genau zu informieren, und all dies gilt natürlich für Entscheidungen von »staatstragender Bedeutung«. Hier geht es um tage-, wochen- und monatelange Beratungen, ehe eine Entscheidung getroffen wird.

Wie lange soll man hier nachdenken und beraten? Diesbezüglich werden zur Zeit in der interessierten Öffentlichkeit schnelle Entscheidungen gefordert, monatelanges politisches »Gezerre« wird intensiv kritisiert (man denke an die Gesundheitsreform). Überdies werden immer wieder Befunde von Psychologen zitiert, die angeblich nachweisen, dass schnelle Entscheidungen mindestens ebenso gut sind wie lang sich hinziehende Entscheidungen – oder gar besser sind als sie (vgl. Kapitel 5). Auch hier wird empfohlen: Höre auf deinen Bauch!

Nun kann man das der Gesundheitsministerin oder gar der Kanzlerin schlecht sagen, denn es geht im Zweifelsfall gar nicht nur um deren Bäuche, sondern um diejenigen vieler anderer am Entscheidungsprozess Beteiligter. Gerade bei widerstreitenden Interessen benötigt das Herausfinden, was die verschiedenen Seiten eigentlich wollen (und nicht nur vorgeben zu wollen), viel Zeit, und noch mehr Zeit benötigen die Konfliktparteien, bis sie bereit sind, über den eigenen Schatten zu springen. Wichtig ist aber auch die Tatsache, dass in einem schnellen Entscheidungsprozess – sei er individuell oder politisch – oft wichtige entscheidungsrelevante Dinge einfach übersehen werden, gerade weil die »Bäuche« zu stark beteiligt waren (etwa der politische Druck, schnell zu einer Entscheidung zu kommen!), zum Beispiel schlichte Fragen wie die Finanzierbarkeit, die Frage der Verfassungskonformität oder der langfristigen Folgen für Gesellschaft und Umwelt.

Die Vor- und Nachteile rationaler Entscheidungen   193

Aus dem Munde von Gigerenzer und Kollegen haben wir gehört, dass man in vielen Fällen durch einfache Heuristiken weiterkommt. Die einfachste Heuristik lautet natürlich: Entscheide so, dass du möglichst lange mit der Entscheidung zufrieden bist. Das ist so zutreffend wie nichtssagend, denn es lässt die eigentliche Frage, *wie* ich mich entscheiden soll, unbeantwortet. Dasselbe gilt für das bekannte »utilitaristische« Prinzip, nach der die beste gesellschaftlich-politische Entscheidung diejenige ist, bei der die größte Zahl der Menschen maximal glücklich wird. Schließlich behauptet jede politische Partei, dass genau ihr Programm dies leiste.

Die von Gigerenzer und seinen Kollegen genannten Heuristiken gelten, wenn man es kritisch sieht, meist nur für Situationen, die nicht von großer individueller oder gesellschaftlicher Tragweite sind. Die Gesundheitsreform, die wieder aufgeflammte Debatte um die Kernenergie, die Frage der zusätzlichen Erweiterung der Europäischen Union, aber auch ein Hauskauf oder die Frage, ob ich den Ruf nach Berlin annehme, können nicht mit einfachen Heuristiken entschieden werden. Keine Heuristik kann die langfristigen Folgen komplexer Entscheidungen bestimmen, aber aufwändige Modellrechnungen können dies. Zumindest können sie sagen: Wir wissen nicht, ob und wie man die globale Klimakatastrophe noch aufhalten kann, aber wir wissen, dass ein So-Weitermachen wie bisher mit großer Sicherheit in die Katastrophe einmünden wird.

Wenn man hier von Heuristik sprechen will, so heißt sie: Entscheide dich *gegen* die Alternative, die im Falle des Scheiterns die schlimmsten Folgen hat. Das bedeutet oft, nicht die im positiven Sinne günstigste Alternative zu wählen, sondern eine, die im Falle des Scheiterns weniger katastrophal ist. Aber: *Welches* die schlimmsten Folgen sind, und *wie* man sie vermeidet, kann man nicht wieder durch einfache Heuristiken herausbekommen.

In die Nähe einer brauchbaren Heuristik großer Entscheidungen gelangt man durch die Annahme, dass die allermeisten Prozesse, auch die sehr komplizierten, durch maximal drei Faktoren hauptsächlich bestimmt werden. Diese muss man identifizieren und in ihren langfristigen Wirkungen und besonders ihren (z. T. versteckten) Risiken untersuchen. Dies zielt in die Richtung der Einsichten, die sich aus Dietrich Dörners Simulationsexperimenten ergeben und die hier deshalb noch einmal mit eigenen Worten zusammengefasst werden sollen: (1) Fange nicht mit einzelnen Maßnahmen an, die dir gerade ins Auge stechen, sondern analysiere sorgfältig, worin das Problem eigentlich besteht und wie dringend seine Lösung ist; (2) bedenke die mittel- und langfristigen Folgen der einzelnen Maßnahmen und die Auswirkungen auf andere Bereiche (im politischen Raum eine äußerst schwierige Forderung); (3) bedenke die große Rolle positiver oder negativer Rückkopplung (insbesondere die Tot- und Verzögerungszeiten) bei jedem Eingreifen in einen laufenden Prozess; (4) überprüfe deine Arbeitshypothesen und Strategien an der Realität; (5) starte nicht sprunghaft neue Projekte bei ersten Misserfolgen, sondern verfolge geduldig, aber zugleich selbstkritisch und realitätsüberwacht eine bestimmte Strategie auch gegen Widerstände; (6) drücke dich nicht vor der Eigenverantwortung und suche bei Misserfolgen nicht nach Sündenböcken, sondern stehe zu deinen Entscheidungen und versuche sie zu korrigieren (falls dazu Gelegenheit besteht).

Selbstverständlich gilt dies nicht für Entscheidung im Alltagsleben und in Situationen, in denen einem gar nichts mehr einfällt. Hier sind die von Gigerenzer und Kollegen propagierten Heuristiken sehr brauchbar. Wenn ich keine Ahnung habe, welches Waschmittel ich kaufen soll, dann kaufe ich das mir bekannteste. Wenn ich gar nicht mehr weiß, welches Auto ich kaufen soll, dann sollte ich dasjenige kaufen, das mir (oder meiner Frau) unter den gegebenen finanziellen Bedingungen am meisten gefällt, oder bei dem die Nachbarn anerkennend nicken, ohne sonderlich überrascht zu sein. Oder ich kaufe mir den Nachfolger des Modells, mit dem ich bisher zufrieden war. Wenn ich nun gar nicht weiß, ob ich in Bremen bleiben oder den Ruf nach Berlin annehmen soll, dann erinnere ich mich daran, dass es in Berlin die interessanteren Opernaufführungen gibt. All das garantiert mir zwar nicht die theoretisch beste Entscheidung, aber ich habe zumindest ein Nebenoptimum erreicht.

Über die Vor- und Nachteile intuitiven Entscheidens

In Kapitel 5 haben wir über die bemerkenswerte Studie von Dijksterhuis und Mitarbeitern gesprochen, die herausbekommen haben, dass Entscheidungen, die auf Nachdenken beruhen, nur in relativ einfachen Entscheidungssituationen optimal sind, während die Strategie, eine Sache kurze Zeit ruhen zu lassen, dabei nicht nachzudenken und sich anschließend spontan zu entscheiden, für komplexere Entscheidungssituationen besser geeignet ist. Das hat viele Fragen aufgeworfen, zum Beispiel, ob dies wirklich für alle komplexen Entscheidungen zutrifft und wie dieser Befund – falls er sich erhärtet – zu erklären ist.

Die erste Frage haben wir bereits teilweise beantwortet. Es gibt zweifellos Situationen in unserem Alltag (und nur um diese ging es in den Untersuchungen von Dijksterhuis und Mitarbeitern), in denen diese Strategie intuitiven Entscheidens nach kurzer Verzögerung die beste ist (z. B. das Einkaufen). Sie ist eigentlich keine Entscheidung »aus dem Bauch heraus«, sondern eher »aus einer Ahnung heraus«. Auch ging es bei den Experimenten um das Nachdenken bzw. Nicht-Nachdenken in einem Zeitraum von vier Minuten, und die »komplexen« Entscheidungen des Experiments beim Möbelkauf bei IKEA waren nicht wirklich komplex. Viele tatsächlich komplexe Entscheidungen werden von uns oder öffentlichen Entscheidungsträgern nicht nach vier Minuten des Nachdenkens oder Nicht-Nachdenkens getroffen werden. Ein kürzlicher Autokauf hat bei meiner Frau und mir zumindest einige Wochen gedauert, und zwischendurch kamen neue Gesichtspunkte auf, die unsere Entscheidung deutlich beeinflusst haben. Ein Hauskauf will in jedem Fall gut überlegt sein, da er viele Konsequenzen hat, und eine Entscheidung über die Einstellung oder Nichteinstellung eines Bewerbers

196 8 Welches ist die beste Entscheidungsstrategie?

sollte auch nicht in insgesamt vier Minuten getroffen werden. Erst recht wird eine Regierung nicht nach vier Minuten Beratung über eine neuerliche Erhöhung der Mehrwertsteuer entscheiden.

Richtig ist an dem Dijksterhuis-Modell, dass bei vielen komplexeren Entscheidungen unser Verstand *aktuell* überfordert ist. Das gilt aber nur für das Nachdenken in einem relativ kurzen Zeitraum. Falls wir dagegen mehr Zeit haben, können wir (siehe oben) die relevanten Faktoren oder Gesichtspunkte identifizieren und sie nacheinander abarbeiten, bis wir zu einer befriedigenden Lösungsmöglichkeit kommen, so wie Gigerenzer dies vorgeschlagen hat. Wir können dann sogar zurückgehen und die Liste noch einmal durcharbeiten. Insbesondere sollten wir uns bei jeder Alternative fragen: Willst du dies wirklich? Und: Was ist, wenn diese Alternative doch nicht besteht (z. B. wenn der gewünschte Autotyp nicht mehr vorrätig ist); welche Alternative ist dann dran? Und am Ende schließlich: Was ist, wenn die Entscheidung, die nun ansteht, sich später als falsch herausstellt – ist das dann die Katastrophe?

Die Kernaussage des Dijksterhuis-Modells besteht darin, dass alles rationale Abwägen letztlich in eine Entscheidung einmündet, die nur noch emotional-intuitiv getroffen werden, aber nicht wiederum rational sein kann. Unter allen rationalen Gesichtspunkten ist es das Beste, das Auto der Marke X zu kaufen, aber ich fahre nun einmal seit vielen Jahren Autos des Typs Y, und mir widerstrebt es einfach, zu wechseln – ich gehöre (fiktiv) eben zu den Menschen, denen eine Veränderung schwer fällt. Dasselbe gilt (ebenso fiktiv) für die Frage, ob ich den Ruf nach X annehmen, oder doch lieber in Y bleiben soll. Und dasselbe gilt für die Frage, ob ich den etwas unsympathisch wirkenden, aber offenbar hoch qualifizierten Herrn X einstellen soll oder die sehr sympathisch wirkende Frau Y, die keine glänzenden Zeugnisse und Empfehlungen vorzuweisen hat. Der wichtigste Gesichtspunkt überhaupt lautet dabei: Ich muss mit der Entscheidung »leben« können, und das ist nur bei denjenigen Entscheidungen der Fall,

Über die Vor- und Nachteile intuitiven Entscheidens **197**

die in Übereinstimmung (Kongruenz) mit meinem emotionalen Erfahrungsgedächtnis getroffen wurden.

Natürlich geht in diese emotionalen Entscheidungen auch die Warnung des Verstandes und der Vernunft ein. Ich neige als Leiter eines Betriebes der einen Entscheidung zu, während eine Reihe von Mitarbeitern davor warnen und eine andere Entscheidung vorschlagen. Ist es gut, diese Warnungen in den Wind zu schlagen? Wie groß ist dann der Vertrauensverlust? Wenn ich aber diesen Warnungen folge und sich dann die Entscheidung als falsch herausstellt – bin ich nicht derjenige, der dafür geradestehen muss? Wenn ich mich dazu entschließe, das teurere Auto zu kaufen, das mich vor meinen Nachbarn gut aussehen lässt – wie schwer wiegen die Gedanken an die finanziellen Belastungen oder die Unterhaltskosten? Wenn sich die Regierung zugunsten eines endlich ausgeglichenen Staatshaushalts oder zur Finanzierung von Umweltmaßnahmen für eine weitere Steuererhöhung entscheiden will, wie steht es mit einer möglichen Niederlage bei der nächsten Wahl?

All dies führt zu der Erkenntnis, dass es zwar rein rationale *Abwägungen*, aber keine rein rationalen *Entscheidungen* gibt. Entscheidungen sind immer emotional, wie lange man auch abgewogen hat, und rationale Argumente wirken auf die Entscheidung nur über die mit ihnen verbundenen Emotionen, d.h. Erwartungen und Befürchtungen ein. Der Berater (gleichgültig ob der in mir selbst oder eine reale andere Person) sagt: Es bestehen die Alternativen A, B und C; diese haben die Konsequenzen X,Y und Z. Akzeptierst du die Konsequenz X oder Y oder Z bzw. mit welcher kannst du am ehesten leben? Dies kann nicht wieder rational, sondern nur im Lichte des emotionalen Erfahrungsgedächtnisses entschieden werden.

In diesem Sinne gibt es entweder nur rein affektiv-emotionale Entscheidungen ohne vorheriges Nachdenken – das wären die »Bauchentscheidungen« –, oder eine Kombination von beratender Rationalität und affektiv-emotionalen Entscheidungen, die berücksichtigt, was die Rationalität als Alternativen und deren

198 8 Welches ist die beste Entscheidungsstrategie?

Folgen darstellt. Wir haben gelernt, rationalen Argumenten zuzuhören, und zwar nicht deshalb, weil sie rational sind, sondern weil sie bestimmte Entscheidungskonsequenzen aufzeigen, die wir bei spontanen Entscheidungen nicht berücksichtigen.

Was aber sind intuitive Entscheidungen wirklich? Sie sind ja keine Bauchentscheidungen im engeren Sinne. Wir haben früher darüber gesprochen, dass hierbei das Vorbewusste eine große Rolle spielt. Das Vorbewusste enthält, wie dargestellt, im Wesentlichen solche Inhalte, die einmal bewusst waren und wieder ins Nicht-Bewusste abgesunken sind. Dies umfasst auch alle Entscheidungen, die wir jemals bewusst getroffen haben, und die Bewertungen ihrer Konsequenzen. Diese Inhalte verdichten sich mit der Zeit immer mehr zu Intuitionen, die uns in ähnlichen Situationen raten, eine bestimmte Entscheidung zu treffen, oder die uns vor irgendetwas warnen.

Der Gesamtinhalt des Vorbewussten ist natürlich gegenüber der Kapazität des bewusstseinspflichtigen Arbeitsgedächtnisses riesengroß, selbst wenn wir dem Arbeitsgedächtnis Zeit lassen, Gesichtspunkte nacheinander abzuarbeiten. Dies liegt an der – technisch ausgedrückt – großen Datenkompression des Vorbewussten: Wir könnten die zahllosen einzelnen Erfahrungen, die wir in unserem Leben einmal gemacht haben, gar nicht detailliert und mit Bewusstsein durchgehen, um daraus für die aktuell anstehende Entscheidung irgendeine Hilfe zu gewinnen. Das Vorbewusstsein gibt uns hochgradig komprimierte Kurzmitteilungen, so wie ein Experte uns auf Anhieb sagen kann, ob eine von uns ins Auge gefasste Lösung auch wirklich gut ist. Der Experte kann dies eben aufgrund seiner großen Erfahrung, und er weiß meist gar nicht genau, wie er das eigentlich macht.

Persönlichkeit und Entscheidung

Das Bewusstsein befindet sich in den Händen des Vorbewussten. Dieses filtert alles, was ins Bewusstsein drängt, und stellt damit einen »Zensor« dar, wie Sigmund Freud es genannt hat.

Persönlichkeit und Entscheidung 199

Das Vorbewusste produziert die Versprecher, Träume und Fehlleistungen unseres Alltags. Es befindet sich aber zum großen Teil in den Händen des Unbewussten, d. h. den Strukturen und Inhalten des subcorticalen limbischen Systems. Dieses System gibt vor, wie sich die Strukturen und Inhalte des thalamo-corticalen und hippocampo-corticalen Systems als Träger des Vorbewussten entwickeln. Dabei bleiben Dinge »namenlos«: Sie treiben uns an, ohne dass wir von ihnen direkt erfahren. Deshalb sind unsere Entscheidungen umso mehr Entscheidungen unserer *unbewussten* Persönlichkeit, je wichtiger sie sind. Wir sind mit unseren Entscheidungen nur dann zufrieden, wenn sie ihren Grund in den tiefer liegenden limbischen Ebenen unserer Persönlichkeit haben. Unsere Persönlichkeit legt auch fest, in welchem Maße bei unseren Entscheidungen Rationalität eine Chance erhält.

EXKURS 3

Wie veränderbar ist der Mensch?
Ein zweiter Blick in die Kulturgeschichte

In der Ideen- und Kulturgeschichte des Westens hat man die Frage nach der Veränderbarkeit des Menschen ganz unterschiedlich beantwortet. Die seit der Antike bis in das späte 19. Jahrhundert hinein vorherrschende Vorstellung war diejenige der »Ent-Wicklung« – es entwickelt bzw. entfaltet sich etwas, das zuvor im Keim, in der Anlage bereits da war. In den Sokratischen Dialogen Platons heißt es sogar, es gebe gar keinen Erwerb neuen Wissens, sondern dieses Wissen liege bereits in jedem Menschen angeboren vor und müsse durch den Lehrer nur hervorgeholt werden, so wie die Hebamme hilft, dass das Kind auf die Welt kommt. Auch der Mensch hat seine Erbanlagen (wie diese genau aussehen, wusste man allerdings nicht), die ihn weitgehend bestimmen, und so entwickelt sich seine Persönlichkeit in denjenigen Bahnen, die bereits zu Beginn feststehen. Am eindrucksvollsten hat Goethe dies in dem Gedicht »Daimon« ausgedrückt:

> Wie an dem Tag der dich der Welt verliehen,
> Die Sonne stand zum Gruße der Planeten,
> Bist alsobald und fort und fort gediehen
> Nach dem Gesetz, wonach du angetreten.
> So mußt du sein, dir kannst du nicht entfliehen,
> So sagten schon Sibyllen, so Propheten;
> Und keine Zeit und keine Macht zerstückelt
> Geprägte Form, die lebend sich entwickelt.

Goethe selbst hat durchaus das Wechselspiel zwischen Anlage und Umwelt gesehen, wenn er 1828 im Gespräch mit Ecker-

EXKURS 3 Wie veränderbar ist der Mensch? 201

mann feststellte: »Wir bringen wohl Fähigkeiten mit, aber unsere Entwicklung verdanken wir tausend Einwirkungen aus einer großen Welt, aus der wir uns aneignen, was wir können und was uns gemäß ist.« Es besteht aber kein Zweifel daran, dass Goethe den Schwerpunkt auf Selbst-Entwicklung legte und die Funktion der Umwelteinflüsse darin sah, die verborgenen Fähigkeiten (»was wir können und was uns gemäß ist«) ans Licht zu holen. Selbstverständlich war der Gedanke der biologischen Evolution, wenn er denn überhaupt gedacht wurde, vor Darwin derjenige der Entwicklung innerhalb vorgegebener Bahnen. Erst die Evolutionstheorie Darwins beinhaltet die seinerzeit revolutionäre Vorstellung, es könne eine stammesgeschichtliche Entwicklung geben, die nicht vorgezeichnet, »prä-stabiliert«, ist, sondern sich aus der teilweise völlig zufälligen Interaktion zwischen Anlage und Umwelt über den Prozess der »natürlichen Selektion« ergibt. Danach ist – wie Darwin in aller Schärfe erkannte – auch der Mensch ein zufälliges und vielleicht auch vorläufiges Produkt der Evolution, nicht ihr Endziel.

Die Idee, dass die Umwelt einen determinierenden und nicht nur geburtshelferischen Einfluss auf die Entwicklung der Fähigkeiten von Tier und Mensch hat, kam parallel und vehement Ende des 19. Jahrhunderts in Form der russischen Reflexlehre und des amerikanischen Behaviorismus auf. Beiden Richtungen lag die Überzeugung zugrunde, dass tierisches und menschliches Verhalten – abgesehen von trivialen Gegebenheiten wie dem Körperbau und dessen Grundfunktionen – von Einflüssen der Umwelt, beim Menschen von denen der Gesellschaft bestimmt wird. Dieser Einfluss erfolgt mehr oder weniger ausschließlich über den Prozess des assoziativen Lernens, nämlich der klassischen und der operanten Konditionierung.

Die Grundzüge der klassischen Konditionierung wurden von dem russischen Physiologen und Lerntheoretiker Iwan Pawlow um die Wende vom 19. zum 20. Jahrhundert entwickelt und auch Reflexlehre (»Reflexologie«) genannt. Hierbei geht es um den bekannten Zusammenhang: Eine natürliche Verhaltensreak-

202 EXKURS 3 Wie veränderbar ist der Mensch?

tion eines Versuchstieres, z. B. der Speichelfluss eines Hundes, wird durch einen natürlichen oder unbedingten Reiz (so genannt, weil dieser *ohne weitere Bedingungen* wirkt) verlässlich ausgelöst, z. B. durch den Anblick oder Geruch von Futter. Irgendein anderer Reiz, z. B. ein Glockenzeichen, hat diese Wirkung anfangs nicht (dies muss im Zweifelsfalle überprüft werden). Wird aber das Glockenzeichen einige Male mit dem Anblick von Futter zeitlich gepaart (assoziiert), dann genügt schließlich das Glockenzeichen allein, um Speichelfluss auszulösen – also etwas, das es vorher nicht getan hat. Aus heutiger Sicht wird das Glockenzeichen zum verlässlichen Vorhersager des Anblicks von Futter. Pawlow meinte, man könne alles Lernverhalten durch solche klassische Konditionierung erklären, und zwar auch ziemlich komplexes Verhalten, indem an den ersten bedingten Reiz ein zweiter Reiz »angehängt« würde und an diesen ein dritter usw.

In Amerika machten diese Untersuchungen großen Eindruck, denn sie stimmten mit dem Anliegen des amerikanischen Behaviorismus überein, Verhalten und die exakten Gesetze der Veränderbarkeit tierischen und menschlichen Verhaltens gleichermaßen mit naturwissenschaftlichen Mitteln zu untersuchen. Das war natürlich revolutionär, denn bis dahin galt es als ausgemacht, dass Tiere *sich verhalten*, Menschen hingegen *handeln*, und dass man das eine nicht mit dem anderen vergleichen kann. Auch heute noch geht die Mehrzahl der Geistes- und Sozialwissenschaftler von einer solchen Annahme aus.

Das genannte Forschungsziel, die Gesetze des Verhaltens und seiner Veränderungen mit experimentellen Mitteln zu identifizieren, wurde in Amerika gegen Ende des 19. Jahrhunderts zuerst vom amerikanischen Psychologen Edward Thorndike (1874–1949) verfolgt. Thorndike entwickelte für das Studium des Lernverhaltens von Katzen und Hunden einen Versuchskäfig (puzzle box), in welchen das Versuchstier, z. B. eine hungrige Katze, hineingesperrt wird. Vor dem Käfig ist ein Stück Futter ausgelegt. Die Katze versucht aus dem Käfig heraus und an das Futter zu kommen, kratzt, beißt und springt im Käfig umher

EXKURS 3 Wie veränderbar ist der Mensch? 203

und tritt irgendwann einmal auf eine Pedalvorrichtung, die eine Klappe öffnet. Die Katze entweicht und frisst das Futter. Anschließend wird sie erneut in den Käfig gesperrt, und das Ganze wiederholt sich einige Male. Man beobachtet dann, dass sich die Zeit, in der die Katze sich im Käfig »unmotiviert« verhält, zunehmend verkürzt und das Tier schließlich sofort das Pedal betätigt, um dem Käfig zu entkommen. Wir würden nun sagen, die Katze habe gelernt, dass das Pedalbetätigen den Käfig öffnet und ein Entkommen ermöglicht.

Wie lässt sich ein solches Lernverhalten erklären? Nach Thorndike wird die Auftrittswahrscheinlichkeit eines Verhaltens dadurch erhöht, dass es *positive Konsequenzen* hat. Im Falle der Katze sind dies zum einen der Zugang zum Futter und zum anderen das Entkommen aus dem »Problemkäfig«. Thorndike nannte dies das Gesetz des *Effektes* (oder der *Auswirkung*). Charakteristisch für diese Art von Lernen ist die langsame Änderung des Verhaltens, nicht eine plötzliche Einsicht. Diese Art von Lernen wurde später Lernen am Erfolg, instrumentelle Konditionierung, Verstärkungslernen oder operante Konditionierung genannt (s. unten). Im Falle von Thorndikes Katzenexperiment und dem Gesetz des Effektes handelt es sich nicht, wie bei Pawlow, um das Auslösen eines reflexhaften Verhaltens durch einen konditionierten Reiz, sondern um ein Verhalten, welches das Tier nicht oder bisher nicht in dieser Weise gezeigt hat. Es ist kaum anzunehmen, dass das Pedaltreten für Thorndikes Katze ein »natürlicher Reflex« ist, denn dann wäre dieses Verhalten spontan aufgetreten wie der Speichelfluss des Pawlowschen Hundes. Es handelt sich also hier um zwei unterschiedliche Typen assoziativen Lernens, nämlich klassische Konditionierung und operante Konditionierung, auch wenn diese aus heutiger Sicht durchaus Gemeinsamkeiten aufweisen.

Der Psychologe John Broadus Watson (1879–1958) ist als der eigentliche Begründer des amerikanischen Behaviorismus anzusehen. Sein Ziel war es, die Psychologie zur Lehre von der Kontrolle und Voraussage von Verhalten machen. Bei der Erklärung

204 EXKURS 3 Wie veränderbar ist der Mensch?

menschlichen und tierischen Verhaltens lehnte er Begriffe wie Bewusstsein, Wille, Absicht und Vorstellung ab. Verhalten kann nach Watson ausschließlich über die Beziehung von Reiz und Reaktion und über die sich daraus ergebende Ausbildung von Gewohnheiten (*habits*) erklärt werden. Diese sind nichts anderes als komplexe Verkettungen einfacher konditionierter Verhaltensweisen. Worte sind für Watson verbale Reaktionen auf Außenreize, Gedanken ein leises »Zu-sich-Sprechen«. Sie werden von außen angestoßen und können dann eine Zeit lang in sich kreisen. Innere Zustände sind »verdecktes Verhalten«. Nach Watson gelten für tierisches und menschliches Verhalten dieselben »objektiven« Gesetze; deshalb gibt es auch keine menschliche oder tierische Psychologie, sondern nur eine einzige Art von Psychologie, und zwar die Lehre von der Veränderung des Verhaltens nach den Prinzipien der klassischen und operanten Konditionierung. Alles Verhalten ist hierdurch gezielt veränderbar, wenn dies auch manchmal in der Praxis schwierig zu erreichen ist.

In eine abweichende Richtung, die später bedeutsam werden sollte, ging der Behaviorist Clark Hull (1884–1952), indem er gegenüber der bloßen zeitlichen Paarung von Reizen die Bedeutung eines Reizes als *Belohnung* (»reward«) betonte. Nach Hull liegt jedem Lernen das Streben zugrunde, ein bestimmtes Bedürfnis zu befriedigen bzw. einen sich daraus ergebenden Triebzustand zu beseitigen (»need reduction«). »Kein Lernen ohne Belohnung!« – hieß es bei ihm, und wir werden noch sehen, dass dies eine wichtige Einsicht ist.

Der letzte große und vielleicht bedeutendste Behaviorist war Burrhus F. Skinner (1904–1990). Skinner erlangte in der Lernpsychologie und Verhaltensbiologie große Bedeutung allein schon dadurch, dass er die experimentellen Bedingungen der Erforschung menschlichen und tierischen Verhaltens stark verbesserte und verfeinerte. Er entwickelte die nach ihm benannte Skinner-Box, in der Versuchstiere, vor allem Tauben und Ratten, von störenden und verfälschenden menschlichen Einflüssen

EXKURS 3 Wie veränderbar ist der Mensch? 205

weitgehend ferngehalten werden können. Die Belohnung für
einen Hebeldruck oder das Picken auf eine Glasscheibe, nämlich
der kurzzeitige Zugang zu Futter, wurden dabei ebenso automatisiert wie die Registrierung des Verhaltens des Versuchstieres. Skinner nannte das von ihm detailliert studierte Verhalten »operantes Lernen«, da es sich hierbei um ein *aktives*, die
Umwelt erkundendes und veränderndes Verhalten handle und
nicht um ein rein *reaktives* (»respondentes«) Verhalten wie bei
der klassischen Konditionierung. Durch die Konsequenzen des
aktiven Verhaltens (Hebeldrücken, Scheibenpicken usw.) auf die
Umwelt, nämlich das Erscheinen von Futter, verändert sich das
Verhalten selbst. Die Konsequenzen wirken als Verstärker
(»reinforcer«); deshalb wird dieses Lernverhalten auch »Verstärkungslernen« (»reinforcement learning«) genannt. Unterschieden werden hier drei Typen von Verstärkungslernen, nämlich
Bestrafung, negative Konditionierung (Strafandrohen) und positive Konditionierung (Belohnung). Wir werden uns mit diesen
Formen des Verstärkungslernens im übernächsten Kapitel ausführlich befassen.

Mensch und Tier werden von Pawlow, Skinner und den
meisten anderen Behavioristen als *extern determinierte und deter-
minierbare Wesen* angesehen. Daraus resultierte ein ungehemm-
ter Erziehungsoptimismus, der lautete, dass jedes Tier und
jeder Mensch zu jedem erwünschten Verhalten erzogen werden
können, vorausgesetzt, sie können dies überhaupt körperlich
vollbringen (eine Taube kann nicht zweihändig Klavierspielen
lernen) und man macht es richtig, d. h. nach den von den Refle-
xologen und Behavioristen herausgefundenen Gesetzen der klassischen und operanten Konditionierung. Entsprechend hatten
die Grundsätze des Behaviorismus in in den USA einen überwäl-
tigenden Einfluss auf die damalige Psychologie und Verhaltensbiologie und weit darüber hinaus auf Pädagogik, Didaktik und
Politik. Alternative psychologische Ansätze wie Freuds Psychoanalyse wurden aus dem Bereich »wissenschaftlicher« Psychologie herausgedrängt bzw. verabschiedeten sich freiwillig daraus,

206 EXKURS 3 Wie veränderbar ist der Mensch?

oder sie wurden wie die Gestaltpsychologie nur sehr am Rande beachtet.

Der große Fortschritt, der mit dem Aufkommen der Pawlow'schen Reflexlehre und des Behaviorismus verbunden war, bestand und besteht in einer Revolutionierung der Methoden der experimentellen Verhaltensbiologie und dem Aufstellen von Gesetzen, die den Vorgängen des assoziativen Lernens (d. h. der klassischen und operanten Konditionierung) universell zugrunde liegen. Nicht gesehen wurde, dass hierfür nur bestimmte, meist einfache Lernprozesse geeignet sind und bestimmte Versuchstiere wie Ratten und Tauben für bestimmte Lernaufgaben viel besser »funktionieren« als andere. Man wusste seit langem in Kreisen von Zirkusdompteuren, dass man keineswegs allen Tieren alles, was diese motorisch überhaupt leisten können, in gleicher Weise beibringen kann, sondern dass bestimmte Tiere bestimmte Dinge schnell und andere nur schwer oder gar nicht lernen.

So war die geringe Konditionierbarkeit vieler Tiere, z. B. von Eseln oder Zebras, seit langem bekannt. Dem mit Skinner zusammenarbeitenden Tierpsychologen-Ehepaar Breland gelang es beispielsweise trotz vieler Konditionierungsversuche nicht, Schweine dazu zu bringen, ein Geldstück in ein Sparschwein (!) zu stecken, oder Hühner dazu zu bringen, für auch nur 10 bis 12 Sekunden ruhig auf einer Plattform zu verharren, ohne zu scharren. Die Autoren schlossen aus ihren Befunden, dass Tiere und Menschen keineswegs immer, wie von Skinner behauptet, den Weg des geringsten Aufwandes einschlagen, um zu einer Belohnung bzw. Verstärkung zu gelangen, und zwar dann nicht, wenn interne Tendenzen (z. B. angeborene Verhaltensweisen) dem entgegenstehen. Daraus folgte die inzwischen allgemein akzeptierte Einsicht, dass operante Konditionierung dann am erfolgreichsten ist, wenn sie *angeborenen Lerndispositionen* eines Tieres oder Menschen entgegenkommt. So etwas durfte es aber in den Augen des Behaviorismus überhaupt nicht geben.

Die Schwierigkeiten der Reflextheorie und des Behavioris-

EXKURS 3 Wie veränderbar ist der Mensch? 207

mus, komplexes Verhalten als Ketten von einfachen Reflexen oder von operant konditionierten Verhaltensweisen zu beschreiben, waren schon früh offensichtlich. Dennoch dauerte es lange, nämlich bis zum Ende der vierziger Jahre des 20. Jahrhunderts, ehe sich stärkerer Widerstand gegen den orthodoxen Behaviorismus formierte. Die beiden ersten bedeutenden Kritiker des Behaviorismus kamen interessanterweise aus den eigenen Reihen. Der erste war der Psychologe Edward C. Tolman (1886–1959). Nach Tolman ist die Grundeinheit des Verhaltens der zweckhafte, zielgerichtete Akt, der von »kognitiven Prozessen« geleitet ist. Solche kognitiven Prozesse überhaupt in Rechnung zu stellen, war für den orthodoxen Behaviorismus ein Sakrileg. Der andere »Abweichler« war der Psychologe und Verhaltensforscher Karl S. Lashley (1890–1958). Während die klassischen Behavioristen es als völlig überflüssig ansahen, nach den Mechanismen zu fragen, welche dem beobachteten Lernverhalten zugrunde liegen, meinte Lashley, dass jede mentale Aktivität durch Hirnprozesse verursacht ist und dass es sich lohnt, diese zu studieren.

In der Psychologie wurde schließlich die »kognitive Wende« durch Arbeiten der Psychologen Broadbent und Neisser eingeleitet. Dies führte zum so genannten Funktionalismus, d. h. der Auffassung, dass Kognition »Informationsverarbeitung« ist, die mithilfe von logischen Berechnungsabläufen (so genannter Algorithmen) nachgezeichnet werden kann. Interessanterweise wurde dabei der von Lashley eingeschlagene Weg wieder verlassen. Die Funktionalisten waren ebenso wie die Behavioristen der Überzeugung: Selbst wenn letztlich alle mentalen Prozesse neuronal im Gehirn verankert sind, so ist die Kenntnis dieser Verankerung völlig irrelevant. Die kognitive Psychologie hat sich entsprechend mit der Informationsverarbeitung im Bereich der Symbole, Regeln, Überzeugung, nicht aber mit deren physiologischen Grundlagen zu befassen.

208 EXKURS 3 Wie veränderbar ist der Mensch?

Erziehungsoptimismus als »Staatsreligion«

In Deutschland ergab sich eine paradoxe Situation dadurch, dass sich erst gegen Ende der sechziger Jahre des vorigen Jahrhunderts, als der Behaviorismus in den USA bereits vom »Kognitivismus« abgelöst wurde, in der Biologie und der Psychologie behavioristisches Denken langsam gegen traditionell »nativistische«, d. h. von einer Dominanz angeborener Faktoren ausgehende Vorstellungen durchsetzte. Die durch Konrad Lorenz und Nikolaas Tinbergen begründete *Instinktlehre* wurde noch bis weit in die siebziger Jahre neben Lorenz durch seine Schüler wie Wolfgang Wickler, Irenäus Eibl-Eibesfeldt, Paul Leyhausen und Bernhard Hassenstein weitergeführt und übte einen außerordentlich starken Einfluss auf alle Bereiche des intellektuellen Lebens einschließlich des Bereichs von Schule und Bildung aus. Hierbei wurde entsprechend ein konservatives didaktisch-pädagogisches Grundkonzept vertreten, das den Hauptakzent auf Intelligenz und Begabung als genetisch weitgehend festgelegte Phänomene legte und einen »Bildungspessimismus« vertrat.

In zeitlichem und wohl auch ideologischem Zusammenhang mit dem politischen Wechsel Mitte der sechziger Jahre und dem Beginn der ersten Bundesregierung unter sozialdemokratischer Führung kam es zu einem langsamen und sich dann beschleunigenden Wandel hin zu einer »Behaviorisierung« und »Soziologisierung« der Psychologie und der pädagogischen Wissenschaften. Am deutlichsten abzulesen ist dieser Wandel in dem berühmten, 1969 publizierten Band Nr. 4 »Begabung und Lernen« innerhalb der Gutachten und Studien der Bildungskommission, die im Auftrag des Bildungsrates seit 1966 tätig war.

Dieser Bildungsrat hatte den Auftrag, Empfehlungen für die Entwicklung und Reform des als veraltet angesehenen deutschen Bildungssystems zu entwickeln. Im Vorwort zu dem von meinem Namensvetter Heinrich Roth herausgegebenen Band wird programmatisch die Frage gestellt: »Wie ist in der Lernentwicklung des jungen Menschen das Verhältnis von naturgegebener Anlage

Erziehungsoptimismus als »Staatsreligion« 209

und menschlicher Einwirkung durch Umwelteinflüsse und veranstaltete Lehr- und Lernvorgänge zu sehen?« Und die Antwort darauf lautete: »Das Verhältnis dieser beiden Faktoren lässt sich nicht auf eine einfache Formel bringen, es ist nicht eindeutig fixierbar... Gesichert steht jedoch die negative Feststellung, dass die vorweg gegebenen psychischen Naturfaktoren wie Erbe und Reifung nicht den Grad von determinierender Bedeutung für die Begabungsentwicklung besitzen, der ihnen landläufig zugemessen wird, und dass umgekehrt demgegenüber den vom Menschen beeinflussbaren oder von ihm gesteuerten Einwirkungen durch Umwelt und schulisches Lernen ein für jede praktische Orientierung größeres Gewicht zukommt.«

In dem von Heinrich Roth geschriebenen Teil »Einleitung und Überblick« wird denn auch in aller Klarheit einem neuen Begriff von Lernen und Begabung das Wort geredet: »Man kann nicht mehr die Erbanlagen als wichtigsten Faktor für Lernfähigkeit und Lernleistungen (= Begabung) ansehen, noch die in bestimmten Entwicklungsphasen und Altersstufen hervortretende, durch physiologische Reifevorgänge bestimmte Lernbereitschaft. Begabung ist nicht nur Voraussetzung für Lernen, sondern auch dessen Ergebnis. Heute erkennt man mehr als je die Bedeutung der kumulativen Wirkung früher Lernerfahrung, die Bedeutung der sachstrukturell richtigen Abfolge der Lernprozesse, der Entwicklung effektiver Lernstrategien, kurz: die Abhängigkeit der Begabung von Lernprozessen und die Abhängigkeit aller Lernprozesse von Sozialisations- und Lehrprozessen.«

In bemerkenswerter Weise hebt Roth in seiner Einleitung diesen neuen Lehr- und Lernoptimismus hervor und drängt die Bedeutung genetischer Faktoren bei Intelligenz und Begabung und fest vorgegebener kognitiver Entwicklungsstufen im Sinne des berühmten Biologen und Entwicklungspsychologen Jean Piaget zurück, oft auch unter erheblicher »Korrektur« der Aussagen der in diesem Band zu Wort kommenden Gutachter, die keineswegs alle einem strikten Bildungsoptimismus anhängen. So werden die Ergebnisse der Zwillingsforschung, die bereits

210 EXKURS 3 Wie veränderbar ist der Mensch?

damals relativ solide und bis heute weiter bestätigte Aussagen zugunsten eines relativ hohen genetischen Anteils und der starken Entwicklungskonstanz von Intelligenz und Begabung machten, in teilweise abenteuerlicher Weise abgewertet. Eine ungünstige Entwicklung der schulischen Leistungen ist neben ungünstigen gesellschaftlichen Bedingungen (Zugehörigkeit zu »unterprivilegierten« Gesellschaftsschichten) vor allem das Ergebnis negativer »Lernerfahrung«. Für Heinrich Roth stand fest, dass alles weiterführende Lernen nachweisbar stärker von vorausgegangenem Lernen, vor allem von der Qualität dieser Lernerfahrung, abhängig ist als von »Anlage und Reife«. Dies bürdet zum einen den Lehrern und dem gesamten Bildungssystem eine große Verantwortung auf, zugleich gibt es Anlass zu Optimismus, denn der Erfolg wird sich mit Sicherheit einstellen, wenn man die jungen Menschen »in der richtigen Weise« erzieht. Die Existenz von Reifephasen, die man insbesondere in der frühen Jugend abwarten müsse, wird schlicht geleugnet oder doch zu Trivialitäten heruntergumentiert.

Der *Bildungsoptimismus*, der in den folgenden zweieinhalb Jahrzehnten das Geistesleben in Deutschland nachhaltig beeinflussen sollte, ist hier in seinen behavioristischen Wurzeln mit Händen zu greifen, ebenso der extreme *Anti-Biologismus*. Dabei vertraten einige Autoren des Bandes »Begabung und Lernen« wie der seinerzeit bekannte Psychologe Heckhausen ein differenziertes Bild, das dem modernen Anlage-Umwelt-Konzept bereits sehr nahe kommt. Ein solches differenziertes Bild war aber sozialpolitisch unerwünscht – und ist es auch heute vielerorts noch. Es ist bezeichnend, dass man damals von Seiten staatlicher Aufsichtsämter jungen Biologielehrern den Gebrauch des Begriffs »angeboren« im Unterricht schlicht verbot. Ebenso galt es bis vor kurzem im sozialwissenschaftlichen Umfeld als »politisch inkorrekt«, die Frage nach biologischen Unterschieden im Verhalten von Jungen und Mädchen bzw. Mann und Frau auch nur zu diskutieren, und dasselbe galt für die Existenz von »Hochbegabungen«.

Erziehungsoptimismus als »Staatsreligion« 211

Es ist nicht ganz falsch, hier von einem seinerzeit politisch sehr erwünschten sozialwissenschaftlichen Meinungsterror zu sprechen, der zum Glück in jüngster Zeit einer zunehmenden Offenheit für Erkenntnisse der Neurowissenschaften und der experimentell-empirischen Psychologie weicht. Unglücklicherweise ist aber dadurch der grundlegende Veränderungsoptimismus nicht beseitigt, sondern dieser beherrscht mehr denn je die in unserem Land und anderswo grundlegenden Konzepte von Erziehung und Bildung. Ohne jegliche wissenschaftliche Begründung wird davon ausgegangen, dass Menschen ein Leben lang in ihren Persönlichkeitsmerkmalen formbar sind, neues Wissen erwerben und neue Fertigkeiten erlernen können. Im Zuge der Rationalisierung und Globalisierung unserer Gesellschaft werden mehr denn je Flexibilität und Anpassungsfähigkeit bis ins hohe Alter hinein verlangt – auch als Fünfzigjähriger soll man noch bereit und in der Lage sein, sich »umschulen« zu lassen.

KAPITEL 9

Persönlichkeit, Stabilität und Veränderbarkeit

Wenn wir über die Veränderbarkeit des Menschen reden, so meinen wir zum einen die Veränderungen, die Menschen »aus sich heraus« zeigen, und zum anderen die Möglichkeiten und Grenzen der Veränderbarkeit durch andere Personen oder äußere Ereignisse. Beide Bereiche sind nicht identisch, hängen aber miteinander zusammen. Im ersten Fall sagen wir, wenn wir einen Bekannten nach Jahren wiedersehen: »Der hat sich ja gar nicht verändert!«, oder wir sagen das Gegenteil: »Den erkenne ich gar nicht wieder«, und wir meinen damit nicht nur das Aussehen, sondern auch seine Persönlichkeit.

Dass sich Menschen kurzfristig verändern können, daran besteht kein Zweifel. Ein schwerer Schicksalsschlag, plötzliche Arbeitslosigkeit, plötzlicher Reichtum oder ein unerwartetes einflussreiches Amt können dies bewirken. Aber verändern solche Ereignisse die Betroffenen auch langfristig? Dazu gibt es höchst unterschiedliche Antworten. Mein Großvater mütterlicherseits pflegte zu sagen: »Gott schütze uns vor plötzlichem Reichtum! Vor plötzlicher Armut können wir uns selber schützen!« Er meinte damit den korrumpierenden Einfluss unerwarteten Wohlstandes, der ebenso gefährlich ist wie plötzliche Macht. Andererseits haben wir bei vielen Menschen den Eindruck: »Der war schon als kleines Kind so!«. Solche Einschätzungen haben jeweils ihren wahren Kern, aber da sie sich (scheinbar?) widersprechen, können sie nicht verallgemeinerbar sein.

Lebensläufe – wissenschaftlich untersucht

Die Frage der Veränderbarkeit der Persönlichkeit wissenschaftlich zu untersuchen ist ziemlich schwer und aufwändig. Nicht nur muss man sich darauf einigen, welche Persönlichkeitsmerkmale man messen will, sondern man muss dies bei einer großen Zahl von Versuchspersonen tun und sehr früh beginnen, am besten bereits unmittelbar nach der Geburt und über Jahrzehnte hinweg. Das bedeutet natürlich einen Riesenaufwand; auch haben solche Untersuchungen mit der Schwierigkeit zu kämpfen, dass Teilnehmer aus den verschiedensten Gründen aus der Untersuchung herausfallen, und deshalb ist es nicht verwunderlich, dass es nur wenige solcher Untersuchungen gibt. Dabei interessiert man sich nicht nur für die Stabilität oder Veränderbarkeit normaler Menschen, sondern insbesondere auch für Personen mit »abweichendem« Verhalten, vor allem für solche, die eine Neigung zu Gewalt oder anderer Schwerkriminalität haben. Hier stellt sich die Frage, woher diese Neigung kommt, aber auch die Frage, wie es mit solchen Personen in Zukunft weitergeht.

Wenn Persönlichkeit als ein zeitlich überdauerndes Muster an bestimmten Merkmalen (z. B. den »big five«; vgl. S. 17 – 19) verstanden wird, dann ist per definitionem zu erwarten, dass Persönlichkeitsmerkmale in der Regel relativ stabil sind. Allerdings gilt, dass unterschiedliche Persönlichkeitsmerkmale durchaus unterschiedliche Stabilität aufweisen, wobei sich aber mehr oder weniger alle Merkmale im Laufe der Kindheit relativ schnell stabilisieren, während der Pubertät noch einmal instabiler werden und sich dann wieder verfestigen.

Alle einschlägigen Untersuchungen zeigen, dass von allen Persönlichkeitsmerkmalen Intelligenz die größte Stabilität aufweist. Die Vorhersagbarkeit des Intelligenzquotienten nimmt, wie erwähnt, mit fortschreitendem Kindesalter generell zu, die Intelligenz »stabilisiert« sich also (vgl. Kapitel 1). Andere Persönlichkeitsmerkmale sind weniger stabil. So liegt nach Asendorpf die Korrelation von zwei Messungen der Merkmale Neurotizismus und Extraversion in einem Abstand von 45 Jahren bei 0,3, was immer noch deutlich über dem Zufallsniveau ist. Aggressivität hat hingegen eine deutlich höhere Stabilität mit einer Korrelation von 0,46 über 22 Jahre. Auf die Gründe hierfür werde ich im folgenden genauer eingehen.

Wie eine gewalttätige Persönlichkeit entsteht

Was die Entstehung gewalttätigen und antisozialen Verhaltens betrifft, so ist die im neuseeländischen Dunedin durchgeführte Langzeitstudie des Forscherehepaars Anne Moffit und Avshalom Caspi, die »Dunedin Longitudinal Study«, besonders aufschlussreich. (Moffitt, Caspi et al., 2001). In dieser Langzeitstudie wurden 1037 Kinder (52 Prozent Jungen, 48 Prozent Mädchen) des Jahrgangs 1972/73 aus den verschiedensten sozialen Verhältnissen zwischen ihrem 3. und 21. Lebensjahr begleitet. Die Dunedin-Langzeitstudie stellt die bisher umfassendste Datensammlung zur Analyse der altersbedingten Veränderungen antisozialen Verhaltens dar und geht speziell auch auf die *geschlechtsspezifische* Entstehungsgeschichte ein. Diese Studie bestätigt das, was Kriminalstatistiken seit langem – wenngleich nicht wissenschaftlich belegt – aufweisen, dass nämlich »antisoziales«, gegen Strafgesetze verstoßendes Verhalten gehäuft bei männlichen Jugendlichen auftritt: Jungen und junge Männer im Alter zwischen 13 und 21 Jahren sind für den Großteil aller registrierten antisozialen Verhaltensformen verantwortlich. Dabei ist der Geschlechtsunterschied bei Gewaltvergehen am deutlichsten, gefolgt von Diebstahl. Der geringste Unterschied zwischen den Geschlechtern findet sich im Zusammenhang mit Drogen- und Alkoholkonsum.

Die Dunedin-Studie belegt auch einen weiteren wichtigen Umstand: Die meisten Jugendlichen, auch die Mädchen, begehen irgendwann einmal kleine Straftaten wie Ladendiebstähle oder Schwarzfahren, aber dieser Hang zur Kleinkriminalität ver-

Wie eine gewalttätige Persönlichkeit entsteht 215

liert sich bei den meisten von ihnen zum Erwachsenenalter hin. Hingegen wird der größte Teil der Straftaten, insbesondere der schweren Delikte, von einer kleinen Gruppe von Jungen, aber auch von Mädchen begangen. In der Dunedin-Studie wurden alle männlichen Teilnehmer mit einem Alter von 21 Jahren über ihre im letzten Jahr verübten Straftaten befragt. Es zeigte sich, dass von den Straftaten, die insgesamt begangen wurden, die Hälfte auf das Konto von lediglich 41 jungen Männern ging, die acht Prozent der Befragten ausmachten. Bei den Mädchen war dies nicht anders: Sechs Prozent waren für die Hälfte der Straftaten verantwortlich. Allerdings zeigte sich auch hier, dass junge Männer weitaus häufiger kriminell werden als Mädchen und junge Frauen, und zwar im Durchschnitt in einem Verhältnis von zehn zu eins, bei schweren Gewaltverbrechen bis zu hundert zu eins.

Insgesamt zeigt sich in der Dunedin-Studie folgendes Bild: Ein gewisses gewalttätiges Verhalten und Kleinkriminalität zeigen sich gehäuft im Jugendalter von 15 Jahren und überwiegend bei Jungen und klingen zum 18. Lebensjahr hin wieder deutlich ab. Dies ist ganz offenbar ein mehr oder weniger natürlicher Entwicklungsgang, der sich überall auf der Welt findet – in den einen Kulturen mehr (»Macho-Kulturen«), in den anderen weniger. Davon deutlich unterschieden ist eine kleine Gruppe (ca. 5 %) überwiegend männlicher Jugendlicher, die bereits in früher Kindheit, zum Beispiel im Kindergarten, als Prügler oder sonstige Störenfriede auffallen und darin lebenslang fortfahren. Sie begehen den Großteil aller Straftaten, widerstehen in aller Regel den üblichen Erziehungs- und Besserungsmaßnahmen (Heime, Gefängnis, Therapie) und bilden die Gruppe der chronisch Kriminellen.

Natürlich ist es für die Gesellschaft sehr wichtig herauszufinden, welches die Ursachen für solch unbelehrbares Verhalten sind. In der Dunedin-Studie zeigte sich, dass nur wenige Faktoren für das kriminelle Verhalten dieser Kerngruppe hauptsächlich verantwortlich sind. Hierzu gehören Kriminalität der Eltern,

216 9 Persönlichkeit, Stabilität und Veränderbarkeit

Armut, überstrenge oder inkonsequente Erziehung, ein schwieriges Temperament und Hyperaktivität, frühzeitiger »schlechter«, d.h. krimineller Umgang und kognitiv-neurologische Störungen. In den vergangenen Jahren haben viele weitere Untersuchungen, die wir in der »Delmenhorster Gewaltstudie« zusammengetragen haben (Lück, Strüber und Roth, 2005), diese Befunde bestärkt. Dabei zeigte sich, dass Angehörige der gewalttätigen Kerngruppe in der Regel eine gewisse genetische Vorbelastung (*Prädisposition*) in Richtung auf eine leichte Erregbarkeit, mangelnde Impulshemmung, niedrige Frustrationsschwelle und Trotzverhalten aufweisen, die vor allem mit einem niedrigen Spiegel des Neuromodulators Serotonin zusammenhängen. Von Serotonin haben wir bereits gehört, dass es psychisch beruhigend wirkt; ein Mangel an Serotonin ruft das Gefühl des Bedrohtseins und – zumindest bei Männern – reaktive Aggression hervor. Ein niedriger Serotoninspiegel führt zu einer niedrigen Frustrationstoleranz, zum ständigen Gefühl der Beunruhigung und einer leichten Erregbarkeit. Hinzu kommen typische kognitiv-emotionale Defizite wie die Unfähigkeit, das Verhalten anderer richtig zu deuten, was oft dazu führt, dass neutrale oder gar positive Gesichtsausdrücke und Gesten der Mitmenschen als bedrohend fehlinterpretiert werden und man zuschlägt, »weil man sich ja wehren musste!«.

Diese neurobiologischen Defizite sind aber nicht die alleinigen Verursacher von Kriminalität, sondern fast immer finden sich auch deutliche Defizite in der frühkindlichen Bindungserfahrung. Von den damit verbundenen Risiken haben wir im ersten Kapitel gehört. Es zeigt sich, dass die Mehrzahl der späteren Kriminellen hoch unsicher gebundene Kleinkinder waren. Dieses Defizit wird in vielen Fällen weiter verstärkt durch eine problematische familiäre Situation und ungünstige ökonomische Bedingungen wie Armut und Arbeitslosigkeit des Vaters bzw. der Eltern und – besonders wichtig – durch eine frühe Erfahrung von Gewalt in der engeren oder weiteren Familie und im Freundeskreis.

All dies bekräftigt die Auffassung, dass sich eine kriminelle Persönlichkeit, zumindest im Bereich gewalttätigen Verhaltens, aufgrund einer *Kombination* von genetischen und hirnentwicklungsmäßigen Faktoren, frühen negativen psychischen Erlebnissen und negativen sozio-ökonomischen Bedingungen bereits früh ausbildet und stabilisiert. Es sind also in der Regel weder allein die Gene bzw. die Hirnentwicklung, noch allein die frühe Mutter-Kind-Beziehung oder die sozio-ökonomischen Bedingungen, die eine Person normal oder kriminell machen, sondern bestimmend ist das Zusammenwirken dieser Faktoren. Ist nur ein Faktor negativ, so zeigt sich – von schweren genetischen Belastungen und Schäden in der Hirnentwicklung abgesehen – meist keine abnorme Persönlichkeitsentwicklung. Bei einem gemeinsamen Auftreten von zwei der drei Faktoren können sich hingegen schon deutlichere Entwicklungsauffälligkeiten ergeben, die aber – rein theoretisch – noch therapiefähig sind. Doch beim Zusammentreffen aller genannten Faktoren sieht die Prognose sehr ungünstig aus.

Dieses Interaktionsmodell gilt natürlich nicht nur für sozial abweichendes, sondern auch für ganz normales Verhalten, wie wir bereits gehört haben. Fast nie ist es ein Faktorbereich allein, Gene bzw. Hirnentwicklung, Bindung oder Umwelt, der die Persönlichkeit und ihre Entwicklung bestimmt, sondern eine positive oder negative Kombination dieser Faktoren.

Wovon hängt die Zufriedenheit ab, und wie beständig ist sie?

Regelmäßig kann man in der Tageszeitung oder in Boulevardzeitschriften Aussagen wie »Die Deutschen sind ein Volk von Unzufriedenen« oder »Die Ostdeutschen sind alle Meckerer« lesen. Allgemein glaubte die Mehrheit der Deutschen, sie seien eher unzufrieden. Erst die Fußballweltmeisterschaft (»Deutschland – ein Sommermärchen«) habe sie zufriedener und optimistischer gemacht, und schwupp sei es auch mit der Volkswirt-

218 9 Persönlichkeit, Stabilität und Veränderbarkeit

schaft wieder aufwärts gegangen. Dass es seit der zweiten Hälfte
des Jahres 2006 volkswirtschaftlich aufwärts geht, ist unbestrit-
ten. Dass dies mit einem steigenden Optimismus der Leute
zusammenhängt, der wiederum auf den – relativ – günstigen
Ausgang der letzten Fußballweltmeisterschaft für die Deutschen
zusammenhängt, ist nicht wissenschaftlich belegt, und dass die
Deutschen ein Volk von Unzufriedenen sind, ist erwiesenerma-
ßen falsch.

Letzteres herauszufinden ist nicht leicht, denn hier muss man
einen enormen Aufwand an Befragung treiben. Dies geschieht
zum Beispiel in einer vom Deutschen Institut für Wirtschaftsfor-
schung (DIW) in Berlin betriebenen und »Sozio-ökonomisches
Panel« (SOEP) genannten Untersuchung. Diese Untersuchung
umfasst eine Befragung von 12 000 deutschen Privathaushalten
mit insgesamt mehr als 20 000 Personen, die seit dem Jahr 1984
zuerst in Westdeutschland und später auch in den neuen Ländern in einem jährlichen Rhythmus durchgeführt wird, d. h. es
werden immer dieselben Personen befragt. Gefragt wird nach
der Haushaltszusammensetzung, der Erwerbstätigkeit und dem
Schicksal der Familienangehörigen, der beruflichen Mobilität,
der Einkommensentwicklung, aber auch nach der Gesundheit
und – insbesondere – der Zufriedenheit. Neuerdings werden
auch andere Persönlichkeitsmerkmale erhoben.

Das Persönlichkeitsmerkmal »Zufriedenheit« ist von beson-
derem Interesse, denn hier gibt es – siehe oben – die unterschiedlichsten Alltagsvorstellungen. In der Wissenschaft galten lange
Zeit Selbstwertgefühl und Zufriedenheit als Merkmale, die nur
eine geringe Stabilität aufweisen, denn diese Merkmale schienen
stark von den wechselnden Lebensumständen abzuhängen. Dies
stand und steht in deutlichem Gegensatz zu Untersuchungen des
amerikanischen Sozialpsychologen Brickman und seiner Kollegen aus den 70er und 80er Jahren (Brickman und Campbell,
1971). Brickman glaubte herausgefunden zu haben, dass Menschen im Großen und Ganzen eine stabile, eher *neutrale* Haltung
gegenüber dem Leben einnehmen und dass große positive oder

negative Ereignisse im Leben des Einzelnen nur einen vorübergehenden Effekt haben. Als Stütze für diese Aussage führt er auch heute noch populäre Befunde an, z. B. dass Lotteriegewinner längerfristig nicht glücklicher sind als diejenigen, die nie eine größere Summe gewonnen haben, und dass Körperbehinderte oder Blinde nicht unglücklicher sind als körperlich Unversehrte oder Sehende.

Diese Theorie wird »hedonische Tretmühle« genannt. Man will damit ausdrücken, dass man sich in der Suche nach dem Glück abmühen kann wie man will, man kehrt nach dem kurzen Glücksrausch wieder in den alten und eher neutralen Emotionszustand zurück; dasselbe gilt natürlich auch für das Negative im Leben. Der Grund ist nach dieser Theorie ein äußerst effektiver *emotionaler Adaptationsmechanismus* in unserem Gehirn: Jeder Glücksrausch schwindet schnell dahin, aber auch jeder Schmerz wird durch die Zeit gelindert.

Untersuchungen neuerer Art, denen auch die oben erwähnten Daten des SOEP zugrunde lagen, bestätigten diese Theorie zumindest im Grundsatz. Es zeigte sich in der Tat, dass stärkere positive/freudige oder negative/schmerzhafte Ereignisse wie der Lottogewinn oder der Tod des Lebenspartners nur für wenige Monate das Gefühlsleben eines Menschen deutlich beeinträchtigen, danach beginnt für die meisten Menschen wieder die Rückkehr zum individuellen emotionalen Gleichgewicht. Es gab aber auch deutliche Korrekturen: Entgegen der allgemeinen Auffassung zeigte sich nämlich, dass die meisten Menschen in ihrer generellen Lebenshaltung eher positiv bzw. glücklich als negativ bzw. unglücklich sind. Verhaltensgenetische Untersuchungen wiesen zudem nach, dass diese eher positive Haltung zum beträchtlichen Teil genetisch bedingt ist (vgl. Diener, Lucas und Scollon, 2006), wodurch sich ihre Stabilität erklärt. Weiterhin stellte sich heraus, dass Zufriedenheit kein einheitliches Phänomen ist, sondern sich aus mehreren Komponenten zusammensetzt, die sich unterschiedlich entwickeln können. So bleibt die Lebenszufriedenheit vom 20. bis 60. Lebensjahr fast völlig kon

9 Persönlichkeit, Stabilität und Veränderbarkeit

stant, und die Zufriedenheit mit dem häuslichen Leben und der Arbeit steigt in diesem Zeitraum sogar an. Die positive Stimmung nimmt mit weiter voranschreitendem Alter hingegen leicht ab – aber es sinkt auch die negative Stimmung, wenngleich nicht so stark wie die positive, d. h. man wird zum Alter hin meist etwas gleichgültiger.

Die individuelle Strategie der Bewältigung von Belastungen (das »Coping«) ist ganz offenbar ausschlaggebend für die Lebenszufriedenheit. Nach Diener und Mitarbeitern (2006) sind diejenigen Personen, die sich bewusst mit Lebensproblemen auseinander setzen, zufriedener als diejenigen, die diese Probleme verdrängen. Solche Bewältigungsstrategien hängen natürlich eng mit den individuellen Persönlichkeitseigenschaften zusammen: Personen mit einem hohen Grad an Neurotizismus und Introversion zeigen schlechte Bewältigungsstrategien im Gegensatz zu offenen, extravertierten Persönlichkeiten. Insgesamt zeigt sich, dass die höchst moralische Warnung, man soll im Leben nicht zu sehr dem Glück hinterherjagen, eine reale Basis besitzt: Glücklich – oder besser zufrieden – ist man überwiegend aufgrund genetischer und frühkindlich erworbener Ausrüstung, und positive oder negative Lebensereignisse führen bei den meisten Menschen nur zu vorübergehenden Abweichungen von dieser höchst *individuellen Zufriedenheits-Norm*.

Dass Menschen tatsächlich eine solche individuelle Zufriedenheits-Norm haben, zeigt eine kürzlich veröffentlichte Studie des australischen Sozialpsychologen Bruce Headey, der auch die SOEP-Daten zugrunde lagen (Headey, 2006). Dabei ergab sich Folgendes: Die meisten Menschen sind in ihrer positiven oder negativen Lebenshaltung sehr stabil, aber eine deutliche Minderheit zeigt starke Schwankungen. *Antizipation*, also das vorherige Sich-Einstellen auf etwas, und *Habituation*, d. h. Gewöhnung an Geschehnisse, sind die stärksten Abschwächungsfaktoren für »aufregende« Lebensereignisse. Sieben Muster werden ersichtlich, die sich auch mit den Persönlichkeitsfaktoren *Extraversion* und *Neurotizismus* gut verbinden lassen. Der erste und

Wovon hängt die Zufriedenheit ab...? 221

häufigste Typ ist der »ausgeglichene Typ«: Er hat mittlere Werte für Extraversion und Neurotizismus und erlebt subjektiv meist nur mäßige positive oder negative Ereignisse – schockartige emotionale Erlebnisse sind selten bzw. werden schnell weggesteckt. Der zweite und der dritte Typ verhalten sich spiegelbildlich zueinander: Die »ständigen Optimisten« haben hohe Extraversionswerte und mittlere bis niedrige Neurotizismuswerte, erleben positive Ereignisse intensiv und negative weniger intensiv; bei den »ständigen Pessimisten« ist dies genau umgekehrt. Der vierte Typ zeigt über alles gesehen eine indifferente Lebenshaltung, aber die Abweichungen nach oben (Extraversion, Erleben positiver Ereignisse) und nach unten (Neurotizismus, Erleben negativer Ereignisse) sind viel stärker als beim ersten Typ. Der fünfte Typ ist wiederum das genaue Gegenteil des vierten Typs in dem Sinne, dass alle Abweichungen geringer sind als beim ersten Typ. Man könnte diesen Typ auch als gefühlsarm ansehen.

Bei einer Minderheit gibt es in den mittleren Werten der Lebenszufriedenheit deutliche Brüche nach oben oder nach unten (sechster und siebter Typ), und zwar aufgrund größerer positiver oder negativer Ereignisse. Es sind die »Jumper«. Dies bedeutet: Der Millionen-Lottogewinn kann durchaus *bleibend* glücklicher und das Miterleben von Katastrophen *bleibend* unglücklicher machen, aber das geschieht nur bei wenigen Personen. Es ist natürlich nicht so, dass die große Mehrheit der Menschen von solchen aufwühlenden Ereignissen verschont bliebe, aber sie stecken diese eben einfach besser weg.

In dieselbe Richtung zielen die Ergebnisse von Längsschnittuntersuchungen von Asendorpf (vgl. Asendorpf, 2004). Hierbei wurden unter anderem junge Menschen vor und nach dem Übergang von der Schule zur Universität auf Veränderungen in ihrer Persönlichkeit, ihren »big five«, untersucht. Wenn man – wie allgemein üblich – annimmt, dass die Persönlichkeit des Menschen in hohem Maße von den aktuellen Umwelteinflüssen geformt wird, dann könnte man erwarten, dass ein derart wich-

222 9 Persönlichkeit, Stabilität und Veränderbarkeit

tiger Schritt im Leben eines jungen Erwachsenen mit stärkeren Veränderungen in der Persönlichkeit der untersuchten Individuen verbunden ist. Dies war aber nicht der Fall: Die zum Teil stark veränderten Lebensbedingungen (neues berufliches Umfeld, neuer Freundeskreis, neue Liebesbeziehungen, Heirat, Nachwuchs) hatten *keinen* merklichen Einfluss auf die Persönlichkeit. Dies wurde auch durch eine nachfolgende Längsschnittstudie an Erwachsenen in einem etwas höheren Alter (Schnitt 28,6 Jahre) bestätigt. Die Einsicht hieraus lautet wieder einmal, dass sich Persönlichkeit in früher Kindheit in den Grundzügen stabilisiert und zunehmend immun gegen Umwelteinflüsse wird. Menschen – so Asendorpf – suchen sich eher diejenigen Umwelten und Lebensbedingungen, die zu ihnen passen, anstatt sich der Umwelt aktiv anzupassen.

Bereiche der Veränderbarkeit des Menschen

Wie sieht die Veränderbarkeit des Menschen aus Sicht der Neurobiologie aus? Hierbei können wir drei Bereiche unterscheiden, die jeweils mit drei unterschiedlichen Typen des Lernens und der Gedächtnisbildung einhergehen, nämlich erstens motorisches oder prozedurales Lernen, zweitens kognitiv-intellektuelles bzw. deklaratives Lernen und drittens emotionales Lernen.

Beim motorisch-prozeduralen Lernen, d. h. dem Erwerb von Bewegungsweisen und Fertigkeiten, sind Kinder natürlich sehr gut, aber wir können bis ins spätere Erwachsenenalter, auch noch als Siebzigjährige, gut bestimmte Bewegungsabläufe erlernen. Hierbei ist der *Übungseffekt* sehr wichtig: Menschen, die ein Leben lang körperlich aktiv waren und bestimmte Fertigkeiten kontinuierlich trainiert haben, zeigen entsprechende Leistungen noch mit siebzig oder mehr Jahren – man denke nur an ältere Hochleistungssportler oder weltberühmte Klavierspieler. Letztere wie etwa Wladimir Horowitz können zum Teil mit achtzig oder mehr Jahren fantastische feinmotorische Leistungen vollbringen. Bekannt ist, dass sich beim Erwerb und der jahrelangen

Bereiche der Veränderbarkeit des Menschen **223**

Ausübung motorischer Fertigkeiten noch nach zehn Jahren deutliche Übungseffekte und damit Verbesserungen einstellen. Das bedeutet, dass man auch als älterer Erwachsener bei einer manuellen Tätigkeit immer noch (wenngleich geringfügig) besser werden kann, wenn man nur ständig übt. Ebenso gibt es für motorische Fertigkeiten, die einmal intensiv eingeübt wurden, wie Fahrradfahren, Schlittschuhlaufen und Klavierspielen, kaum ein Vergessen. Es passiert häufig, dass jemand über Jahrzehnte nicht mehr Schlittschuh gelaufen ist oder Klavier gespielt hat und, sobald er es wieder tut, völlig überrascht merkt, dass er/sie es »noch ganz gut kann«.

Im Bereich des kognitiv-intellektuellen Lernens sieht dies nicht ganz so günstig aus. Hierbei müssen wir allerdings zwischen der Fähigkeit, Dinge schnell zu verarbeiten, und dem Erwerb von Wissen unterscheiden. Letzteres nimmt bis zu einem Alter von 80 bis 85 Jahren kaum ab (vgl. dazu Neubauer und Stern, 2007). Der geistig Geübte arbeitet sich auch in höherem Alter mit Erfolg in neue Sachverhalte ein, er kann beispielsweise eine neue Fremdsprache lernen. Mögliche Defizite werden durch die Anschlussfähigkeit neuen Wissens an das vorhandene Wissen und durch die Kenntnis darüber kompensiert, wie man individuell am besten lernt. Anders sieht es bei der »fluiden Intelligenz« aus, der geistigen Beweglichkeit, die vornehmlich an das Arbeitsgedächtnis gebunden ist. Dessen Leistungsfähigkeit nimmt bereits nach dem 20. Lebensjahr ab, auch wenn insgesamt unsere geistigen Kräfte zwischen 30 und 40 Jahren ihren Höhepunkt erreichen. Der über Vierzigjährige merkt langsam, dass er nicht mehr alles so schnell kapiert wie früher, und der über Sechzigjährige muss sich beim Anhören eines Vortrags mit neuen Inhalten schon ganz schön anstrengen. Natürlich hat dies auch mit der abnehmenden Leistungsfähigkeit der Sinnesorgane zu tun, insbesondere im Bereich des Hörens, wo die Verarbeitung von Lauten in Frequenzbereichen, die für die menschliche Sprache wichtig sind, einbrechen kann und unser kognitives System sich besonders anstrengen muss, um herauszubekommen, was gerade gesagt wurde. Nichtsdestoweniger sinkt die Verarbeitungsgeschwindigkeit der assoziativen Netzwerke in unserer Großhirnrinde aufgrund natürlichen Alterns ab 50 Jahren dramatisch ab.

Unsere neurobiologische Natur hat sich zum Ausgleich dieser betrüblichen Tatsache offenbar etwas Besonderes einfallen lassen. Während nämlich bei jungen Leuten das verbale Arbeitsgedächtnis überwiegend linkshemisphärisch und das räumliche Gedächtnis überwiegend rechtshemisphärisch angesiedelt sind, findet man bei älteren Leuten, dass sie für beide Funktionen, also auch für die Sprache, eher beide Hemisphären benutzen und die nachlassenden Funktionen hierdurch kompensieren. Ein ähnliches Phänomen findet man im Übrigen bei Defekten in all den Hirnfunktionen, die normalerweise nur oder vorwiegend in einer Hemisphäre der Großhirnrinde angesiedelt sind. Hier bildet sich auf der anderen Seite an entsprechenden Stellen ein Ersatz-Netzwerk aus, wodurch der Defekt zumindest teilweise ausgeglichen wird. Zum anderen lässt sich die Leistungsfähigkeit des Arbeitsgedächtnisses in gewissen Grenzen durch Übung und den Gebrauch von Gedächtnishilfen (»Eselsbrücken«) verbessern, diese Tricks kann man auch noch als älterer Mensch lernen – und sollte dies unbedingt tun! Und schließlich wird, wie schon erwähnt, häufig das abnehmende Arbeitsgedächtnis durch Expertenwissen kompensiert, d.h. man kann nicht mehr so schnell denken, aber man weiß mehr!

Das Wichtigste im Bereich des kognitiv-intellektuellen Lernens und Gedächtnisses ist, wie alle einschlägigen Untersuchungen zeigen, das ausdauernde Training, und darin ähnelt das kognitive Lernen dem motorischen Lernen und Gedächtnis. Wer jeden Tag intellektuell anspruchsvolle Dinge tut, gleichgültig ob beruflich oder aus Spaß (am besten in Kombination), der hat eine gute Chance, noch bis ins hohe Alter hinein geistig leistungsfähig zu sein. Dabei gilt das Gesetz: Je anstrengender die geistige Tätigkeit, desto besser – außer sie artet in Stress aus.

Ungünstig sieht es hingegen beim emotionalen Lernen aus.

Dieses Lernen setzt sehr früh ein, nämlich bereits vorgeburtlich, und erlebt seinen Höhepunkt in den ersten Lebensjahren nach der Geburt. Hierbei bilden sich Charakter und Persönlichkeit in ihrem Kern aus. Während der ersten Schulzeit stabilisiert sich diese Persönlichkeit zunehmend, gerät aber während der Pubertät noch einmal in Aufruhr und verfestigt sich zum Erwachsenenalter hin. Wir sind in der Ausbildung unserer Persönlichkeit nie fertig, aber die Dynamik dieses Prozesses nimmt zum Erwachsenenalter hin stark ab. Es ist sogar so, dass das Erwachsenwerden ganz typisch mit dieser Stabilisierung der Persönlichkeit verbunden ist – man sagt, dass eine Person endlich »zu sich gefunden hat«.

Das Fazit lautet also: Der Mensch ist auch als Erwachsener noch in seinem motorischen Bereich sehr gut veränderbar, in seinen kognitiv-intellektuellen Fähigkeiten erlebt er aber schon als Fünfzigjähriger zunehmend seine Grenzen, und im Bereich der Emotionalität und der Persönlichkeit nimmt das Ausmaß der Veränderbarkeit sehr schnell ab, so dass Erwachsene nur noch in geringem Maße in ihrer Persönlichkeit veränderbar sind. Damit ergibt sich natürlich die Frage, warum dies so ist – und die andere Frage, ob man dies als schicksalhaft hinnehmen muss oder was man dennoch tun kann, wenn man andere ändern will oder muss. Damit werden wir uns in den nächsten Kapiteln befassen.

KAPITEL 10

Veränderbarkeit des Verhaltens aus Sicht der Lernpsychologie

Im voraufgegangenen Kapitel haben wir gelernt, dass Menschen mehrheitlich in ihrer Kindheit und Jugend entweder eine positive, eine neutrale oder eine negative Lebenshaltung ausbilden und diese auch beibehalten, egal was an aufregenden Dingen in ihrem Leben passiert. Nur eine Minderheit weist in ihrer Lebenshaltung und ihrem Lebensgefühl deutliche Veränderungen auf. Bei der Ausbildung einer Lebenshaltung wirken genetische Dispositionen, Anpassungsfähigkeit und Gewöhnung zusammen, wobei das *Ausmaß* der Anpassungsfähigkeit und Gewöhnung wiederum genetisch bedingt ist. Den Schluss hieraus zu ziehen, dass Menschen überhaupt nicht zu ändern wären, wäre unangemessen. Nur ist der Grad der Veränderbarkeit viel geringer, als man unter dem Einfluss des Behaviorismus und seines »Erziehungsoptimismus« glaubte und zum Teil noch glaubt (siehe Exkurs 3).

Nun ist am amerikanischen Behaviorismus keineswegs alles falsch – im Gegenteil. Das große Verdienst der Behavioristen war es, die Bedingungen der Veränderbarkeit des Verhaltens bei Tieren und Menschen genau zu untersuchen, also das, was man »Lernen« oder »Verhaltensanpassung« nennt. Dies konnte nur unter höchst standardisierten Bedingungen und mit geeigneten Versuchs-»Objekten« geschehen. Tierisches und menschliches Lernverhalten ist unter Normalbedingungen von verwirrender Vielfalt und überdies schwer exakt zu erfassen, insbesondere weil neben der Komplexität und Dynamik viele subjektive Dinge von Seiten des Beobachters eingehen. Deshalb trachteten Skinner und seine Mitstreiter danach, die Versuchs-

10 Verhalten aus Sicht der Lernpsychologie 227

bedingungen radikal zu vereinfachen, damit man Ratten, Tauben, Hunde und Menschen wirklich vergleichen konnte, und auch die zu untersuchenden Reiz-Reaktions-Beziehungen sollten möglichst klar und einfach sein, damit nichts hineininterpretiert werden konnte und die Daten für sich sprachen. Dies bedeutete, dass man alles standardisierte, was man nur standardisieren kann, und sich auf diejenigen Typen und Individuen von Versuchstieren oder Versuchspersonen beschränkte, die gut »mitmachten«, sowie auf diejenigen Reize und Reaktionen, die gut »funktionierten« (vgl. Angermeier, 1976).

Eine solche radikale Vereinfachung und Standardisierung geht natürlich auf Kosten der Verallgemeinerbarkeit der Versuchsergebnisse. Man kann schließlich nur sagen, wie sorgfältig vorgetestete Tiere und Menschen *unter bestimmten Laborbedingungen* lernen. Ob dies mit natürlichem Lernverhalten zu tun hat, ist dann wieder eine komplizierte Frage. Um die Veränderbarkeit des Menschen in seinem Alltagsleben geht es aber im vorliegenden Fall. Dennoch: Was in den nunmehr rund hundert Jahren experimenteller Lernforschung herauskam, war die Tatsache, dass sowohl bei der klassischen als auch bei der operanten Konditionierung Gesetzmäßigkeiten der Veränderbarkeit des Verhaltens auftreten, die ganz allgemein für jedes Lebewesen gelten, das ein einigermaßen komplexes Verhalten zeigt. Dies ist auf den ersten Blick überraschend, da nicht nur die Lebensweisen und Umwelten dieser Tiere höchst verschieden sind, sondern auch deren Gehirne. Überdies ist es natürlich vielen Menschen unangenehm, dass sie in vielen Bereichen ihres Lernverhaltens »den Tieren« ähnlich sind, aber das ist nur eine der vielen Kränkungen, welche die modernen Verhaltens- und Neurowissenschaften dem Menschen zugefügt haben.

Welches sind nun die Grundzüge des Lernens und der Verhaltensänderung, die sich bei Tieren und beim Menschen gleichermaßen zeigen? Grundlegend hierfür ist die *individuelle Bedürfnisstruktur* des Organismus und seine Beziehung zu bestimmten Umweltereignissen. Für den Organismus gilt es herauszube-

10 Verhalten aus Sicht der Lernpsychologie

kommen, welche Ordnungsbeziehungen zwischen Umweltereignissen bestehen, die geeignet sind, die individuellen Bedürfnisse (natürlich auch diejenigen, die sozial vermittelt sind) zu befriedigen. Die wichtigste Erkenntnis lautet: Verhaltensänderungen treten vornehmlich dann ein, wenn der Organismus *einen Vorteil* von dieser Veränderung hat, wobei der Vorteil auch im Vermeiden oder Beenden eines Nachteils liegen kann.

Im Folgenden wollen wir uns auf dasjenige konzentrieren, was »operante« oder »instrumentelle Konditionierung« oder »Lernen am Erfolg« genannt wird. Vorab aber müssen wir ein klares Wort zur Vermeidung von Missverständnissen sagen. »Konditionierung« hat den üblen Beigeschmack von menschenverachtender Manipulation: Man drückt auf einen Knopf, und ein Mensch tut genau das, was man von ihm verlangt. Eine solche Auffassung ist aber ganz falsch. Erstens läuft eine Konditionierung nie mit einem solchen Automatismus ab (dann wäre die experimentelle Lernforschung nicht häufig so frustrierend, wie sie ist), und zweitens ergeben sich bei der Frage, wie man per Konditionierung eine längerfristige Verhaltensänderung erreicht, Antworten, die in eine sehr *humane* Richtung gehen, wie wir sehen werden (z. B. bei der Ablehnung von Strafe). Im Übrigen beruht eine wichtige und sehr wirksame Form der Psychotherapie, die kognitive Verhaltenstherapie, auf den Prinzipien der operanten Konditionierung.

Ein Tier oder ein Mensch soll dazu gebracht werden, eine bestimmte neue Verhaltensweise zu zeigen. Dies bedeutet immer, dass es bzw. er eine vorhandene Verhaltensweise abändert. Sofern es/er dies macht, geschieht dies – wie bereits gehört –, weil die Verhaltensänderung (bzw. das Ausführen eines neuen Verhaltens) mit einem *positiven Effekt* verbunden ist, der auch für die Zukunft erwartet wird. Dieser positive Effekt – so die Lehrmeinung – wirkt befördernd auf eine bestimmte Verhaltensweise, so dass sie in ihrer Auftrittswahrscheinlichkeit erhöht oder *verstärkt* wird. Deshalb nennt man die operante bzw. instrumentelle Konditionierung auch »Verstärkungslernen« (englisch »reinforcement learning«). Man unterscheidet dabei Strafe, positive Verstärkung und negative Verstärkung. *Positive Verstärkung* ist genau das, was man gemeinhin Belohnung nennt, also das Eintreten einer angenehmen Situation, *negative Verstärkung* ist nicht etwa Bestrafung, wie man meinen könnte, sondern das Vermeiden oder Beenden einer unangenehmen Situation. *Bestrafung* unterscheidet sich in bedeutsamer Weise von positiver und negativer Verstärkung. Deshalb wollen wir sie zuerst betrachten.

Bestrafung

Strafe ist entweder als direkte Bestrafung das Zufügen eines körperlichen oder psychischen Schmerzes oder als indirekte Bestrafung der Entzug eines positiven Zustandes (»zur Strafe dürft ihr heute nicht fernsehen!«). Beide Formen haben teilweise sehr unterschiedliche Wirkungen auf das Verhalten des Bestraften. Direkte Bestrafung bedeutet auch die Erzeugung von Furcht bzw. Angst: Der Bestrafte entwickelt die Befürchtung, dass er demnächst wieder bestraft wird. Verhaltensändernd ist also nicht nur der körperliche oder psychische Schmerz, der durch die Strafe erlitten wird, sondern auch die Furcht vor neuer Strafe.

Strafe ist die am wenigsten wirksame Form instrumenteller Konditionierung, weil sie vielfältige und vom Bestrafenden meist nicht oder nicht gut kontrollierbare Folgen hat. Erstens führt Bestrafung längerfristig fast nie zu einer vollständigen Unterdrückung der unerwünschten Verhaltensweise. Ein bestimmtes Verhalten, für das eine Person bestraft wird, wird von dieser Person meist nur vorübergehend unterlassen, und bald zeigt sich eine Tendenz, das Verbotene bzw. Unerwünschte wieder zu tun, insbesondere auch, weil die Bestrafung die Attraktivität des Verbotenen erhöht und die Aufmerksamkeit des Bestraften besonders darauf lenkt. Man spricht deshalb auch vom »Reiz des Verbotenen«: Manche Dinge werden erst dadurch attraktiv, dass sie verboten sind. In aller Regel muss in bestimmten Abständen bestraft werden, um die Auftrittshäufigkeit der unerwünschten

230 10 Verhalten aus Sicht der Lernpsychologie

Handlung niedrig zu halten. Diese Wiederholung erhöht aber zugleich die Wahrscheinlichkeit, dass die Strafe an Wirkung verliert, d. h. der Bestrafte sich auf die Strafe einstellt, sich an sie gewöhnt, und dass ihre Wirkung dadurch vermindert wird.

Zweitens wirkt die Beendigung einer Bestrafung als *Verstärker* für die bestrafte Handlung. Der bisher Bestrafte hat die Sache ausgesessen und sich dadurch gegen den Bestrafenden durchgesetzt. Jemand, der von seinem Vorgesetzten für seine Unpünktlichkeit mehrfach gerügt wurde, wird erst recht unpünktlich sein, wenn der Vorgesetzte resigniert und sich mit der Unpünktlichkeit des Mitarbeiters abgefunden hat. Drittens erregt Bestrafung beim Bestraften in der Regel negative Gefühle, z. B. Hass, gegenüber dem Bestrafenden, insbesondere aufgrund des meist vorhandenen Gefühls, ungerecht behandelt zu werden. Hieraus ergibt sich meist das Bedürfnis nach Rache. Aber auch ohne ein explizites Rachebedürfnis hat Strafe als negatives Ereignis den Effekt, auf den Strafenden abzufärben, selbst wenn dieser objektiv gerecht straft – ein Strafender ist immer irgendwie im Unrecht. Viertens sind die Konsequenzen der Bestrafung nicht kontrollierbar – der Bestrafte wird Ersatzhandlungen zeigen, die nicht im Sinne des Bestrafenden sind, z. B. seine Wut an Dritten auslassen. Der Bestrafte *generalisiert* in der Regel seine Wut oder Angst und sucht nach Ersatzobjekten.

Insgesamt kann man durch Strafe eine bestimmte Verhaltensweise zwar vorübergehend unterdrücken, nicht aber eine neue Verhaltensweise langfristig etablieren, denn Strafe beruht auf Angst, die meist das Verhaltensrepertoire *einschränkt* und nicht erweitert. Strafe zieht in aller Regel Verhaltensweisen nach sich, die darauf aus sind, weitere Strafen zu vermeiden, aber nicht in kreativer Weise neue, positive Verhaltensweisen zu etablieren. Strafe wirkt *de-motivierend*, denn man kann an der missbilligten Verhaltensweise nichts mehr ändern. Strafe verängstigt, auch wenn sie aus Sicht des Bestrafenden gerecht ist.

Es soll nicht ausgeschlossen werden, dass Strafe manchmal notwendig ist, wenn bestimmte extrem unerwünschte Verhaltensweisen schnell unterdrückt werden sollen. Strafe muss dann einen genauen und zeitnahen Bezug auf eine bestimmte missbilligte Verhaltensweise haben, und sie muss – das ist ein ethisches Problem – eine Stärke haben, die ausreicht, um die Verhaltensweise deutlich zu unterdrücken. Zu milde Strafen können sogar einen verstärkenden Einfluss auf das missbilligte Verhalten haben, wenn der Bestrafte daraus bewusst oder unbewusst den Schluss zieht, dass es der Bestrafende mit der Strafe nicht sehr ernst meint!

Am allerschädlichsten ist eine *inkonsequente* Bestrafung, in der Regel eine Kombination von überharter Bestrafung und Ignorieren; Letzteres wirkt häufig als vorübergehende Verstärkung. Ein gängiges Beispiel ist das verspätete Nachhausekommen eines oder einer Jugendlichen von einer Verabredung oder der Disco. Der Vater bestraft beim ersten Mal das Zuspätkommen überhart, ignoriert es beim zweiten Mal vollkommen, um es beim dritten Mal wieder zu bestrafen. Diese Inkonsequenz macht jeden möglichen erzieherischen Effekt der Bestrafung zunichte, indem der oder die Jugendliche lernt, dass der Vater entweder kein klares Erziehungskonzept hat oder dass er willkürlich und damit ungerecht bestraft.

Es hat sich gezeigt, dass Strafe nur unter zwei Bedingungen längerfristig wirksam ist. Die eine Bedingung besteht darin, dass eine Bestrafung mit einer positiven Konditionierung oder einer möglichen Belohnung verbunden ist. Zum Beispiel kann man dem Mitarbeiter mitteilen, dass er in einen bestimmten Bereich Fehler begangen hat, für die er geradestehen muss, dass aber gute Ansätze vorliegen, aus denen sich möglicherweise eine Belohnung ergeben könnte. Generell muss der Lehrer oder Vorgesetzte eine Möglichkeit aufzeigen, wie man einer weiteren Bestrafung entgehen kann. Die andere Bedingung, unter der Strafe überhaupt wirksam ist, ist die Verbindung mit Reue, wenn also der Bestrafte die Strafe als gerecht bzw. verdient akzeptiert. Reue versetzt eine Person in einen tiefen emotionalen Aufruhr, der einer Gehirnwäsche gleichkommt und die Person für Beleh-

232 10 Verhalten aus Sicht der Lernpsychologie

rungen jeglicher Art empfänglich macht. Nicht umsonst spielt die Kombination von Strafe und Reue in religiösen (oder sektiererischen) Bewegungen und Gruppen eine große Rolle.

Wir sehen, dass Strafe nicht allein aus moralischen, sondern auch aus ganz praktisch-pädagogischen Gründen – mit Ausnahme der Kombination mit Reue – meist keine gute pädagogische Maßnahme ist. Das Unterdrücken vieler missbilligter Verhaltensweisen kann weitaus effektiver durch *Nichtbeachtung* erreicht werden, insbesondere bei solchen Verhaltensweisen, bei denen eine Person die Aufmerksamkeit einer anderen Person auf sich lenken wollte. Alltägliche Beispiele sind das »Unsinnmachen« von Kindern, um die Aufmerksamkeit der Eltern zu erregen, oder das Stören im Unterricht. Solche Verhaltensweisen sind nicht nur (aber gelegentlich auch) das Abbauen überschießender motorischer Energien, sondern das Betteln um Aufmerksamkeit und Anerkennung. Merken das Kind oder der Jugendliche, dass die Störungen zu keinem Erfolg führen, dann unterlassen sie in aller Regel nach einiger Zeit (die allerdings lang werden kann) ihr Verhalten. Es gibt dabei jedoch zwei Dinge zu bedenken. Wenn der Lehrer nach der fünften Störung entnervt den Störenfried anschreit, dann verstärkt er dessen Verhalten, denn der Störenfried wird in der Annahme bestärkt, dass er mit seinen Störungen die Aufmerksamkeit des Lehrers auf sich lenken kann. Richtig ist es also, so lange zu warten, bis sich der Störenfried beruhigt hat, und dann kann man sich ihm »gefahrlos« zuwenden und ihm die Aufmerksamkeit widmen, die er braucht.

Das Ganze funktioniert selbstverständlich nicht, wenn der Störenfried (was leider nicht selten vorkommt) unter dem »Aufmerksamkeitsdefizit-Hyperaktivitäts-Syndrom« (ADHS) leidet. Dann ist jedes pädagogische Geschick des Lehrers zwecklos, und das Kind bzw. der Jugendliche benötigt eine professionelle Therapie. Jeder Lehrer sollte in der Lage sein, einen gelegentlichen Störenfried in der Klasse von einem »ADHS-Kind« zu unterscheiden.

Belohnungsentzug

Eine viel effektivere und ethisch unbedenklichere Art von Bestrafung ist der *Entzug von Belohnung*. Nichtbeachten ist ein effektiver Belohnungsentzug, insbesondere weil Beachtung und Kommunikation wichtige soziale Signale sind. Kaum jemand erträgt es auf Dauer, von den anderen ignoriert und von der Kommunikation ausgeschlossen zu werden. Ein anderes Beispiel von Belohnungsentzug ist die Verweigerung von Vergünstigungen wie Fernsehen, Süßigkeiten bei Kindern, Gehaltszulagen, ein teurer Dienstwagen, die regelmäßige Teilnahme an wichtigen Besprechungen usw. Bei Belohnungsentzug besteht nicht wie bei Strafe im engeren Sinn das Risiko einer körperlichen oder psychischen Schädigung, denn man ist auch vorher ohne die Vergünstigung zurechtgekommen. Motivierend wirkt der Belohnungsentzug allerdings nur, wenn er mit der Chance gekoppelt ist, die Vergünstigung wiederzuerlangen, sonst wirkt er wie eine Strafe im direkten Sinn. Das Wiedererlangen der früheren Vergünstigung wirkt wie eine starke Belohnung, obwohl sie dem Belohnenden nichts zusätzlich kostet. Auch hier ist es wichtig, dass der Belohnungsentzug zeitnah und auf eine genau festgelegte missbilligte Verhaltensweise ausgerichtet ist.

Vermeidungslernen

Der zweite große Typ der Konditionierung ist die negative Konditionierung, von denen die wichtigste Form das Vermeidungslernen ist. Ein negativer Zustand (Strafe, Belohnungsentzug) wird angedroht bzw. vom Betroffenen befürchtet, wenn eine bestimmte Handlung nicht ausgeführt bzw. nicht unterlassen wird. Tier und Mensch lernen meist sehr schnell, durch welches Verhalten sie eine bestimmte Strafe vermeiden oder einen bestimmten unlustbesetzten Zustand beenden können. Hierin unterscheidet sich die negative Konditionierung von Strafe.

10 Verhalten aus Sicht der Lernpsychologie

Der negative Zustand muss natürlich keineswegs von einer Person ausgehen. Vermeidungslernen bezieht sich ganz allgemein auf das Vermeiden von Handlungen oder Ereignissen, die eine negative Konsequenz nach sich ziehen, und das kann alles sein, was man und wovor man sich fürchtet. Man meidet einen bestimmten Ort, weil dort Gefahren lauern, man vermeidet den Kontakt zu Personen mit ansteckenden Krankheiten oder schlechtem Charakter, man bringt sein Auto rechtzeitig zur Inspektion, um keine bösen Überraschungen zu erleben, man überquert nicht zu Fuß eine dicht befahrene Straße, weil dies lebensgefährlich ist, man geht zur ärztlichen Vorsorge usw. Hier wirkt die (meist durch böse Erfahrungen oder die Mitteilungen anderer vermittelte) *Vorstellung* negativer Ereignisse verstärkend und damit motivierend, etwas Bestimmtes zu tun bzw. zu lassen.

Negative Konditionierung wirkt im Allgemeinen schnell – das hat sie mit Strafe gemeinsam, und sie läuft deshalb immer Gefahr, schnell nachzulassen, wenn die Vorstellung des betreffenden Ereignisses nicht wachgehalten bzw. erneut wachgerufen wird. Das Vermeiden oder Unterlassen einer Handlung wird nämlich in aller Regel nicht als positive Verhaltensweise angesehen, sondern als mehr oder weniger direkt *erzwungen* erlebt. Das Abstumpfen gegenüber den drohenden Gefahren ist ein hohes Risiko, offenbar weil ein Unterlassen von unserem Unbewusstsein als negativ angesehen wird. So werden wir, um schneller an ein Ziel zu kommen (positive Erwartung), gelegentlich doch einen Ort erhöhter Gefahr aufsuchen oder doch bei roter Fußgängerampel eine dicht befahrene Straße überqueren, wir werden die fällige Autoinspektion so lang, wie es irgend geht, hinauszögern, und erst recht den überfälligen Vorsorge-Arztbesuch. Die weiter um sich greifende Aids-Epidemie wird durch ihre schrecklichen Folgen offenbar nicht gebremst, und das noch immer verbreitete Rauchen wird offenbar nicht merklich durch drastische Warnungen oder schreckliche Bilder von Raucheropfern reduziert (wahrscheinlich wirkt dies sogar als Stimulans im Sinne des »sensation seeking«).

Das ist beim Androhen von Strafe und Belohnungsentzug nicht anders. Der notorisch Unpünktliche wird nach den ersten drohenden Worten des Chefs erst einmal ziemlich pünktlich sein, aber bald nachlassen und – wenn er schlau ist – exakt so pünktlich bzw. unpünktlich sein, dass der Chef sich gerade nicht aufregen kann: Wegen zehn Minuten Zuspätkommens wird man doch keinen Aufstand machen! Der Chef muss also regelmäßig drohen, und das nützt die Wirkung der Drohung ab. Er muss also strafen – mit all den Nachteilen, welche die Strafe hat.

Insgesamt gesehen ist das Vermeidungslernen gegenüber unpersönlichen negativen Ereignissen effektiver als Bestrafung. Auch hier ist das Androhen von Belohnungsentzug viel besser, denn die Belohnung ist ein positives Ziel, das es zu erhalten gilt, während das Vermeiden von Strafe als negativ empfunden wird. Im Bereich der Pädagogik und Personalführung kann negative Konditionierung, d. h. Strafandrohung, also nur zu einer begrenzten Verhaltensänderung eingesetzt werden. Besonders wichtig sind hierbei ein klares Aufzeigen des kritisierten Verhaltens und eine ebenso klare Darstellung der Art und Weise, wie eine negative Maßnahme von Seiten des Vorgesetzten oder Lehrers vermieden werden kann. In jedem Fall sollte der Ton nicht einschüchternd sein, denn er ruft – unbewusst oder bewusst – psychischen Widerstand hervor. Dies gilt insbesondere bei Androhungen von Entlassung oder Zurückstufung.

Belohnung

Alle einschlägigen Untersuchungen haben gezeigt, dass Belohnung das geeignetste Mittel zur Verhaltensänderung ist. Allerdings sind die Art und der Verlauf des Belohnungslernens sehr kompliziert, ebenso wie die geeignete Art der Belohnung.

Belohnung ist der Eintritt eines positiven Zustandes bzw. die Beendigung eines negativen Zustandes. Positiv ist jeder Zustand, der in uns Befriedigung körperlicher oder psychischer Bedürfnisse, Wohlgefühl, Freude und Lust erzeugt und deshalb von

236 10 Verhalten aus Sicht der Lernpsychologie

Tier und Mensch *erstrebt* wird. Negativ ist jeder Zustand, der Unlust, Schmerz, Frustration, den Entzug oder die Beendigung positiver Zustände und die Vergrößerung körperlicher oder psychischer Bedürfnisse bedeutet und deshalb *vermieden* wird. Solch eine Definition ist natürlich letztlich zirkulär oder nichtssagend, wenn man nicht erklärt, *warum* ein bestimmter Zustand als positiv bzw. erstrebenswert oder negativ bzw. vermeidenswert empfunden wird und wie diese Empfindung zustande kommt. Davon soll aber erst im nächsten Kapitel die Rede sein. Wichtig ist hier festzustellen, dass die positiven Zustände ihrem Inhalt nach so vielfältig sein können, wie es Menschen auf der Welt gibt.

Im klassischen tierexperimentellen Fall geht es für eine Ratte darum, einen Hebel zu drücken, für eine Taube darum, auf eine beleuchtete Scheibe zu picken, und für einen Schimpansen darum, Münzen in einen Automaten zu werfen. Dies alles sind Dinge, die diese Tiere normalerweise nicht oder nur zufällig tun. Sie finden durch Versuch und Irrtum heraus, dass ein solches Verhalten eine Belohnung, hier meist in Form von Futter, nach sich zieht. Nach einiger Zeit beobachtet man, dass das entsprechende Tier überwiegend dieses Verhalten zeigt und alle bisher im gegebenen Kontext gezeigten Verhaltensweisen unterdrückt oder zumindest viel seltener ausführt. Technisch ausgedrückt: Die Belohnung hat eine bestimmte Verhaltensweise *verstärkt*, die anderen *abgeschwächt*.

Eine solche positive Konditionierung funktioniert – anders als Bestrafung oder Vermeidungslernen – ziemlich verlässlich unter zwei Bedingungen. Erstens müssen die zu verstärkende Verhaltensweise oder zumindest wichtige Teile davon bereits vorhanden sein, und der Organismus muss auch das Verhalten ausführen können. Man kann einer Taube nicht das Klavierspielen ankonditionieren, wie stark man sie auch belohnt. Das heißt, dass die positive Konditionierung nur im Rahmen eines bestimmten Verhaltensrepertoires ablaufen kann. Zweitens muss eine Bedürfnissituation bzw. Belohnungserwartung herrschen, und die vorgesehene Belohnung muss dieses Bedürfnis reduzieren

Belohnung 237

bzw. die Erwartung erfüllen. Nicht nur bei Tieren, sondern insbesondere auch bei Menschen werden oft beide Bedingungen verletzt. Es wird von einer Person an Verhaltensänderungen etwas verlangt, das sie gar nicht erbringen kann – oder das, was der Vorgesetzte für eine Belohnung hält, ist für den Mitarbeiter gar kein erstrebenswerter Zustand. Bei Versuchstieren wird dieses Problem in der Regel dadurch gelöst, dass man ihnen die Futter- und Trinkrationen in genau bestimmtem Umfang kürzt, der sie hungrig oder durstig macht, ohne sie zu sehr zu schwächen. Bei Menschen ist dies aus ethischen Gründen nicht möglich, und deshalb ist die Beurteilung und Steuerung der Bedürfnisse von Personen, deren Verhalten geändert werden soll, eine schwierige Sache.

Eine Möglichkeit besteht darin, natürliche und nicht leicht zu stillende Bedürfnisse zu befriedigen, zum Beispiel durch finanzielle Zuwendungen oder Anerkennung (von Sexreisen wollen wir hier schweigen). Eine andere Möglichkeit ist, vorhandene und als selbstverständlich angesehene Vergünstigungen zu entziehen und ihr Wiedererlangen in Aussicht zu stellen, »wenn man sich nur anstrengt«. Merkwürdigerweise macht es Menschen besonders glücklich, das wiedererlangt zu haben, was sie zuerst gar nicht beachtet und dann vorübergehend sehr entbehrt haben.

Nehmen wir an, diese Bedingungen sind gegeben, Mensch oder Tier haben durch Versuch und Irrtum herausgefunden, dass ein bestimmtes Verhalten eine bestimmte Belohnung nach sich zieht. Sie werden erst einmal mit ihrem Verhalten fortfahren, sofern dieses weiter jedes Mal belohnt wird. Bald werden wir feststellen, dass sie darin nachlassen, denn je mehr sie belohnt werden, desto mehr verringert sich das Bedürfnis nach weiterer Belohnung. Das ist bei Futter oder Orangensaft im Tierverhaltensversuch schnell der Fall, und dies begrenzt im Labor deutlich die Länge der Konditionierungsversuche. Beim Menschen ist dies aber nicht anders: Alle Belohnung verliert einen Großteil ihres Reizes, wenn sie *voraussehbar* eintritt. Neben dem monat-

238 10 Verhalten aus Sicht der Lernpsychologie

lichen Gehalt sind es die Regelbeförderung, das schon einkalkulierte Weihnachtsgeld, der fest erwartete Gewinn, die ihre einst motivierende Wirkung weitgehend verloren haben – es sei denn, sie bleiben plötzlich aus!

Was man bei Tier und Mensch daher zur Motivierung tut, ist, von der regelmäßigen zur *intermittierenden* Belohnung überzugehen, d. h. nicht mehr jedes Mal zu belohnen. Das kann man auf zwei Weisen tun. Entweder man belohnt jedes x-te Mal, an dem die Verhaltensweise auftritt (das nennt man Quotenverstärkung), oder man belohnt nach einer gewissen Zeit (das nennt man Intervallverstärkung). Sofort erhöht sich die Häufigkeit, mit der Tier und Mensch die zu konditionierende Verhaltensweise zeigen. Allerdings gibt es auch Unterschiede. Bei einer Quotenverstärkung, bei der zum Beispiel nur jedes fünfte Mal eine Belohnung erfolgt, wird die Ratte schnell fünfmal den Hebel drücken und die Taube wird fünfmal an die Scheibe picken, und dann werden beide erwartungsvoll in den Futtertrog schauen. Bei einer Intervallverstärkung, bei der beispielsweise alle fünf Minuten eine Belohnung erfolgt, wird das Tier in der ersten Minute nichts tun, dann mit der Reaktion langsam anfangen und immer schneller werden, je näher der Zeitpunkt der Belohnung rückt. Auf diese Weise kann man beträchtliche Reaktionshäufigkeiten hervorrufen – und gleichzeitig testen, wie gut das Zeitgefühl der Tiere ist (es ist überraschend gut!). Beim Menschen ist dies nicht anders: Lange Zeit tut man gar nichts, und dann steigt die Aktivität, je näher der Abgabetermin der Arbeit rückt.

Weitermachen, wenn die Belohnung ausbleibt

Nichts in dieser Welt ist von Dauer, und nach einiger Zeit verliert auch die intermittierende Verstärkung in festen Quoten oder Abständen zunehmend ihre Wirkung. Der Experte rät, nun zu einer Strategie überzugehen, die *variable Belohnungsquoten oder -intervalle* benutzt, d. h. das Versuchstier wird nach dem fünften, dann dritten, dann neunten, dann vierten, dann zwölften

Mal bzw. nach fünf, neun, vier oder zwölf Minuten belohnt – in der Regel in bestimmten Grenzen zufallsverteilt. Beim Menschen wird es sich um Wochen oder Monate handeln. Dadurch vermeidet man, dass das Tier oder der Mensch sich beeilt, um an die Belohnung zu kommen, was wiederum das Risiko einer Belohnungssättigung mit sich bringt, oder dass sie das für feste Zeitintervalle typische Ruhe- und Beschleunigungsverhalten zeigen. Mit der intermittierenden Belohnung mit variablen Quoten oder Zeitintervallen erreicht man eine hohe und zugleich kontinuierliche Reaktionshäufigkeit, ohne dass schnell eine Belohnungssättigung eintritt.

Besonders deutlich werden die Unterschiede zwischen Jedesmal-Belohnen, intermittierendem Belohnen mit festen Quoten bzw. Intervallen und schließlich intermittierendem Belohnen mit variablen Quoten und Intervallen zu Beginn des Verstärkungslernens und nach Beendigung der Belohnung. Zu Anfang des Vorgangs ist es notwendig, mit Jedesmal-Belohnen zu beginnen, denn dann zeigt der Organismus das zu verstärkende Verhalten nur selten, zum Beispiel Hebeldrücken oder auf die Glasscheibe picken, und wenn dann nicht jedes Mal belohnt würde, dann würde der Organismus den Zusammenhang (die »Assoziation«) zwischen Verhaltensweise und Belohnung nicht begreifen. Es ist also ratsam, mit Jedesmal-Belohnen zu beginnen, bis der Zusammenhang zwischen Verhalten und Belohnung gut gelernt ist, ehe man zuerst zu intermittierender Belohnung mit festen Quoten bzw. Intervallen und schließlich mit variablen Quoten bzw. Intervallen übergeht. Im Bereich menschlichen Verhaltens heißt es analog, dass zu Beginn einer neuen Arbeit häufigere kleine Erfolge wichtig sind, damit der Betroffene nicht zu schnell den Mut verliert!

Wenn man nun mit der Belohnung aufhört, so hört auch der Organismus ziemlich schnell auf, falls er zuvor jedes Mal belohnt wurde. Das ist begreiflich, denn er merkt schon nach wenigen Malen unbelohnter Reaktion: »Es gibt nichts mehr!« Man spricht hier von einer schnellen *Löschung* der Verhaltensreaktion.

240 10 Verhalten aus Sicht der Lernpsychologie

Bleibt die Gratifikation dreimal hintereinander aus, dann kann es sich nicht mehr um einen Zufall handeln. Bei intermittierender Belohnung mit festen Quoten und Intervallen vollzieht sich diese Löschung langsamer, Tier und Mensch werden über mehrere gewohnte Quoten und Intervalle hinweg ihr Glück versuchen und dann erst die Reaktion resigniert einstellen. Am langsamsten vollzieht sich die Löschung bei der intermittierenden Belohnung mit variablen Quoten und Intervallen. Hier dauert es zum Teil sehr lange, bis der Organismus die früher belohnte Reaktion nicht mehr zeigt; meist probiert er es nach längerer Pause noch einmal. Der Grund hierfür ist ziemlich einsichtig: Der Organismus weiß ja nicht, dass die Belohnung völlig eingestellt wurde, und vermutet, dass gerade ein ungewohnt langes Intervall zwischen den Belohnungen herrscht. Wir merken uns also, dass gerade diese letztere Belohnungsstrategie ein ziemlich »löschungsresistentes« Verhalten erzeugt.

Wir mögen diese ganzen Zusammenhänge als zu primitiv ansehen, um sie auf menschliches Verhalten zu übertragen, aber gerade an dem zuletzt Gesagten zeigt sich sehr klar, dass wir Menschen uns im alltäglichen Leben trotz aller Rationalität genau so verhalten wie geschildert. Wir besitzen zum Beispiel ein Gerät, das bisher völlig zuverlässig funktioniert hat. Wir stellen es an, und es tut plötzlich nicht mehr. Wir schalten es noch einmal an, und wenn es dann immer noch nicht funktioniert, nehmen wir an, dass irgendetwas an ihm kaputt ist (eventuell der Schalter!). Wissen wir aber, dass der Apparat schon länger einen »Wackelkontakt« hat, so probieren wir meist sehr lange Zeit, bis wir aufgeben. Dasselbe ist mit den Versuchen, einen Menschen zu erreichen, der zu einer bestimmten Zeit praktisch immer zuhause oder an einem bestimmten anderen Ort zu erreichen ist. Nach wenigen vergeblichen Anrufen geben wir auf. Handelt es sich aber um eine Person, die generell schwierig zu erreichen ist, so telefonieren wir lange Zeit diesem Menschen hinterher, ehe wir aufgeben. Dies ist ein höchst rationales Vorgehen bei unregelmäßig auftretenden Ereignissen.

Generell führt eine intermittierende Belohnung mit variablen Quoten oder Zeitintervallen in einer unübersichtlichen Ereigniswelt zu hoher Löschungsresistenz. Man denke nur an eine nervenaufreibende Beziehung zu einem launischen Partner. Man weiß in diesem Falle nie, ob man sich noch weiter anstrengen sollte, um endlich die erhoffte Zuneigung zu bekommen, oder ob man seine Hoffnungen endgültig begraben sollte. Gerade das nur gelegentliche liebenswerte Verhalten verstärkt die Bemühungen um die Zuneigung des Partners. Besonders dramatisch zu beobachten ist dies bei Glücksspielen wie Pferderennen, Kartenspielen oder Roulette, bei denen eine nicht berechenbare Belohnung der Witz der Sache ist, denn ein Spiel, bei dem man immer oder in festen Quoten oder nie gewinnt, ist eben kein Glücksspiel und überhaupt kein Spiel. Die variable Belohnung führt bei zu Spielsucht prädestinierten Personen zu einer starken Löschungsresistenz: »Irgendwann muss das Glück ja kommen!«

Schwierig wird es ganz allgemein, wenn die Motivation, eine bestimmte Belohnung zu bekommen, sehr hoch und zugleich das erwünschte Ereignis sehr ungewiss ist. Am Anfang einer positiven Konditionierung ist das natürlich immer so: Man probiert das eine oder andere, und schließlich kriegt man heraus, was man machen muss, damit es einigermaßen verlässlich funktioniert. Manchmal gelingt das aber nicht, zum Beispiel beim Lottospielen, was viele Leute nicht davon abhält, nach »System« zu spielen, aber auch bei sehr komplexen Abläufen ist das oft so. Man tut relativ planlos irgendetwas, und plötzlich klappt es. Man versucht es von neuem, und es geht nicht mehr. Dann klappt es plötzlich wieder usw. Es kann sich hierbei um ein objektiv zufälliges Zusammentreffen von bestimmten Reaktionen und der Belohnung handeln, das aber die Person fälschlicherweise als durch ihr Verhalten bewirkt ansieht. Sie geht bewusst oder unbewusst davon aus, dass es sich um eine intermittierende Belohnung mit variablen Quoten handelt (»es klappt eben nicht immer, man muss einfach geduldig sein!«), während wir wissen, dass das

242 10 Verhalten aus Sicht der Lernpsychologie

positive Ereignis völlig zufällig auftritt. Dies nennt man *Pseudo-konditionierung.*

Skinner hat einen solchen Prozess von Pseudokonditionierung »abergläubisches Verhalten« genannt, und er glaubte nachgewiesen zu haben, dass man über rein zufällig auftretende Belohnung ein solches abergläubisches Verhalten auch bei Tauben und anderen Tieren hervorrufen kann. Er verglich es mit religiösem Verhaltent gegenüber einem höheren Wesen, dessen Willen und Absicht man nicht kennt und das nach einem undurchschaubaren Plan belohnt und bestraft, gibt und nimmt. Diese Deutung ist unter Verhaltensbiologen und Lerntheoretikern umstritten. Klar ist aber, dass jemand, der fest an einen solchen – aus unserer Sicht völlig zufälligen – Wirkzusammenhang glaubt, erst recht felsenfest an die Wirkung seines Verhaltens glaubt, wenn – aus unserer Sicht wiederum zufällig – Reaktion und erwünschtes Ereignis irgendwann doch zusammentreffen. Es ist gerade die *Seltenheit* des Zusammentreffens, die das Verhalten so hartnäckig verankert. Seltene große Belohnungen verändern unser Verhalten am stärksten, für sie strengen wir uns am meisten an!

KAPITEL 11

Motivation und Gehirn

»Motivation« und »Selbstmotivation« gehören zu den beliebtesten Begriffen und die Frage »Wie motiviere ich meine Mitarbeiter (oder Schüler)?« zu den meistgestellten Fragen im Bereich Persönlichkeitsführung und Erziehung. Um etwas Bestimmtes zu tun, braucht man – so heißt es – Motivation, und ohne Motivation läuft nichts. Man sagt, dass Motive Handlungsabsichten und Handlungen »antreiben« (das besagt auch die lateinische Herkunft des Wortes). Das stimmt nicht ganz, denn ich brauche zum Beispiel keine Motivation für hoch automatisierte Bewegungen wie das Ergreifen eines Glases oder das Einlegen des Ganges beim Autofahren. Ähnliches gilt für tief eingegrabene Gewohnheiten. Die Erklärung hierfür ist, dass solche hoch automatisierten Abläufe und Gewohnheiten ihren Antrieb sozusagen »eingebaut« haben. Deshalb sagt man »Dies ist ihm zur lieben (!) Gewohnheit geworden«.

Motive – so können wir sagen – sind psychische Antriebszustände für Dinge, die *nicht* selbstverständlich ablaufen, sondern eine bestimmte Schwelle bzw. bestimmte Widerstände überwinden müssen. Je höher die Widerstände, desto stärker muss die Motivation zu einer bestimmten Handlung sein. Was aber treibt uns da an?

Die Antwort der Motivationspsychologie lautet seit jeher: Menschen streben danach, solche Ereignisse herbeizuführen, die *positive* Gefühlszustände anregen, und solche zu vermeiden, die zu *negativen* Gefühlszuständen führen (vgl. Weiner, 1994; Kuhl, 2001; Puca und Langens, 2005). Dies nennt man in der Motivationspsychologie »Affektoptimierung«. Man will damit ausdrücken, dass jeder danach strebt, dass es ihm unter den gegebenen

244 11 Motivation und Gehirn

Umständen maximal gut geht, er Freude und Lust erlebt, Spaß hat, gut drauf ist, optimistisch in die Zukunft sieht usw. Dies bedeutet in aller Regel gleichzeitig, dass er versucht, Schmerzen zu vermeiden, nicht furchtsam, ängstlich, depressiv, verzweifelt oder traurig zu sein. Anders ausgedrückt heißt dies *Appetenz* (Streben nach Positivem) und *Aversion* (Vermeiden von Negativem).

Nun ist eine solche Feststellung einerseits (fast) trivial, denn wer strebt nicht nach Spaß und Freude, und wer versucht nicht, Schmerz und Trauer zu vermeiden! Ist also die Grundaussage hinsichtlich Appetenz und Aversion eine *zirkuläre Definition* in dem Sinne, dass ich sage: Menschen streben nach positiven Gefühlen – und positive Gefühle sind das, wonach Menschen streben?

Die Gefahr der zirkulären Definition ist bei der Beschreibung psychischer Phänomene, die man ja nicht direkt beobachten kann, groß und hat bei den Bemühungen der Behavioristen um eine exakte Verhaltenserklärung eine wichtige Rolle gespielt. So beobachten wir, dass ein Hund einen Raum betritt, den gefüllten Fressnapf erblickt, sofort darauf zuläuft und das Fressen hinunterschlingt. Daraus folgern wir, dass der Hund »hungrig« war. Diesen »inneren Zustand« – so die Behavioristen – können wir aber gar nicht beobachten, sondern nur das Verhalten des Hundes. Noch schlimmer wird es in den Augen der Behavioristen, wenn wir das Verhalten des Hundes dadurch zu *erklären* versuchen, dass er hungrig war, denn das wäre ein klassischer Zirkelschluss. Genauer gesagt: Wir folgern aus dem beobachteten Verhalten einen inneren Zustand und nehmen dann diesen inneren Zustand zur Erklärung des beobachteten Verhaltens. Auf diese unzulässige Weise kommt man zu einem großen Repertoire an völlig hypothetischen »inneren psychischen Zuständen«. Die radikale Aussage der Behavioristen lautete deshalb: Beschränkt euch auf das beobachtbare Verhalten und verzichtet auf jede Spekulation über angebliche innere Zustände.

11 Motivation und Gehirn **245**

Das Dilemma ist, dass es unleugbar solche inneren Zustände gibt. Allerdings sind sie nicht ohne weiteres mit dem beobachtbaren Verhalten in Verbindung zu bringen, und wir sind deshalb stets in der Gefahr der zirkulären Definition psychischer Zustände. Dazu gehört eben auch der Begriff der Motivation. Wie können wir diese Gefahr bannen? Die einzige Möglichkeit besteht darin, die nicht direkt beobachtbaren inneren Zustände *verlässlich* mit beobachtbaren physiologischen Zuständen im Gehirn oder im sonstigen Körper in Verbindung zu bringen. Dies ist bei Appetenz und Aversion durchaus möglich.

Wir stellen nämlich, wie bereits erwähnt, fest, dass positive und negative Gefühle gesetzmäßig mit der Ausschüttung bestimmter Substanzen im Gehirn verbunden sind. Bei Gefühlen der Zufriedenheit, des Glücks, der Freude bis hin zu Euphorie und Ekstase geht es um die Ausschüttung ganz unterschiedlicher Substanzen, zu denen der Neuromodulator Serotonin und Neuropeptide wie Endorphine, Enkephaline und Endocannabinoide, Neuropeptid Y, Vasoaktives Intestinales Peptid, Prolactin und Oxytocin gehören. Die meisten davon haben eine schmerzlindernde (analgetische) und stressmindernde Funktion und rufen zudem unterschiedliche Stufen von Wohlbefinden hervor. Serotonin wirkt über bestimmte Rezeptoren beruhigend, angstmindernd sowie aggressionshemmend. Das Vasoaktive Intestinale Peptid fördert Vermeidungslernen und hemmt angstmotiviertes Verhalten. Besonders vielseitig wirkt das im Hypothalamus gebildete Oxytocin. Es wird bei der Frau beim Geburtsvorgang ausgeschüttet und löst die Wehen aus. Darüber hinaus fördert es die Milchbildung und wirkt als »Bindungshormon« zwischen Mutter und Säugling. Neuere Untersuchungen haben festgestellt, dass es die Rolle eines Bindungshormons auch in der Beziehung zweier Erwachsenen spielt und beim Geschlechtsverkehr bzw. beim Orgasmus ausgeschüttet wird, eventuell über seine enge Kopplung mit den endogenen Opiaten. Generell wirkt es beruhigend bis euphorisierend und dämpft die Wirkung des Stress-Hormons Cortisol. Es gibt also nicht das eine »Glücks-

246 11 Motivation und Gehirn

hormon«, sondern viele ganz unterschiedliche chemische Substanzen sind am Zustand der Schmerzlosigkeit, Zufriedenheit, des Glücks, der Freude und der Lust beteiligt.

In entsprechender Weise gibt es Stoffe, die im Gehirn negative Gefühlszustände bewirken. Hierzu gehört vor allem Substanz-P. Dieser Stoff vermittelt Schmerzsignale (»P« für »pain«), erhöht allgemein die Erregung und Aggressivität und das männliche Sexualverhalten. Arginin-Vasopressin reguliert den Blutdruck und steigert bei Männern ebenso wie Substanz-P das sexuelle Appetenzverhalten und die Aggression (die *Kopplung* von Aggression und Sexualität ist typisch für das männliche Verhalten im Gegensatz zu dem der Frauen!). Cholezystokinin kann Panikattacken auslösen, Corticotropin-Releasing-Hormon (CRH) löst über die Produktion von ACTH und Cortisol Stressgefühle und -reaktionen aus. Hinzu kommt die generelle Wirkung von Noradrenalin im Zusammenhang mit Stress, Furcht, Angst, der Erhöhung der generellen Aufmerksamkeit und des Bedrohungsgefühls und bei der Konsolidierung negativ-aversiver Gedächtnisinhalte.

Man kann über die Ausschüttung dieser Stoffe in limbischen Zentren des Gehirns sowie über den Aktivitätszustand des limbischen Systems ziemlich verlässlich auf den Affekt- und Emotionszustand von Personen schließen. Hinzu kommen körperliche Signale, die über das vegetative (d. h. das sympathische und parasympathische) Nervensystem ausgelöst werden. Hierzu gehören eine Erhöhung von Herzschlag und Atemfrequenz, das Zittern der Hände, ein trockener Mund, die Erhöhung der Hautleitfähigkeit aufgrund einer erhöhten Schweißabsonderung und die Steigerung der Schreckhaftigkeit bei Zuständen der Aufregung und der Furcht. Es ist praktisch unmöglich, dass eine Person im Zustand der Aufregung und Furcht ist und gleichzeitig diese Symptome nicht zeigt.

Einher geht dies alles mit einer Erhöhung der Aktivität der Amygdala, aber auch des präfrontalen Cortex. Bei freudiger Erregung, Belohnungserwartung und risikobedingtem »Ner-

11 Motivation und Gehirn 247

venkitzel« kommt es – wie erwähnt – zu einem erhöhten Dopaminausstoß, etwa wenn es in einem Gewinnspiel um hohe und riskante Einsätze geht, die dann auch mit hohen Gewinnerwartungen verbunden sind. Man kann diesen Dopaminausstoß sogar registrieren, *bevor* einige hundert Millisekunden später der Spieler weiß, wie er sich entscheiden wird. Das ventrale tegmentale Areal signalisiert in diesem Fall über die ventrale Schleife der Großhirnrinde »riskiere was!«

Das Grundprinzip der Entstehung von Motiven besteht also darin, dass bestimmte Ereignisse in der Umwelt oder im eigenen Körper durch Zentren des limbischen Systems, vornehmlich der Amygdala und des mesolimbischen Systems, registriert werden, die ihrerseits auf verhaltenssteuernde Zentren einwirken. Es ist aber nicht eigentlich das Erleben von Lust und Unlust bzw. der Vermeidung von Unlust, sondern vielmehr das *Streben* nach Lustzuständen und nach Unlustvermeidung und -beendigung; die *Vorstellung* davon ist es, was uns vorantreibt, *motiviert*. Die Erfahrung von Lust und Unlustvermeidung bedeutet nämlich nicht automatisch, dass man nach einer Wiederholung dieser Erfahrung strebt. Dem entspricht die Tatsache, dass es im Gehirn zumindest für positive Geschehnisse zwei ganz unterschiedliche Systeme gibt, nämlich ein System, das den Belohnungswert bzw. den Lustgewinn eines Ereignisses registriert, und ein anderes, das dieses Ereignis *erstrebenswert* macht. Das überrascht, denn man könnte glauben, dass dies miteinander identisch sei.

Entdeckt hat man diesen Unterschied bei der Untersuchung der Wirkung von Dopamin (vgl. Berridge, 2007). Von diesem Stoff nahm man nämlich lange Zeit an, er sei wie die hirneigenen Opiate ein »Glücksstoff«. Ausgedehnte Untersuchungen der letzten Jahre haben aber etwas ganz anderes gezeigt, nämlich dass Dopamin im ventralen tegmentalen Areal dann ausgeschüttet wird, wenn Tiere und Menschen eine Belohnung *erwarten*, oder wenn Objekte oder Ereignisse gezeigt werden, die an eine Belohnungssituation erinnern, nicht aber oder nicht wesentlich, wenn ein lustvolles Ereignis *eintritt*. Die gegenwärtige Deu-

248 11 Motivation und Gehirn

tung lautet entsprechend, dass die Ausschüttung von Dopamin über das mesolimbische System entweder den *Belohnungswert* eines Objektes oder Ereignisses anzeigt, der dann aktivierend auf das Handlungssteuerungs-System einwirkt, oder dass Dopamin das Handlungssystem direkt antreibt, etwas zu tun, was eine Belohnung verspricht. In jedem Fall sind dopaminerge Neurone im mesolimbischen System immer nur vorübergehend (»phasisch«) aktiv, wenn ein Belohnung versprechendes Objekt noch relativ *neu* ist. Lustvolle Objekte und Ereignisse, die bekannt sind, rufen hingegen keine phasische Aktivität dopaminerger Neurone hervor.

Dies stimmt mit der Tatsache überein, dass ein erhöhter Ausstoß von Dopamin generell mit psychischer Aktivierung und Neugier verbunden ist, also mit der Aufforderung »probier es doch mal aus!«. Man spricht nicht umsonst vom »Reiz des Neuen«, als auch davon, dass jedes lustvolle Ereignis mit seiner Wiederholung »an Reiz verliert«, weil dieser Reiz des Neuen nachlässt. Es ist generell die große *Erwartung* der Belohnung, die den – hoffentlich – sich anschließenden Genuss steigert, aber die Erwartung verliert ihre genusssteigernde Wirkung mit dem Grad der Sicherheit des Eintretens der Belohnung. Die Trennung von Belohnungserwartung und tatsächlicher Belohnung ist auch dafür verantwortlich, dass uns manche Dinge in unserem Leben, an die wir große Erwartungen geknüpft haben, in ihrer Belohnungsintensität enttäuschen, wenn sie dann endlich eingetreten sind (»Weihnachten ist auch nicht mehr das, was es einmal früher war!«). Diese Enttäuschung ist fatalerweise umso größer, je größer unsere Erwartungen waren. Deshalb raten uns kluge Leute: Mach Dir keine zu großen Hoffnungen, dann wirst du auch nicht stark enttäuscht!

Motive und Persönlichkeit

In der Motivationspsychologie unterscheidet man *biogene* Motive, die zu unserer biologischen Ausrüstung gehören, wie das Stillen von Bedürfnissen in Form von Hunger, Durst und Sexualität, und *soziogene* Motive. Hier werden vor allem drei generelle Motive oder Motivbereiche genannt, nämlich Anschluss bzw. Intimität, Macht und Leistung (vgl. Asendorpf, 2004). Allerdings ist diese Unterscheidung nicht besonders strikt, denn alle soziogenen Motive müssen, um wirksam zu sein, letztendlich mit biogenen Motiven verbunden sein.

Anschluss ist das Streben nach sozialer Nähe, also Geborgenheit, Freundschaft und Zuneigung. Dieses Motiv ist durchaus nicht nur positiv, sondern kann auch negative Wirkungen haben, denn Menschen, die vom Anschluss-Motiv beherrscht werden, fühlen gleichzeitig eine Furcht vor dem Verlust von Anschluss, vor Zurückweisung und Nichtbeachtung oder dem Ende enger sozialer Beziehungen. Dies geht oft einher mit dem Persönlichkeitsmerkmal »Neurotizismus«, d. h. einer erhöhten Ängstlichkeit und Ich-Schwäche, die ihrerseits ihre Wurzeln in einer defizitären Bindungserfahrung haben kann. Solche Personen laufen häufig Gefahr, anderen mit ihrem Bedürfnis nach Nähe und Zuspruch auf die Nerven zu gehen, und erreichen damit das Gegenteil von dem, was sie sich wünschen. Das Motiv *Intimität* hingegen findet sich vorwiegend bei extravertierten und damit positiv gestimmten Personen, die selbst Vertrauen, Wärme und Gegenseitigkeit ausstrahlen. Sie sind zum Beispiel typische »Zuhörer«. Es wird vermutet, dass bei ihnen ein hoher Oxytocin-Spiegel vorliegt.

Das Motiv *Macht* ist gekennzeichnet durch das Streben nach Status, Einfluss, Kontrolle und Dominanz. Kennzeichnend ist hier die Verbindung mit einem erhöhten Spiegel von Testosteron – interessanterweise ist dies deutlicher bei Frauen als bei Männern zu erkennen. Aufschlussreich ist der (vorübergehende) Anstieg des Testosteron-Spiegels bei »Gewinnern« (vornehm-

250 11 Motivation und Gehirn

lich im Sport) und entsprechend der Abfall bei den Verlierern. Der Testosteron-Spiegel ist positiv mit der Ausschüttung von Dopamin (»tu was!«) und negativ mit Serotonin (»es ist gut, wie es ist!«) gekoppelt. Der häufig vermutete Zusammenhang zwischen Testosteron und Aggressivität ist nur bei Gewalttätern signifikant. Hingegen gibt es bei Männern einen deutlichen Zusammenhang zwischen Macht und Dominanz auf der einen Seite und sexuellem Appetenzverhalten auf der anderen, was vor allem damit zusammenhängt, dass ein bestimmter Kern des Hypothalamus (der mediale präoptische Kern) beide Funktionen steuert. Diese Kopplung von Macht/Dominanz und Sexualität ist bei vielen männlichen Säugetieren wichtig, die einen »Harem« und gleichzeitig ein Revier zu verteidigen haben. Vielleicht ist dies auch beim Menschen der Grund dafür, dass Macht (angeblich) »sexy« macht und reiche und mächtige Menschen (angeblich) sexuell aktiver sind als arme Schlucker.

Das Macht-Motiv geht meist einher mit der Furcht vor dem Machtverlust, und das aus gutem Grund. Bei harems- und revierbesitzenden männlichen Säugetieren, aber auch bei den so genannten Alpha-Tieren der Primaten einschließlich des Menschen dauert der uneingeschränkte Machtbesitz nur kurze Zeit, bis ein Stärkerer kommt. Fatal wirkt sich – zumindest im Tierreich – hier die biologisch an sich sinnvolle Kopplung männlicher Dominanz mit Sexualität aus: Der aus langen Kämpfen siegreich Hervorgegangene muss sofort bei seinen Weibchen zur Tat schreiten, und das entkräftet ihn häufig so sehr, dass er einem neuerlichen Konkurrenten nichts mehr entgegenzusetzen hat. Den ereilt allerdings möglicherweise bald dasselbe Schicksal.

Das Motiv *Leistung* ist komplex und äußert sich im Bedürfnis, Dinge gut oder besser zu machen, sich zu übertreffen, schwierige Aufgaben zu meistern, etwas Neues anzufangen, Dinge zu erobern, Hindernisse zu überwinden und den Status zu erhöhen (hier besteht eine Nähe zum Macht-Motiv). Das Leistungsmotiv ist mit Neugier gekoppelt. Mit ihm tritt aber – ähnlich wie beim Macht-Motiv – auch die Angst vor dem Versagen auf.

Die Motivationspsychologie unterscheidet in diesem Zusammenhang zwei Persönlichkeitstypen. Die einen sind die *Erfolgs-Zuversichtlichen*: Diese Personen weisen eine positive Grundstimmung auf und setzen sich in aller Regel realistische Ziele und mittelschwere Aufgaben, d. h. solche, die sie mit einiger Anstrengung auch erreichen können. Sie schreiben ebenso in aller Regel Erfolge sich selbst zu. Die *Misserfolgs-Ängstlichen* hingegen zeigen eine negative Grundstimmung und wählen sich meist entweder zu hohe Ziele, an deren Erreichen sie sowieso nicht glauben, oder zu niedrige Ziele, deren Erreichen ihnen kein richtiges Belohnungsgefühl vermittelt. Sie fürchten sich eher vor dem Misserfolg, als dass sie sich auf den Erfolg freuten. Die Ausschüttung von Dopamin spielt, wie bereits erwähnt, beim Leistungswillen eine wichtige Rolle.

Kongruenz und Inkongruenz von Motiven und Zielen

Motive sind Ausdruck der Persönlichkeit. Zwar ist allen Menschen das Streben nach positiven Erlebniszuständen und das Vermeiden negativer Erlebniszustände gemeinsam, aber ansonsten sind die Motive so verschieden, wie Personen in ihrer Persönlichkeit verschieden sind. Dies ist nicht weiter verwunderlich, denn wonach eine Person strebt, ist essenzieller Bestandteil seiner Persönlichkeit. Entsprechend gibt es stammesgeschichtlich und individualgenetisch determinierte Motive, ebenso Motive, die aus seiner frühen Bindungserfahrung, seiner frühen Sozialisation und seiner weiteren individuellen und sozialen Erfahrung herrühren. Diese können sich – bis auf die stammesgeschichtlich determinierten Motive – weit auseinander entwickeln, wie sich das schon bei Geschwistern zeigt und erst recht bei Personen, die in stark unterschiedlichen Umwelten aufwachsen.

In der Motivationspsychologie wird oft ein Unterschied zwischen Motiven und Zielen gemacht (vgl. Puca und Langens, 2005). Motive sind danach *unbewusste*, Ziele *bewusste* Handlungsantriebe. Folgt man dieser Unterscheidung, dann kann man

252   11 Motivation und Gehirn

sagen, dass Motive durch die (oben genannten) stammesge-
schichtlichen, individualgenetischen, bindungsbedingten und
frühkindlich erworbenen Handlungsantriebe gestaltet werden,
Ziele hingegen durch Handlungsantriebe, die in späterer Kindheit, Jugend und im Erwachsenenalter entstehen. Ziele sind insbesondere durch *bewusste Vorstellungen* über zu erreichende Zustände geprägt.

Während Motive immer tief in der Persönlichkeit verwurzelt
sind, wird auf der Ebene (bewusster) Ziele von intrinsischen und
extrinsischen Zielen (oder, etwas inkonsequent, Motiven) gesprochen. Intrinsische Ziele sind danach solche Ziele, die der bewussten Persönlichkeitsentwicklung entsprechen. Angenommen, ich
wollte seit meiner (bewussten) Kindheit schon immer Musiker
werden, und jetzt, wo ich älter bin, setze ich alles daran, diesen Kindheitswunsch zu verwirklichen. Es kann dann sein, dass
man mir einredet, das Musikerleben sei entbehrungsreich und
schlecht bezahlt, und die Chance, ein berühmter und damit
reicher Musiker zu werden, sehr gering. Also gebe ich diesen
Wunsch auf und werde stattdessen Rechtsanwalt oder Mediziner, weil mich dabei die Aussicht auf schnellen Reichtum lockt
(zumindest bei Medizinern inzwischen meist ein Irrtum!). Dann
bin ich nach Ansicht vieler Psychologen eher extrinsisch motiviert. Extrinsische Motivation – so die Schlussfolgerung – macht
aber nicht glücklich; im konkreten Falle würde ich meiner nicht
verfolgten Musikerkarriere ein Leben lang nachtrauern. Man
spricht in diesem Zusammenhang von *Motiv- bzw. Ziel-Inkon-
gruenz*, d.h. vom Auseinanderklaffen bestimmter Motive und
Ziele.

Eine solche Unterscheidung zwischen intrinsischen und
extrinsischen Zielen bzw. Motiven ist aber unbefriedigend. Extrinsische Ziele kann es eigentlich gar nicht geben, sondern nur
den Widerstreit unterschiedlicher Ziele. Im ersten Fall ist mein
Wunsch, Musiker zu werden, so stark, dass ich alle Warnungen
vor Misserfolg und Armut in den Wind schlage, was zugleich
bedeutet, dass ich kein starkes Bedürfnis nach Reichtum und

Kongruenz und Inkongruenz von Motiven und Zielen   253

Anerkennung verspüre. Wenn dieses Bedürfnis nach Reichtum und Anerkennung aber ebenfalls stark ist, so werden diese Ziele in Konkurrenz zu meinem Wunsch treten, Musiker zu werden, und offenbar gewinnen. Es ist mir – eine gewisse Intelligenz und Lernbereitschaft vorausgesetzt – dann egal, ob ich Jurist oder Mediziner werde: Hauptsache, ich werde reich bzw. erfolgreich. Ich habe einen Teil meiner personalen Wünsche verwirklicht und den anderen Teil eben nicht. Dann bin ich eben nicht mit »vollem Herzen« Rechtsanwalt oder Mediziner.

Wichtig ist die Unterscheidung zwischen der *Kongruenz* bzw. *Inkongruenz* von Motiven und Zielen. Motive entwickeln sich – wir haben es gerade gehört – unbewusst oder zumindest sind sie in ihrer primären Entstehung nicht erinnerungsfähig. Ziele dagegen entwickeln sich bewusst oder werden uns bewusst vermittelt. Es kann nun zwischen Motiven und Zielen kleinere oder größere Diskrepanzen geben, die unterschiedliche Ursachen haben können. Nehmen wir an, ich bin recht intelligent und begabt, von meinen Genen her eher ein ruhiger, ja in mich gekehrter Typ, und ich habe als Säugling und Kleinkind eine eher problematische Bindungserfahrung mit meiner leicht depressiven Mutter erlebt. Ich bin deshalb eher verschlossen und kontaktscheu und habe trotz meiner Intelligenz und meinen Begabungen ein geringes Zutrauen zu mir selbst und meinen Fähigkeiten. Dies ist die *Kernpersönlichkeit*, die auf der unteren und mittleren limbischen Ebene angesiedelt ist. Ich erlebe aber als Schulkind und Jugendlicher, dass meine Lehrer oder sonstige Erwachsene auf meine Intelligenz und meine Begabungen aufmerksam werden und mich nach Kräften fördern. Dies tun sie (für mich glücklicherweise!) entgegen meiner Kernpersönlichkeit. Ich mache erfolgreich mein Abitur, absolviere ebenso erfolgreich mein Studium und ergreife wiederum erfolgreich einen bestimmten Beruf. Ich werde aber trotz all dieser Erfolge erheblich unter der Nähe von Menschen leiden, auch wenn diese das Beste für mich wollen. Ich werde große Angst vor Vorträgen und öffentlichen Auftritten haben, ich werde wichtige Entschei-

254 11 Motivation und Gehirn

dungen, die von mir besonderen Einsatz verlangen, so lange wie möglich hinausschieben, ich werde jeden Karriereschritt nur unwillig tun usw. Ich bin irgendwie unzufrieden mit meinem Leben.

Das Gegenteil kann auch passieren: Ich bin von meinem Temperament her extravertiert, risikofreudig, neugierig, und habe eine positive Bindungserfahrung und frühkindliche Sozialisation erfahren. Danach gerate ich aber in die üblichen Ausbildungs- und Berufszwänge, die von mir verlangen, zurückhaltend, vorsichtig, risikovermeidend zu sein. Gerade wenn ich später einen verantwortungsvollen Posten innehabe, wird mir diese Tätigkeit zur Qual werden, weil alles zu langsam, zu unkreativ geht, weil ich die Möglichkeiten, die in mir stecken, nicht ausleben kann usw. Ich werde ebenfalls unzufrieden mit meinem Leben sein.

In beiden Fällen gibt es eine *Inkongruenz* zwischen meinen unbewussten personalen Motiven und meinen bewussten Zielen. Von dieser Inkongruenz merke ich eventuell gar nichts, außer dass ich unzufrieden mit meinem Leben bin. Mir geht es schlecht, ich werde krank, ohne dass die Ärzte irgendetwas Ernsthaftes finden (was die Sache nur noch schlimmer macht), ich gehe zu anderen Ärzten, die auch nichts finden, ich werde depressiv bis hin zu Selbstmordgedanken. Aus all dem folgt, dass ein Leben nur dann subjektiv befriedigend verläuft, wenn meine bewussten Ziele motiv-kongruent sind, wenn ich also das bewusst und aus vollem Herzen tun kann, was mein unbewusstes Selbst, meine unbewusste Persönlichkeit auch will, und umgekehrt.

Kongruenz von Motiven und Zielen ist die Voraussetzung für das, was der kanadisch-amerikanische Psychologe Bandura *Selbstwirksamkeit* genannt hat, nämlich die subjektive Einschätzung, dass die Verwirklichung von Zielen durch das eigene Verhalten beeinflusst werden kann (Bandura, 1997). Selbstwirksame Menschen zeigen *Persistenz*, d. h. eine Hartnäckigkeit bei der Verfolgung von Zielen. Das Gegenteil sind die *Vermeider*: Sie sehen Hindernisse nicht als Herausforderung, sondern als Bedrohung und Gefahr eines Scheiterns an. Persistenz ist aber nicht die einzige Voraussetzung für Selbstwirksamkeit, die andere ist *Realitätsorientierung*. Man kann nämlich sehr hartnäckig ein bestimmtes Ziel verfolgen, ohne zu sehen, dass man dieses Ziel nie erreichen wird oder dass dieses Ziel gar nicht so lohnend ist, wie es schien. Realitätsorientierung bedeutet, abschätzen zu können, welcher Aufwand sich für welches Ziel lohnt.

Es kommt also bei der Motivation immer auf die Kongruenz der unbewussten Motive und der bewussten Ziele an, dann sind wir zufrieden und leistungsfähig. Wir machen dann (neben der Liebe) die wichtigste Erfahrung in unserem Leben, nämlich dass das *Verfolgen selbstbestimmter Ziele*, das Meistern einer Herausforderung, eine Belohnung in sich trägt und keine Belohnung von außen nötig hat.

Merksätze zur Belohnung

ERSTER MERKSATZ: *Die Art der Belohnung muss an die individuelle Motivstruktur der Person angepasst sein, deren Verhalten man ändern will.*

Allgemein gilt: Was für den einen eine Belohnung darstellt, ist es für den anderen noch lange nicht. Bei Kindern ist es – oder sollte es zumindest sein – der bloße Spaß am Lernen, der Erwerb von Wissen, der als starke Belohnung wirkt. Darüber hinaus sind es natürlich die Anerkennung durch den Lehrer, die Eltern und Mitschüler oder der Konkurrenzkampf bzw. der Wille, der Klassenbeste zu sein. In späteren Jahren mag es die Aussicht auf einen Studienplatz in dem begehrten Fach oder an einer angesehenen Universität sein oder die Gelegenheit, an einen interessanten Arbeitsplatz in einem attraktiven Betrieb zu gelangen.

Im Betrieb können die Belohnungen ebenfalls vielfältig sein. Natürlich geht es hier um ein gutes Gehalt oder um den Aufstieg, aber auch um Anerkennung durch den Vorgesetzten oder die Kolleginnen und Kollegen, um Macht, Ansehen und Privile-

256 11 Motivation und Gehirn

gien. Hier tut sich eine große Spannbreite dessen auf, was für den einen oder den anderen eine Belohnung ist. Dem einen ist das Einkommen nicht so wichtig wie das Lob und die Anerkennung, beim anderen ist es gerade umgekehrt. Manche Mitarbeiter sehen es als große Belohnung an, vom Chef zu bestimmten Veranstaltungen, z. B. Besprechungen oder Konferenzen mitgenommen zu werden, und freuen sich darüber mehr als über einen neuen größeren Dienstwagen. Es ist die große Kunst des Pädagogen und Vorgesetzten, herauszufinden, was für eine Person, deren Verhalten man beeinflussen will, die geeignetste Belohnung ist.

ZWEITER MERKSATZ: *Belohnungen nutzen sich schnell ab.*

Allgemein, aber eben nicht für Geld, gilt: Je weiter die Belohnungen von der elementaren Bedürfnisbefriedigung entfernt sind, desto schneller nutzen sie sich in ihrer Wirkung ab. Das Stillen des Bedürfnisses nach Essen und Trinken, Schlaf, Wärme, Sex und Kommunikation zeigt dementsprechend kaum einen Verlust der Wirkung, während Anerkennung und Lob, aber auch die Vergabe von Privilegien sich schnell abnutzen. Wird man vom Lehrer oder Vorgesetzten ständig gelobt, dann langweilt dies einen bald, und dasselbe passiert, wenn man mit Privilegien überhäuft wird. Bald ist hier die psychologische Sättigung erreicht. Wenn ein Schüler immer Einsen schreibt, so wird er eine weitere Eins als selbstverständlich und als keine besondere Auszeichnung ansehen. Wenn mein Vorgesetzter bei allem, was ich einigermaßen gut hingekriegt habe, sagt: »Das hast du prima gemacht!«, dann finde ich das nach einiger Zeit langweilig. Entsprechend der Regel, dass für das Aufrechterhalten einer bestimmten Verhaltensweise die Belohnung mit variablen Quoten bzw. Intervallen am besten wirkt, sind ein Lob oder eine Vergünstigung dann am besten, wenn sie in ihrem Auftreten und ihrer Höhe nicht sicher erwartet werden. Geld ist offenbar deshalb so attraktiv, weil man sich damit – zumindest im Prinzip –

jede mögliche Belohnung kaufen kann. Es steht also für die variabelste Belohnung überhaupt.

DRITTER MERKSATZ: *Belohnungen müssen einen gewissen Grad von Ungewissheit haben, um als solche zu wirken.*

Wir merken den Belohungswert vieler Dinge erst wieder, wenn sie ausbleiben. Das ist der Effekt des Belohnungsentzugs. Der *Mangel* erhöht die Attraktivität einer Sache. Ein Gegenstand wird umso mehr entbehrt, je mehr er uns fehlt; unsere Liebe zu einer Person steigert sich (in der Regel) mit ihrer Abwesenheit. Dieser alltägliche und doch so wichtige Umstand wird fleißig ausgenutzt nach dem Rezept: Man nehme jemandem irgendetwas Selbstverständliches, aber Benötigtes weg, und er wird froh und glücklich sein, wenn er es wieder bekommt, oder auch nur Teile davon. Hartherzige Eltern nehmen ihren Kindern unter irgendeinem Vorwand die Weihnachtsgeschenke wieder weg, um sie dann großzügig erneut zu »schenken«. Die Betriebsleitung droht mit drastischen Gehaltskürzungen und/oder mit starken Stellenstreichungen, und die Betriebsangehörigen sind froh, wenn das Ganze dann »doch nicht so schlimm« ausfällt. Natürlich darf man solche Empfehlungen nicht zu direkt nehmen, aber Belohnungen müssen immer eine Ausnahme sein und ein gewisses Maß an Unsicherheit besitzen.

VIERTER MERKSATZ: *Belohnungen müssen dem Aufwand angemessen sein und als gerecht empfunden wirken.*

Belohnungen dürfen weder zu leicht noch zu schwer erreichbar sein. Das Gehirn stellt seine Belohnungserwartung ziemlich genau nach dem Aufwand ein, den es für die Belohnung treiben muss, und überprüft dann, ob die Belohnung auch wirklich gerechtfertigt war. Entsprechend wirkt eine Belohnung für etwas, bei dem man sich gar nicht angestrengt hat, eher kontraproduktiv. Das Gehirn lernt dann keine verlässliche Assoziation zwischen Leistung und Belohnung, denn es bekommt die Belohnung fast geschenkt. Wozu sich also überhaupt anstrengen, wenn die Belohnung von selbst kommt! Aber auch beim Gegenteil, wenn ich trotz großer Anstrengung keine Belohnung erhalte, stellt sich die verlässliche motivierende Assoziation nicht ein. Weiterhin gilt: Eine Belohnung muss möglichst unmittelbar auf die erwünschte Verhaltensänderung folgen, um verstärkend zu wirken. Liegt die Leistung, für die ich belohnt werde, schon lange zurück, dann wird die Belohnung kaum mehr als solche empfunden. Schließlich gilt: Die Belohnung muss auf eine ganz bestimmte Leistung hin ausgerichtet sein, sonst ist sie weniger wirksam. Je genauer die Person weiß, wofür genau sie belohnt wurde, desto spezifischer ist auch die Motivation zur Leistung.

FÜNFTER MERKSATZ: *Gewohnheiten tragen ihre Belohnung in sich.*

Das vielleicht größte Hindernis gegen eine Verhaltensänderung besteht darin, dass das Festhalten am Gewohnten und das Weitermachen wie gehabt eine starke Belohnung in sich tragen. Es macht bekanntlich Spaß, Dinge schnell, präzise und effektiv auszuführen – eben ein Profi zu sein! Das Gehirn trachtet immer danach, Dinge zu automatisieren, Gewohnheiten auszubilden, und es besetzt dies mit deutlichen Lustgefühlen. Am Bewährten festzuhalten, vermittelt das Gefühl der Sicherheit, Geborgenheit und Kompetenz und reduziert die Furcht vor der Zukunft und vor dem Versagen. Jede Verhaltensänderung stellt ja ein gewisses Risiko dar. Eine Verhaltensänderung tritt also nur dann ein, wenn sie eine *wesentlich stärkere* Belohnung verspricht, als es das Festhalten am Gewohnten liefert.

Dies führt zu der häufig zu beobachtenden Tatsache, dass Menschen ein bestimmtes Verhalten nicht ändern, *obwohl* dies durchaus vorteilhaft für sie wäre. So würde es sich lohnen, den öffentlichen Personennahverkehr statt des eigenen Autos zu nutzen, sich ein billigeres Feriendomizil mit vergleichbarer Qualität zu suchen, vom Kauf eines Autos auf Leasing umzusteigen usw.

Dies aber würde den Abschied vom Gewohnten erfordern, einen gewissen Aufwand an Erkundigungen im Internet bedeuten oder für uns heißen, Dinge zu tun, die nicht auch alle Nachbarn tun. Erst wenn der Gewinn der Verhaltensänderung erheblich wird, fangen viele Menschen an, sich zu ändern (und auch dann manchmal nicht).

SECHSTER MERKSATZ: *Eine Belohnung muss sich verselbständigen.*

Jede Belohnungsstrategie muss danach trachten, sich selbst überflüssig zu machen. Zuerst wechselt man, wie wir gehört haben, vom Immer-Belohnen auf intermittierendes Belohnen mit festen Quoten oder Intervallen und geht schließlich zu variablen Quoten bzw. Intervallen über. Damit erreicht man immer größere Intervalle ohne Belohnung, bis sich das neue Verhalten soweit eingeschliffen hat, dass es zur Gewohnheit wird. Dann funktioniert es auch ganz ohne Belohnung, oder besser: es trägt seine Belohnung in sich. Dies meinte schon der große antike Philosoph Aristoteles, wenn er sagte, dass Menschen dann gut sind, wenn Gutes zu tun ihnen zur Gewohnheit geworden ist.

KAPITEL 12

Einsicht und Verstehen

Über den schweren Stand von Verstand und Vernunft bei Entscheidungen habe ich bereits gesprochen. Menschen handeln nicht immer rational, sondern lassen sich häufig von Gefühlen oder Vorurteilen leiten. Ebenso beeinträchtigen Zeitdruck, Stress, mangelndes Wissen, die Unfähigkeit, mit Komplexität umzugehen, und schließlich die schlichte Begrenztheit unseres Verstandes rationale Entscheidungen. Wir haben gesehen, dass es manchmal vernünftiger ist, neben dem analytischen Verstand zwar nicht den »Bauch«, aber doch das Vorbewusste für uns tätig werden zu lassen (vgl. Kapitel 8).

Viel schwieriger ist es, wenn in einer Problemsituation der Verstand eine bestimmte Entscheidung mit positiver Konsequenz vorschlägt, wenn die Rationalität also eine echte Chance hätte, und wir oder andere diesem Vorschlag dennoch nicht folgen – sozusagen »wider besseres Wissen«. Dann handelt es sich ganz offensichtlich um unvernünftiges Handeln. Oder nicht? Wie wir sehen werden, hat eine Antwort auf diese Frage mit den Möglichkeiten und Grenzen zu tun, andere zu verstehen und ihnen Einsicht zu vermitteln. Schließlich geht es auch um die Fähigkeit, sich selbst zu verstehen. Hiermit wollen wir uns in den beiden nächsten Kapiteln beschäftigen.

Warum ist es schwierig, andere zu verstehen und ihnen Einsicht zu vermitteln?

Gehen wir von drei typischen Situationen aus: (1) Ein Freund kommt zu mir und teilt mir mit, er wolle nach zwanzig Jahren Ehe seine Frau verlassen, weil er es mit ihr nicht mehr aushalten

Warum ist es schwierig, andere zu verstehen...? **261**

könne. (2) Ein Mitarbeiter im Verkaufsbereich meines Betriebs bringt nicht die erwartete Leistung und hat überdies durch ungeschicktes Vorgehen einigen Schaden angerichtet (ein wichtiger Kunde wurde verloren). Als sein Vorgesetzter spreche ich mit ihm über die Situation und versuche ihn von einer Versetzung in den Innendienst zu überzeugen, wo er seine Fähigkeiten besser einsetzen kann, was allerdings mit finanziellen Einbußen verbunden ist – die Alternative wäre ein »Rauswurf«. (3) Mein Sohn will (rein fiktiv!) das Studium hinschmeißen und endlich seinen Lieblingstraum verwirklichen, Musiker zu werden und mit seiner Band auf Tour zu gehen.

Ich rede mit den drei Personen und versuche, Einsicht herzustellen bzw. zu vermitteln. Leider erlebe ich das, was in solchen Situationen die Regel ist, nämlich dass mein Rat entweder gar nicht angehört wird oder dass er vernommen, aber nicht akzeptiert wird, oder dass er akzeptiert wird, aber die Person folgt dennoch nicht unserem Rat. Selten genug zeigen die Betroffenen nicht nur Einsicht, sondern folgen auch unserem Rat. Warum ist dies so?

Im ersten Fall mangelt es nicht an gutem Willen. Mein Freund kommt mit seinen Beziehungsproblemen zu mir, und wir diskutieren den ganzen Abend lang über seinen Entschluss, seine Frau zu verlassen. Er berichtet, sie nörgele ständig an ihm herum, und ein bestimmtes Vorkommnis habe das Fass zum Überlaufen gebracht (sie hat ihn seiner Meinung nach vor anderen Leuten lächerlich gemacht). Ich kenne nicht nur ihn, sondern auch seine Frau gut und weise (wie man das so tut) darauf hin, dass auch er seine Fehler hat und die »Schuld« nicht nur bei ihr liegt, und dass im Großen und Ganzen die Beziehung bisher ja gut gelaufen ist. Ich vergewissere mich, dass es bei ihm nicht etwa um eine »Neue« geht, halte ihm seine augenblicklich ungesicherte berufliche Situation vor Augen, weise auf die Kinder hin, die noch zur Schule gehen, auf die finanziellen Risiken einer Trennung bzw. Ehescheidung (das Haus muss noch abgezahlt werden). Kurzum, ich tue mein Bestes, um ihn davon abzuhalten, sehenden Auges

262 12 Einsicht und Verstehen

ins Verderben zu rennen, und schlage das Hinzuziehen eines Eheberaters vor. Er verspricht mir, sich die Sache noch zu überlegen, aber kurze Zeit später ist er ausgezogen, und das Elend nimmt seinen Lauf.

Im zweiten Fall schildere ich meinem Mitarbeiter freundlich, aber in aller Klarheit die Situation, nämlich die Tatsache, dass er auf seinem jetzigen Posten einfach der falsche Mann ist, dass er einen schweren Fehler begangen hat und deshalb versetzt werden muss. Er könne von Glück sagen, dass man ihm nicht sofort kündigt. Ich mag den Mitarbeiter und möchte ihm eine Chance geben, allerdings kann er auf seinem Posten im Innendienst keinesfalls so viel verdienen wie bisher. Ich versuche aber, den Prestigeverlust möglichst gering zu halten. Dennoch stoße ich nicht auf Gegenliebe, der Mitarbeiter zeigt keinerlei Einsicht, kommt mit allen möglichen Entschuldigungen und wirft mir und seinen Kollegen auch noch unfaires Verhalten vor. Er kündigt schließlich, obwohl er im Augenblick keine neue Stelle in Aussicht hat.

Auch bei meinem Sohn stoße ich auf taube Ohren. Ich weiß, dass seine musikalischen Talente nicht seinen eigenen Einschätzungen entsprechen, ich schildere ihm, dass das Musikerleben ein sehr entbehrungsreiches Leben ist. Ich beschwöre ihn, das fast fertige Studium zu beenden, dann könne er tun, was er wolle. Es hilft nichts, er wirft mir mangelndes Verständnis vor, verlässt das Elternhaus und geht mit seinen Freunden »auf Tour«. Auch hier nimmt das Unheil seinen Lauf.

In allen drei Fällen besteht das Grundproblem darin, dass die Argumente auf meiner Seite eigentlich ganz klar und einsichtig sind. Wie konnte man sich ihnen verschließen und sehenden Auges ins Unglück rennen? Die einfachste Antwort würde lauten, dass alle drei Personen »blind« für die Vernunft sind. Mein Freund hatte die Nase von seiner Beziehung so voll, dass er es nicht mehr zuhause aushalten konnte. Offenbar hatte der tägliche eheliche Kleinkrieg ihn mürbe gemacht. Mein Mitarbeiter war so voller Wut und Enttäuschung über die Versetzung und Zurückstufung, dass er diese Erniedrigung nicht aushalten konnte. Und mein Sohn konnte seinem Lebenswunsch, Musiker zu werden, nicht widerstehen. Alle drei haben ganz offensichtlich meine Argumente nicht verstanden oder nicht eingesehen.

Ein solches Verhalten fügt sich natürlich in das Schema ein, das wir zuvor ausführlicher behandelt haben, dass Menschen von ihren Affekten und Gefühlen oft »überwältigt« werden und dass dies ihre Fähigkeit lähmt, Verstand und Vernunft walten zu lassen und die mittel- und langfristigen Konsequenzen ihres Handelns abzuschätzen. Das aber ist nur die halbe Wahrheit. Es ist ja allen drei Personen nicht einfach alles egal, sondern sie haben die Hoffnung, ihre Entscheidung könne ihre Gesamtsituation bessern. Mein Freund will sich von einer ihm aussichtslos erscheinenden Beziehungssituation befreien und damit auch die Chance für eine neue, befriedigendere Beziehung erhalten. Mein Mitarbeiter geht offenbar davon aus, dass in unserem Betrieb sowieso alle gegen ihn sind und seine Fähigkeiten nicht anerkennen – also geht er besser, auch wenn er damit eine gewisse Durststrecke riskiert. Mein Sohn wägt die hohe Attraktion seines Lebenswunsches gegen das langweilige Studium ab und entscheidet sich für das erstere Ziel. Irgendwie sind auch diese Entscheidungen logisch, nämlich »affekt-logisch«, wie der Schweizer Psychiater und Psychotherapeut Luc Ciompi sagt. Rationalität und Emotionalität bilden danach nämlich eine »Gesamt-Logik«, die allerdings höchst individuell bis »idiosynkratisch« ist, d. h. bis ins Marottenhafte hineinreicht.

Jeder lebt in seiner Welt

Jemanden verändern zu wollen, setzt voraus, dass man sein Fühlen, Denken oder Handeln hinreichend versteht. Nur dann kann man »den Hebel richtig ansetzen«. Was aber bedeutet es, jemanden zu verstehen?

Bei einem Kommunikationsakt wird aus klassischer kommunikations- und informationstheoretischer Sicht von einer Person, dem *Sender*, einer anderen Person, dem *Empfänger*, eine Bot-

264 12 Einsicht und Verstehen

schaft, Nachricht oder *Information* übermittelt. Der Sender »codiert« seine Botschaft in kommunikative Signale (Sprachlaute, Schriftzeichen, eventuell auch nichtverbale kommunikative Signale wie Gesten, Mimik, Körperhaltung), der Empfänger nimmt sie auf und »decodiert« sie. Die Kommunikation war dann erfolgreich, wenn der Empfänger *verstanden* hat, was der Sender *meinte*, und dies ist dann der Fall, wenn die im Empfänger decodierte Nachricht mit der Nachricht identisch ist, die der Sender ursprünglich codiert hat.

Eine solche Informationsübertragung kann dadurch bedroht sein, dass die Nachricht gestört ist, weil ich etwa zu leise oder zu undeutlich gesprochen habe, weil die Störgeräusche zu stark waren oder weil der Empfänger nicht richtig hingehört hat. Ebenso kann sie dadurch bedroht sein, dass in der Nachricht bestimmte »Signale« enthalten sind, die der Empfänger nicht »decodieren« kann, sprich: die ihm nichts sagen. Das ist etwa der Fall, wenn ich jemanden auffordere: »Gib mir bitte den Hoxer!« oder wenn ich ihm mitteile: »Ich fühle mich sehr kolbig!«. Allgemein gesprochen handelt es sich um den Fall, dass Sender und Empfänger nicht über denselben *Zeichen-Vorrat* verfügen, und dann kann die Decodierung nicht klappen.

Trotz vieler Bemühungen der Informations- und Kommunikationstheorie ist es bisher nicht gelungen, dieses aus der Nachrichtentechnik stammende Informationsübertragungs-Paradigma auf menschliche Kommunikation zu übertragen. Dies liegt an mindestens zwei Dingen. Erstens gibt es zwischen Menschen nicht notwendigerweise einen gemeinsamen Zeichen-Vorrat, wie dies bei einer technischen Signalübertragung selbstverständlich ist. Um meinen Computer zu veranlassen, irgendetwas bestimmtes zu tun, muss ich festgelegte Signale eingeben, sonst passiert nichts oder etwas nicht Beabsichtigtes. Das ist – von speziellen Ausnahmen abgesehen – zwischen menschlichen Kommunikationspartnern nicht der Fall: Niemand setzt sich im Alltagsleben mit einem möglichen Kommunikationspartner hin und vereinbart vor einem Gespräch einen gemeinsamen Zei-

Jeder lebt in seiner Welt **265**

chen-Vorrat. Das wäre auch schwierig, denn dazu brauchte er bereits ein minimales gemeinsames Signalrepertoire (das nennt man das »Bootstrap-Problem«). Vielmehr läuft es in weiten Bereichen menschlicher Kommunikation nach Versuch und Irrtum ab: Man unterstellt demjenigen, was der andere sagt oder tut, einen *vorläufigen* Sinn und sieht, wie weit man damit kommt, und korrigiert gegebenenfalls seine erste Interpretation.

Zweitens mag man ein gemeinsames Verstehen der Worte und Sätze oder der nichtverbalen Kommunikationssignale erreicht haben, aber daran schließt sich eine weitere Verstehens-Ebene an, nämlich was der Kommunikationspartner mit dem, was ich gesagt habe, *anfängt*, zum Beispiel wie er darauf verbal oder nichtverbal reagiert.

Störungen ersterer Art liegen in den drei obigen Beispielen nicht vor. Mit allen drei Personen spreche ich klar und deutlich und in verständlichen Worten, und nichts deutet darauf hin, dass sie mich akustisch nicht verstanden haben oder ich unbekannte Begriffe gebrauchte. Auch habe ich nicht von Dingen geredet, die diesen Personen fremd sind – im Gegenteil: Ich habe mein Bestes getan, um mich in ihre Situation hineinzuversetzen. Wir reden ganz offenbar über dasselbe Geschehen. Trotzdem verstehen wir uns nicht, denn sonst müssten mein Freund, mein Mitarbeiter, mein Sohn meine Argumente akzeptieren.

Wie stelle ich im Alltag fest, ob mich jemand verstanden hat? Eigentlich ist das ganz einfach: Wenn ich jemandem sage: »Reich mir bitte den Hammer!«, und er gibt mir den Hammer, so kann ich davon ausgehen, dass er mich verstanden hat. Die Person hat sich so verhalten, wie ich es erwartet habe, als ich sie aufforderte, mir den Hammer zu reichen. Wenn ich mich mit einem Kollegen am kommenden Montag um 11 Uhr zu einem Treffen bei mir verabredet habe, und er steht um 11 Uhr bei mir vor der Tür, so hat er mich ganz offenbar verstanden. Das Eintreten des von mir erwarteten Verhaltens ist der Beweis für das Verstehen. Falls das nicht der Fall war und es keinen äußeren Hinderungsgrund gab (Krankheit, Autobahnstau, Zugverspätung usw.), so

266 12 Einsicht und Verstehen

sucht man typischerweise nach dem Grund des Missverständnisses (mein Kollege hat vielleicht angenommen, wir träfen uns bei ihm, oder bei mir um 13 Uhr oder am übernächsten Montag usw.).

Natürlich ist dies eine ziemlich einfache Situation. Viel schwieriger ist es für einen Lehrer festzustellen, ob die Schüler das kapiert haben, was er an Wissen vermitteln wollte. Zu meiner Schulzeit wurde noch viel Wert auf Auswendiglernen von Gedichten (insbesondere von Schillers »Glocke«!), Textpassagen, Jahreszahlen und Definitionen gelegt, und viele Lehrer waren zufrieden, wenn man das abgefragte Wissen »herunterbeten« konnte. Es kam nicht darauf an, verstanden zu haben, was das Heruntergebetete bedeutete. Der Nachteil dabei war und ist, dass man mit einem derart angeeigneten Wissen nicht arbeiten kann – es ist nicht geistig durchdrungen.

Was aber ist dann richtiges Verstehen im Gegensatz zum Herunterbeten? Das Herunterbeten geschieht auf eine automatisierte Weise (im Wesentlichen mithilfe der Basalganglien) als eine Aneinanderreihung von Wörtern und Sätzen, so wie man eine komplexere Bewegung ausführt. Niemand muss dabei nach dem Sinn fragen, man führt die Sache eben aus, man leiert das Gedicht von Schiller einfach herunter. Richtiges Verstehen hat hingegen mit dem *Erfassen von Bedeutung* zu tun. Im obigen einfachen Beispiel hat mein Partner die Bedeutung des Satzes »Reich mir bitte den Hammer« erfasst. Hätte uns dagegen unser Deutschlehrer gefragt, was Schiller in seiner »Glocke« mit dem Vers »Die Leidenschaft flieht, die Liebe muss bleiben« gemeint habe, dann wäre es mit dem Verstehen schon schwieriger gewesen.

Sehen wir uns die Sache mit dem Verstehen einmal genauer an. Jemand sagt etwas, und diese Äußerung dringt als Luftschwingungen in das Ohr des Zuhörers und wird im Innenohr in neuronale Signale umgewandelt, die ins Gehirn weitergeleitet werden. Dort werden diese Signale auf vielen Stufen und in unterschiedlichen Zentren des Gehirns analysiert. Zuerst werden

Jeder lebt in seiner Welt 267

sie als sprachliche Laute (und nicht etwa Geräusche) interpretiert, dann werden sie nach Lautgruppen (Phonemen, Silben) und Worteinheiten segmentiert und ihr grammatikalisch-syntaktischer Aufbau wird bestimmt. Schließlich (oder auch gleichzeitig) wird der mögliche Bedeutungsgehalt konstruiert. Dies alles geschieht völlig unbewusst, und zwar in einem Zeitraum, der von etwa dreihundert Millisekunden bei sehr einfachen Lautäußerungen bis zu einer Sekunde bei komplizierteren Sätzen dauern kann. Wir merken in aller Regel nichts von diesem höchst komplizierten Vorgang, an dem in unserem Gehirn bis zu einer Milliarde Nervenzellen beteiligt sein können, wir nehmen nur das *Endprodukt* bewusst wahr, nämlich einen (in der Regel) sinnhaften Satz, z. B. »Es regnet draußen«. Nur bei mehrdeutigen oder in ihrer Bedeutung unklaren oder sehr komplexen Sätzen wie »Ich gehe jetzt zu meiner Bank« oder »Das Gehirn ist in seiner Speicherkapazität nahezu unbegrenzt« kann sich ein bewusstes Nachdenken über die Bedeutung des Gehörten anschließen.

Die Bedeutung von Wörtern und Sätzen ergibt sich daraus, dass die akustischen (bzw. phonologischen) und grammatikalisch-syntaktischen Laut- und Sprachmuster mit allen in unserem semantischen Sprachgedächtnis enthaltenen Bedeutungen verglichen werden, die bei dem vorliegenden Muster zutreffen könnten, und es wird diejenige Bedeutung aktiviert, die dem Muster am nächsten kommt bzw. am wahrscheinlichsten ist. Gibt es keine sinnvolle Zuordnung, etwa weil das Lautmuster zu sehr verstümmelt war oder weil ein unbekanntes Wort auftritt, dann entsteht keine oder keine klare Bedeutung. Das vom Gehirn praktizierte Verfahren der »Wahrscheinlichkeitsabschätzung« der Bedeutung von Äußerungen ermöglicht es, akustisch schwer verständliche oder grammatikalisch-syntaktisch teilweise fehlerhafte Äußerungen dennoch zu verstehen.

Insgesamt gesehen können Bedeutungen von uns nur in dem Maße erfasst werden, in dem erstens die akustisch-phonologische, zweitens die grammatikalisch-syntaktische und drittens die semantische Analyse der Mitteilung in unserem Gehirn hinreichend korrekt verläuft. Da diese Prozesse überwiegend unbewusst vonstatten gehen, haben wir auf den Vorgang der Bedeutungsentstehung meist keinen willentlichen Einfluss. Wir können im Nachhinein zwar darüber nachgrübeln, was ein gehörter Satz wohl bedeuten mag, aber was uns hierbei einfällt und was nicht, hängt wiederum nicht von unserem Willen ab, sondern wird von Gehirnzentren festgelegt, in denen unser Vorwissen abgespeichert ist.

Zugleich folgt hieraus, dass nur solche Bedeutungen entstehen können, die eine neue Kombination *bereits vorhandener* Bedeutungen darstellen. Was nicht zuvor als Bedeutung in meinem semantischen Sprachgedächtnis vorhanden war, kann auch nicht zur Erzeugung neuer Bedeutung herangezogen werden. Dies entspricht dem Vorgang der Definition eines neuen wissenschaftlichen oder technischen Begriffs: Hierzu dürfen nur bereits bekannte Begriffe verwandt werden, sonst bleibt der neue Begriff unterdefiniert. Die Definition »Wasser ist eine Substanz, die aus Wasserstoff und Sauerstoff besteht« ist nur dann eine echte Definition, wenn alle verwendeten Wörter, insbesondere die Begriffe »Wasserstoff« und »Sauerstoff« eine klare Bedeutung haben. Bei einem naturwissenschaftlich gebildeten Zuhörer dürfte klar sein, was »Wasserstoff« und »Sauerstoff« bedeuten, aber ein naturwissenschaftlicher Laie mag sich darunter irgendetwas anderes vorstellen, bei »Sauerstoff« etwas »saures« und sich dann wundern, dass Wasser nicht sauer schmeckt, sondern geschmacklos ist.

In den meisten Fällen sprachlicher Kommunikation gibt es Wörter, die keine zuvor fest verabredete oder auf sonstige Weise feste Bedeutung haben und auch gar nicht haben können. Dies unterscheidet wissenschaftliche von nichtwissenschaftlicher Kommunikation. Bei den meisten sprachlichen Ausdrücken ist dies entweder gar nicht oder nur unter großem Aufwand möglich. Praktisch alle Ausdrücke, die mit unseren Emotionen und Affekten zusammenhängen, fallen darunter. So ist es nahezu unmöglich, genau zu definieren, was bei einer Person »Freude«

oder »Enttäuschung« bedeutet oder was jemand *wirklich* damit meint, wenn er/sie sagt »Ich liebe dich!«. Diese Worte können zu viele Bedeutungen haben, die stark von der Sprachgemeinschaft, der Gesellschaft bzw. Gesellschaftsschicht abhängen, in der man aufgewachsen ist, insbesondere aber von der ganz persönlichen Erfahrung, wobei hier wiederum Erfahrungen als Kind und Jugendlicher besonders wichtig sind. Es klingen beim Gebrauch solcher Wörter sehr viele Sinngehalte mit, die uns gar nicht bewusst sind. Die Wörter sind in ein *Bedeutungsfeld* bzw. *semantisches Netzwerk* eingebettet.

Hieraus folgt ganz radikal, dass Bedeutungen gar nicht übertragen werden können, sondern in jedem Gehirn erzeugt (konstruiert) werden müssen. Das Ergebnis der Bedeutungserzeugung hängt neben dem Erfolg der akustischen und grammatikalisch-syntaktischen Analyse davon ab, welche Bedeutungen im semantischen Sprachgedächtnis bereits vorhanden sind und bei der Bedeutungserzeugung zur Verfügung stehen. Hieraus folgt wiederum, dass Kommunikation zwischen zwei oder mehr Personen gar kein direkter Austausch von Informationen ist, sondern eine Anregung zu *wechselseitiger* bewusster oder unbewusster Konstruktion von Bedeutungen.

Dies führt zu der scheinbar paradoxen Tatsache, dass Bedeutung erzeugende Systeme *semantisch voneinander abgeschlossen* sind. Keine Bedeutung dringt in sie ein und keine verlässt sie, sondern dies trifft nur für Erregungen bzw. Signale zu. Wenn Personen miteinander kommunizieren, tauschen sie untereinander Schalldruckwellen, d. h. akustische Signale aus, die ihr Gehirn als sprachliche Laute interpretiert (das macht das Gehirn automatisch). *Welche* Bedeutungen in ihren Gehirnen dabei erzeugt werden, hängt ausschließlich von den dort *bereits vorhandenen* Bedeutungen ab. Ich kann deshalb als Sprecher eine bestimmte, von mir gewollte Bedeutungserzeugung im Zuhörer nicht *erzwingen*. Dies heißt, dass eine bestimmte Mitteilung, die der Sprecher mit einer bestimmten Bedeutung äußert, von jedem Zuhörer *in der ihm eigenen Weise* verstanden wird, d. h. in der

270 12 Einsicht und Verstehen

Weise, wie in seinem Gehirn die semantischen Bedeutungszuweisungen ablaufen.

Im Idealfall laufen sie in allen Gehirnen identisch ab; dann würde man von einem vollkommenen gegenseitigen Verstehen sprechen. Im Normalfall aber laufen sie unterschiedlich ab, d. h. derselben Mitteilung weisen die unterschiedlichen Gehirne unterschiedliche Bedeutungen zu, da sie unterschiedliche Lebensgeschichten und damit unterschiedliche »Semantiken« haben. Hierbei muss aber beachtet werden, dass diese Unterschiede nicht unbedingt – und auch im Normalfall nicht – als solche von den Beteiligten wahrgenommen werden. Folglich kann bei einer Kommunikation objektiv ein Missverstehen vorliegen, während einige oder alle Beteiligten mit dem Gefühl auseinander gehen, einander verstanden zu haben. Jeder geht mit seiner individuell-idiosynkratischen Interpretation nach Hause. Ein Großteil unserer Kommunikation besteht aus diesem Irrtum. Verstehen ist die Ausnahme, Missverstehen der Normalfall – nur merken wir meist nichts davon.

Die Gründe von Nichtverstehen

Triviale Gründe von Nichtverstehen – wie eine gestörte Kommunikation oder nicht richtig hingehört zu haben – wollen wir einmal ausschließen. Dann bleiben zwei Möglichkeiten des Nichtverstehens übrig. Die erste Möglichkeit besteht darin, dass mein Kommunikationspartner ein bestimmtes Wort oder eine bestimmte Aussage zwar akustisch richtig aufnimmt, dass das Wort bzw. die Aussage aber in einen anderen Bedeutungskontext gestellt wird als denjenigen, den das Wort bzw. die Aussage in meinem Gehirn hat. Eklatant ist dies bei semantisch hochstufigen Wörtern wie »Ehre« oder »Liebe«, die in jedem Gehirn eine etwas andere, manchmal dramatisch andere Bedeutung haben, weil sie in einem anderen Bedeutungskontext stehen. Dieser Bedeutungskontext ergibt sich bewusst oder unbewusst aus der gesamten Lebenserfahrung einer Person.

Die Gründe von Nichtverstehen 271

Nichtverstehen kann zum zweiten darin bestehen, dass die Sätze, die akustisch-grammatikalisch-syntaktisch korrekt interpretiert werden, in ihrem Bedeutungsgehalt nicht in der Weise erfasst werden, wie es der »Sender« gemeint hat. In den drei obigen Beispielen sage ich meinen jeweiligen Gesprächspartnern (dem Freund, dem Mitarbeiter, dem Sohn): »Ich will Ihnen/dir doch nur helfen und einen vernünftigen Rat geben!«. Der Satz ist in sich durchaus verständlich, aber das, was er ausdrücken will, nämlich selbstlose Hilfe, wird nicht unbedingt als solche erkannt. Im ersten Fall unterstellt mein Freund mir, dass ich seine schwierige Situation gar nicht richtig begreife oder vielleicht sogar für seine Frau Partei ergreife. Im zweiten Fall unterstellt der Mitarbeiter mir, dass ich ihn demütigen oder schikanieren will, und im dritten Fall wirft mir mein Sohn innerlich vor, dass ich zu engstirnig bin oder ihm das Erreichen seines Lebensziels nicht gönne. Meine von mir als aufrichtig empfundenen Intentionen werden nicht als solche verstanden!

Gehen wir aber noch einen Schritt weiter: Es kann sogar sein, dass meine Gesprächspartner von der Ehrlichkeit meiner Ratschläge überzeugt sind und meine Argumente akzeptieren, ihnen zustimmen, dass sie aber *nicht danach handeln*. Dies geschieht häufiger, als man meint. Dabei kann es passieren, dass die betroffene Person diesen Widerspruch bei sich bewusst empfindet, ja sogar darunter leidet. Mein Freund geht nachdenklich nach Hause und ist gewillt, seiner Ehe noch eine Chance zu geben, aber bei dem anfangs ganz vernünftig verlaufenden Gespräch mit seiner Frau fällt auf der einen oder anderen Seite ein ungeschicktes Wort, und man geht endgültig im Streit auseinander. Ebenso zeigt mein Mitarbeiter Einsicht und tritt entsprechend seinen neuen Arbeitsplatz im Innendienst an, wird aber von einer hämischen Bemerkung seiner bisherigen Kollegen vom Außendienst so gekränkt, dass er den Job hinschmeißt und doch kündigt. Oder mein Sohn ist nachdenklich geworden und will nun doch erst sein Studium abschließen, wird dann aber von seinen Musikerkumpeln als Feigling beschimpft und gibt ihnen nach.

272 12 Einsicht und Verstehen

Es kann schließlich auch passieren, dass es zu solch »irrationalem« Verhalten (Trennung, Kündigung, vorzeitige Beendigung des Studiums) kommt, *obwohl* der Betroffene es gar nicht wollte. Irgendetwas scheinbar Unbeabsichtigtes passiert, das dann das »irrationale« Verhalten erzwingt. Mein Freund kriegt plötzlich einen Job in einer anderen Stadt angeboten, nimmt ihn an, und die damit verbundene räumliche Trennung von seiner Frau führt über kurz oder lang zur Auflösung der Beziehung. Mein Mitarbeiter wird ernsthaft krank, bevor er umgesetzt werden kann, und entzieht sich damit der – aus seiner Sicht – Schande der Rückstufung. Mein Sohn schließlich setzt (fiktiv) einige Klausuren in den Sand oder vergisst eine wichtige Prüfung, und damit schwinden seine Aussichten auf ein gutes Examen, und er schließt sich seinen Musikerkumpeln doch an.

Wir können mithilfe des Vier-Ebenen-Modells, das ich im vierten Kapitel (S. 90–95) dargestellt habe, diese Zusammenhänge gut erklären. Auf der *kognitiv-kommunikativen Ebene* findet das Erfassen der Nachricht im akustisch-phonologischen, syntaktischen und semantischen Sinne statt. Man hat die alltägliche Bedeutung des Gesagten begriffen und kann sie gegebenenfalls korrekt wiedergeben. Dies ist auch die Ebene der Erklärungen und Gegenerklärungen im alltäglichen Sinne, d.h. mit den üblichen verbalen Mitteln. Ich schildere auf dieser Ebene meine Sichtweise möglichst objektiv meinen Gesprächspartnern, und sie werden mir zu verstehen geben, dass sie verstanden haben, was ich sagen will. Sie werden meine Argumente respektabel, erwägenswert und gut gemeint finden, werden sogar aus Höflichkeit ein gewisses Verständnis äußern. Dies alles geschieht aber »unemotional« – man denkt sich seinen Teil, und es bleibt in der Regel ohne irgendwelche praktische Folgen.

Die *obere limbische Ebene* ist die Ebene der emotionalen Betroffenheit: Mein Freund ist durch meine Worte tief bewegt, ihm kommen die Tränen, er ist wirklich davon überzeugt, dass ich für ihn das Beste will, und drückt dies auch aus. Er wird mit seiner Frau sprechen und sehen, was in seiner Ehe zu reparieren ist.

Die Gründe von Nichtverstehen 273

Der Mitarbeiter äußert entweder Verständnis für meine Entscheidung, ihn zu versetzen, oder er geht emotional zum Gegenangriff über und beschuldigt mich und seine Kollegen des falschen Spiels. Mein Sohn schließlich fasst auf meine Worte hin den Entschluss, sein Studium fortzusetzen, oder er macht mir Vorhaltungen, ich hätte mich nicht genügend um sein Talent und seine Zukunft gekümmert. Alle drei und ich spielen das Spiel der sozial-emotionalen Argumente und Gegenargumente. Die Kommunikationspartner sind *bewegt* – es fragt sich nur, in welche Richtung sie sich bewegen. Meist nicht in die Richtung, die ich mir wünsche.

Was die drei Personen aber letztlich tun, wird von der *unteren und mittleren limbischen Ebene*, also der Ebene des Temperaments und der frühen emotionalen Konditionierung, bestimmt. Hier geht es um die unbewussten Antriebe, Defizite, Sehnsüchte und Ängste. Es kommt darauf an, welche Bindungsperson mein Freund in seiner Frau erkennt. Stärkt sie sein Selbst, schwächt sie es? Kann sich dieses Selbst in der Partnerschaft stabilisieren, kann es Schwächen ausgleichen, die von der eigenen frühkindlichen Bindungserfahrung herrühren, oder werden negative Bindungserfahrungen wachgerufen oder gar verstärkt? Es muss dabei gar nicht so sein, dass mein Freund in seiner Frau nur seine eigene Mutter sieht – vielmehr war seine eigene Mutter die Instanz, die seinem unbewussten Selbst zur Reife verhelfen, ihm dafür die nötige Sicherheit geben sollte und eventuell *nicht* gegeben hat.

Mein Mitarbeiter ist durch sein Versagen und die Versetzung und Zurückstufung verletzt und beschämt. Erträgt sein unbewusstes Selbst dies? Hat er es gelernt, solche Erlebnisse zu verarbeiten, oder gab es entsprechende frühe traumatische Erlebnisse mit seinen Eltern, insbesondere mit seinem Vater? Bin ich als Vorgesetzter sogar das Ebenbild seines strafenden und nichtverstehenden Vaters? Im Fall meines Sohnes gibt es den Konflikt zwischen Nähe und Distanz, zwischen Zuflucht zur Liebe des Vaters und der notwendigen Abnabelung. Mein Sohn hat den tiefen Wunsch, Musiker zu werden, was meinem Rat entschieden widerspricht. Er lehnt sich damit gegen mich als den Vater auf. Er mag ahnen, dass ich etwas in ihn hineinprojiziere, das er selbst gar nicht ist. Vielleicht will ich ihn vor etwas bewahren, das mir selbst als jungem Mann zu schaffen machte, oder mein Unbewusstes will verhindern, dass er das wird, was ich nicht werden konnte oder durfte!

Von diesen Vorgängen auf der mittleren und unteren limbischen Ebene erfahren die drei Personen nur sehr indirekt, nämlich indem sie das *nicht* ausführen, was man ihnen vernünftigerweise rät und was sie gegebenenfalls bewusst auch akzeptieren und wollen. Das bewusste sozial-emotionale Selbst ist zur Einsicht bereit, aber das unbewusste Selbst verweigert sich, weil es gekränkt ist, Angst hat usw. Man muss kein gläubiger Anhänger aller Bestandteile der Lehre Sigmund Freuds sein, um zu verstehen, dass diese unbewussten Antriebe und Motive dasjenige verkörpern, was letztlich den Ausschlag gibt. Verräterisch ist in diesem Zusammenhang die Tatsache, dass meist ein kleiner Anlass genügt, um die Person vom Befolgen des vernünftigen Ratschlags abzubringen. Das unbewusste Selbst protestiert, will dieses Befolgen nicht und wartet nur auf den Anlass, um loszuschlagen. Später wird dem Betroffenen sein eigenes Verhalten übertrieben oder gar rätselhaft vorkommen.

Zusammengefasst sehen wir also, dass »Verstehen« ganz unterschiedliche Bedeutungen haben kann. Zum einen haben wir jemanden verstanden, wenn wir das, was er sagte, akustisch-phonologisch und syntaktisch korrekt vernommen haben. Dies versetzt uns in die Lage, in irgendeiner konventionellen Weise korrekt zu antworten. Zum zweiten haben wir jemanden verstanden, wenn wir erfassen, was er *meinte*, wenn wir also die vorgebrachten Gründe und Argumente in Hinblick auf die üblichen gesellschaftlichen Regeln der Begründung von Handeln nachvollziehbar finden. Wir billigen ihm dann zum Beispiel ehrliches Bemühen zu.

Zum dritten heißt verstehen die tief liegenden Gründe des

Die Gründe von Nichtverstehen 275

Verhaltens erfassen, d. h. identifizieren, was die Person in ihrem unbewussten Selbst antreibt. Diese dritte Möglichkeit des Verstehens wird nur über das Registrieren der sprachlichen Emotionalität, der nichtsprachlichen kommunikativen Signale und natürlich insbesondere der Art und Weise, wie sich die Person verhält, erreicht. Dies ist naturgemäß eine sehr schwierige Aufgabe und Kunst, und deshalb ist es so schwer, andere zu verstehen.

KAPITEL 13

Über die grundlegende Schwierigkeit, sich selbst zu verstehen

»Erkenne dich selbst!« war der Wahlspruch des griechischen Philosophen Sokrates, aber er hat dies – wie viele andere kluge Menschen – für eine sehr schwierige Forderung gehalten, vielleicht die schwierigste überhaupt. Entsprechend meinte Wilhelm von Humboldt: »Ich halte die Selbsterkenntnis für schwierig und selten, die Selbsttäuschung dagegen für sehr leicht und gewöhnlich.« Andere kluge Menschen haben von der Suche nach Selbsterkenntnis geradezu abgeraten, so auch Johann Wolfgang von Goethe, der – etwas überraschend für diesen vollendeten Selbstdarsteller – sagte: »Man hat zu allen Zeiten wiederholt, man solle danach trachten, sich selbst zu erkennen. Dies ist eine seltsame Forderung, der bisher niemand genüget hat und der auch niemand genügen soll.«

Was ist an der Selbsterkenntnis so schwierig? Eigentlich sollte sie ganz einfach sein, wenn man von der unter Philosophen weit verbreiteten Annahme ausgeht, dass man zu seinem eigenen Ich einen »privilegierten Zugang« hat: »Nur ich weiß mit Sicherheit, was in meinem Kopf vorgeht!« Das ist in einem trivialen Sinn richtig. Ich führe zum Beispiel ein schwieriges Gespräch mit einem einflussreichen Menschen, und nur ich weiß, welche Gedanken dabei in meinem Kopf kreisen, und das ist sicher gut so. Allerdings wird ein sehr erfahrener Menschenkenner und Beobachter mehr davon erraten können, als mir lieb ist.

Ich kann natürlich über mich nachdenken und feststellen, wie ich mich fühle (unsicher, freudig, ängstlich). Ich kann wie in dem Gespräch mit dem einflussreichen Menschen ein doppeltes Spiel spielen, indem ich äußerlich freundlich und verbindlich bin, und

13 Über die Schwierigkeit, sich selbst zu verstehen   277

innerlich denke »du blöder Kerl, dir werde ich's zeigen!«, und erst einmal weiß nur ich von dem doppelten Spiel. Das bleibt aber immer an der Oberfläche des Selbsterkennens. Jeder Versuch, die *wahren eigenen Motive* zu ergründen, d.h. die Frage zu beantworten, warum ich so und nicht anders gehandelt habe oder warum ich mich vor einem bestimmten Ereignis ängstige, das objektiv gar nicht bedrohlich ist, warum ich jetzt zornig oder entmutigt bin, zuversichtlich oder depressiv – all dies führt meist zu nichts. Es war bereits davon die Rede, dass das eigene Ich sich verflüchtigt, wenn man nach ihm sucht. Andere kluge Menschen sagen, das Ich sei »undurchdringlich«, man könne nicht dahinter blicken. Es ist wie der Selbstanblick im Spiegel: Ich sehe mich und meine Welt, aber wenn ich nach der Welt hinter dieser Welt suche, so ist da nichts.

Manche Forscher, zu denen auch die amerikanischen Behavioristen gehörten (vgl. Exkurs 3), leiten daraus den Schluss ab, dass dahinter in der Tat nichts ist. Das Ich ist für sie ein Konglomerat von Zuständen, die in einem Netzwerk per Konditionierung (plus selbstorganisierenden ordnungsbildenden Prozessen, würde man heute sagen) entstehen und sich über weitere Netzwerkeigenschaften aufeinander beziehen. Hinter diesem Netzwerk ist nichts weiter verborgen – alles verbleibt in derselben funktionalen Ebene, und deshalb ist es auch nicht hintergehbar. Das Netzwerk bestimmt unsere Gedanken, unsere Äußerungen und unsere Handlungen. Es gibt keine tiefere (oder übergeordnete) Ebene, die dieses Netzwerk steuert. Das wäre so, als wollte ich in meinem Computer hinter der Ebene der rein nachrichtentechnischen »Informationsverarbeitung« des Prozessors noch eine Bedeutungsebene vermuten oder hinter dem Mechanismus des Kühlschranks in meiner Küche den *Willen*, die in ihm verwahrten Speisen auf 5 Grad zu halten.

Gespeist wurde diese Auffassung durch die Annahme, Verhalten ließe sich durch die drei Schritte Informationsaufnahme, Informationsverarbeitung und Informationsabgabe (oder Perzeption, Kognition, Motorik) vollständig erklären. Diese An-

278 13 Über die Schwierigkeit, sich selbst zu verstehen

nahme ist aber falsch, wie wir bereits gesehen haben. Hinter dem, was man im Gehirn als Informationsverarbeitung bezeichnen kann, zum Beispiel bei der visuellen Objektwahrnehmung, gibt es die Bedeutungsebene, auf der nicht nur gefragt wird »Was ist das?«, sondern »Was bedeutet das *für mich*?«. Diese Bedeutungsebene gliedert sich, wie dargestellt, in eine bewusste und eine unbewusste, eine rationale und eine emotionale, eine soziale und eine individuelle Achse auf.

Die unbewussten Anteile unserer Existenz sind diejenigen, die zuerst entstehen und die wichtigeren sind. Zugleich sind sie dem Bewusstsein nicht zugänglich: Wir können per definitionem nicht bewusstseinsmäßig in das Unbewusste eindringen. Allerdings haben wir früher gesagt, dass Affekte und Gefühle in den unbewussten, subcorticalen Teilen des Gehirns entstehen – aber wir fühlen sie doch bewusst, und damit sind wir doch offensichtlich in der Lage, sie zu ergründen! Ist dies nicht ein Widerspruch?

Nein, denn was wir bewusst fühlen, geht auf die Erregungen zurück, die in der Großhirnrinde aufgrund derjenigen Einwirkungen entstehen, die von den subcorticalen Zentren wie der Amygdala oder dem mesolimbischen System stammen. Es sind also nicht die Erregungen der Amygdala oder des Nucleus accumbens selbst, sondern die *Lesarten*, die der Cortex daraus herstellt. Die eigentlichen Nachrichten der subcorticalen limbischen Zentren sind in Worten nicht zu fassen, sie sind *sprachlos*. So könnten Erregungen der Amygdala ein sprachloses Zeichen für die Aussage sein »Nimm dich in Acht, das ist gefährlich!«, und die Großhirnrinde macht daraus das benennbare Gefühl der Furcht. Oder der Nucleus accumbens signalisiert »Das ist positiv, das mach noch einmal!«, und wir fühlen und berichten den Drang, etwas Bestimmtes zu machen. Was in der Großhirnrinde also als bewusste Gefühle oder als Motive entsteht, sind *Interpretationen* der Erregungen aus den unbewusst arbeitenden limbischen Zentren auf den Ebenen des Bewusstseins. Wir erfahren bewusst nur diese Interpretationen, nicht das Original. Das be-

13 Über die Schwierigkeit, sich selbst zu verstehen **279**

wusste Ich versteht die »Originalsprache« der subcorticalen Zentren nicht – deshalb sind sie eben unbewusst!

Damit geraten wir in all die Schwierigkeiten, die auftreten, wenn wir auf einen *Übersetzer* angewiesen sind, weil wir die Originalsprache nicht verstehen können: Wir müssen uns auf das Können und die Redlichkeit des Übersetzers verlassen. Nehmen wir an, wir befinden uns in einem Land, dessen Sprache wir nicht sprechen, und geraten in eine schwierige Situation, zum Beispiel weil wir mit unserem Auto einen Unfall hatten und die Schuldfrage nicht ganz eindeutig ist. Die Einheimischen sind aufgebracht und gestikulieren wild. Zum Glück spricht einer der Anwesenden unsere Sprache leidlich gut und bietet sich als Interpret an. Wir erklären ihm den Hergang und deuten darauf hin, dass der einheimische Unfallgegner zu schnell gefahren ist. Der Übersetzer redet mit den Leuten, die noch aufgebrachter werden und auf unser Auto und das des Unfallgegners deuten, der übrigens der Sohn des Häuptlings sein soll. Übersetzt unser Übersetzer das, was wir aussagen, richtig? Beherrscht er überhaupt so gut unsere Sprache? Begreift er überhaupt den Sachverhalt?

Noch schwieriger wird die Sache, als er in der angeblichen Hütte des angeblichen Häuptlings verschwindet, nach einiger Zeit wieder herauskommt und uns sagt, wir sollten eine beträchtliche Summe zahlen, sonst kriegten wir Ärger. Was ist in der Hütte vor sich gegangen? Vielleicht steckt der Übersetzer mit den Einheimischen unter einer Decke und will nur an uns verdienen. Wir sind der Situation ausgeliefert, wir können uns nur an das halten, was der Übersetzer uns erzählt, insbesondere von dem Gespräch mit dem »Häuptling«, von dem wir nichts gehört oder gesehen haben.

Alles, was das Vorbewusste und das Unbewusste dem Bewusstsein mitteilen, wird von bewusstseinsbegleiteten Prozessen in Worte gefasst und interpretiert. Die Inhalte des Vorbewussten sind die angeeigneten Regeln des sozial erwünschten Verhaltens. Die Inhalte des Unbewussten stellen hingegen die Welt so dar, wie ein kleines Kind sie sieht. Das subcorticale System ist ja »infantil« im direkten Sinne. Seine (sprachlosen) Aussagen stammen aus einer Zeit, die längst vergangen zu sein scheint und uns gar nicht direkt verständlich wäre. Auch werden die Botschaften dieses infantilen Systems gefiltert durch das Vorbewusstsein. Das Vorbewusstsein wacht darüber, was von den Botschaften aus dem unbewussten Teil des Selbst an die Grenzen des Bewusstseins dringt, und bestimmt, was davon in welcher Weise bewusst werden soll. Allerdings klingt das so, als könnte das Vorbewusste die Botschaften des Unbewussten nach Belieben bearbeiten. Das ist aber nicht der Fall, vielmehr hat sich das Vorbewusste seinerseits zumindest zum Teil durch den Einfluss des Unbewussten geformt und ist damit auch sein Erzeugnis.

Schließlich dringen die gefilterten Botschaften in unser Bewusstsein, und wir erleben sie als *unsere* Gefühle, Wünsche, Gedanken, Motive und Ziele, d.h. das bewusste Ich schreibt sie sich fälschlich als von ihm hervorgebrachte Zustände zu. Das ist die Illusion der *falschen Urheberschaft* des bewussten Ich. Diese Zustände geraten in den bewusst-emotionalen und sprachlich-rationalen Kontext und erhalten dadurch ganz bestimmte Assoziationen, die sie vorher nicht hatten. Zuvor sprachlose Gefühle der Furcht und Angst erhalten in dieser Welt eine bestimmte Deutung: Sie heften sich an bestimmte Geschehnisse, die im Zweifelsfall primär gar nichts mit ihnen zu tun haben. Sie entstammen zum Beispiel einer negativen Bindungserfahrung, dem Erleben der Hilflosigkeit und Einsamkeit des Säuglings und treten im Erwachsenenalter in Form der Trennungsangst gegenüber dem Partner auf. Dies meinte Sigmund Freud, wenn er sagte, dass unbewusste kindliche Konflikte in »verkleideter Form« im Erwachsenenalter auftreten. Allerdings meinte er Konflikte in einem kindlichen Alter, in dem es bereits erinnerungsfähiges Erleben gibt, das verdrängt werden kann. Die nicht erinnerungsfähige Bindungserfahrung des Säuglings und Kleinkindes war für ihn kein Thema und ist in der Psychoanalyse erst viel später thematisiert worden.

13 Über die Schwierigkeit, sich selbst zu verstehen 281

Fest steht, dass all unsere Bemühungen, uns per Selbstreflexion zu verstehen, an Grenzen stoßen, die das Vorbewusste ihnen setzt, und dass wir nie in die Sphäre unseres Unbewussten eindringen können. Was wir erfahren können, ist das, was unser Vorbewusstsein unserem Bewusstsein als Deutungsmaterial zur Verfügung stellt. Das Vorbewusstsein ist, für uns ebenfalls nicht erfahrbar, seinerseits teils in der Hand des Unbewussten, teils hat es eine bestimmte Autonomie. Um bei dem obigen Beispiel zu bleiben: Wir machen uns immer einen Reim auf dasjenige, was uns der Übersetzer sagt, und können niemals verlässlich herauskriegen, was er seinerseits, für uns unsichtbar und unhörbar, mit dem Häuptling in der Hütte beredet hat. Wir wissen nicht einmal, ob es in der Hütte überhaupt einen Häuptling gibt. Im Zweifelsfalle zahlen wir zähneknirschend die beträchtliche Summe und werden nie erfahren, ob wir mit einem blauen Auge davon gekommen sind oder hereingelegt wurden.

Natürlich können wir einwenden, dass ein sehr kluger Beobachter aus den Worten und dem Verhalten des Übersetzers doch einige Rückschlüsse ziehen kann. Gilt dies auch für die Selbstbeobachtung? Immerhin beobachten wir an uns selbst, dass wir eine Abneigung gegen bestimmte Personen und Situationen fühlen, dass wir merkwürdige Angewohnheiten, Ängste und Obsessionen haben. Wir stufen uns selbst als gewissenhaft oder nachlässig ein, als ungeduldig oder geduldig, verschlossen oder offen, zufrieden oder unzufrieden. Ein großer Teil der Persönlichkeitspsychologie beruht schließlich auf der Methode der Selbstauskunft: Menschen werden danach gefragt, ob sie glücklich oder unglücklich, zufrieden oder unzufrieden sind, und es wird nicht (oder nur in krassen Ausnahmen) danach geforscht, ob diese Selbstauskunft wirklich stimmt.

Nun kann man sich darüber streiten, wie oft ein Mensch im Grunde seines Herzens unglücklich ist, aber auf dem Fragebogen »glücklich« ankreuzt. Diese Selbsteinschätzung wird schon irgendwie stimmen (es gibt schließlich kein »objektives

282 13 Über die Schwierigkeit, sich selbst zu verstehen

Glücklichsein!«), ebenso die Antwort auf die Frage, wie häufig und für wie lange die befragte Person im vergangenen Jahr depressiv gestimmt war, insbesondere wenn die Befragung anonymisiert ist. Darum geht es aber bei der Selbsterkenntnis letztlich nicht, sondern um die Frage, *warum* jemand unglücklich, unzufrieden oder depressiv ist. Dies werden die meisten Menschen nicht beantworten können, denn die Antwort auf diese Frage ist auf einer Ebene angesiedelt, die auch durch intensives Nachdenken über sich selbst nicht erreichbar ist, nämlich auf der unteren und mittleren limbischen Ebene.

Selbsttäuschung und Selbsterkenntnis

Eine kluge Person sagte, die Intelligenz des Menschen werde nur noch durch seine Fähigkeit zur Selbsttäuschung übertroffen. Diese beiden Fähigkeiten haben wenig bis nichts miteinander zu tun – es gibt dumme Menschen, die sich relativ gut einschätzen, und hochintelligente Menschen, die ein Bild von sich haben, das aus Sicht von Außenstehenden grundlegend falsch ist. Natürlich ist dieses Letztere gehäuft in solchen Bereichen zu finden, wo es um Ehrgeiz, Wettbewerb und Selbstdarstellung geht, also in den höheren Etagen von Politik, Wissenschaft, Kunst, Kultur und Wirtschaft.

Beruflicher Erfolg korreliert nun einmal in einem hohen Maß mit einem starken Glauben an die eigenen Kräfte, bis hin zur Selbstüberschätzung. Ohne die Überzeugung »Ich werde das schon schaffen!« erreicht man wenig bis nichts, und dazu gehört, dass selbstkritische Stimmen oder gar Selbstzweifel nicht zu laut werden. Viele sozialpsychologische Untersuchungen haben ergeben, dass dies ein typisch männliches, dominant-aggressives Verhalten ist, das sich neurobiologisch gesehen auf der Grundlage einer Kopplung von Testosteron und Dopamin vollzieht. Der Hang zur Selbstdarstellung bis hin zur völligen Selbstüberschätzung junger Männer lässt sich auf jedem wissenschaftlichen

Selbsttäuschung und Selbsterkenntnis **283**

Kongress feststellen, auf dem – wenngleich in deutlicher Minderzahl – auch junge Frauen auftreten. Während junge Frauen Kritik durchaus akzeptieren (»Gut, man kann dies eventuell auch so sehen!«) oder sich sogar verunsichert fühlen und sich dann »zurücknehmen«, reagieren junge Männer auf Kritik oft aggressiv und auftrumpfend. Selbstverständlich zeigen sich diese Unterschiede auch in späteren Lebensjahren, aber dann ist der »Kampf« der Männer viel ritualisierter, und allein schon die berufliche Stellung bzw. Machtposition des Vortragenden schüchtert mögliche Kritiker ein.

Ehrgeiz und Machthunger sind wichtige Quellen der Selbsttäuschung, Versagen und Niederlagen noch wichtigere. Hier geht es darum, eine tiefe Verwundung, die durch Fehlleistungen, Niederlage und Beschämung hervorgerufen wurde, derart zu kompensieren, dass das unbewusste Selbst damit fertig wird. Die oft belächelte Tatsache, dass es nach vielen politischen Wahlen nur Sieger gibt, ist noch die harmloseste Variante dieses Vorgangs. Das Nichterreichen eines wichtigen Ziels, z.B. Betriebsleiter, Vorstandsmitglied, Ordinarius, Präsident oder Bundeskanzler zu werden, oder der Verlust eines solchen »Jobs« müssen *weg-erklärt* werden, sonst droht die nackte Verzweiflung. Natürlich gäbe es die Möglichkeit, sich zu sagen: »Niederlagen gehören nun einmal zum Machtspiel«, aber dies beruhigt höchstens das *bewusste* emotionale Selbst. Unser unbewusstes emotionales Selbst, das *Kleinkind* in uns, wollte ja aus Macht und Erfolg (bzw. deren Fortdauer) diejenige Befriedigung saugen, die es für die Selbststabilisierung benötigt. Und jetzt wird diese (potenzielle) Lustquelle weggenommen.

Eine Möglichkeit besteht in der kognitiven und bewusst-emotionalen *Selbstberuhigung*. Der entgangene oder verlorene Job war nicht eigentlich ein Herzenswunsch, sondern man hat seine Pflicht getan, und das ist jetzt zum Glück zu Ende. Oder man ist bloß dem Ruf der Freunde gefolgt und wollte nur seine Pflicht tun – und schließlich hat man seinen guten Willen gezeigt. Es gibt auch Wichtigeres im Leben. Allerdings beruhigt diese Stra-

284 13 Über die Schwierigkeit, sich selbst zu verstehen

tegie das unbewusste limbische Selbst nicht oder nur wenig, die Verwundung bleibt. Man schreibt dann wehmütige Autobiographien oder sucht Ersatz-Jobs.

Eine andere Möglichkeit besteht in der Schuldzuweisung: Der Gegner hat unfaire oder gar illegal-unmoralische Mittel angewendet, es hat an Loyalität der eigenen Reihen gefehlt; Dinge, die nicht zu beeinflussen waren, sind einfach schlecht gelaufen (z. B. eine Wirtschaftskrise), die Findungskommission war inkompetent. Diese Strategie ist besser, denn sie ermöglicht es dem Selbst der betroffenen Person, die durch die Niederlage erzeugten Energien von sich auf andere Objekte umzulenken und sogar nutzbar zu machen. Man kann sich reinwaschen, weil man das Opfer finsterer Intrigen oder starker Gegenkräfte war, und sich im Kampf dagegen neu aufbauen.

In der Wissenschaft (und natürlich nicht nur dort) kann die eigene Erfolglosigkeit groteske Blüten treiben. Grundsätzlich haben die erfolgreicheren Konkurrenten die eigenen Ideen geklaut, und deshalb stellt man auch keine Forschungsanträge mehr, weil die Kommissionen von diesen Konkurrenten beherrscht werden. Es gibt eine nicht unbeträchtliche Zahl von Wissenschaftlern, denen auf diese Weise angeblich Nobelpreise entgangen sind. Eine andere Möglichkeit besteht darin, die eigene Einfallslosigkeit dadurch zu kaschieren, dass man immer mehr Gelder fordert (»Es ist klar, dass ich das und das nicht erforschen kann, wenn ich nicht noch diese Mittel oder Apparate kriege!«). Damit kann man sich über manche Jahre hinwegretten. Schließlich greift man zu wissenschaftlichem Betrug (sofern man intelligent und skrupellos genug ist) oder man *erfindet* einfach Ehrungen, Titel oder Rufe – zumindest für Gesprächszwecke. Wenn das alles nicht klappt, dann bleibt die Rolle des genialen, aber verkannten Forschers. Bei Künstlern ist dies natürlich nicht anders. Vieles von dem ist nur deshalb möglich, weil es durchaus *reale* Fälle gibt, in denen hervorragende Wissenschaftler, Politiker oder Künstler durch gemeine Intrigen, Kollegenneid, Schlamperei oder ungünstige Situationen am Erfolg

Selbsttäuschung und Selbsterkenntnis 285

gehindert wurden. Was liegt näher, diese Möglichkeit zur Entschuldigung für sich selbst zu benutzen.

Das Prinzip ist dabei immer dasselbe: Das limbische Unbewusste erträgt die Verwundung nicht – und dies umso weniger, je schwächer es sich in Kindheit und Jugend entwickelte. Es variiert die bewussten Motive und Erklärungsmuster so lange, bis die Verwundung halbwegs erträglich ist. Dasselbe geschieht mit allen anderen unbewussten störenden Antrieben und quälenden Wünschen. Unser unbewusstes Selbst hat auf der Ebene des Bewusstseins für *Plausibilität* zu sorgen, deshalb werden Störungen korrigiert, indem Vorstellungen, Absichten und Wünsche so lange verändert und verbogen werden, bis sie ein rundes Bild ergeben – ein Bild, das uns ein subjektiv befriedigendes Fühlen und Handeln ermöglicht. Rund muss das Bild im ersten Schritt vor meinem bewussten egoistischen Selbst sein und im zweiten Schritt vor meinem sozialen Selbst. Zuerst glaube ich im (bewussten) Innern meines Herzens an diese Selbst-Interpretation, dann formuliere ich sie so, dass auch die anderen daran glauben oder zumindest damit leben können.

Es ist außerordentlich schwer, diesem Zwang zur Selbsttäuschung entgegenzuwirken. Die größten Männer (eben meist Männer!) der Geschichte sind diesem Zwang erlegen, wie ihre Autobiographien beweisen, die in aller Regel Selbstrechtfertigungen sind. Gescheitert sind sie in diesen Autobiographien aus eigener Sicht meist an den Umständen, nicht an eigenen Fehlern oder eigenem Unvermögen. In der Regel drängen nur Menschen mit einem narzisstischen Selbst nach Macht und Ruhm, während Menschen mit einem in sich ruhenden Selbst sich höchstens zu bestimmten herausragenden Positionen drängen lassen und diese bereitwillig wieder aufgeben. Sie unterscheiden sich relativ verlässlich von Ersteren dadurch, dass sie anschließend keine Autobiographien schreiben oder pausenlos in Talk-Shows auftreten, sondern sich dem widmen, was ihnen wirklich Spaß macht oder was von ihnen erwartet wird.

Selbsttäuschungen besonderer Art

Das soeben Gesagte kann auch an (im engeren Sinne) krankhaften Selbsttäuschungen veranschaulicht werden. Dabei geht es nicht nur um psychotische, d. h. von der Realität abgekoppelte Zustände bei Schizophrenen, die unter Verfolgungswahn als Opfer einer Weltverschwörung oder unter Größenwahn leiden – sie halten sich für Napoleon oder den Kaiser von China –, oder unter Kontrollwahn, weshalb sie der Überzeugung sind, allein mit ihren Gedanken ihre Umgebung oder den Verkehr beeinflussen zu können. Vielmehr trifft man fundamentale Selbsttäuschungen auch bei Patienten mit neurologischen Störungen an, die etwa behaupten, ihr Arm sei ihnen über Nacht angenäht worden und bewege sich jetzt unter fremder Kontrolle, oder sie steckten im falschen Körper. Es gibt sogar Leute, die von sich behaupten, sie seien tot bzw. wandelnde Leichname, und darauf bestehen, beerdigt und aus dem Einwohnerregister gelöscht zu werden.

Andere Leute haben sensorisch-kognitive Defizite, leugnen diese aber (vgl. Kolb und Wishaw, 1993). Diese Krankheit nennt man Anosognosie (A-noso-gnosie, d. h. die Unfähigkeit, ausgedrückt durch die Vorsilbe »A«, eine Krankheit, griechisch »nosia«, zu erkennen, griechisch »gnosein« oder »gnosia«). Sie nehmen zum Beispiel Geschehnisse in der (meist) linken Gesichtshälfte nicht bewusst wahr, leugnen dies aber und erfinden Geschichten, um entsprechende Fehlleistungen zu erklären. Andere nehmen ihre linke Körperhälfte nicht wahr und vernachlässigen sie (Männer rasieren sich zum Beispiel nicht in der linken Gesichtshälfte), leugnen dies aber hartnäckig. Wieder andere können aufgrund bestimmter Hirnläsionen bestimmte Objekte nicht erkennen (so genannte Objekt-Agnosie) und schieben dies auf die schlechten Lichtverhältnisse oder ihre schlechte Brille.

All dies beruht auf der erstaunlichen Tatsache, dass die un- bzw. vorbewussten Zentren des Gehirns diese Defizite durchaus

Selbsttäuschungen besonderer Art   287

registrieren, sie aber nicht an das Bewusstsein weitergeben und das sprachliche Gehirn zu »Erklärungen« veranlassen, die der Außenstehende für abenteuerlich bis völlig absurd ansieht (dass einem Patienten über Nacht ein kompletter Arm entfernt und eine neuer angenäht wurde, ist ebenso unwahrscheinlich wie der Umstand, dass er der Kaiser von China oder Napoleon ist). Im Falle des Arms liegt der Grund im Fehlen der sensorischen Rückmeldung zum Gehirn, was das Gefühl des »Nichtdazugehörens« und des Kontrollverlustes erzeugt. Zum Glück kann dieser Zustand oft durch Training beseitigt werden. Im Falle des Nichtbeachtens des linken Gesichtsfeldes oder der linken Körperhälfte liegt nach gegenwärtiger Ansicht ein Schaden im räumlichen Aufmerksamkeitssystem vor, das im hinteren Parietallappen bzw. im hinteren Frontallappen angesiedelt ist. Der Fall der »wandelnden Leichen« ist rätselhaft; hier muss ein fundamentaler Schaden derjenigen Zentren des Parietallappens vorliegen, die für das Körperschema und seinen Bezug zum Ich-Gefühl verantwortlich sind.

Diese Schädigungen – so erkennt das Unbewusste – sind nicht oder nicht schnell zu reparieren, und deshalb muss sich das Gehirn damit abfinden, indem das bewusste Selbst sich seinen Reim darauf macht. Es ist dabei meist völlig unmöglich, diese Patienten von ihrem Irrtum zu überzeugen, denn sie fühlen ja ganz direkt, dass sie Recht haben (»Der Arm ist wirklich nicht meiner!«; »Ich sehe doch alles!«, »Ich bin wirklich tot, mich gibt's nicht mehr!«). Das ist sogar dann der Fall, wenn man mit ihnen Experimente durchführt, die ihren Irrtum beweisen sollen. Man kann nämlich zeigen, dass sie ihren nicht beachteten Arm bei reflektorischen Bewegungen (beim Auffangen eines ihnen zugeworfenen Balles) benutzen, dass sie den Kopf einziehen, wenn ein Ball aus dem »blinden« Gesichtsfeld auf sie zugeflogen kommt, und dass sie – obwohl sie tot sind – sich bewegen und darüber sprechen können. Darauf aufmerksam gemacht, leugnen sie die Tatsache oder erfinden irgendeine Erklärung (sie »konfabulieren«).

288 13 Über die Schwierigkeit, sich selbst zu verstehen

Derartige Dinge kann man auch an Patienten beobachten, bei denen aus operativen Gründen das Bewusstsein sprichwörtlich »durchtrennt« wurde. Dies ist bei den von dem amerikanischen Hirnforscher Michael Gazzaniga und seinen Kollegen untersuchten Split-Brain-Patienten der Fall. Hier lag bzw. liegt eine Trennung der sprachbegabten und sprachlich-bewussten linken Großhirnhemisphäre von der rechten, nichtsprachlich-emotionalen Hemisphäre vor, und zwar aufgrund einer chirurgischen Durchtrennung oder eines angeborenen Fehlens des Balkens (*Corpus callosum*), der normalerweise mit 300 Millionen Fasern die beiden Großhirnhemisphären miteinander verbindet (vgl. Gazzaniga, 1995; Baynes und Gazzaniga, 2000).

Bei diesen Patienten kann man mit entsprechenden Versuchsanordnungen erreichen, dass jede der Hemisphären, die ja nicht mehr direkt miteinander kommunizieren, unterschiedliche Informationen erhält. Dies macht man, indem man zum Beispiel in der ganz linken (nur der rechten Hemisphäre zugänglichen) Gesichtshälfte oder in der ganz rechten (nur der linken Hemisphäre zugänglichen) Gesichtshälfte verschiedene Wörter oder Gegenstände kurzzeitig darbietet. Beide Reize werden jeweils von einer Hemisphäre wahrgenommen, aber nur die linke kann darüber reden, weil nur sie Zugriff zu den dort lokalisierten Sprachzentren (dem Wernicke- und dem Broca-Areal) besitzt.

Auf diese Weise ist es den Forschern möglich, über die rechte oder linke Hemisphäre der jeweils gegenüberliegenden Hand unterschiedliche Befehle zu geben. In einem solchen Experiment wurde der linken Hemisphäre ein Hahnenfuß gezeigt, und die rechte Hand musste, von der linken Hemisphäre angeleitet, dazu ein passendes Bild, nämlich einen Hahnenkopf, auswählen, was sie auch tat. Gleichzeitig wurde der rechten Hemisphäre eine Schneelandschaft gezeigt, und die linke Hand sollte, von der rechten Hemisphäre geleitet, ein dazu passendes Gerät auswählen. Die linke Hand zeigte korrekt auf eine Schneeschaufel. Die linke Hemisphäre beobachtet die Aktion der linken Hand und nimmt sie auch über die sensorischen Rückmeldungen der Mus-

Selbsttäuschungen besonderer Art   289

keln und Gelenke, d. h. »propriozeptiv«, wahr. Da die linke Hemisphäre aber keinen direkt-bewussten Zugang zur rechten Hemisphäre hat, versteht sie den Sinn dieser Aktion nicht. Sie leidet jedoch – wie alle unsere linken Hemisphären – unter einem Interpretationszwang des Handelns und erklärt, sie habe mit der linken Hand die Schaufel ausgewählt, um damit einen Hühnerstall auszumisten. Sie »konfabuliert« (vgl. Gazzaniga und LeDoux, 1978).

In dem Zwang, unser eigenes Handeln auf der Ebene des Bewusstseins sinnvoll zu deuten, sind wir nicht weit von diesem Split-Brain-Patienten entfernt. Wir werden von unserem Unbewussten gezwungen, Sinn in unser Handeln zu bringen, ohne über die wahren Beweggründe Bescheid zu wissen. Wir sind als bewusste Wesen – wie Gazzaniga sagt – die letzten, die mitkriegen, was mit uns los ist und uns treibt; wir sind wie Regierungssprecher, die Dinge rechtfertigen müssen, die sie gar nicht veranlasst oder getan haben. Durch diesen Zwang zur sprachlichen Legitimation vor sich und den Mitmenschen lässt sich die radikale Verbiegung und Uminterpretation bis hin zum krassen *Leugnen des Offensichtlichen* im Handeln erklären.

All dies lässt uns die Möglichkeit, uns selbst zu verstehen, sehr skeptisch beurteilen. Offenbar benötigt man für dieses Selbstverstehen eine externe Instanz, z. B. einen Therapeuten. Eine solche Person kann nämlich etwas tun, das wir nicht tun können, nämlich über die vom Unbewussten stammenden Anteile unserer Kommunikation und unseres Verhaltens Zugriff zur unbewussten mittleren limbischen Ebene zu erlangen.

KAPITEL 14

Was können wir tun, um andere zu ändern?

Menschen tun in aller Regel das, was die in ihrer Persönlichkeit verankerten unbewussten Motive und bewussten Ziele ihnen vorgeben – sie sind überwiegend *binnengesteuert*. Wenn sie sich ändern, dann überwiegend »von innen heraus«. Solche Veränderungen sind, wie wir gehört haben, im Erwachsenenalter relativ selten, wenn sie nicht Nebensächlichkeiten, sondern Dinge der Lebensführung betreffen. Einflüsse von außen werden meist in bemerkenswerter Weise ausgeglichen, auch wenn sie erheblich sind, und nur eine Minderheit von ihnen lässt sich positiv oder negativ nachhaltig beeinflussen. Menschen suchen sich – um noch einmal Asendorpf zu zitieren – in der Regel diejenigen Lebensumstände, die zu ihrer Persönlichkeit passen, anstatt sich in ihrer Persönlichkeit und Lebensführung den wechselnden Lebensumständen anzupassen. Sie zeigen also Anpassung, die auf Konstanz aus ist.

Dies drückt sich in der Tendenz der meisten Menschen aus, weiterzumachen wie bisher, selbst wenn Veränderungen ihnen durchaus Vorteile bringen würden. Den Grund für dieses scheinbar irrationale Beharrungsvermögen haben wir genannt: Ein Weitermachen wie bisher trägt eine starke Belohnung in sich als Lust an der Routine, am Expertentum, am Statusbewahren. Hinzu kommt die Angst vor dem Neuen, das immer auch das Risiko des Scheiterns in sich birgt. Dies erzeugt bei vielen Menschen eine hohe Schwelle, welche der Belohnungswert der Veränderungen des eigenen Verhaltens überwinden muss.

Menschen in ihrem Verhalten zu ändern ist also schwer, und zwar umso schwerer, je tiefer die Veränderungen greifen. Sich auf ein neues Dienstfahrzeug oder einen neuen Kunden einzustellen, erfordert meist keinen großen psychischen Aufwand, aber versetzt zu werden, einen neuen Arbeitsbereich oder eine neue, nicht höherrangige Funktion zu übernehmen oder gar rückgestuft zu werden und möglicherweise Macht- und Ansehensverluste zu erleiden, ist sehr schwierig. Genauso schwierig ist es, Mitarbeiter zurechtzuweisen, ihnen Fehlleistungen vorzuhalten, ohne sie zu verletzen, oder ihnen beizubringen, dass es das Beste für beide Seiten ist, wenn sie den Betrieb verlassen.

Mit der Frage, was man dennoch tun kann, will ich mich auf der Grundlage des bisher Gesagten befassen. Dabei will ich drei mögliche Strategien diskutieren, nämlich (1) »der Befehl von oben«, (2) »der Appell an die Einsicht« und (3) »Orientierung an der Persönlichkeit«.

Erste Strategie: Der Befehl von oben

Diese Strategie ist von Seiten der Vorgesetzten die bequemste und deshalb am häufigsten praktizierte, aber auch die wirkungsloseste. Sie findet etwa in einem Betrieb nach einer Übernahme durch ein anderes Unternehmen, einem Wechsel in der Führungsspitze oder nach einer Beratung durch eine Consulting-Firma statt. Es wird irgendeine neue Strategie beschlossen, und diese muss von oben nach unten umgesetzt werden. Im einfachsten Fall heißt dies: »Alle mal herhören, ab sofort wird das Ganze so und so gemacht, weil das so beschlossen wurde (von mir, von meinen Vorgesetzten, vom Vorstand usw.)! Wer mitmacht, kann bleiben, wer nicht mitmacht, fliegt raus oder wird versetzt.«

Es wird hierbei meist weder inhaltlich begründet, warum jetzt etwas anders gemacht werden soll, noch wird auf die Persönlichkeitsstruktur der Mitarbeiter eingegangen. Das aber ist grundfalsch. Was der Vorgesetzte mit dieser Strategie praktiziert, ist eine Strafandrohung, die in der Regel diejenigen Konsequenzen nach sich zieht, die wir in Kapitel 10 ausführlicher diskutiert haben, nämlich Vermeidungsverhalten (Kopf einziehen, Totstellen), das Entstehen von Aversionen gegen den Drohenden, Stress und mentale Einschränkungen. Dies alles tötet Kreativität, die gerade bei Umstellungen nötig ist. Diejenigen Mitarbeiter, die es sich leisten können, werden kündigen, die anderen werden notgedrungen das tun, was man von ihnen erwartet, allerdings nur genau dasjenige, was den Eintritt der Drohung verhindert, und auch nur für eine gewisse Zeit, um möglichst bald wieder zum Gewohnten zurückzukehren. Es folgt das nächste Donnerwetter, das Ganze wiederholt sich, bis der Chef einige Leute wirklich »raussetzt«. Dadurch wird aber nur der Druck erhöht, die Leistung nicht besser.

Der Mitarbeiter wird gezwungen, sein Verhalten zu ändern, ohne dass er eine Belohnung dafür erwarten kann. Das ist eine sehr ungünstige Ausgangslage, denn er wird seiner bisherigen Tätigkeit und Stellung umso stärker nachtrauern, je mehr ihn die neue Aufgabe fordert. Selbst wenn sich der Mitarbeiter in sein Schicksal fügt, wird sein Unbewusstes sich ständig fragen: »Was habe ich davon?«. Eine Variante dieser Situation ist die Ankündigung: »Leider läuft das Geschäft nicht besonders gut, und wir kommen um Entlassungen nicht herum! Allerdings werden die meisten, insbesondere diejenigen, die bisher gute Arbeit geleistet haben, bleiben können!«. In der Regel kündigen dann ebenfalls die Besten, wie kürzlich in einem größeren norddeutschen Betrieb geschehen, wo diese Ankündigung vom Chef auch noch per Fax kam. Die schlauen Mitarbeiter nehmen dann mit Recht an, dass es besser ist, einen solchen Betrieb schnell zu verlassen.

Zweite Strategie: Der Appell an die Einsicht

Auch hier geht es um Neuerungen, oft verbunden mit Entlassungen oder Versetzungen. Der Vorgesetzte stellt die bedrohliche Situation plausibel dar, schildert die Notwendigkeit, sich in Folge der Globalisierung auf neue Marktbedingungen und verändertes Konsumentenverhalten einzustellen usw. Man

Dritte Strategie: Orientierung an der Persönlichkeit **293**

müsse auf Seiten der Mitarbeiter für das Vorgehen der Betriebsleitung Verständnis haben, also Einsicht zeigen. »Schließlich sitzen wir alle in einem Boot!« Man vereinbart im Übrigen das Vermeiden betriebsbedingter Kündigungen und entwickelt Sozialpläne. Wenn der Chef, Betriebsleiter, Vorstandsvorsitzende das gut macht, dann erreicht er bei einigen oder gar bei vielen ein oberflächliches Verständnis. Eine Variante dieser Strategie ist der Appell an die Solidarität, z. B. in der Form: »Diejenigen, die länger in der Firma sind, die Familienväter (oder -mütter), die Älteren müssen vorrangig bedacht werden«. Das hört sich zumindest gut an.

Der Nachteil dieser Strategie ist, dass auf Seiten der Mitarbeiter, die bleiben müssen oder wollen, zwar das soziale Ich der oberen limbischen Ebene angesprochen wird, nicht aber das egoistische Ich/Selbst der mittleren Ebene. Der Mitarbeiter wird sich sagen: »Ich sehe ein, dass Veränderungen stattfinden müssen; ich kann nicht immer nur an mich selbst denken!«. Er wird sich vergegenwärtigen, dass in seinem Betrieb alles noch ganz glimpflich abläuft. Aber sein unbewusstes, egoistisches Ich wird immer wieder fragen: »Warum muss ausgerechnet ich dabei draufzahlen und andere nicht, insbesondere nicht die Chefs? Bin ich nichts mehr wert?« Verständnis wird zwar gezeigt, aber die Kränkung bleibt. Falls keine Entlassungen, sondern nur Umsetzungen und neue Aufgabenverteilungen stattfinden, wird der entsprechende Mitarbeiter, genauer sein unbewusstes limbisches Ich, sich rächen. Der Mitarbeiter wird in seinem Arbeitseifer und seinem Erfolg nachlassen, krank werden, immer schweigsamer und teilnahmsloser oder in seinen Äußerungen kritischer werden bis hin zu Nörgelei und Querulantentum.

Dritte Strategie: Orientierung an der Persönlichkeit

Diese Strategie ist die schwerste. Sie ist darauf ausgerichtet, bei größeren Umstrukturierungen im Betrieb diejenigen Beschäftigten zu halten, die man für unersetzlich hält, diejenigen zu

294   14 Was können wir tun, um andere zu ändern?

Veränderungen zu bewegen, die man als ausbaufähig ansieht, und natürlich diejenigen loszuwerden, die man nicht mehr zu benötigen glaubt. All dies aber unter Wahrung der Selbstachtung der betroffenen Person und unter Berücksichtigung ihrer Fähigkeiten.

Es dürfte hinreichend klar sein, dass man dies nur erreicht, wenn man nicht nur Anordnungen trifft oder an das soziale Gewissen appelliert, sondern wenn man die spezifische Persönlichkeit des Mitarbeiters erkennt und nutzbar macht. Das Schwere daran ist, dass es sich bei Letzterem zum großen Teil um nicht verbal auszudrückende Persönlichkeitsmerkmale handelt. Der Vorgesetzte oder Personalchef muss das Verhalten des Mitarbeiters genau beobachtet und dessen halb- oder unbewusste Reaktionen genau studiert haben. Er muss abschätzen können, welchen Persönlichkeitstyp er vor sich hat: den Zuversichtlichen bzw. Zuverlässigen oder den Ängstlichen bzw. Vermeider oder den forschen Macher bzw. Unkontrollierten. Er wird das Stress-Management der Person kennen müssen, seine besonderen Vorzüge und Fehler, er wird wissen müssen, ob sich die Person gern anleiten lässt und dabei das Gespräch mit dem Vorgesetzten sucht oder Dinge gern selbst entscheidet (selbstverständlich in einem vorgegebenen Rahmen) und lieber für sich ist.

Insbesondere muss er die unbewussten Motive (soweit dies herauszufinden möglich ist) ebenso wie die bewussten Ziele erfragen und die spezifische Belohnungsstruktur identifizieren. All dies dient dazu, den Mitarbeiter dazu zu bringen, in der neuen Aufgabe eine Chance zu sehen, sich zu verwirklichen (soweit man das im Betrieb kann), und dem Mitarbeiter diejenigen Belohnungen zu liefern, die er für eine kreative Tätigkeit benötigt. Das kann bei jedem völlig anders ausfallen, aber nur so erreicht man das Ziel der gewünschten Veränderung des Verhaltens der Mitarbeiter.

Es dauert zudem lange, und man kann nicht erst damit beginnen, wenn die Veränderungen aktuell notwendig werden. Dann

Dritte Strategie: Orientierung an der Persönlichkeit   295

hat man meist keine Zeit, die Mitarbeiter ausführlich zu studieren – das muss lange Zeit vorher passiert sein. Auf einer Personalführungsveranstaltung, auf der ich hierüber sprach, meinte ein Teilnehmer (Abteilungsleiter eines größeren Unternehmens): »Dann muss ich ja einen beträchtlichen Teil meiner Zeit damit zubringen, mit meinen Leuten zu reden!« Er meinte das eher verwerfend, und ich antwortete ihm: »Genau das müssen Sie tun!«. Die große Kunst solcher Unterredungen besteht im Mittelweg zwischen bloßen Befehlsmitteilungen und gönner- oder gar kumpelhaften Gesprächen, die meist nur der Selbstdarstellung oder Entlastung des Vorgesetzten dienen. Ebenso unwirksam ist die Vorgehensweise »Na, dann erzählen Sie mal, was Sie auf dem Herzen haben«.

Die Alarmglocken müssen bei den Mitarbeitern schrillen, wenn der Chef sie zu »offener Kritik« an seiner Person bzw. seinen Maßnahmen auffordert (»Wissen Sie, wir sollten ganz offen über die gegenwärtige Situation und auch mein Verhalten reden. Niemand ist schließlich vollkommen!«). Im Normalfall ist der Vorgesetzte gar nicht an einer solchen Kritik interessiert, sondern ist dazu von seinem Chef oder einer Consulting-Firma verdonnert worden. Dies wird der Mitarbeiter schnell herausfinden und sich mit der Kritik hinter dem Berg halten. Ist er aber so unvorsichtig und kritisiert – gleichgültig ob höflich oder unhöflich – seinen Chef, der ihn ja dazu aufgefordert hat, so wird dieser ihm dies übel nehmen, und zwar umso mehr, je berechtigter die Kritik ist (und je höflicher sie vorgebracht wurde).

Der Vorgesetzte (der ja eigentlich Zustimmung und keine Kritik hören will) wird sich für dieses Verhalten bei nächster Gelegenheit in der einen oder anderen Form rächen. Selbst wenn der Vorgesetzte ein wirklich toleranter Mensch ist, wird er sich zwar die Kritik anhören und sich sagen: »Er hat ja Recht! Das muss ich bei mir abstellen!«, aber sein unbewusstes Selbst wird dennoch verletzt sein und in eigener Weise auf Rache sinnen – zum Beispiel in einer Entscheidungssituation den Mitarbeiter ein wenig negativer einschätzen (»Ich bin mir nicht ganz sicher, ob ich ihm den Job anvertrauen kann«). Kritik erträgt man nur durch lange Übung und aufgrund eines stabilen und zugleich nicht zur Selbstüberschätzung neigenden Selbst. Das haben nicht alle Vorgesetzten – und deshalb sollte man von regelmäßigen »kritischen Aussprachen« die Finger lassen. Sie ebnen in aller Regel nicht den Weg zu positiven Veränderungen, weder beim Chef noch bei den Mitarbeitern.

Der Vorgesetzte – eine Frage des Vertrauens

Kenntnisse über die Persönlichkeits- und Belohnungsstruktur des Mitarbeiters sind nur eine, wenngleich wichtige Voraussetzung, damit längerfristige und kreative Veränderungen beim Mitarbeiter stattfinden. Weitere wichtige Voraussetzungen sind das Verhalten und die »Ausstrahlung« des Vorgesetzten selbst.

Ich habe im achten Kapitel bereits davon berichtet, dass der wichtigste Teil unseres Einflusses auf andere Personen über nichtsprachliche Kommunikation bzw. Signale abläuft. Entscheidend ist – so sagen uns alle Menschenkenner – nicht so sehr, was wir sagen, sondern *wie* wir es sagen, und damit meinen wir den affektiv-emotionalen Kontext des Sprechens, der über Mimik, Gestik, Stimmtönung, Körperhaltung und auch Geruch abläuft.

Letzteres erscheint befremdlich, denn wir bevorzugen im Allgemeinen einen »neutralen« Körpergeruch. Der Ausdruck »sich gut riechen können« wird heutzutage (und im Gegensatz zu früheren Zeiten) meist nur im übertragenen Sinne gebraucht. Als Menschenaffen und im Gegensatz zu den meisten anderen Säugetieren verfügen wir über keinen besonders ausgeprägten Geruchssinn, aber für soziale Gerüche (Pheromone) sind wir dennoch empfänglich. Allerdings merken wir meist nichts davon, denn ihre Verarbeitung durch das akzessorische olfaktorische System und die corticomediale Amygdala geschieht unbewusst (es sei denn, der Körpergeruch ist wirklich penetrant). Solche Pheromone signalisieren ziemlich verlässlich die innere Verfasstheit einer Person, also Friedfertigkeit, Zuneigung, Freude,

Furcht/Angst, Aggressivität usw., wir nehmen dies aber nur ganz summarisch als »sympathisch« oder »unsympathisch« war. Unsere Verhaltensweisen werden dennoch über die Amygdala durchaus differenziert gesteuert.

Andere nichtverbale Kommunikationssignale sind uns bewusster. Hierzu gehören der Blickkontakt, vor allem seine Länge, und die begleitende Mimik, d.h. die Augenbrauen-, Augenwinkel-, Stirnmuskel- und Mundwinkelstellung. Das Vermeiden des Blickkontakts ist immer ein kommunikatives Alarmsignal und deutet Ausweichen, Unterlegenheit, Verunsicherung oder Verachtung an. Ein langer Blick sagt ebenfalls viel aus, natürlich etwas ganz Unterschiedliches in Zusammenhang mit den anderen mimischen Signalen, zum Beispiel Drohen, Verachtung, Hilfesuchen, Freundlichkeit, Freundschaft, Liebe/Verliebtsein. Im persönlichen Gespräch zwischen Vorgesetztem und Mitarbeiter darf der Blickkontakt nicht zu kurz und nicht zu lang sein – wie lang, das ist kulturell sehr verschieden. In jedem Fall ist ein solcher kommunikativer Blick meist eine Frage von Sekunden.

Zu den mimischen Signalen kommen die Gestik, die Kopf- und Körperhaltung, vornehmlich auch die Schulterhaltung. Auch hier kommt es auf Zentimeter an, die zwischen Dominanz, Bedrohung, Unsicherheit, Gelassenheit und Entgegenkommen unterscheiden lassen. Dasselbe gilt für die Art, wie wir jemandem die Hand geben, ob mit vertikaler Handstellung auf gleicher Höhe oder mit dem Handrücken nach oben und »von oben herab«, ob der Händedruck fest, kraftlos, trocken oder feucht ist. Ich habe einen Kollegen in einflussreicher Stellung, der hoch gewachsen ist und den anderen Personen immer mit dem Handrücken nach oben und von oben herab die Hand gibt und dadurch spontan aversive Gefühle hervorruft, obwohl er sich ansonsten freundlich gibt. Wahrscheinlich sind ihm dieses Verhalten und diese Wirkung überhaupt nicht bewusst.

Die Persönlichkeit kommt über diese genannten Signale zum Ausdruck – das ist eine Alltagsweisheit. Aber diese Signale drücken auch den Grad an *Vertrauenswürdigkeit* aus. Es gibt eine typische Stellung der Augenbrauen, der Augenwinkel und der Mundwinkel kombiniert mit einer bestimmten Gestik und Körperhaltung, die mitteilt: »Du kannst mir vertrauen! Auf das, was ich sage, kannst du dich verlassen, ich meine es ehrlich!«. Andere Kombinationen, besonders eine bestimmte Kombination von Augenwinkel- und Mundwinkelstellung (das so genannte »amerikanische Lächeln«) rufen dagegen den Eindruck hervor: »Ich meine es nicht ehrlich!«. Charakteristischerweise kann der Betroffene dies nicht kontrollieren, es sei denn, er ist ein vollendeter Schauspieler oder Demagoge. Ich erinnere mich an einen amerikanischen Kollegen, der (zumindest als Student und junger Wissenschaftler) die Zungenspitze in einen Mundwinkel steckte, wenn er schwindelte (jeder im Institut wusste das, nur er nicht!). Manche Personen signalisieren »Ich fühle mich sehr gestresst«, indem sie ihre Zunge in eine Backe bohren – auch dies geschieht meist völlig unbewusst.

Glaubwürdigkeit wird sprichwörtlich »ausgestrahlt«, ebenso wie Unglaubwürdigkeit, und dies bedeutet, dass wir sie überhaupt nur als diffuse Signale bewusst wahrnehmen. Sie nehmen dann ihren Weg zur Amygdala entweder direkt über den Thalamus ohne Einbeziehung der Großhirnrinde, oder die rechtshemisphärischen Mimik- und Gestik-Areale teilen ähnlich »globale« Nachrichten mit. Wir erfahren sie sozusagen nebenbei, während wir uns mit einer Person unterhalten. Dies konnte vor einigen Jahren eindrucksvoll von amerikanischen und britischen Kollegen (Adolphs et. al, 1999; Winston et al., 2002) mithilfe der funktionellen Kernspintomographie gezeigt werden. Während Versuchspersonen die Gesichter führender amerikanischer Politiker betrachteten, wurde eine Gruppe gebeten, deren Glaubwürdigkeit einzuschätzen, und die andere Gruppe, deren Alter abzuschätzen. Im ersten Fall wurde die Amygdala von denjenigen Gesichtern stark aktiviert, die als wenig vertrauenswürdig eingestuft wurden, im zweiten Fall war die Amygdala bei denselben Gesichtern aktiv, obwohl hierbei gar nicht die Glaubwürdigkeit, sondern das Lebensalter der dargestellten Personen abgefragt wurde. Die Amygdala verrichtete dabei also automatisch ihre Arbeit.

Diese und viele andere Untersuchungen machen deutlich, dass wir bei jeder Begegnung unbewusst Signale über unsere inneren Zustände und unsere Glaubwürdigkeit ausstrahlen, und dass wir ebenso unbewusst solche Signale registrieren und bewerten – d. h. das limbische System tut dies. Diese Signale der Glaubwürdigkeit und Aufrichtigkeit sind die wichtigsten Komponenten einer Kommunikation, denn sie dringen in diejenige Ebene ein, die für die Verhaltenssteuerung die wichtigste ist, nämlich die mittlere (und zum Teil untere) limbische Ebene. All dies läuft natürlich bei jeder Begegnung zwischen Vorgesetztem und Mitarbeiter ab, und zwar meist intensiver, als es sonst der Fall ist, denn hier kann viel mehr schief gehen.

Mit anderen Worten: Wenn eine Person als Vorgesetzter oder auch als Privatmensch jemanden dazu bringen will, sein Verhalten so zu ändern, wie die Person es will, so ist dies vor allem anderen eine Frage der eigenen Vertrauenswürdigkeit.

Der Vorgesetzte als Vorbild

Neben den nichtverbalen Kommunikationssignalen »Glaubwürdigkeit« und »Aufrichtigkeit« ist das *vorbildliche Verhalten* des Vorgesetzten das Wichtigste, um bei Mitarbeitern den Boden für Veränderungen vorzubereiten. Kurz und knapp: Der Vorgesetzte muss ein Vorbild in all dem sein, was er von seinen Mitarbeitern fordert. Das ist so einfach, dass man sich fast schämt, es auszusprechen, aber in vielen Fällen wird dieses Postulat dennoch nicht beachtet. Hierbei geht es nicht nur um Primärtugenden wie Gerechtigkeit, Mut und Mäßigung, sondern insbesondere auch um die vieldiskutierten Sekundärtugenden wie Höflichkeit, Fleiß, Disziplin, Pflichtbewusstsein, Pünktlichkeit, Zuverlässigkeit, Gewissenhaftigkeit und Ordnungssinn.

Das hört sich sehr idealistisch an, ist aber ganz pragmatisch gemeint. Die Kernfrage für den Mitarbeiter lautet ja: »Warum soll ich ihm vertrauen? Was in seinem Verhalten sagt mir, dass er hinter dem steht, was er von mir fordert?« Diese Frage wird beim Mitarbeiter nicht auf der Ebene des rationalen Bewusstseins, sondern des diffusen Gefühls der Glaubwürdigkeit und Verlässlichkeit des Chefs oder auf der unbewussten Ebene entschieden.

Die Grundbotschaft an den Mitarbeiter muss lauten: »Ich nehme mir Zeit, dich kennen zu lernen, dir die Sache zu erklären, einzelne Schritte detailliert durchzugehen, deinen individuellen Vorteil erkennen zu lassen. Ich will, dass du deine Möglichkeiten kreativ einsetzt oder gar erweiterst – es wird sich für uns beide lohnen. Ich bin glaubwürdig, ich will dir ein Vorbild sein.«

Wie gehe ich mit den unterschiedlichen Typen von Mitarbeitern um?

Es gibt fünf Typen von Mitarbeitern: (1) Die leistungsfähigen Selbständigen, (2) die weniger leistungsfähigen Willigen, (3) die Faulen, (4) die Widerspenstigen und (5) die Oppositionellen vom Dienst. Bei den Selbständigen besteht nur die Gefahr, dass sie zu selbständig werden. Man muss klare Absprachen treffen, auf Risiken hinweisen, regelmäßige Treffen und regelmäßige Kontrollen vereinbaren. Ansonsten sollte man sie innerhalb klarer Vorgaben das machen lassen, was sie bisher sehr gut getan haben. Das stellt den Vorgesetzten manchmal auf eine harte Geduldsprobe. Die leistungsschwächeren Willigen und Bemühten benötigen unsere besondere Hilfe. Bei ihnen stellt sich meist heraus, dass sie am falschen Platz sind. Mithilfe eines Experten müssen dann die wahren Begabungen und Eignungen identifiziert werden – an Motivation fehlt es ihnen ja nicht. Die faulen Mitarbeiter sind faul entweder aufgrund ihres Temperaments oder aufgrund fehlender Motivation. Diese Frage muss man klären, und eventuell wird man durch eine richtige Motivation eine Überraschung erleben. Ansonsten muss man sich von ihnen trennen. Die Widerspenstigen könnten ebenfalls Motivationsprobleme haben, denen man nachgehen muss. Widerspenstiges Verhalten oder Verweigerung sind häufig ein Signal an den Vorgesetzten, »Ich brauche deine Hilfe!«

Von den Oppositionellen vom Dienst, den Querulanten und Intriganten muss man sich radikal trennen. Sie ernst zu nehmen oder ihnen gar nachzugeben wäre genau das falsche Signal, und zwar für diese Personen selbst. Sie beschweren sich ja nicht um einer Sache willen, sondern aus einer tiefen Unsicherheit und Verzweiflung heraus, die im Querulantentum ihren Ausdruck findet. Das Hintertreiben und Intrigieren macht ihnen ja Spaß; gibt man ihnen Recht bzw. nach, so müssen sie sich einen neuen Beschwerdegrund finden, und darin werden sie sicher bald erfolgreich sein. Allerdings sind Widerspenstige und Querulanten nicht immer auf den ersten Blick gut zu unterscheiden. Das merkt man erst, wenn man das erste Abmahnungsgespräch geführt hat. Der Querulant wird überhaupt keine Einsicht zeigen, und der Intrigant wird einem sagen, man habe keine Ahnung, was alles hinter dem eigenen Rücken im Betrieb so ablaufe, und sie werden beginnen, andere anzuschwärzen. Da hilft nur die Kündigung oder eine Auflösung des Beschäftigungsverhältnisses im gegenseitigen Einvernehmen und der Zahlung einer manchmal beträchtlichen Abfindung. Beim Widerspenstigen wird man dagegen manchmal Ansätze zu einer Motivation und damit zur Besserung finden.

Wie aber motiviert man den Faulen und den Widerspenstigen? Man macht zuerst das, was weiter oben beschrieben wurde, d. h. man analysiert über einige Zeit ihre Persönlichkeits- und Belohnungsstruktur und versucht herauszukriegen, warum es bei ihnen nicht läuft. Nachdem man dies geschafft hat, kommt es darauf an, sie motivational aufzubauen.

Dies geschieht in kleinen Belohnungsschritten genau nach der Strategie, wie wir sie in Kapitel 10 gehört haben: Man belohnt zu Beginn häufiger kleine positive Veränderungen, damit die Betroffenen langsam in die Gänge kommen, dann belohnt man

302 14 Was können wir tun, um andere zu ändern?

größere Abläufe (diese Prozedur nennt man in der Lernpsychologie »Shaping«). Dann verabreicht man die Belohnung seltener und variabler, bis schließlich sehr gelegentliche und sehr unterschiedliche Motivationsmaßnahmen genügen, um ein hohes Leistungsniveau zu halten. Schließlich kann man idealerweise auf das Belohnen ganz verzichten. Das geht beim Faulen natürlich nur, wenn er nicht vom Temperament her faul ist, sondern un-motiviert war, und beim Widerspenstigen entsprechend nur, wenn er nicht doch ein habitueller Widerspenstiger, d.h. ein Querulant ist.

Ziel der Motivation durch den Vorgesetzten ist immer das Erreichen eines Niveaus, auf dem eine zusätzliche Belohnung nicht mehr nötig ist, weil beim Mitarbeiter der Zustand der *Selbst-Motivation* erreicht ist. Der beste Mitarbeiter ist bekanntlich derjenige, der ohne besondere Belohnung seine Arbeit qualifiziert und mit Freude erledigt. Das klingt trivialer, als es ist, und hat mit der Selbstbelohnung von Tätigkeiten zu tun, die einem »gut von der Hand gehen«. Solche Mitarbeiter sind *selbstwirksam* im Sinne von Bandura – sie wissen, was sie können, setzen sich realistische Ziele, kontrollieren eigenständig den Erfolg ihrer Tätigkeit, ertragen Kritik und zeigen eine positive Grundstimmung.

Wir erkennen also: Der Vorgesetzte kann mit großem psychologischen Geschick Mitarbeiter dazu bringen, Selbstwirksamkeit zu erreichen. Die ersten Schritte dazu kann er anleiten, dann ist der Mitarbeiter selbst am Zuge, d.h. er muss lernen, sich selbst zu motivieren. Ob dies gelingt, ist eine offene Frage. Daran erweist sich wieder einmal, dass man Mitarbeiter wie alle Mitmenschen nur in engen Grenzen ändern kann, wenn man ihre Persönlichkeit respektiert und keine Gehirnwäsche durchführt.

KAPITEL 15

Möglichkeiten und Grenzen
der Selbstveränderung

Im dreizehnten Kapitel habe ich beschrieben, warum Selbsterkenntnis schwer ist. Viel schwerer ist es, sich selbst zu ändern. Manche Menschen sagen, dass es eine Selbstveränderung »ganz aus sich heraus« gar nicht gibt und man zumindest einen erheblichen Anlass oder besser die Hilfestellung von Mitmenschen benötigt, z. B. eines guten Freundes, des Lebenspartners oder eines Therapeuten. Dennoch gibt es in meinen Augen die Möglichkeit zur Selbstveränderung – ja sie ist der Angelpunkt, an dem jede Veränderung durch andere ansetzen muss, wie wir gehört haben. Jede Motivation von außen ist nur dann langfristig wirksam, wenn sie zur *Selbstmotivation* wird, und jede externe Belohnung muss schließlich zur *Selbstbelohnung* werden.

Zugleich kann sich Selbstveränderung bis auf Ausnahmen, auf die ich gleich zu sprechen komme, nur auf begrenzte Abänderungen der persönlichen Lebensführung beziehen, nicht auf große Charakterumbrüche. Vielmehr machen wir alle, wenn wir ehrlich sind, die Erfahrung, dass wir »nicht aus unserer Haut können«. Die Gründe für die Tatsache, dass wir uns nicht aus bewusster eigener Kraft grundlegend ändern können, sind nicht trivial. Man könnte nämlich meinen, dass wir gerade in Hinblick auf uns selbst größere Macht haben als andere. Wenn andere uns sagen: »Du musst das jetzt so und so machen!«, dann können wir uns zumindest im Prinzip dem verweigern, und zwar entweder offen oder durch stumme Verweigerung. Wenn wir das zu uns selbst sagen, wie können wir uns selbst verweigern?

Hier aber liegt gerade das Problem. Was sich in letzter Instanz

304 15 Möglichkeiten und Grenzen der Selbstveränderung

dem äußeren Einfluss entgegensetzt, ist nicht mein bewusster Wille, sondern mein unbewusstes Selbst auf der unteren und mittleren limbischen Ebene. Dies ist diejenige Instanz, die sich dem Einfluss von außen fügen muss, falls es überhaupt zu Veränderungen kommen kann. Wir haben gehört, dass dies im Wesentlichen nur nichtrational und nichtverbal wirken kann, durch Glaubwürdigkeit, Vorbild und Einfühlsamkeit und über entsprechende Belohnungsstrategien. Wie aber soll dies bei und in mir selbst funktionieren? Wie soll ich mir selbst gegenüber glaubwürdig, vorbildlich und einfühlsam sein, um mein unbewusstes Selbst zu Änderungen zu bewegen (so als ob ich mein eigener Vorgesetzter wäre)? Vielmehr ist es genau umgehrt: Ich bin auf bewusster Ebene und in meinem Verhalten glaubwürdig, vorbildlich und einfühlsam, weil meine unbewussten Ebenen mich dazu gemacht haben. Entsprechend erlebe ich genau diejenigen beschränkten Einwirkungsmöglichkeiten, die seit jeher im Rahmen der bewussten Kontrolle meiner Impulse, Gefühle, Motive und Ziele bestehen.

Tiefgreifende Persönlichkeitsveränderungen und ihre Ursachen

Bevor wir diesen Gedanken weiter verfolgen, müssen wir uns noch mit einer möglichen Kritik auseinander setzen. Immerhin behaupten einige Personen, sie hätten sich aus den und den Gründen radikal verändert. Gelegentlich stellen wir fest: »Der ist ja ein ganz anderer Mensch, seit dies und dies passiert ist« (meist eine Lebenskrise, eine große berufliche Herausforderung oder eine neue Partnerschaft). Und schließlich gibt es in den Lebensgeschichten »großer« Menschen oft Sprünge in Form von großen Entschlüssen, Bekehrungen, Erleuchtungen und Erweckungserlebnissen.

Erweckungserlebnisse und Spontanbekehrungen, so gern sie in (Auto-)Biographien dargestellt werden, sind aber mit großer Skepsis zu betrachten, denn sie befinden sich immer in der Nähe

Tiefgreifende Persönlichkeitsveränderungen **305**

von (psycho-)pathologischen Zuständen. Oft haben sie hirnorganische Grundlagen. Viele Menschen, die Offenbarungen und Erweckungserlebnisse religiöser Art hatten, waren Epileptiker; der berühmteste unter ihnen war der Apostel Paulus, und sein Damaskus-Erlebnis, bei dem er vom Saulus zum Paulus wurde, war mit ziemlicher Sicherheit ein »Grand mal«, d. h. ein starker epileptischer Anfall mit Halluzinationen.

Es gibt den typischen Befund einer »Temporallappen-Epilepsie«, einer epileptischen Erkrankung meist des rechtshemisphärischen Temporallappens. Störungen und Verletzungen des Temporallappens können allgemein zu tief greifenden Persönlichkeitsstörungen führen. Zu den Folgen von Beeinträchtigungen des rechten Temporallappens gehören die Ausbildung einer pedantischen Sprache, Egozentrik, das Beharren auf persönlichen Problemen im Gespräch, paranoide Züge, eine Neigung zu aggressiven Ausbrüchen und eine Überbeschäftigung mit religiösen Problemen. Menschen mit einer Temporallappenepilepsie können Erweckungs- und Erleuchtungserlebnisse haben, vom Saulus zum Paulus werden, der Welt entsagen und so weiter. Viele fromme Erzählungen innerhalb und außerhalb der heiligen Schriften des Christentums und anderer, auf Offenbarung beruhender Religionen über spirituelle Zustände heiliger Männer und Frauen ähneln stark diesen neuropsychologischen Befunden.

Der wahrscheinliche Grund hierfür ist in der Tatsache zu suchen, dass direkt unter dem mittleren und unteren Temporallappen der Hippocampus und die ihn umgebende Rinde als Organisatoren unseres bewusstseinsfähigen Gedächtnisses sowie die Amygdala als Entstehungsort von Gefühlen und Affekten liegen. Bei Reizung oder Schädigung des mittleren und unteren Temporallappens sind diese Zentren unweigerlich mitbetroffen. Ein anderer Anlass sind starke sensorische Entzugszustände, wie sie nach langem Aufenthalt in der Wüste (man denke an Jesus in der Wüste, wie er vom Teufel versucht wird, oder an den heiligen Antonius und seinen Versuchungen ebenfalls in der Wüste)

15 Möglichkeiten und Grenzen der Selbstveränderung

oder einem ähnlichen isolierten Ort auftreten, oder nach langem Fasten.

Religiöse oder mystische Erweckungs- und Erleuchtungserlebnisse haben in ganz unterschiedlichen Religionen häufig denselben Verlauf oder Inhalt. Typischerweise geht es um das Erscheinen einer Gestalt, umgeben von hellem Licht (Gott, Jesus, die Jungfrau Maria/Mutter Gottes, Engel oder Propheten bzw. Heilige), die dann mit sehr eindrucksvoller Stimme mehr oder weniger konkrete Botschaften verkündet und zu deren Niederschrift und Verbreitung aufruft. Auch kommt es häufiger zu Einblicken in das Paradies bzw. das Jenseits, die Hölle oder die Zukunft und zu entsprechend angenehmen oder Furcht erregenden Ereignissen. Schließlich gibt es das Stimmenhören (wie beim heiligen Augustinus das »Nimm und lies!«) oder die plötzliche Einsicht oder Berufung – man denke an die Berufung des heiligen Franziskus. In den meisten Fällen kommt es anschließend zu einem radikalen Wechsel in der Lebensführung.

Solche Ereignisse sind, wenn sie nicht direkt hirnorganische Ursachen haben wie bei der Epilepsie, in der Regel verbunden mit einer überstandenen Lebensgefahr, schweren Krankheit oder sonstigen Lebenskrise oder Katastrophe (Krieg oder Unfall). Dasselbe geschieht im Übrigen bei einer »Gehirnwäsche«, die meist aus starker sensorischer Isolation, einer radikalen Änderung des Tagesablaufs, völliger Abhängigkeit von Dritten (wann das Essen gebracht wird, wann man schlafen und sich waschen darf), Demütigung und der ständigen Furcht vor dem Drangsaliertwerden besteht, meist verbunden mit der Aussicht auf Besserung, wenn man nur Reue und Unterwerfung zeigt. Es handelt sich in all diesen Fällen um starke emotionale Einwirkungen, welche die mittlere limbische Ebene »weich machen« und somit für tief greifende Persönlichkeitsveränderungen vorbereiten sollen.

Menschen können sich also tief greifend ändern, aber hierbei sind immer ein starker externer Auslöser oder eine besondere affektiv-emotionale Situation nötig. Eigentlich werden sie auch hierbei eher geändert, als dass sie sich »von selbst« ändern – sie beschreiben dies nur nicht so. Zudem reagieren keineswegs alle Menschen mit langfristigen Persönlichkeitsveränderungen auf solche dramatischen Situationen. Es ist eher so, dass – wie wir in Kapitel 9 gehört haben – die Mehrzahl nach einiger Zeit zu ihrer ursprünglichen Lebenshaltung und -führung zurückkehrt. Dies stimmt überdies mit der Erfahrung in der Psychotrauma-Therapie überein, die lautet, dass ein Drittel derer, die schwer belastende Ereignisse erfahren haben (meist Katastrophen, Kriegsereignisse oder brutale Vergewaltigungen und sonstige Misshandlungen), keinerlei Symptome einer posttraumatischen Belastungsstörung (PTSD) zeigen, ein weiteres Drittel nur vorübergehende Symptome und nur ein Drittel lang anhaltende PTSD-Symptome entwickelt. Von diesen sind wiederum ein Drittel gut, ein zweites Drittel nur schwer und ein drittes Drittel nicht psychotherapeutisch erfolgreich behandelbar (vgl. dazu Sachsse und Roth, 2007).

Selbstveränderung in der Partnerbeziehung

Wenn wir einmal von den geschilderten dramatischen Umbrüchen in Persönlichkeit und Lebensführung absehen, so halten sich die Möglichkeiten, das eigene Leben zu ändern, in engen Grenzen. Klar ist, dass niemand sich ändert, nur weil er sich jetzt das Kommando gibt: »Ändre dich!«. Das wird zwar von Philosophen und Dichtern beschworen, ist aber unsinnig. Wenn ich morgens noch sehr müde im Bett liege, kann ich mir ganz fest das Kommando geben: »Du stehst jetzt auf!« – aber nichts passiert. Ich stehe stattdessen dann auf, wenn meine bewussten und unbewussten Motive dies sagen und nicht bloß mein Mund und meine linke Großhirnhemisphäre, bzw. wenn es wirklich bedrohlich spät ist. Ebenso wenig wirkt die bloße Einsicht in die Notwendigkeit einer Veränderung. Diese ist meist längst da, aber es geschieht nichts – aus demselben Grund wie beim vorherigen Beispiel, denn an diese Einsicht koppeln sich keine

308 15 Möglichkeiten und Grenzen der Selbstveränderung

Motive, die von der Veränderung einen beträchtlichen Vorteil erwarten. Typischerweise heißt es dann: »Ich will zwar, aber ich kann nicht!«.

In Hinblick auf die Selbstveränderung per großer Willensanstrengung gibt es einen bemerkenswerten Grad an Selbsttäuschung. Zwar nehmen die meisten Mitmenschen in diesem Zusammenhang einen durchaus realistischen Standpunkt ein und sagen von sich, dass sie sich über die Jahre und Jahrzehnte wohl eher wenig geändert haben, aber manche glauben offenbar selbst, dass sie bei dieser oder jener Gelegenheit »ein anderer Mensch« geworden sind. Meist stimmt dies aber nicht mit der Einschätzung dieser Personen durch andere überein.

Eine Ausnahme bilden allerdings die Fälle, in denen eine neue Partnerbeziehung eingegangen wurde. Natürlich muss man hier die anfängliche Phase der Verliebtheit ausklammern, in der man sich völlig verwandelt fühlt und manchmal tatsächlich Dinge tut, die man zuvor niemals getan hätte. Das aber legt sich schnell. Vielmehr geht es darum, dass man einen langsamen und schwierigen Anpassungsprozess der Gefühle, Motive, Ziele und Gewohnheiten vollzieht, der im Grunde nichts anderes ist als eine wechselseitige instrumentelle Konditionierung mit Bestrafung, Vermeidungslernen, Belohnungsentzug und (hoffentlich) Belohnungen verschiedenster Art. Hinzu kommt oft der Wille, es »diesmal besser zu machen«, der von starken Erinnerungen an frühere gescheiterte Partnerbeziehungen angetrieben wird.

Menschen können sich unter derartigen Bedingungen durchaus ändern, aber die häufige Tatsache des Scheiterns solcher Vorgänge oder der Rückzug in die Resignation zeigt uns, dass es sich hier in der Regel ebenfalls um begrenzte Veränderbarkeit in höchst individuellem Ausmaß handelt. Die Lebensweisheit sagt uns, dass zwei Menschen von ihrer Persönlichkeit her schon vorher zueinander passen müssen, damit sie eine längerfristige harmonische Beziehung zueinander haben können, und dass die Möglichkeit, den anderen den eigenen Vorstellungen gemäß langfristig zu ändern, sehr begrenzt ist. Nach dem ersten Rausch der Gefühle, während dessen man sich besondere Mühe gibt, kehrt man in diejenigen Bahnen zurück, die einem die eigene Persönlichkeit vorschreibt. Diese Bahnen können allerdings weit oder eng gezogen sein, und entsprechend passt man sich dem Partner in einigen Dingen an, oder man tut es nicht, weil man es nicht kann. Der Partner kann beim anderen bisher schlummernde Veränderungsmöglichkeiten realisieren helfen, aber wirklich ändern kann er den anderen nicht.

Selbstmotivation

Selbstmotivation ist dasjenige, was bleibt, wenn man von Erweckungs- und Erleuchtungserlebnissen, stark emotionalisierenden oder traumatisierenden Ereignissen und einer neuen, fordernden Partnerbeziehung absieht (all dies klappt ja nicht mit Sicherheit, wie wir gehört haben). Selbstmotivation ist nötig, wenn ich keinen Spaß mehr an meiner Tätigkeit habe, wenn ich den Sinn dieser Arbeit nicht mehr einsehe, wenn ich glaube, »das alles« nicht mehr zu schaffen.

Hierbei erleben wir deutlich, dass wir in der Tat aus unterschiedlichen motivationalen Ebenen bestehen. Auf der einen Seite will ich etwas fertig bringen, zum Beispiel ein Buch zu Ende schreiben, aber es zieht sich hin, ich kann mich nicht konzentrieren, mir fehlt die nötige Ruhe, ich zweifle, um beim Beispiel zu bleiben, daran, dass es ein gutes Buch wird oder dass sich ein größerer Leserkreis dafür interessieren wird – oder dass es überhaupt sinnvoll ist, über dieses Thema zu schreiben (entweder weil es schon viele solcher Bücher gibt, oder weil es gar nichts Besonderes dazu zu sagen gibt). Meine beiden Bewusstseinsebenen sagen mir: »Streng dich an, du schaffst das schon!«, aber meine unbewussten limbischen Ebenen fürchten den Misserfolg, die Niederlage und üben sich in Vermeidungsverhalten. Dasselbe gilt für das Dasein als älterer Lehrer in einer durchschnittlichen deutschen Schule oder als Abteilungsleiter in einem

310 15 Möglichkeiten und Grenzen der Selbstveränderung

Betrieb, in dem es mehr schlecht als recht läuft oder in dem das Betriebsklima miserabel ist.

Der erste Schritt zur Selbstveränderung ist die Frage: Welche Alternativen habe ich? Konkret: Was passiert, wenn ich das Buch nicht fertig schreibe? Wird das überhaupt jemanden interessieren? Kann ich meinen Lehrerjob an den Nagel hängen? Wenn ja, mit welchen Risiken? Habe ich als Abteilungsleiter anderswo eine Chance? Sollte ich mich innerhalb meines Betriebs verändern? Das Gespräch mit meinem Chef suchen? Habe ich tatsächlich Alternativen, so muss ich mich eventuell zu solchen Schritten durchringen. Ob und wie ich das tue, hängt natürlich vornehmlich von meinem Temperament und meiner Persönlichkeitsstruktur ab. Wenn ich entmutigt bin, bin ich es meist auch in Bezug auf die Veränderung. Ich sitze dann in der Falle zwischen der Notwendigkeit zur Veränderung und der Furcht vor Veränderungen.

Wenn ich diese Alternativen jeweils *nicht* habe und die äußeren Umstände nicht ändern kann, dann muss *ich* mich ändern. Wenn der Verlag dringend auf das Buch wartet (es ist bei den Buchhändlern schon angekündigt!), wenn ich als älterer Lehrer keinen anderen Job mehr finde, aber auch nicht in den Vorruhestand gehen kann, wenn ich als Abteilungsleiter zumindest kurzfristig weder einen neuen Job finden noch mich innerhalb des Betriebs umorientieren kann, dann muss ich an mir arbeiten, *mich selbst motivieren*. Ich bin dann mir gegenüber interessanterweise in derselben Situation wie ein Vorgesetzter gegenüber seinem Mitarbeiter, den er zu ändern trachtet. All das, was dort zwecklos ist, ist auch hier zwecklos, und was dort möglicherweise geht, kann auch hier probiert werden.

Selbstveränderung kann entsprechend auf drei Vorgehensweisen beruhen. Die erste besteht im Nacheifern eines Vorbildes. Ich erfahre, dass irgendjemand, den ich bewundere oder achte, sich in einer ähnlichen Situation befand wie ich und sie meisterte. Viele bedeutende Werke (natürlich auch viele unbedeutende!) wurden unter großen seelischen Mühen vollendet,

Selbstmotivation 311

ganz abgesehen von äußeren Widerständen. Ich bewundere diejenigen großen Dichter, Komponisten und Maler, die für die Schublade bzw. die eigenen vier Wände schufteten, weil ihnen jegliche öffentliche Anerkennung versagt war. Hier kann man sich sagen: »Der hat es geschafft, warum ich nicht?«. Natürlich gehört schon eine gehörige Portion Selbstgewissheit dazu, sich unter diese großen Verkannten zu zählen – aber es hilft gelegentlich!

Die zweite Vorgehensweise besteht darin, sich klare und leuchtende Ziele zu setzen, am besten in Form einprägsamer Bilder: »Genau das will ich erreichen, da will ich hin!«. Es ist wichtig, sich das Ziel, das man erreichen will, bzw. die deutlichen Bilder davon jeden Tag zu wiederholen: »Ich will genau diese Prüfung schaffen, ich will dieses Buch zu Ende schreiben, ich will Abteilungsleiter werden, ich will in diesem Betrieb ganz oben stehen!« Natürlich ist dies typisch für Männer und geht auch nur bei einer bestimmten Persönlichkeitsstruktur, die vom »Machtmotiv« und »Leistungsmotiv« geprägt ist (vgl. Kapitel 11). Man kann sich selbstverständlich auch in die Gegenrichtung bewegen und sich jeden Tag sagen: »Lerne deine Ungeduld beherrschen, lerne Rücksichtnahme, lerne Verzicht, lerne Mäßigung!«, aber das muss wiederum mit ganz konkreten Vorstellungen und Situationen verbunden sein, sonst funktioniert es nicht. Man muss sich entsprechend vornehmen: »Bei der nächsten Auseinandersetzung mit dem Lebenspartner hast du *nicht* das letzte Wort; du verzichtest bei Wortgefechten genau auf die verletzende Äußerung, die du sonst so gern vorbringst.« Oder »du redest deinem Chef nicht wieder nach dem Mund«, »du fährst bewusst langsamer und hältst dich an die Geschwindigkeitsbeschränkungen, obwohl sie lächerlich erscheinen« usw.

Diese Vorgehensweise ist an *Einübung* und *Automatisierung* gebunden. Man muss dabei wenige und möglichst konkrete Situationen auswählen, in denen man die neuen Verhaltensweisen täglich oder sogar mehrmals täglich einüben kann und sich die Ziele und Bilder immer wieder vor Augen hält. Solche Verände-

312   15 Möglichkeiten und Grenzen der Selbstveränderung

rungen werden eben nicht per einmaligen Willensakt, sondern nur durch anhaltende Selbstkonditionierung erreicht.

Die dritte Vorgehensweise ist die der kleinen Schritte kombiniert mit Selbstbelohnung. Anstatt einem großen Ziel nachzueifern, einigt man sich mit sich selbst auf kleine Fortschritte, für die man sich ebenso kleine Selbstbelohnungen ausdenkt. Im Falle des zu Ende zu schreibenden Buches könnte dies heißen: »Jeden Tag zwei Seiten!«, und am Ende einer Woche leistet man sich eine besonders gute Flasche französischen Rotweins. Oder: »Am Samstag werden die liegen gebliebenen Gutachten geschrieben!«, und man darf dann am Sonntag faulenzen (für einen Tag nichts Berufliches zu tun ist für einen gestressten Wissenschaftler schon eine erhebliche Selbstbelohnung). Als Belohnung dafür, dass man sich bei einer Diskussion der Abteilungsleiter nicht wie üblich in den Vordergrund gedrängt hat, kauft man sich einen schönen Bildband. Oder man macht sich einen ganz rigiden Tagesplan, der einem vorschreibt, dass die unangenehmen Dinge – soweit möglich – am Morgen zuerst erledigt werden, dann kommen die angenehmeren.

Natürlich muss man bei dieser Art von Selbstbelohnung genauso vorgehen wie bei Belohnungen allgemein, d.h. man muss die Abstände zwischen den Belohnungen vergrößern (sonst wird man vom vielen Rotwein alkoholkrank, oder der Bücherschrank quillt vor Bildbänden über), man variiert die Art der kleinen Belohnungen (auf keinen Fall große Belohnungen, die führen zur Habituation). Dies tut man, bis diejenigen Dinge, die man zuvor vor sich her geschoben hat, zu Routineangelegenheiten werden. Eine der interessantesten Selbsterfahrungen ist die Tatsache, dass einem Dinge, vor denen einem gegraut hat (z.B. Gutachten zu schreiben), flott von der Hand gehen, nachdem man sie einmal angepackt hat.

Das Grundprinzip besteht darin, emotionale Schwierigkeiten durch Automatisierung und Routinisierung zu beheben. Zu Beginn muss ich mir leuchtende Vorbilder wählen, mir ebenso leuchtende Ziele setzen, mir kleine Belohnungen für kleine Fort-

Selbstmotivation   313

schritte ausdenken, um dann von diesen Starthilfen immer unabhängiger zu werden. Dies wirkt auch bei den depressiven Phasen, die fast jeder von uns gelegentlich erlebt (ich rede nicht von chronischer Depression, bei der man wochenlang buchstäblich »schwarz sieht« und keinerlei Lebenswillen mehr hat. Dies bedarf einer Behandlung durch den Arzt und/oder Psychotherapeuten). Eine sehr gute Medizin gegen Niedergeschlagenheit und Mutlosigkeit ist die tägliche Routine plus kleiner Selbstbelohnungen (sonst macht einen die Routine noch depressiver).

Wir sehen also: Man kann sich durchaus ändern, wenn man in seinen Ansprüchen bescheiden ist und es richtig macht. Man kann es lernen, seine Impulse und seine Ungeduld zu zügeln, sich selbst zu motivieren, Durststrecken zu überstehen, sich selbst zurückzunehmen, selbstgenügsam zu werden, aber auch mehr Ehrgeiz, mehr Ordnung, mehr Pünktlichkeit zu zeigen. Leider funktioniert all das aber nur, wenn die eigene Persönlichkeitsstruktur es zulässt.

KAPITEL 16

Persönlichkeit und Freiheit

In den bisherigen Kapiteln dieses Buches habe ich dargestellt, in welcher Weise Entscheidungen von den überwiegend unbewussten Anteilen der Persönlichkeit gesteuert werden und dass es diese unbewussten Anteile sind, die eine Veränderung des Verhaltens nur in engen Grenzen zulassen und Selbsterkenntnis und Selbstveränderung fast unmöglich machen. Das Goethe-Wort »Werde, der du bist!« erhält durch die neuen Erkenntnisse der Hirnforschung, Psychologie und Psychotherapieforschung über die frühe Verfestigung der Grundzüge unserer Persönlichkeit eine ganz neue Bedeutung. Daraus resultiert die Einsicht, dass der Rahmen der Veränderbarkeit der Menschen schmal ist, und zwar umso schmaler, je substanzieller die Veränderungen sind, um die es geht. Ich habe aber auch gezeigt, dass Veränderungen möglich sind, ja dass man sich sogar selbst verändern kann, wenn man es richtig macht. Substanzielle Veränderungen sind aber nur über starke emotionale oder lang anhaltende Einwirkungen möglich.

In diesem Zusammenhang stellt sich fast zwangsläufig die Frage, wie frei wir in unseren Entscheidungen und unserem Handeln überhaupt sind. Gibt es so etwas wie Willensfreiheit, oder sind wir durch Gene, frühkindliche Prägung und spätere Sozialisation vollkommen determiniert? Diese Frage wird in der einen oder anderen Form diskutiert, seit es Philosophie gibt, und diese Diskussion ist vor einigen Jahren wieder heftig aufgeflammt. Schuld daran waren Experimente, die der amerikanische Neurobiologe Benjamin Libet schon vor über zwanzig Jahren durchgeführt hat und die in zahlreichen Varianten wiederholt wurden, mit ungefähr demselben Ergebnis: Unser Gehirn – so scheint es – entscheidet unbewusst, bevor unser bewusstes Ich glaubt, selbst entscheiden zu können (vgl. Roth, 2003; Pauen und Roth, 2007). Dies hat viele Menschen – Laien wie Experten – beunruhigt und die Frage aufgeworfen: Ist die Existenz von Willensfreiheit damit naturwissenschaftlich widerlegt? Zugleich kommt die Frage auf: Kann man denn eine solche philosophische Frage überhaupt naturwissenschaftlich untersuchen?

Worum geht es überhaupt bei der Debatte um die Willensfreiheit?

Unmittelbarer Ausgang der Diskussion um die Willensfreiheit ist die unbezweifelbare Tatsache, dass wir bei einem bestimmten Typ von Handlungen, die man *Willenshandlungen* oder *Willkürhandlungen* nennt (vgl. Kapitel 7), das Gefühl haben, *frei* zu sein. Dieses Gefühl ist im Wesentlichen durch zwei Inhalte bestimmt: (1) Ich als bewusst denkendes und agierendes Wesen empfinde mich als Träger meines Willens und als Verursacher meiner Handlungen. Dies nennt man das Gefühl der *Autorschaft*. (2) Ich habe den zwingenden Eindruck, ich könnte unter identischen sonstigen Bedingungen auch anders handeln, wenn ich nur (anders) wollte. Dies nennt man in der Philosophie und der Rechtstheorie *Alternativismus*.

Philosophisch gesehen ist dieses Gefühl deshalb interessant, weil es anzudeuten scheint, dass ich mit diesem »freien« Willen die im Naturgeschehen einschließlich der Vorgänge in meinem Körper und Gehirn ansonsten herrschende *naturgesetzliche Kausalität* außer Kraft setzen kann. Nach dieser Kausalität müssen unter identischen Bedingungen Vorgänge identisch ablaufen – eine »Freiheit« im Sinne des Alternativismus kann es daher nicht geben! Willensfreiheit in dem oben definierten Sinne erscheint also unvereinbar, *inkompatibel*, mit einer deterministischen Weltauffassung. Daher nennt man auch die traditionelle Auffassung von Willensfreiheit »Inkompatibilismus«.

Dies könnte man als rein philosophisches Problem betrach-

316 16 Persönlichkeit und Freiheit

ten, denn im Alltag dürfte es uns gleichgültig sein, ob wir tatsächlich frei sind oder uns nur frei *fühlen!* Menschen – so der bereits mehrfach zitierte schottische Philosoph David Hume – fühlen sich frei, *wenn sie tun können, was sie wollen.* Die Bedingtheit ihres Willens spüren sie in aller Regel nicht, es sei denn, jemand litte unter Zwangserkrankungen wie Kontrollzwang, Waschzwang und Zwangsgedanken. Allerdings gibt es einen wichtigen Bereich, in dem dieses Problem eine entscheidende Rolle spielt, nämlich das Strafrecht (und darüber hinausgehend das Rechtssystem überhaupt, zum Beispiel das Vertragsrecht – aber hierauf möchte ich nicht eingehen).

In der Tat stellt der geschilderte alternativistische Begriff von Willensfreiheit eine wesentliche Grundlage unseres Strafrechts dar. Nach weithin akzeptierter Auffassung ist ein Straftäter deshalb schuldig, weil er eine rechtswidrige Tat begangen hat (z. B. indem er etwas gestohlen oder gar jemanden ermordet hat), obwohl er sie auch hätte lassen können, *wenn er dies nur gewollt hätte.* Er hatte die Möglichkeit der freien Wahl zwischen rechtmäßigem und unrechtmäßigem Tun, und er hat sich gegen das Recht und für das Unrecht entschieden. Genau das wird ihm vor Gericht vorgeworfen. Können er oder seine Verteidiger dagegen glaubhaft machen, dass er eine solche freie Wahl nicht hatte (zum Beispiel weil er gar nicht wusste, was er tat, unter Drogen stand oder psychisch krank war bzw. ist), dann kann er auch gar nicht für diese Tat verantwortlich gemacht werden – er ist dann »schuldlos«. Dies ist im § 20 des deutschen Strafgesetzbuches geregelt, der festlegt, dass ein Täter nicht schuldig ist, wenn er unter schweren psychischen Erkrankungen oder einer hirnorganischen Störung leidet. Wichtig ist allerdings, dass die Mehrzahl der von mir in Kapitel 9 genannten Faktoren *nicht* unter § 20 fällt; ganz im Gegenteil wird bei solchen Gewaltstraftätern, z. B. pädophilen Mördern, eine »besondere Schwere der Schuld« festgestellt.

Bei dieser rechtstheoretisch-philosophischen Begründung strafrechtlicher Schuld erkennt man von Seiten der Strafrechts-

Unzulänglichkeiten des Willensfreiheitsbegriffs 317

theoretiker durchaus an, dass wir in unserem Handeln niemals *völlig* frei sind. Ein auf der Grundlage des Alternativismus argumentierender Strafrechtler wird im Zweifelsfalle all die in Kapitel 9 beschriebenen Faktoren berücksichtigen, die jemanden mit hoher Wahrscheinlichkeit zum Gewaltstraftäter machen, also Gene, Hirnentwicklung, frühkindliche Prägung und spätere Sozialisation. Er wird aber darauf bestehen, dass es jenseits und trotz aller motivationalen Determiniertheit einen Bereich gibt, in dem wir tatsächlich frei sind, nämlich den Bereich der moralisch-sittlichen Entscheidungen, wie dies der Begründer des modernen Willensfreiheitsbegriffs, der Philosoph Immanuel Kant ausgeführt hat. Diese Freiheit beruht danach im moralisch-vernünftigen Abwägen der uns möglichen Handlungen und ihrer Konsequenzen im Lichte unseres Rechtsbewusstseins: Es musste dem Straftäter aufgrund seines (einem jeden Menschen angeborenen) Rechtsbewusstseins klar sein, dass Diebstahl oder Mord ein Unrecht darstellen und dass er hierfür – wenn seine Untat entdeckt wird – auch bestraft wird. Trotz dieser Einsicht hat er die Tat begangen, und das macht ihn schuldig.

Die Unzulänglichkeiten des traditionellen Willensfreiheitsbegriffs

Der soeben geschilderte Begriff der Willensfreiheit und der darauf aufbauende strafrechtliche Begriff der Schuld haben schwerwiegende Mängel, die seit langem bekannt sind und entsprechend intensiv in der Philosophie und Strafrechtstheorie diskutiert werden. Der wichtigste Mangel besteht darin, dass niemand sich genau vorstellen kann, wie eine »freie moralisch-rationale Entscheidung« gegen die eigenen Motive, die dem Täter von der herrschenden Strafrechtstheorie als Möglichkeit unterstellt wird, überhaupt aussehen kann. Interessanterweise ist dies auch der Fall, wenn wir die Sicht der Hirnforschung und der empirischen Psychologie ablehnen, dass menschliches Denken und Tun im Rahmen von Naturgesetzen abläuft. Selbst

318 16 Persönlichkeit und Freiheit

wenn wir also annehmen, wir Menschen seien in unseren Entscheidungen »rein geistige Wesen«, so müssten wir doch davon ausgehen, dass es *Motive* sind, die unser Handeln bestimmen, d. h. *psychische Kräfte*. Diese Motive leiten unsere Entscheidungen und unser Handeln, und sie müssen zumindest zum beträchtlichen Teil aus unserer Erfahrung oder Erziehung stammen. Täten sie dies *nicht*, so wäre unser Handeln eben un-motiviert und erschiene zufällig, denn sie hätten mit uns nichts zu tun. Man würde sagen: Warum er das getan hat, weiß ich nicht, ich erkenne dafür keinerlei Motive bzw. Gründe. Würden wir also *völlig unabhängig* von unseren Motiven und damit unabhängig von unserer Erfahrung handeln, dann wären wir auch nicht für unser Handeln verantwortlich.

Als Psychologen, Verhaltensbiologen oder Hirnforscher müssen wir also grundsätzlich von einem *Motivdeterminismus* ausgehen: Es ist in unserer psychischen Realität schwer oder gar nicht vorstellbar, dass wir eine Handlung begehen und andere unterlassen, ohne dass diese Entscheidung auf dem Überwiegen *eines* bestimmten Motivs in einem unterschiedlich großen Komplex von Motiven beruht. Dies gilt zum einen für den Fall, dass wir ohne großes Nachdenken etwas tun – hier ist die Motivlage relativ einfach. Es gilt aber auch für den Fall, dass wir uns lange und sorgfältig überlegen, was wir tun wollen. Hier kommt es zu einem »Kampf der Motive«, und ein bestimmtes Motiv wird aufgrund seiner relativen Stärke gewinnen. Sind zwei Motive genau gleich stark, dann ist das, was ich tue (sofern ich nicht typischerweise nichts tue), rein zufällig. In diesem Sinne kann es außer bloßem Zufall keine un-motivierten Entscheidungen und Handlungen geben. Vielmehr wird gerade angenommen, dass Motive diejenigen psychischen Zustände sind, die meine Handlungen bestimmen.

Es ergibt sich also das scheinbare Paradox, dass uns aus psychologischer Sicht nur dann Handeln als *unser* Handeln zugeschrieben werden kann, wenn es von *unseren Motiven* bestimmt wird, während von der herrschenden Strafrechtstheorie (auf

Kant zurückgehend) das genaue Gegenteil als Grundlage für Willensfreiheit angesehen wird, nämlich die Fähigkeit, sich von der Bedingtheit durch Motive zu befreien. Man könnte nun einwenden, dass es ja nicht um völlig motivloses Handeln geht, sondern wir sollen uns eben nur von *einem* Motiv lenken lassen, nämlich moralisch-rechtstreu zu handeln. Dieses Argument kann man aber leicht zurückweisen: Entweder entstand dieses Motiv der Rechtstreue in mir zufällig und selbst »motiv-los«, dann kann es *mein* Handeln gar nicht bestimmen, oder das Rechtsgewissen ist Produkt meiner Erziehung oder Lebenserfahrung, und dann unterliegt es wie alle Motive den Eigentümlichkeiten meiner Persönlichkeitsentwicklung. Ich kann mich nicht, außer durch rein zufälliges Verhalten (falls es so etwas gibt), außerhalb meiner Persönlichkeit und ihrer Geschichte stellen.

Freiheit und Determinismus

Man könnte nun hieraus den Schluss ziehen, dass es keine Freiheit geben kann, wenn meine Persönlichkeit durch meine Motive und damit durch Gene, Hirnentwicklung, Prägung und Lebenserfahrung determiniert ist. Daher haben einige Philosophen die Alternative formuliert: Ist alles determiniert, so kann es keine Willensfreiheit geben; ist nicht alles determiniert und es gibt also »Lücken« im allgemeinen Determinismus, dann lässt dies Raum für Willensfreiheit. In einem Büchlein, das der Magdeburger Philosoph Michael Pauen und ich unter dem Titel »Freiheit, Schuld und Verantwortung« gerade geschrieben haben, haben wir zu zeigen versucht, dass diese Schlussfolgerung doppelt falsch ist, und unsere Argumentation will ich hier kurz darstellen.

Beginnen wir mit der zweiten Behauptung, nämlich dass »Lücken« im allgemeinen Kausalzusammenhang für Willensfreiheit notwendig sind. Nehmen wir noch einmal an, mein Handeln sei nicht völlig (motiv-)determiniert, sondern lasse

320 16 Persönlichkeit und Freiheit

Lücken zu. Dies könnte in der Weise geschehen, dass ich ein Verbrechen begehen will, weil mich niedere Motive wie Geldgier, Rachsucht, Neid oder sexuelles Begehren kausal dazu treiben. Im letzten Augenblick überkommt mich aber das Rechtsbewusstsein, und ich trete von der Tat zurück. Dieser Akt darf – wie bereits oben argumentiert – *nichts* mit meiner bisherigen Persönlichkeit zu tun haben, denn dann unterläge er deren determinierenden Bedingungen und es gäbe keine Kausallücke. Hat das plötzliche Auftauchen des Rechtsbewusstseins tatsächlich nichts mit meiner bisherigen Persönlichkeit zu tun, dann kann mir dies auch nicht zugeschrieben werden, sondern es handelte sich um reinen Zufall oder höhere Fügung. Ebenso kann ich als Straftäter nichts dafür, dass mir das Rechtsbewusstsein nicht im entscheidenden Augenblick gekommen ist! Der Vorsitzende Richter könnte höchstens sagen: Sie haben eben *Pech* gehabt, dennoch sind Sie schuldig.

Man kann nun leicht zeigen, dass unser Argument gegen die Rechtsbewusstseins-Lücke auch für alle erdenklichen Lücken in meiner Persönlichkeitsentwicklung gilt. Nehmen wir nämlich an, die Lücke träte nicht direkt vor der Tat auf, sondern in dem Augenblick, in dem ich beginne, die Straftat zu planen. Dann würde wegen der Lücke meine gesamte bisherige Persönlichkeitsentwicklung auf die Planung der Straftat keinen zwingenden Einfluss haben, und die Lücke würde in völlig zufälliger Weise meine weitere Handlung bestimmen, d. h. es würde wiederum vom Zufall abhängen, ob ich die Straftat begehe oder nicht. Dasselbe würde für eine Lücke bei oder gar vor meiner Geburt zutreffen. Es gilt also: Ein Begriff von Willensfreiheit, der auf der Annahme einer Kausallücke in meiner Persönlichkeitsentwicklung beruht, ist selbstwidersprüchlich. Kausallücken führen zu zufälligen Variationen unsers Verhaltens, aber nicht zu willensfreiem Handeln.

Dies gilt auch für die Annahme mancher Philosophen und Rechtstheoretiker, ein sorgfältiges Abwägen der verschiedenen Aspekte und Konsequenzen der möglichen Tat würde eine sol-

Freiheit und Determinismus 321

che Kausallücke herstellen. Entweder wäge ich im Rahmen meiner Motive und damit meiner Persönlichkeit ab, dann ist das Abwägen eben durch meine Persönlichkeit bestimmt, oder das Abwägen wird nicht durch sie festgelegt, dann kann es mir auch nicht verantwortlich zugeschrieben werden. Wie wir früher gesehen haben, können wir nur für solche Handlungen moralisch verantwortlich gemacht werden, die aus unserer Persönlichkeit resultieren (das gilt im Übrigen auch für »fahrlässige« Handlungen oder Unterlassungen im Strafrecht; etwas anderes ist allerdings die Frage einer privatrechtlichen Haftung).

Wenden wir uns jetzt dem ersten Argument zu, dem nämlich, wonach es keine Willensfreiheit geben kann, wenn alles determiniert ist, sei es naturgesetzlich-neurobiologisch oder »rein psychisch« (ich lasse offen, ob es Letzteres überhaupt gibt). Überlegen wir zu diesem Zweck, unter welchen Umständen wir mit Recht einer Person unterstellen, willensfrei zu handeln. Dies ist erst einmal der Fall, wenn diese Person keinem äußeren oder inneren Zwang unterliegt (vorgehaltene Pistole, Waschzwang, hirnorganische Störungen usw.). Zum zweiten unterstellen wir dieser Person die Fähigkeit, ihre Entscheidungen zumindest im Prinzip abwägen zu können, selbst wenn sie zu »schnellen Entschlüssen« neigen sollte. Entsprechend sollten ihre Entscheidungen nicht zwanghaft oder automatisch ablaufen. Zugleich aber dürfen die Entscheidungen der Person nicht völlig unvorhersehbar sein, denn dann würden wir ihr unterstellen, dass sie selbst nicht weiß, was sie will. Wir gehen allgemein davon aus, dass zu einer Person charakteristische Entscheidungen gehören, die einerseits irgendwie »frei« und andererseits irgendwie voraussehbar sind.

Wir glauben bei einem langjährigen Freund in etwa vorhersagen zu können, wie er sich entscheiden wird. Wäre dies nicht so, dann wäre alles falsch, was wir bisher über die Persönlichkeitsstruktur eines Menschen gehört haben, denn es geht ja gerade um die *überdauernde* Existenz bestimmter Motive und Verhaltensmuster. Genau dies begründet die relative Verlässlichkeit

322 16 Persönlichkeit und Freiheit

sozialen Verhaltens von Menschen, ohne die – wie David Hume zu Recht feststellte – Gesellschaft nicht möglich wäre. Zugleich würden wir uns sehr wundern, wenn wir das Verhalten unseres Freundes immer exakt vorhersagen könnten. Wir können das nun einmal nicht, und zwar aus unterschiedlichen Gründen. Zum ersten ist ein komplexes System niemals genau vorhersagbar, auch wenn wir alles über es wüssten, was man überhaupt wissen kann. Zum zweiten wissen wir über unseren Freund faktisch niemals alles, was man theoretisch wissen könnte. Und drittens spielen uns unsere eigenen Erwartungen und Vorurteile dabei notwendig einen Streich: Wir können niemals ein objektiver Beobachter und damit idealer »Vorhersager« sein.

Wir kommen zu dem eigentümlichen Schluss, dass für das Zuschreiben von Willensfreiheit eine typische Bandbreite von Vorhersagbarkeit und Nichtvorhersagbarkeit notwendig ist, sonst wird es entweder als zwanghaft oder als völlig zufällig angesehen. Dies geht uns mit unserem eigenen Verhalten auch so: Ich kenne ganz gut meine Dispositionen und Neigungen sowie die Einschränkungen meines Handelns, aber trotzdem erscheint mir mein zukünftiges Handeln nicht bereits *in diesem Moment* festgelegt. Ich kann mir vorstellen, was ich heute Abend machen werde: Ich kann zuhause bleiben und an einem Aufsatz weiterschreiben oder Musik hören, ich kann heute Abend mit meiner Frau ins Kino gehen, oder wir treffen uns mit Freunden zum Abendessen in einem Restaurant. Das alles ist mir physisch, psychisch, zeitlich und finanziell möglich. *Welche* von diesen Möglichkeiten ich später auswählen werde, hängt von Dingen ab, die zum Teil jetzt noch gar nicht feststehen. Zum Beispiel kann es sein, dass meine Frau plötzlich keine Lust mehr hat, ins Kino zu gehen, oder unsere Freunde keine Zeit zum Restaurantbesuch haben. Es kann auch sein, dass ich mich im Abgabetermin für den Aufsatz vertan habe und ich folglich heute Abend unbedingt daran arbeiten muss, damit er übermorgen fertig ist. Meine Zukunft erscheint mir einerseits offen, und zum Teil zumindest hängt das, was heute Abend mit mir passieren wird, *von mir selbst* ab,

d. h. von meiner Willensentscheidung (sogar den Abgabetermin könnte ich einfach ignorieren). Ich kann aber meine eigenen Willensentscheidungen nicht schon jetzt vorhersagen, und diejenigen anderer genauso wenig.

Die Gestaltung des heutigen Abends hängt also von vielen Dingen ab, die ich jetzt noch gar nicht weiß, insbesondere aber von der Tatsache, dass ich die unbewussten Determinanten meiner Willensbildung und die der Willensbildung anderer Personen nicht kenne. Konkret heißt dies: Wenn ich heute Abend um 18 Uhr endlich entscheiden muss, was ich nun im Laufe des Abends tun werde, dann können (und werden) Dinge einen Einfluss haben, derer ich mir nicht bewusst bin. Es mag ein Film laufen, den meine Frau interessant findet, der mich aber irgendwie nicht anspricht. Oder meine Freunde müssen aus Höflichkeit einen Bekannten mit ins Restaurant bringen, der mir irgendwie unsympathisch ist. Vielleicht weiß ich auch gar nicht, ob ich nicht doch dem schlechten Gewissen wegen des früheren Aufsatz-Abgabetermins nachgeben und zuhause bleiben soll.

Ein philosophischer *Inkompatibilist*, der die Determiniertheit all unserer Handlungen für unvereinbar mit der Willensfreiheit hält, wird entgegnen, dass die von mir beschworene Offenheit meiner Entscheidung hinsichtlich des Abends allein darauf zurückzuführen ist, dass ich bestimmte Dinge nicht weiß, die man aber *im Prinzip* wissen kann und die natürlich schon längst festgelegt sind. Durch Gene, Hirnentwicklung, frühkindliche Bindungserfahrung, kindlich-jugendliche Sozialisation und alle späteren Erfahrungen sind mein Verhalten und das aller anderen Personen, die möglicherweise am Ablauf des heutigen Abends beteiligt sind, festgelegt ebenso wie alle Ereignisse, die noch bis heute Abend passieren können (z. B. dass mein Auto kaputt geht). Wenn dies aber so ist, gibt es in Wirklichkeit nichts zu entscheiden, und das Gefühl der Freiheit in mir beruht auf einer Illusion der Unkenntnis. Nur wenn dies *nicht* so ist, d. h. wenn es einen tatsächlichen Freiraum der Entscheidung gibt, kann es Freiheit geben!

324   16 Persönlichkeit und Freiheit

Ein solches pan-deterministisches Szenario impliziert letztlich, dass das Schicksal aller Dinge und Geschehnisse unseres Universums bereits bei dessen Entstehung festgelegt ist. Ob dies aus Sicht der Naturwissenschaften der Realität entspricht, ist unklar. Wir können zwar in Einzelfällen durch quantenphysikalische Experimente nachweisen, dass es den »objektiven Zufall« tatsächlich gibt, aber ob und in welchem Maße solche quantenphysikalischen Zufälligkeiten etwa beim Wetter, bei kosmischen Ereignissen oder im Gehirn des Menschen eine entscheidende Bedeutung haben (d. h. darüber bestimmen, ob ich A oder B tue), ist völlig offen. Ein hinreichend komplexes, aber deterministisch arbeitendes System kann nämlich von einem System, in dem objektive Zufälle vorkommen, nicht verlässlich unterschieden werden. Ja, ich kann sogar ein hinreichend komplexes System, z. B. ein künstliches neuronales Netzwerk, bauen, von dem ich entsprechend *weiß*, dass es keinerlei Zufall kennt, und dennoch bin ich nicht in der Lage, das Verhalten dieses Systems für alle Zeit mit beliebiger Genauigkeit vorherzusagen. Anders ausgedrückt: Aus der Tatsache, dass das Verhalten eines Systems, z. B. eines Menschen, nicht vorhersagbar ist (auch für den Menschen selbst nicht), folgt *überhaupt nicht*, dass es nicht deterministisch funktioniert. Das Umgekehrte gilt natürlich nicht: Wenn ich das Verhalten eines Systems stets präzise vorhersagen kann, so darf ich annehmen, dass es sich um ein deterministisches System handelt.

Es kann also durchaus sein, dass an diesem Nachmittag »objektiv« noch nicht feststeht, was ich tun werde, weil Zufälle hierbei eine wichtige Rolle spielen. Ist damit die Willensfreiheit gerettet? Viele Physiker, Philosophen und Theologen glaubten im Zusammenhang mit der Quantenphysik einen solchen Schluss ziehen zu können: »Sieh da, nicht alles in der Natur ist determiniert! Also kann dies auch in deinem Gehirn so sein! Also ist Willensfreiheit möglich!«

Ein solcher durchaus öfters anzutreffender Schluss ist aber in mehrfacher Hinsicht unzulässig. Erstens ist unklar, ob objektive Zufälle im Gehirn vorkommen (das scheint auf molekularer Ebene möglich zu sein) und – wenn ja – ob sie verhaltensrelevant sind. Man kann eher vermuten, dass sich schon auf mittlerer Komplexitätsebene des Gehirns alle Zufälligkeiten ausmitteln. Schwerer wiegt aber, dass hier Zufall und Willensfreiheit miteinander verwechselt werden! Ein zufälliges Verhalten ist einem Menschen nicht zuzurechnen. Wenn ein Angeklagter nachweisen kann, dass sein Auto plötzlich losfuhr, in eine Menge raste und mehrere Menschen tötete, dann kann er nicht schuldig gesprochen werden (es stellte sich anlässlich solcher Fälle tatsächlich heraus, dass unter besonderen Bedingungen die Autoelektronik sich so »verhielt!«). Vielmehr muss dem Angeklagten bewiesen werden, dass er die Tat bewusst beabsichtigte oder zumindest den Defekt der Autoelektronik kannte und ihn »billigend in Kauf nahm« (er also weiter mit einem solchen gefährlichen Auto herumgefahren ist). Ebenso kann ich nicht schuldig gesprochen werden, wenn ich eindeutig nachweisen kann, dass in Teilen meines Gehirns zufällige Quantenprozesse irgendeinen Prozess »entscheidend« beeinflusst haben.

Willensfreiheit kann nicht auf Zufall aufbauen

Wir kommen damit zum Kern der Argumentation: Willensfreiheit kann nicht auf Zufall beruhen, sondern auf Handeln aufgrund von Motiven und Zielen, die mir bzw. meiner Persönlichkeit zugeschrieben werden können. Regiert der Zufall mein Handeln, so bin ich nicht willensfrei, genauso wenig wie bei äußerem oder innerem Zwang. Das führt zu einer gewissen Einschränkung dessen, was Michael Pauen und ich mit »der Persönlichkeit zuschreibbare Motive und Ziele« meinen. Es dürfen nämlich keine Motive und Ziele sein, die *zwanghaft* wirken. Wenn ich nämlich unter Waschzwang leide, Kleptomane oder krankhaft eifersüchtig bin, dann bin ich in diesem Zusammenhang nicht oder zumindest nur vermindert schuldfähig. Es müs-

326 16 Persönlichkeit und Freiheit

sen Motive und Ziele sein, die mit *variablem Handeln* vereinbar sind.

Ich liebe (hypothetisch!) Filme mit Charlie Chaplin für mein Leben gern, und alle, die mich kennen, werden sagen »Sobald wieder ein Film mit Charlie Chaplin läuft, muss G. R. ihn sich ansehen!« Dennoch ist diese Vernarrtheit nicht so stark, dass ich gar nichts anderes tun kann, als zwanghaft in jeden Chaplin-Film zu gehen, der in der Stadt läuft. Es könnte auch sein, dass ich Sacher-Torte für mein Leben gern esse, aber dennoch bin ich, wenn ich mich richtig zusammenreiße, imstande, einem Stück Sacher-Torte zu widerstehen. Nur wenn ich das nicht mehr kann (der Zigarette, dem Bier, der Droge usw. ausgeliefert bin), dann handle ich zwanghaft und bin nicht mehr frei.

Betrachten wir das eine Beispiel noch einmal genauer: ich liebe (hypothetisch) Sacher-Torte über alles, und ein solches Stück Torte steht vor mir. Ich esse es *nicht*, weil ich (wiederum hypothetisch) Probleme mit meinem Gewicht habe oder weil dieses letzte Stück Torte für den Gast und nicht für mich vorgesehen ist. Es gibt also *gute Gründe*, warum ich mich trotz meiner Gier nach Sacher-Torte dagegen entscheiden kann. Ich trinke (nicht hypothetisch) wie viele Leute abends gern ein Glas Rotwein. Manchmal ist mir aber nicht danach, oder vor vieler Arbeit vergesse ich das Glas Rotwein einfach. Dann stelle ich fest, dass ich auch ganz gut ohne Rotwein leben kann. Vielleicht habe ich schon ein Glas Rotwein getrunken und entscheide mich dagegen, ein weiteres Glas zu trinken.

Das bedeutet: Ich habe die *Option*, das Stück Sacher-Torte zu essen oder auch nicht bzw. ein weiteres Glas Rotwein zu trinken oder auch nicht. Darin besteht ein wichtiger Teil meiner Freiheit. Diese Option habe ich nicht, wenn ich der Torte oder dem Rotwein nicht widerstehen kann. Gleichzeitig ist es aber so, dass – wie auch immer meine Entscheidung ausfällt – diese Entscheidung durch bestimmte innere Motive festgelegt wird. Es ist eben kein Zufall, dass ich das Stück Sacher-Torte vor mir *nicht* esse, weil ich sonst dem Gast das Stück Torte wegessen würde,

Willensfreiheit kann nicht auf Zufall aufbauen 327

und zum Beispiel heute Abend einmal keinen Wein trinke, und sei es nur aus dem Grund, mir zu beweisen, dass ich auch ohne Alkohol einen angenehmen Abend verbringen kann.

In etwas abstrakteren Worten heißt dies: Es bestehen Optionen z. B. hinsichtlich A oder B, weil physische Faktoren außerhalb von mir und psychische Faktoren in mir *sowohl A als auch B zulassen*. Die Tatsache jedoch, dass ich schließlich A und *nicht* B tue, ist in dem Augenblick, in dem ich A tue, determiniert, d. h. alle äußeren und inneren Umstände führen zu A und nicht zu B. In dem Maße, wie bei der Festlegung meiner eigenen Motive eine Rolle spielen und nicht purer Zufall, ist es *meine* Entscheidung. Dies ist übrigens unabhängig davon, ob alle meine Motive und Ziele mir bei der Entscheidung bewusst waren, denn wenn unbewusste und bewusste Motive/Ziele übereinstimmen, d. h. kongruent sind (s. Kapitel 11), dann merke ich das daran, dass ich auch in größerem Abstand meine Entscheidung billige. Gibt es eine solche Kongruenz nicht, dann werde ich das zumindest indirekt an einer zunehmenden Unzufriedenheit oder einem nachlassenden Durchhaltewillen merken.

Dieser Anschauung liegt die Vorstellung des multi-zentrischen Entscheidungsnetzwerkes im Gehirn zugrunde, wie es in Kapitel 7 geschildert wurde. Dieses Netzwerk trifft entlang den Dimensionen bewusst–unbewusst, emotional–rational und egoistisch–sozial seine Entscheidungen, und diese Aktivität benötigt Zeit. Deshalb ist es auch rein logisch nicht statthaft zu sagen, das Resultat stehe schon fest, bevor das Netzwerk seine Entscheidungsarbeit geleistet habe – wenn dem so wäre, brauchte man kein »Entscheidungsnetzwerk«. Mit anderen Worten: Ich weiß erst dann mit Gewissheit, was ich tun werde, wenn ich es tue. Dabei kann es sich bei dem Netzwerk durchaus um ein deterministisch arbeitendes Netzwerk handeln (ob dies im Gehirn wirklich der Fall ist, wissen wir nicht). Es ist genauso, wie wenn jemand sagt: »Ich kann erst entscheiden, wenn ich bestimmte Fakten kenne – vorher kann ich nicht entscheiden!«.

Wir sehen, dass Freiheit nicht durch Kausalitätslücken begründbar ist – diese Lücken würden nur zu zufälligem Verhalten führen. Man mag nun einwenden, dass die Verteidiger des traditionellen Willensfreiheitsbegriffs auch gar keine Kausalitätslücken im quantenphysikalischen Sinne meinen; vielmehr sollen meine Handlungen durch moralisch-logische Gründe gelenkt werden und nicht durch Affekte und Gefühle. Ich soll ja die Möglichkeit besitzen, mich über meine »niederen Antriebe«, die mich etwa zu einer verbrecherischen Tat drängen, hinwegzusetzen, indem ich dem Sittengesetz in mir folge!

Damit geraten wir aber in ein Dilemma: entweder ist das Sittengesetz tief in mir verankert – ich bin seit Kindesbeinen mit bestimmten Moralvorstellungen aufgewachsen, und diese sind mir zur zweiten Natur geworden. Dann handle ich, wenn ich dem Sittengesetz folge, im Einklang mit meinen personalen Motiven, und diese determinieren mich. Oder das Sittengesetz ist *nicht* in meiner Persönlichkeit verankert, dann kann es auch nicht wirken, denn es hat keinen motivationalen Charakter. Ich werde dann höchstens sagen können: »Ja, ich kenne die Zehn Gebote – aber ich handle nicht danach«. Wo Moralvorstellungen nicht in personalen Motiven verankert sind, können sie auch nicht unser Handeln bestimmen.

Willensfreiheit ist ohne Determiniertheit nicht möglich

Wir kommen letztendlich zu dem Schluss, dass Willensfreiheit mit einer Determiniertheit verträglich ist, dass Indeterminiertheit Freiheit niemals steigern kann und dass ein zu hohes Maß an Indetermination (an Zufall) die Freiheit sogar beeinträchtigt. Dies ist nicht in dem fatalen Sinne von »Freiheit ist Einsicht in die Notwendigkeit« gemeint, sondern in dem Sinne, dass mein Handeln durch *meine Motive* bestimmt wird, die wiederum aus meiner Persönlichkeit resultieren. Das ist der Standpunkt des Kompatibilismus. In dem Maße, in dem die Entwicklung meiner Persönlichkeit durch Zufälligkeiten bestimmt ist, nimmt meine Willensfreiheit ab.

Willensfreiheit ohne Determiniertheit nicht möglich   329

Meine Persönlichkeit darf aber nicht *zwanghaft* mein Handeln bestimmen, sondern muss Optionen zulassen. Diese Optionen ergeben sich erstens aus der Vielfalt möglichen Handelns – und die ist bei uns Menschen fast unbegrenzt –, und zweitens daraus, dass mein Gehirn bewusst oder unbewusst Alternativen und ihre Konsequenzen nach ihrer Wünschbarkeit abwägt. Dies tut es je nach meinen Erfahrungen, und so geht hierbei mein Erfahrungsgedächtnis ein, und damit alles, was ich je erlebt habe und mein limbisches System als gut oder schlecht bewertet hat. Dieser Prozess ist der wichtigste in unserer Handlungssteuerung. Er würde nicht funktionieren, wenn hierbei Zufall und motiv-loses Entscheiden eine maßgebliche Rolle spielten.

Literaturzitate und weiterführende Literatur

Kapitel 1

Ainsworth, M. D. S. (1964): »Pattern of Attachment behavior shown by the infant in interaction with his mother«. *Merrill-Palmer Quarterly, 10*: 51–58.

Amelang, M. und D. Bartussek (1997): *Differentielle Psychologie und Persönlichkeitsforschung*, 4. Aufl. Stuttgart, Berlin, Köln: Kohlhammer.

Anand, K. J. S. und F. M. Scalzo (2000): »Can adverse neonatal experiences alter brain development and subsequent behavior?« *Biology of the Neonate*, 77: 69–82.

Asendorpf, J. (2004): *Psychologie der Persönlichkeit*, 3. Aufl. Berlin u. a.: Springer.

Bowlby, J. (1975): *Bindung. Eine Analyse der Mutter-Kind-Beziehung.* München: Kindler.

Bowlby, J. (1976): *Trennung. Psychische Schäden als Folge der Trennung von Mutter und Kind.* München: Kindler.

Buss, A. H. (1989:) »Temperaments and personality traits«. In: Kohnstamm, G. A., Bates, J. E. und M. K. Rothbarth (Hrsg.), *Temperament in Childhood.* Chichester: John Wiley & Sons, S. 49–58.

Buss, A. H. (1991): »The EAS theory of temperament«. In: Strelau, J. und A. Angleitner (Hrsg.), *Explorations in Temperament.* New York: Plenum Press, S. 43–60.

Buss, A. H. und R. Plomin (1984): *Temperament: Early developing personality traits.* London: Lawrence Erlbaum.

Eliot, L. (2001): *Was geht da drinnen vor? Die Gehirnentwicklung in den ersten fünf Lebensjahren.* Berlin: Berlin Verlag.

Main, M. und J. Solomon (1986): »Discovery of a new, insecure-disorganized/disoriented attachment pattern«. In: T. B. Brazelton und M. Yogman (Hrsg.), *Affective Development in Infancy.* Norwood, N. J.: Ablex, S. 95–124.

Literaturzitate und weiterführende Literatur 331

Papoušek, M. und N. von Hofacker (2004): »Klammern, Trotzen, Toben – Störungen der emotionalen Verhaltensregulation des späten Säuglingsalters und Kleinkindalters«. In: M. Papoušek, M. Schieche und H. Wurmser (Hrsg.), *Regulationsstörungen der frühen Kindheit*. Bern: Huber, S. 201–232.

Rothbarth, M. K. (1989): »Temperament and development«. In: G. A. Kohnstamm, J. E. Bates und M. K. Rothbarth (Hrsg.), *Temperament in Childhood*. Chichester: John Wiley & Sons, S. 187–248.

Spitz, R. (1967): *Vom Säugling zum Kleinkind. Naturgeschichte der Mutter-Kind-Beziehung im ersten Lebensjahr*. Stuttgart: Klett-Cotta (12. Aufl. 2005).

Strauß, B., A. Buchheim und H. Kächele (2002): *Klinische Bindungsforschung. Theorien, Methoden, Ergebnisse*. Stuttgart, New York: Schattauer.

Thomas, A. und S. Chess (1980): *Temperament und Entwicklung*. Stuttgart: Enke.

Kapitel 2

Akert, K. (1994): »Limbisches System«. In: D. Drenckhahn und W. Zenker (Hrsg.), *Benninghoff, Anatomie Bd. 2*. München, Wien, Baltimore: Urban und Schwarzenberg, S. 603–627.

Byrne, R. (1995): *The Thinking Ape. Evolutionary Origins of Intelligence*. Oxford University Press.

Creutzfeldt, O. D. (1983): *Cortex Cerebri. Leistung, strukturelle und funktionelle Organisation der Hirnrinde*. Berlin, Heidelberg, New York: Springer.

Dudel, J., R. Menzel und R. F. Schmidt (Hrsg.) (2001): *Neurowissenschaften. Vom Molekül zur Kognition*, 2. Aufl. Springer: Heidelberg.

Kahle, W. (1976): *Taschenatlas der Anatomie für Studium und Praxis. Band 3. Nervensystem und Sinnesorgane*. Stuttgart: Georg Thieme.

Kandel, E. R., J. H. Schwartz und T. M. Jessell (1996): *Neurowissenschaften*. Heidelberg: Spektrum Akademischer Verlag.

Nieuwenhuys, R., J. Voogd und Chr. van Huijzen (1991): *Das Zentralnervensystem des Menschen*. Berlin, Heidelberg, New York: Springer.

Roth, G. und U. Dicke (2005): »Evolution of the brain and intelligence«. *Trends in Cognitive Sciences 9*: 250–257.

Roth, G. und U. Dicke (2005): »Funktionelle Neuroanatomie des limbischen Systems«. In H. Förstl, M. Hautzinger und G. Roth (Hrsg.), *Neurobiologie psychischer Störungen*. Heidelberg: Springer, S. 1–74.

332 Literaturzitate und weiterführende Literatur

Roth, G. und M. F. Wullimann (1996/2001): »Evolution der Nervensysteme und Sinnesorgane«. In: J. Dudel, R. Menzel und R. F. Schmidt (Hrsg.), *Neurowissenschaft. Vom Molekül zur Kognition*. Heidelberg, Berlin: Springer, S. 1–31.

Tomasello, M. (2002): *Die kulturelle Entwicklung des menschlichen Denkens*. Frankfurt am Main: Suhrkamp.

Zilles, K. (2005): »Architektonik und funktionelle Neuroanatomie der Hirnrinde des Menschen«. In: H. Förstl, M. Hautzinger und G. Roth (Hrsg.): *Neurobiologie psychischer Störungen*. Heidelberg: Springer, S. 75–140.

Kapitel 3

Crick, F. H. C. und C. Koch (2003): »A framework for consciousness«. *Nature Neuroscience 6*: 119–126.

Dennett, D. C. (1991): *Consciousness Explained*. Boston, Mass.: Little, Brown & Co.

Eccles, J. C. (1994): *Wie das Selbst sein Gehirn steuert*. München: Piper.

Edelman, G. M. und G. Tononi (2000): *Consciousness. How Matter Becomes Imagination*. London: Penguin Books.

Haynes, J. D. und G. Rees (2006): »Decoding mental states from brain activity in humans«. *Nature Reviews Neuroscience, 7*: 523–534.

Haynes, J., G. Roth, M. Stadler und H. J. Heinze (2003): »Neuromagnetic Correlates of perceived contrast in primary visual cortex«. *Journal of Neurophysiology, 89*: 2655–2666.

Lamme, V. A. F. (2000): »Neural mechanisms of visual awareness: a linking proposition«. *Brain and Mind, 1*: 385–406.

Metzinger, T. (Hrsg.) (1996): *Bewußtsein. Beiträge aus der Gegenwartsphilosophie*. Paderborn: Schöningh.

Noesselt, T., S. A. Hillyard, M. G. Woldorff, A. Schoenfeld, T. Hagner, L. Jäncke, C. Tempelmann, H. Hinrichs und H.-J. Heinze (2002): »Delayed striate cortical activation during spatial attention«. *Neuron, 35*: 575–587.

Pauen, M. (1999): *Das Rätsel des Bewusstseins. Eine Erklärungsstrategie*. Paderborn: Mentis.

Pauen, M. und A. Stephan (2002): *Phänomenales Bewusstsein – Rückkehr zur Identitätstheorie?* Paderborn: Mentis.

Roth, G. (2003): *Fühlen, Denken, Handeln. Wie das Gehirn unser Verhalten steuert*. Frankfurt am Main: Suhrkamp.

Literaturzitate und weiterführende Literatur 333

Kapitel 4

Damasio, A. R. (1994): *Descartes' Irrtum. Fühlen, Denken und das menschliche Gehirn*. München: List.

Roth, G. und U. Dicke (2005): »Funktionelle Neuroanatomie des Limbischen Systems«. In: H. Förstl, M. Hautzinger und G. Roth (Hrsg.), *Neurobiologie psychischer Störungen*. Heidelberg: Springer, S. 1–74.

Kapitel 5

Alcock, J. (1996): *Das Verhalten der Tiere aus evolutionsbiologischer Sicht*. Stuttgart: G. Fischer.

Becker, G. S. (1999): *Der ökonomische Ansatz zur Erklärung menschlichen Verhaltens*. Tübingen: J. C. B. Mohr (Paul Siebeck).

Dijksterhuis, A., M. W. Bos, L. F. Nordgren und R. B. van Baaren (2006): »On making the right choice: The deliberation-without-attention effect«. *Science, 311*: 1005–1007.

Dörner, D. (1989): *Die Logik des Misslingens*. Reinbek bei Hamburg: Rowohlt.

Esser, H. (1999): *Soziologie. Spezielle Grundlagen, Bd. 1: Situationslogik und Handeln*. Frankfurt am Main, New York: Campus.

Gigerenzer, G. (2000): *Adaptive Thinking. Rationality in the Real World*. Oxford University Press.

Gigerenzer, G. (2002): *Das Einmaleins der Skepsis. Über den richtigen Umgang mit Zahlen und Risiken*. Berlin: Berlin Verlag.

Gigerenzer, G., P. M. Todd and the ABC Research Group (1999): *Simple Heuristics That Make Us Smart*. Oxford (UK): Oxford University Press.

Selten, R. (2001): »What is bounded rationality?« In: Gigerenzer G. und R. Selten (Hrsg.), *Bounded Rationality. The Adaptive Toolbox*. Dahlem Workshop Reports. Cambridge (Mass.), London: The MIT Press, S. 13–36.

Kapitel 6

Anderson, S. W., A. Bechara, H. Damasio, D. Tranel und A. R. Damasio (1999): »Impairment of social and moral behavior related to early damage in human prefrontal cortex«. *Nature Neuroscience, 2*: 1032–1037.

334 Literaturzitate und weiterführende Literatur

Bechara, A., D. Tranel, H. Damasio, R. Adolphs, C. Rockland und A. R. Damasio (1995): »Double dissociation of conditioning and declarative knowledge relative to the amygdala and hippocampus in humans«. *Science, 269*: 1115–1118.

Bechara, A., H. Damasio, D. Tranel und A. R. Damasio (1997): »Deciding advantageously before knowing the advantageous strategy«. *Science, 275*: 1293–1295.

Berridge, K. C. (2007): »The debate over dopamine's role in reward: the case for incentive salience«. *Psychopharmacology (Berl.), 191*: 391–431.

Brown J. W. und T. S. Braver (2005): »Learned predictions of error likelihood in the anterior cingulate cortex. *Science, 307*: 1118–1121.

Damasio, A. R. (1994): *Descartes' Irrtum. Fühlen, Denken und das menschliche Gehirn*. München: List.

Damasio, A. R. (2000): *Ich fühle, also bin ich*. München: List.

Duncan J., R. J. Seitz, J. Kolodny, D. Bor, H. Herzog, A. Ahmed, F. N. Newell und H. Emslie (2000): »A neural basis for general intelligence«. *Science, 289*: 457–460.

Ekman, P. (1999): »Basic emotions«. In: T. Dagleish und M. J. Power (Hrsg.), *Handbook of Cognition and Emotion*. Chichester u. a.: Wiley, S. 45–60.

Ekman, P. (1999): »Facial expressions«. In: T. Dagleish und M. J. Power (Hrsg.), *Handbook of Cognition and Emotion*. Chichester u. a.: Wiley, S. 301–320.

Fiorillo, C. D., P. N. Tobler und W. Schultz (2003): »Discrete coding of reward probability and uncertainty by dopamine neurons«. *Science, 299*: 1898–1902.

Förstl, H. (2002): *Frontalhirn. Funktionen und Erkrankungen*. Berlin u. a.: Springer.

Förstl, H., M. Hautzinger und G. Roth (Hrsg.) (2005): Neurobiologie psychischer Störungen. Heidelberg u. a.: Springer.

Gehring, W. J. und A. R. Willoughby (2002): »The medial frontal cortex and the rapid processing of monetary gains and losses«. *Science, 295*: 2279–2282.

Hsu, M., M. Bhatt, R. Adolphs, D. Tranel und C. F. Camerer (2005): »Neural systems responding to degrees of uncertainty in human decision-making«. *Science, 310*: 1680–1683.

James, W. (1890, Nachdruck 1984): *Principles of Psychology*. Chicago u. a.: Encyclopedia Britannica.

Literaturzitate und weiterführende Literatur **335**

Kerns, J. G., J. D. Cohen, A. W. MacDonald III, R. Y. Cho, V. A. Stenger und C. S. Carter (2004): »Anterior cingulate conflict monitoring and adjustments in control«. *Science, 303*: 1023–1026.

King-Casas, B., D. Tomlin, C. Anen, C. F. Camerer, S. R. Quartz und P. R. Montague (2005): »Getting to know you: reputation and trust in a two-person economic exchange«. *Science, 308*: 78–82.

Knoch D., A. Pascual-Leone, K. Meyer, V. Treyer und E. Fehr (2006): »Diminishing reciprocal fairness by disrupting the right prefrontal cortex«. *Science, 314*: 829–832.

LeDoux, J. (1998): *Das Netz der Gefühle. Wie Emotionen entstehen.* München: Carl Hanser Verlag.

McClure, S. M., D. I. Laibson, G. Loewenstein und J. D. Cohen (2004): »Separate neural systems value immediate and delayed monetary rewards«. *Science, 306*: 503–507.

Richmond, B. J., Z. Liu und M. Shidara (2003): »Predicting future rewards«. *Science, 301*: 179–180.

Roberts, A. C. (2006): »Primate orbitofrontal cortex and adaptive behaviour«. *Trends in Cognitive Sciences, 10*: 83–90.

Sanfey, A. G., J. K. Rilling, J. A. Aronson, L. E. Nystrom, und J. D. Cohen (2003): »The neural basis of economic decision-making in the ultimatum game«. *Science, 300*: 1755–1758.

Schaefer, S. M., D. C. Jackson, R. J. Davidson, G. K. Aguirre, D. Y. Kimberg und S. L. Thompson-Schill (2002): »Modulation of amygdalar activity by the conscious regulation of negative emotion«. *Journal of Cognitive Neuroscience, 15;14(6)*: 913–921.

Schultz, W. (1998): »Predictive reward signals of dopamine neurons«. *Journal of Neurophysiology, 80*: 1–27.

Shiv, B., G. Loewenstein, A. Bechara, H. Damasio und A. Damasio (2005): »Investment behavior and the negative side of emotion«. *Psychological Science, 16*: 435–439.

Sokolowski, K. (2005): »Emotion«. In: J. Müsseler und W. Prinz (Hrsg.), *Allgemeine Psychologie.* Heidelberg, Berlin: Spektrum Akademischer Verlag, S. 337–384.

Tobler, P. N., C. D. Fiorillo und W. Schultz (2005): »Adaptive coding of reward value by dopamine neurons«. *Science, 307*: 1642–1645.

Tom, S. M., C. R. Fox, C. Trepel und R. A. Poldrack (2007): »The neural basis of loss aversion in decision-making under risk«. *Science, 315*: 515–518.

Vohs, K. D., N. L. Mead und M. R. Goode (2006): »The psychological consequences of money«. *Science, 314*: 1154–1156.

336 Literaturzitate und weiterführende Literatur

Kapitel 7

Bogacz, R. (2007): »Optimal decision-making theories: linking neurobiology with behaviour«. *Trends in Cognitive Sciences, 11*: 118–125.

Gollwitzer, P. M. (1987): »Suchen, Finden und Festigen der eigenen Identität: Unteilbare Zielintentionen«. In: H. Heckhausen, P. M. Gollwitzer und F. E. Weinert (Hrsg.), *Jenseits des Rubikon. Der Wille in den Humanwissenschaften*. Berlin u. a.: Springer, S. 176–189.

Goschke, T. (2003): »Willentliche Handlungen und kognitive Kontrolle: Zur funktionalen Dekomposition der ›zentralen Exekutive‹«. In: S. Maasen, W. Prinz und G. Roth (Hrsg.), *Voluntary Action*. New York, Oxford: Oxford University Press, S. 49–85.

Goschke, T. (2005): »Volition und kognitive Kontrolle«. In: J. Müsseler und W. Prinz (Hrsg.), *Allgemeine Psychologie*. Heidelberg, Berlin: Spektrum Akademischer Verlag, S. 271–335.

Heckhausen, H. (1987): »Perspektiven einer Psychologie des Wollens«. In: H. Heckhausen, P. M. Gollwitzer und F. E. Weinert (Hrsg.), *Jenseits des Rubikon. Der Wille in den Humanwissenschaften*. Berlin u. a.: Springer, S. 121–142.

Hennig, J. und P. Netter (2005): *Biopsychologische Grundlagen der Persönlichkeit*. München, Heidelberg: Elsevier/Spektrum Akademischer Verlag.

Jeannerod, M. (1997): *The Cognitive Neuroscience of Action*. Oxford: Blackwell.

Redgrave, P., T. J. Prescott und K. Gurney (1999): »The basal ganglia: a vertebrate solution to the selection problem?« *Neuroscience, 89*: 1009–1023.

Roth, G. (2003). *Fühlen, Denken, Handeln. Wie das Gehirn unser Verhalten steuert*. Frankfurt am Main: Suhrkamp.

Kapitel 9

Brickman, P. und D. T. Campbell (1971): »Hedonic relativism and planning the good society«. In M. H. Apple (Hrsg.), *Adaptation level theory: A symposium*. New York: Academic Press, S. 287–302.

Cierpka, M. (1999): *Kinder mit aggressivem Verhalten. Ein Praxismanual für Schulen, Kindergärten und Beratungsstellen*. Göttingen: Hogrefe.

Diener, E., R. E. Lucas und C. N. Scollon (2006): »Beyond the hedonic treadmill«. *American Psychologist, 61*: 305–314.

Headey, B. (2006): »Subjective well-being: Revisions to dynamic equi-

Literaturzitate und weiterführende Literatur **337**

librium theory using national panel data and panel regression methods«. *Social Indicators Research, 79*: 369–403.

Lück, M., D. Strüber und G. Roth (2005): *Psychobiologische Grundlagen aggressiven und gewalttätigen Verhaltens.* Oldenburg: BIS.

Moffitt, T. E. und A. Caspi (2001): »Childhood predictors differentiate life-course persistent and adolescence-limited antisocial pathways among males and females«. *Developmental Psychopathology, 13*: 355–375.

Raine, A. (1993): *The psychopathology of crime: Criminal behavior as a clinical disorder.* San Diego: Academic Press.

Raine, A., M. Buchsbaum und L. Lacasse (1997): »Brain abnormalities in murderers indicated by positron emission tomography«. *Biological Psychiatry, 42*: 495–508.

Strüber, D., M. Lück und G. Roth (2006): »Tatort Gehirn«. *Gehirn & Geist, 9*: 44–52.

Trautmann-Villalba, P., M. Gerhold, M. Polowczyk, M. Dinter-Jorg, M. Laucht, G. Esser und M. H. Schmidt (2001): »Mutter-Kind-Interaktion und externalisierende Störungen bei Kindern im Grundschulalter«. *Zeitschrift für Kinder- und Jugendpsychiatrie, 29*: 263–273.

Tremblay, R. E., D. S. Nagin, J. R. Seguin, M. Zoccolillo, P. D. Zelazo, M. Boivin, D. Perusse und C. Japel (2004): »Physical aggression during early childhood: trajectories and predictors«. *Pediatrics, 114(1)*: E43–E50.

Wetzels P. und C. Pfeiffer (1997): »Kindheit und Gewalt: Täter- und Opferperspektiven aus Sicht der Kriminologie«. *Praxis der Kinderpsychologie und Kinderpsychiatrie, 46*:143–152.

Kapitel 10

Angermeier, W. F. (1976): *Kontrolle des Verhaltens. Das Lernen am Erfolg.* Berlin, Heidelberg, New York: Springer.

Koch, I. (2005): »Konditionierung und implizites Lernen«. In: J. Müsseler und W. Prinz (Hrsg.), *Allgemeine Psychologie.* Heidelberg, Berlin: Spektrum Akademischer Verlag, S. 387–431.

Skinner, B. F. (1953): *Science and Human Behavior.* New York: MacMillan. Dt. (1973) *Wissenschaft und menschliches Verhalten.* München: Kindler.

338 Literaturzitate und weiterführende Literatur

Kapitel 11

Bandura, A. (1997): *Self-efficacy: The exercise of control.* New York: Freeman.

Kuhl, J. (2001): *Motivation und Persönlichkeit: Interaktionen psychischer Systeme.* Göttingen: Hogrefe.

Puca, R. M. und T. A. Langens (2005): »Motivation«. In: J. Müsseler und W. Prinz (Hrsg.), *Allgemeine Psychologie.* Heidelberg, Berlin: Spektrum Akademischer Verlag, S. 225–269.

Weiner, B. (1994) *Motivationspsychologie*, 3. Aufl. Weinheim: Beltz – Psychologie Verlags Union.

Kapitel 12

Kolb, B. und I. Q. Wishaw (1996): *Neuropsychologie*, 2. Aufl. Heidelberg, Berlin: Spektrum Akademischer Verlag.

Sachsse, U. und G. Roth (2007): Zur Integration neurobiologischer und psychoanalytischer Ergebnisse für die Behandlung Traumatisierter. In: M. Leuzinger-Bohleber, G. Roth, A. Buchheim (Hrsg.), *Psychoanalyse und Neurobiologie.* Stuttgart: Schattauer.

Kapitel 13

Baynes, K. und M. S. Gazzaniga (2000): Consciousness, introspection and the split-brain: The two minds/one body problem. In: M. S. Gazzaniga (Hrsg.), *The New Cognitive Neurosciences*, 2. Aufl. Cambridge, Mass.: MIT Press, S. 1355–1363.

Gazzaniga, M. S. (1995): Consciousness and the cerebral hemispheres. In: M. S. Gazzaniga et al. (Hrsg.), *The Cognitive Neurosciences.* Cambridge, Mass.: MIT Press, S. 1391–1400.

Gazzaniga, M. S. und J. E. LeDoux (1978): *The Integrated Mind.* New York: Plenum Press.

Kapitel 14

Adolphs, R., D. Tranel und A. R. Damasio (1998): »The human amygdala in social judgement«. *Nature, 393*: 470–474.

Winston, J. S., B. A. Strange, J. O. Doherty und R. J. Dolan (2002): »Automatic and intentional brain responses during evaluation of trustworthiness of faces«. *Nature Neuroscience, 5*: 77–283.

Kapitel 15

Martens, J. U. und J. Kuhl (2005): *Die Kunst der Selbstmotivierung*, 2. Aufl. Stuttgart: Kohlhammer.

Kapitel 16

Bieri, P. (2001): *Das Handwerk der Freiheit. Über die Entdeckung des eigenen Willens*. München: Hanser

Pauen, M. (2004): *Illusion Freiheit? Mögliche und unmögliche Konsequenzen der Hirnforschung*. Frankfurt am Main: S. Fischer.

Pauen, M. und G. Roth (2008): *Freiheit, Schuld und Verantwortung. Grundzüge einer naturalistischen Theorie der Willensfreiheit*. Frankfurt am Main: Suhrkamp.

Roth, G. (2003). *Fühlen, Denken, Handeln. Wie das Gehirn unser Handeln bestimmt*. Frankfurt am Main: Suhrkamp.

Roth, G., M. Lück und D. Strüber (2005): »Schuld und Verantwortung von Gewaltstraftätern aus Sicht der Hirnforschung und der Neuropsychologie«. *Deutsche Richter Zeitung 83*: 356–360.

Roxin, C. (1997): *Strafrecht Allgemeiner Teil, Bd. I: Grundlagen Aufbau der Verbrechenslehre*. München: C. H. Beck.

Walter, H. (1998): *Neurophilosophie der Willensfreiheit*. Paderborn: Mentis.

Exkurs 1

Kandel, E. R., J. H. Schwartz und T. M. Jessell (1996): *Neurowissenschaften*. Heidelberg: Spektrum Akademischer Verlag.

Münte, T. F. und H.-J. Heinze (2001): »Beitrag moderner neurowissenschaftlicher Verfahren zur Bewußtseinsforschung«. In: M. Pauen und G. Roth (Hrsg.), *Neurowissenschaften und Philosophie*. München: UTB/W. Fink, S. 298–328.

Magistretti, P. J. (1999): »Brain energy metabolism«. In: M. J. Zigmond, F. E. Bloom, S. C. Landis, J. L. Roberts und L. R. Squire (Hrsg.), *Fundamental Neuroscience*. San Diego u. a.: Academic Press, S. 389–413.

Logothetis, N. K., J. Pauls, M. Augath, T. Trinath und A. Oeltermann (2001): »Neurophysiological investigation of the basis of the fMRI signal«. *Nature, 412*: 150–157.

Personenregister

Ainsworth, M. 24
Alcock, J. 123
Aristoteles 106 f., 259
Asendorpf, J. 18, 21, 27 ff., 137, 213, 221 f., 249, 290

Bandura, P. 254, 302
Becker, G. S. 117
Bowlby, J. 24
Brickman, P. 218
Buss, A. H. 20

Caspi, A. 214
Cattell, R. B. 27
Chess, S. 20
Ciompi, L. 263

Damasco, A. R. 142, 148
Darwin, Ch. 34, 201
Diener, E. 219 f.
Dijksterhuis, A. 132, 138, 195 f.
Dörner, D. 128 ff., 181

Ekman, P. 141
Elias, N. 116
Epikur 108
Esser, H. 113 ff.
Eysenck, H. J. 16 ff.

Freud, S. 12, 23, 79 f., 151, 198, 280

Galenos 15
Gazzaniga, M. S. 288 f.
Gigerenzer, G. 118 ff., 124, 182, 193, 196
Goethe, J. W. 200 f., 276, 314
Gollwitzer, P. M. 165

Headey, B. 220
Heckhausen, H. 165, 210
Hull, C. 204
Hume, D. 73, 316, 322

Kant, I. 108, 317, 319
Kuhl, J. 190

Lashley, K. S. 207
LeDoux, J. 145, 289
Leibniz, G. W. 114
Libet, B. 314
Lorenz, K. 208

Moffit, A. 214

Neubauer, A. 27 ff., 137

Pauen, M. 315, 319, 325
Pawlow, I. 201 ff.
Platon 107, 144
Plomin, R. 20

Raine, A. 99
Roth, H. 208 ff.
Rothbart, M. 21

Schultz, W. 152
Selten, R. 117 f.
Simon, H. 115 ff., 121
Skinner, B. F. 187, 204 ff., 226, 242

Sokrates 276
Spearman, C. 27
Spitz, R. 23 f.
Stern, E. 27 ff., 137, 139, 223

Thomas, A. 20
Thorndike, E. 202 f.
Tinbergen, N. 208
Tolman, E. C. 207

Watson, J. B. 203 f.
Weber, M. 112

Sachregister

Acetylcholin 49, 56, 85 ff.
Adrenalin 44, 151, 184
Adult Attachment Interview
(AAT) 25 f.
Affekt, Affekte 47, 50, 72, 77,
141, 144, 147, 278, 328
Affektzustände, s. Affekt,
Affekte
Affektlogik 263
Aktualbewusstsein 76
Alternativismus 315 ff.
Altruismus 126
Amnesie, infantile 79
Amygdala 41, 46 ff., 52ff., 60,
75, 90–97, 103, 145–154,
158 ff., 172–179, 184, 189,
246 f., 278, 296ff., 305
Anosognosie 286
Anschluss, Anschluss-Motiv
249
Arbeitsgedächtnis 43, 139,
157, 168, 198, 223 f.
Areal, prä-supplementärmoto-
risches (prä-SMA) 40, 168 f.
Arginin-Vasopressin 246
Aufmerksamkeit 42, 66, 77 f.,
82–89, 118, 123, 134, 140,
156, 163, 229, 232, 246

Aufmerksamkeitsdefizit-
Hyperaktivitäts-Syndrom
(ADHS) 232

Basalganglien 45, 49–53,
59–69, 91, 95, 169–179,
266
Bauchentscheidungen 132 f.,
135, 182f., 189, 197f.
Bedeutungsentstehung 268 ff.
Bedeutungsfeld 269
Bedürfnisstruktur, individu-
elle 227
Behaviorismus 201–208, 226
Belohnung 91, 152, 155,
158 f., 204–206, 229–242,
247 f., 255–259. 302 f., 312
Belohnung, intermittierende
238–241
Belohnung, variable 238–241
Belohnungsentzug 233–235,
308
Belohnungserwartung 92 f.,
153–159, 236–246 ff., 257
Belohnungserwartungssystem
151–153
Belohnungsgedächtnis 153
Belohnungsstoffe 152

Belohnungssystem 47, 92, 155
Bereichs-Intelligenz 136
Bestrafung, s. Strafe
Bewältigungsstrategie 151, 220
Bewusstsein 34, 43, 47 f.,
  71–87, 122, 135, 146, 163,
  168 ff., 179, 198, 278 ff.
Big five (Persönlichkeitsmerk-
  male) 17–21, 27, 32, 105
Bindungsforschung 12, 24
Bindungstypen 24 ff.
BOLD-Effekt 68
Bounded rationality 115 ff.
Broca-Areal 62 f., 94, 288
Broca-Sprachzentrum, s.
  Broca-Areal
Brücke (Pons) 51 f.

Cerebellum (Kleinhirn) 38,
  51 ff.
Coping, s. Bewältigungsstrategie
Corpus striatum, s. Striatum
Cortex 3–68, 73–78, 82–87,
  91–95, 98, 138–140,
  151–160, 167–173, 176 ff.,
  184, 246, 278
Cortex, insulärer 41, 53, 93,
  153, 155
Cortex, motorischer 42, 171
Cortex, orbitofrontaler (OFC)
  39, 43, 60, 93, 140,
  152 ff., 158, 177
Cortex, präfrontaler (PFC)
  39 f., 42 ff., 60 ff., 75 ff.,

94 f., 138 ff., 153, 157 ff.,
  168 ff., 177, 184, 246
Cortex, prämotorischer 39,
  42, 75, 171 f.
Cortex, vorderer/anteriorer
  cingulärer (ACC) 40, 43 f.
  w, 53, 61, 75, 91 ff., 138,
  140, 151–159
Corticotropin-Releasing-
  Hormon (CRH) 246
Cortisol 245 f.

Dämon, Laplace'scher 113 f.
Delmenhorster Gewaltstudie
  216
Dendriten 54 ff.
Determiniertheit, s. Determi-
  nismus
Determinismus 319, 321 ff.,
  328 f.
Dopamin 47, 51, 56, 85 ff.,
  153 ff., 173–178, 248 ff.,
  282
Dopaminmangel 175
Dunedin-Studie 214 f.

Ebene, kognitiv-kommunikative 94 f., 272
Ebene, mittlere limbische 91,
  96, 98, 253, 273, 282, 289,
  304, 306
Ebene, obere limbische 91,
  94, 97 f., 272, 292 f.
Ebene, untere limbische 91,
  95, 188, 274, 299

344 Sachregister

Ebene, vegetativ-affektive,
s. untere limbische
EEG, s. Elektroenzephalo-
graphie
Elektroenzephalographie
(EEG) 13, 65 ff., 157
Emotion, Emotionen, Emo-
tionalität 12, 20 ff., 46, 52,
72 ff., 109, 118, 141 ff., 146,
159, 182, 197, 219, 225,
246, 263, 268, 275
Empathie 93, 98 f., 101
Endorphin, Endorphine 245
Entscheiden, unbewusstes
134
Entscheidungen, affektive
183–188
Entscheidungen, intuitive 7,
183, 195 ff., 198
Entscheidungs-Heuristiken 6,
118 f., 121
Entscheidungsverhalten von
Tieren 122–126
Ereigniskorrelliertes Poten-
zial (EKP) 66, 69
Erfahrungsgedächtnis, unbe-
wusstes 176
Erweckungs- und Erleuch-
tungserlebnisse 305 f.
Erziehungsoptimismus 32,
205–211, 226
Extraversion 17 f., 214, 220 f.

Fertigkeitsgedächtnis, s.
Gedächtnis, prozedurales

FMRT, fMRI, fNMR,
s. Kernspintomographie,
funktionelle
Formatio reticularis, s. Formation, retikuläre
Formation, retikuläre 43, 52,
81
Frontalcortex 39, 58

Gedächtnis, deklaratives
47 ff., 80, 87, 146 ff., 222
Gedächtnis, emotionales
146 ff.
Gedächtnis, implizites,
s. Gedächtnis, prozedurales
Gedächtnis, prozedurales 79,
96, 222, 337
Gefühl, Gefühle, s. Emotio-
nen
Gehirn, menschliches 33–64
Gehirnentwicklung 57–64
Gen-Polymorphismen 13,
103
Gewissenhaftigkeit 17 f., 299
Glaubwürdigkeit 298 f.,
Globus pallidus 41, 49,
172 f.
Großhirnrinde, s. Cortex

Handeln, rationales 111–117
Handlungsgedächtnis 170,
175
Heuristiken 118–122, 161,
181, 193 f.
Hintergrundbewusstsein 76 f.

Hinterhauptslappen,
s. Okzipitalcortex
Hippocampus 41, 44, 47 ff.,
53, 60 f., 75, 80 f., 103, 146,
148, 151, 172, 176, 305
Hirndurchblutung 66, 69
Hirnstamm 37 f., 43 – 53, 60,
85, 90 f., 95, 151
Hypothalamus 37 – 50, 52 f.,
60, 90 f., 95, 151, 245,
250

Ich-Gefühl 34, 287
Ich-Module 89
Ich-Vorstellungen 73
Ich-Zustände 71 – 77, 179
Informationstheorie 264
Informationsverarbeitung 21,
27, 42, 54 ff., 83, 171, 207,
277 f.
Inkompatibilismus, Inkompa-
tibilist 315, 323
Intelligenz 27 – 32, 88, 94,
101, 104, 136 – 141, 208 ff.,
213, 223, 253, 282
Intelligenz, fluide 27, 138,
223
Intelligenz, kristalline 27
Intelligenzquotient (IQ) 28,
32, 213
Intelligenztests 27 ff., 136
Intervallverstärkung 238

Kausalität 315, 327 f.
Kausallücke 320 f.

Kernspintomographie, funktionelle 13, 65, 67, 69, 88,
154, 157, 298
Kleinhirn (Cerebellum) 38,
51 ff.
Kognitivismus 208
Kommunikationssignale,
nichtverbale 297
Kommunikationstheorie
264
Kompatibilismus, Kompatibi-
list 328
Konditionierung, emotionale
46, 91, 96 ff., 143, 147
Konditionierung, instrumentelle 203, 228 f., 308
Konditionierung, klassische
148, 202 f.
Konditionierung, negative
205, 233 ff.
Konditionierung, positive,
s. Belohnung
Konditionierung, operante,
s. Konditionierung, instrumentelle
Kongruenz von Zielen und
Motiven 197, 251 – 255,
327
Kopfentscheidungen
132 – 135
Kriminalität 213 – 216

Leistungsmotiv 250, 311
Lernen am Erfolg, s. Konditionierung, instrumentelle

346 Sachregister

Lernen, implizites,
s. Gedächtnis, prozedurales
Lernen, prozedurales,
s. Gedächtnis, prozedurales
Limbisches System 43–47,
52, 63, 104, 144f., 147,
176–179, 251
Locus coeruleus 44f., 52, 56,
151
Lohhausen (Simulations-
modell) 128–130
Löschung, Löschungsresi-
stenz 239–241

Macht-Motiv 250, 311
Magnetenzephalographie
(MEG) 65ff., 88
Medulla oblongata 36f., 43f.,
151
MEG, s. Magnetenzephalo-
graphie
Mesolimbisches System
45–48, 53, 86, 92–97,
145–148, 172, 176ff.,
247ff., 278
Mitarbeiter, Typen von 300ff.
Motiv, Motive 47, 51, 81, 99,
142, 154, 165, 179, 241,
243, 247, 249–256,
274–281, 290, 294, 304,
307f., 311, 317–328
Motivation 51, 91, 43, 154,
241–258, 300ff., 338
Motivationssystem 86, 92
Motivdeterminismus 318

Mutter-Kind-Beziehung 23f.,
191, 330f.
Myelinisierung 59–62

Nahrungsbeschaffung, opti-
male (Optimal Foraging)
123
Neocortex, Isocortex, s. Cor-
tex
Nervenzellen, Neurone 38,
49, 54–58, 60f., 65, 68, 82,
86, 152–155, 170, 175, 248
Netzwerk, semantisches 269
Neurone, s. Nervenzellen
Neuro-Ökonomie 154
Neuropeptid Y 245
Neurotizismus 16–19, 214,
220f., 249
Neurotransmitter 4, 52, 54,
60, 151
Nichtverstehen 270–275
Noradrenalin 44, 52, 56, 85,
151, 184, 246
Nucleus accumbens 44ff., 60,
91f., 152f., 155, 158, 278
Nucleus subthalamicus 150,
170f., 173

Offenheit 17f., 21, 27
Okzipitalcortex 39
Opiate, endogene 47, 151,
245ff.
Optimal Foraging Theory
123
Oxytocin 191, 245, 249

Sachregister 347

Pallidum, s. Globus pallidus
Panikverhalten 46, 141 f., 151,
  184 f., 246
Parietalcortex 39, 73
Parkinson'sche Erkrankung
  86, 162, 170, 175
Persönlichkeitsmerkmale
  16–21, 30 ff., 88, 211 ff.,
  218, 294
Persönlichkeitsveränderungen
  304–307
PET, s. Positronen-Emissi-
  ons-Tomographie
Pheromone 46, 296
Plastizität, funktionale 89
Positronen-Emissions-Tomo-
  graphie (PET) 65–69, 138
Posttraumatische Belastungs-
  störung (PTSD) 307
Potenziale, ereigniskorrelierte
  66, 157
Problemlösen, intuitives
  134–139, 182
Pseudokonditionierung 242
Psychische Traumatisierung,
  s. Posttraumatische Belas-
  tungsstörung
Psychologie, kognitive 207
Psychopathen, Psychopathie
  99 ff., 108

Quotenverstärkung 238

Raphe-Kerne 44, 52, 56
Rational Choice Theorie

111–117, 126, 156, 160,
  180 f.
Rationalität 112, 117, 182,
  191, 197 ff., 240, 260, 268
– begrenzte, s. Bounded
  Rationality
Reflexlehre, Reflexologie 201,
  206
Risikoeinschätzung, Risikoabschätzung 43, 93, 159 f.
Rubikon-Modell 165–168,
  177

Satisficing 116, 121, 181
Scheitellappen, s. Parietalcor-
  tex
Schläfenlappen, s. Temporal-
  cortex
Schuld, strafrechtliche
  314–320, 325
Schwerkriminalität, s. Krimi-
  nalität
Selbstbelohnung 302 f., 312 f.
Selbstberuhigung 283
Selbsterkenntnis, Selbst-
  erkennen 72, 123, 276 f.,
  282 ff., 303, 314
Selbstmotivation 243, 308 ff.,
  311, 313
Selbsttäuschung 276,
  282–289, 308
Selbstverursachung 161
Selbstwirksamkeit 254 f., 302
septale Region, s. Septum
Septum 48 f., 60

348 Sachregister

Serotonin 45, 52, 56, 85 f.,
151, 216, 245, 250
Soziale Gerüche, s. Phero-
mone
Sozio-ökonomisches Panel
(SOEP) 218 ff.
Soziopathen, s. Psychopathen
Split-Brain-Patienten 288 f.
Sprache 34 f., 42, 51, 53, 62 f.,
94, 102, 189, 223, 305
– Entwicklung der 22, 63
Stirnlappen, s. Cortex, prä-
frontaler
Stoiker, Stoa 107 ff.
Strafe 228–235
Strafrecht 316–321
Stressverarbeitung, s. Bewälti-
gungsstrategie
Striatum 49, 152–158,
170–176
Substantia nigra 41, 46, 50 f.,
56, 86, 170–177
Substanz-P 151, 246
Synapse, Synapsen 38, 54–62,
68, 82 ff.
Synapsentod 60

Tanaland (Simulationsmodell)
128 ff.
Tegmentum 50 f.
Temperament 15 f., 19 ff.,
32, 88, 92, 95–100, 104,
188, 216, 254, 273, 300 ff.,
310
Temporalcortex 39 f.

Temporallappen-Epilepsie
305
Thalamus 41, 49 f., 53, 59,
85 ff., 92, 145, 172 f., 178,
298
Theorie rationalen Handelns
6, 111–117
Transkranielle Magnetstimulation (TMS) 69
Transmitter, Neurotransmitter 44, 49, 52–56, 60, 68,
151

Ultimate Game 156
Unbewusste, das, Unbewusstes 44 ff., 50, 71–86, 91 f.,
109, 132 ff., 145, 149 ff.,
168, 176, 179, 187, 199,
251, 254 ff., 273–295, 300,
304, 307, 309, 314, 323,
327
Urheberschaft, falsche 280

Ventrales tegmentales Areal
(VTA) 44, 46, 91 f., 155,
158
Verhalten, gewalttätiges
215 ff., 250, 316 f., 337 ff.
Verhalten, quasi-rationales
123
Verhaltensökologie 117
Verlängertes Mark, s. Medulla
oblongata
Vermeidungslernen, s. Kondi-
tionierung, negative

Vernunft 33, 101 f., 106–111, 116f., 123, 136–140, 260–263

Verstand 33, 80, 94 f., 101 f., 106–111, 116, 123, 131 f., 136–139, 179 ff., 191, 196 f., 260, 263 f.

Verstärkungslernen, s. Konditionierung, instrumentelle

Verstehen 263–275

Verträglichkeit 17 f.

Vertrauenswürdigkeit 189, 297 ff.

Vorbewusste, das, Vorbewusstsein, 47, 78 ff., 134, 176, 182, 198 f., 260, 279 ff., 286

Vorderhirn, basales 44, 48, 91

Vorgesetzter 237, 255 f., 261, 291–302

Wernicke-Areal, Wernicke-Sprachzentrum 39, 63, 75, 91, 94, 288

Wille, Willenshandlung 161–171, 173, 175, 178 f., 204, 268, 315 f., 323

Willensfreiheit 314–329

Zentrales Höhlengrau 45, 47, 51, 90 f., 95, 184

Ziele 112, 118, 131, 140, 152, 160, 179, 251–255, 280, 290, 294, 302, 304, 308, 311, 325 ff.

– extrinsische 252

– intrinsische 252

Zufall 324–328

Zufriedenheit 133, 217–221, 246

Zweckrationalität 112

Zwillingsforschung, Zwillingsstudien 32, 209

Hans J. Markowitsch / Harald Welzer:
Das autobiographische Gedächtnis
Hirnorganische Grundlagen und biosoziale Entwicklung
302 Seiten, 2 Farbtafeln, zahlreiche Abbildungen und Tabellen, gebunden,
ISBN 978-3-608-94406-8

Die Entwicklung des autobiographischen Gedächtnissystems ist erst mit dem Erwachsenenalter abgeschlossen. Seine Entstehung basiert auf einem komplexen Zusammenspiel hirnorganischer Reifungsvorgänge, sozialer Entwicklungsanreize und psychischer Entwicklungsschritte. Weil das Gehirn und mit ihm das Gedächtnis sich selbst erst in der Auseinandersetzung mit seiner physischen und sozialen Umwelt ausbildet und strukturiert, ist die Gehirn- und Gedächtnisentwicklung ein bio-sozialer Prozess; organische und psychosoziale Reifung sind in der menschlichen Entwicklung unterschiedliche Aspekte ein und desselben Vorgangs.

Die Autoren liefern einen Überblick über die Entstehung des menschlichen Gedächtnisses und einen Einstieg in ein neues Feld der Gedächtnis- und Erinnerungsforschung.

Warum Menschen sich erinnern können
Fortschritte der interdisziplinären Gedächtnisforschung
Herausgegeben von Harald Welzer und Hans J. Markowitsch,
348 Seiten, gebunden, ISBN 978-3-608-94422-8

International renommierte Gedächtnisforscherinnen und -forscher liefern einen einzigartigen Überblick über die neuesten Ergebnisse und Theorien zum menschlichen Gedächtnis. Das Buch stellt die neurobiologischen, philosophischen, psychologischen und sozialwissenschaftlichen Sichtweisen vor und zeigt, wie das menschliche Gedächtnis arbeitet und wie fruchtbar interdisziplinäre Forschung ist.

Klett-Cotta

Jürg Willi:
Wendepunkte im Lebenslauf
Persönliche Entwicklung unter veränderten Umständen –
die ökologische Sicht der Psychotherapie
381 Seiten, gebunden, 7 Abbildungen, ISBN 978-3-608-94438-9

Menschen sind heutzutage konfrontiert mit dauernden Wechseln, was
dem Leben den Anschein des Provisorischen und Vorläufigen gibt. Viele
Wendepunkte sind nicht vorhersehbar oder verstehbar und hinterlassen
ein Gefühl der Ohnmacht. Wie können wir solchen Belastungen
psychisch standhalten, ohne zusammenzubrechen? Nur dann, wenn
wir die Einschnitte im Lebenslauf als verstehbar, beeinflussbar und als
sinnhaft erleben. Das sind die Ressourcen, die uns gesund erhalten,
über die viele Menschen allerdings nicht verfügen.

Howard Gardner:
Intelligenzen
Die Vielfalt des menschlichen Geistes
Aus dem Amerikanischen von Ute Spengler
334 Seiten, gebunden, ISBN 978-3-608-94263-7

Howard Gardner entwirft seine neue Sicht des menschlichen Geistes
und antwortet auf die Frage: Wie können Sie Ihre geistigen Fähigkeiten
stärken und erweitern, um Ihre Persönlichkeit zu entwickeln?

Jacques Attali:
Blaise Pascal
Biographie eines Genies
Aus dem Französischen von Hans P. Schmidt
470 Seiten, Tafel mit 8 farb. Abb., 17 s/w Abb., Personenreg. gebunden
ISBN 978-3-608-94335-1

Blaise Pascal (1623-1662) war ein Wunderkind und das größte Genie
Frankreichs: ein rastloser, nervöser Querdenker, ein zweifelnder
und verzweifelter Christ. Seine Erkenntnisse in Mathematik und
Philosophie waren bahnbrechend, und unsterblich sind seine Gedanken
über Würde und Elend des menschlichen Daseins. Sein Biograph
entwirft mit Leidenschaft das große Drama dieses universellen Geistes.

Klett-Cotta